# 교원노조법

박재윤 · 강래현 · 강상문 · 김숙영 · 김일형
김태연 · 박형충 · 유재준 · 윤재열 · 이강순
이화성 · 장혜자 · 조병선 · 최재광

교육과학사

# 머리말

현대 사회의 교육은 하나의 '공공사업'으로서 매년 막대한 인적·물적 자원이 투입되고 있다. 교육은 국가의 발전과 개인의 성취에 있어서 그 중요성이 계속 높아져 왔으며 우리나라는 물론 세계 각국은 자국의 교육을 발전시키기 위해서 애쓰고 있다.

교원은 교육 사업을 추진하는 핵심적인 인력으로서 그 직무를 잘 수행할 수 있기 위해서는 좋은 근무 여건 아래에서 일할 수 있어야 한다. 교원정책에 있어서 교원의 양성과 함께 교육에 종사하고 있는 교원의 근무조건의 개선이 중요하다.

교원노조에 관한 법령은 교원의 근무조건의 개선에 기여할 수 있다. 사용자와의 교섭·협의를 통해서 주기적으로 교원들의 근무조건이 점검되고 합리적인 절차에 따라서 문제를 해결할 수 있게 하기 위해서 필요한 조항이 교원노조 관련 법령의 주요 내용이다.

따라서 학부모 등을 비롯한 일반인들은 교원노조법령에 대해서 어느 정도 지식을 갖고 있을 것이 필요하다. 교원이 학교 현장에서 수행하는 역할은 교육의 성공을 위해서 결정적인데 교원노조법이 그러한 교육의 성공을 위해서 필요한 교원의 근무조건의 조성과 직접적인 관련이 있기 때문이다.

그러나 일반인들이 교원노조 관련법령을 이해하는 것은 쉬운 일이 아니다. 교원노조에 관한 법령은 노동관계법의 영역에 속하기 때문에 노동관계법에 대한 일반적 이해가 있어야 교원노조 관련법령도 이해할 수 있다. 그런데 노동 분야의 법령에 대해서 일반인들이 이해하기는 쉬운 일이 아니며 더욱이 교원노조 관련법령을 이해하는 것은 일반노조 관련법령보다 더 어렵다. 학교라는 교육현장에 대한 심층적인 이해 없이 교원노조 관련법령에 대해 잘 이해하기 어렵기 때문이다.

이 책은 교원노조 관련법령에 깊은 지식이 없는 교원과 일반인들이 현행 교원노조 관련법령에 대한 이해를 높이는 데 도움을 주기 위해서 집필되었다. 물론 전문적 연구자나 경험 많은 교육행정가들도 본서를 참고할 수 있겠지만 일차적으로는 교원노조 관련법령에 대한 지식이 별로 없는 독자들을 위해서 집필되었다. 그리하여 이 책은 전문적인 것보다는 대체로 평이한 내용들로 구성되어 있다.

이 책이 교원노조 관련법령에 대한 일반인들의 이해를 높이고 나아가 교원노조의 활동에 대한 인식과 이해를 높이는 데 기여하기를 기대한다.

2007. 5.
박 재 윤

# 차례

# 제1장 총 설

1. 교원노조법 해설의 의의
2. 교원노조법의 입법 과정
3. 교원노조법의 취지와 골자
4. 교원노조법안에 대한 국회의 검토, 심사 내용
5. 교원노조법에 대한 개정안의 제출

## 1. 교원노조법 해설의 의의

이 책의 주된 목적은 교원노조법을 축조 해설하는 것이다. 이를 위해서 교원노조법의 제정 경과, 교원노조법의 의의, 그리고 조항별로 입법 취지, 주요 용어와 개념의 해설, 관련 법령의 제시, 그리고 관련 판례 혹은 외국의 입법례 등을 제시하였다.

법의 해석은 법의 의미 내용을 밝혀내는 것, 즉 법의 구체적 적용을 위하여 법규의 의미를 체계적으로 이해하고, 법의 목적에 따라서 규범의 의미를 명확히 하는 이론적 기술적 조작이다. 해석에 의해서 구명되어야 할 법규의 의미내용은 입법자의 의사, 법규의 문리적 의미나 논리적 의미를 밝히는 것을 포함하여 궁극적으로는 법에 내재되어 있는 이념과 정신을 객관화시키는 것이다.[1] 법의 해석은 해석하는 사람의 입장에서 법규의 객관적 의미를 해명하는 것이며, 그런 의미에서 법의 해석은 이미 객관적이며 주관적인 양면의 성격을 띤다. 그러나 해석의 대상이 되는 법규는 객관적 존재이고 어느 특정인을 대상으로 주어진 규정이 아니므로, 해석함에 있어서 객관적 타당성이 있도록 노력해야 한다. 객관적 타당성이라 함은 사람들이 수긍할 수 있고, 이렇게 저렇게 흔들리지 않는 확정성이 있는 것을 의미한다.[2]

이 책은 교원노조법 조항들의 개념과 내용을 분석하고 해석을 가하고 있다. 법의 해석이 갖는 일반적인 속성상 해석자의 주관이 어느 정도 반영되는 경우가 있으나 이 책에서의 해석은 학문적 견지에서 해석을 시도하였다. 다시 말하면 이 책은 학문적 견지에서 아직 연구되어야 할 부분이 많은 교원노조법에 대한 해설과 소개를 목적으로 하고 있다. 이러한 작업을 지향한 이유는, 지금 우리에게는 교원노조법에 대한 일반적인 소개 자료가 절실하게 필요한 까닭이다.

---

1) 김중한 외, 법률학 사전, 서울: 법문사, 1984.
2) 서울대학교 법학연구소, 법학통론, 서울: 서울대학교 출판부, 1987.

## 2. 교원노조법의 입법 과정

교원노조법은 1999년 1월 29일 공포된 법률 제5727호 '교원의노동조합설립및운영등에관한법률'의 약칭이다. 동법은 제1조(목적)를 비롯하여 제15조(벌칙)까지의 15개 조로 구성되어 있고, 부칙 2개 조가 있다. 동법은 부칙 제1항(시행일)에 의하여 1999년 7월 1일부터 시행하기로 되었기 때문에 동법시행령은 1999년 6월 8일 대통령령 제16389호로 제정되었다. '교원의노동조합설립및운영등에관한법률시행령'은 9개 조와 부칙으로 구성되었고, 1999년 7월 1일부터 시행되었다.

정부안인 교원노조법률안(의안번호 151502호)은 1998년 12월 3일에 국회 교육위원회에 회부되었다가 같은 날 환경노동위원회에 회부되었는데, 동년 12월 소관상임위원회를 환경노동위원회에서 교육위원회로 재결정하는 것에 대한 결정을 국회운영위원회에 의뢰하였다. 1998년 12월 21일 국회운영위원회는 동위원회에 협의 요청되어 온 의안이 환경노동위원회 소관이 명백하다고 하여, 1998년 12월 23일 소관상임위원회 재결정 협의 요청을 환경노동위원회에 반려함으로써 환경노동위원회에서 이를 처리하게 되었다.

1998년 12월 29일 환경노동위원회에 상정된 법안은 같은 날 원안대로 환경노동위원회에서 원안 가결되었고, 이어 1999년 1월 6일 본회의에 상정되었으며, 같은 날 원안 가결되었다. 가결된 법률안은 1999년 1월 15일 정부에 이송되었고, 1월 29일에 법률 제5727호로 공포되었다. 이 법률안에 대한 검토보고서로는 환경노동위원회 수석전문위원의 검토보고서가 있고, 환경노동위원회의 심사보고서가 있다.

## 3. 교원노조법의 취지와 골자

교원의노동조합설립및운영등에관한법률안(1998.12, 이하 '교원노조법안')의 제안 이유를 살펴보면, 그동안 제한되어 왔던 교원의 노동기본권을 보장함으로써, 보편화된 국제노동기준을 준수할 수 있도록 하고, 1998년 10월 노사정위원회에서 합의한 교원의 노동기본권 보장 방안을 존중하여 그 보장 범위와 단체교섭의 구조 등을 정하려는 것으로 되어 있다.

주요 골자를 살펴보면 다음과 같다.

- 이 법에 의한 노동기본권의 보장 대상이 되는 교원은 초중등교육법에 의한 교원으로 한정하였다.
- 교원은 시·도단위 또는 전국단위에 한하여 노동조합을 설립할 수 있다.
- 교원노동조합의 대표자는 그 노동조합 또는 조합원의 임금, 근무조건, 후생복지 등 경제적 사회적 지위 향상에 관한 사항에 대하여 교육인적자원부장관, 시·도교육감 또는 학교법인연합체와 교섭하고 단체협약을 체결할 권한을 가진다.
- 관계 당사자가 단체교섭을 하거나, 단체협약을 체결하는 경우에는 국민 여론 및 학부모의 의견을 수렴하여 성실히 교섭하고 단체협약을 체결하여야 하며, 그 권한을 남용할 수 없다.
- 노동조합과 그 조합원은 파업, 태업 기타 업무의 정상적인 운영을 저해하는 일체의 쟁의행위를 할 수 없다.

## 4. 교원노조법안에 대한 국회(환경노동위원회)의 검토, 심사 내용

1998년 12월 국회 환경노동위원회에 상정된 교원노조법안에 대해서는 전문위원 검토 및 위원회의 심사가 있었다. 사실상 양자의 내용은 거의 동일하며, 주요한 내용을 살펴보면 다음과 같다.[3)]

### 가. 검토

#### 1) 제정 취지에 대한 판단

국회의 교원노조법안 검토보고서(이하 '검토보고서')는, 그 동안 교원의 경우 국가공무원법 및 교육관련법 규정에 의해 노동조합 설립이 불인정되고 다만, 교원지위향상을위한특별법 규정에 의해 교원단체가 교원의 전문성 신장과 지위 향상을 위하여 교육인적자원부장관, 시・도교육감과 교섭, 협의하고 있었던 바, 교원이 임금을 받고 근로를 제공하는 일반근로자로서의 고용관계를 부인하기 어렵다는 점, 교원에게도 노동조합 결성을 허용하는 것이 국제적으로 보편화된 노동기준이자 관행이며, OECD 회원국을 포함하여 대부분의 국가에서 교원의 노조결성권이 보장되고 있는 점 등에서 교원의 노동조합 인정 필요성이 논의되기 시작하여 노사정위원회[4)]의 합의 결과에 따라 교원노조를 인정하게 되었다고 밝히고 있다.

---

3) 국회 환경노동위원회, 교원의노동조합설립및운영등에관한법률안 검토보고서, 1998. 12.
국회 환경노동위원회, 교원의노동조합설립및운영등에관한법률안 심사보고서, 1998. 12.

4) 노사정위원회는 노・사・정 당사자가 대등한 입장에서 근로자의 고용안정과 근로조건에 관한 노동정책 및 관련된 산업・경제・사회정책 등에 관하여 협의하는 기구로서 국가경쟁력 강화 및 사회통합의 실현을 통한 국민경제의 균형발전을 꾀하기 위하여 1998년 1월 15일 발족되었다. 발족 이후 이 위원회는 노・사・정 대타협을 통하여 국가위기 극복의 계기를 마련하였고, 교원노조의 합법화 등 합의사항의 구체적 실천방안을 마련하였으며, 1999년 8월 6일에는 대통령령 제16519호에 의거하여 17조문과 부칙 2조로 구성된 '노사정위원

다만, 그 동안 교원노조 허용에 대해서 교원근로의 특수성, 그리고 국민의 학습권과 교육의 정치적 중립성이 침해될 우려가 있다는 점 등에서 반대가 있었던 것을 고려하여, 동 법안에 쟁의행위 및 정치활동의 금지, 단체교섭 과정에서 국민여론 및 학부모의 의견수렴의무 부과, 학교단위의 노조설립 및 교섭불인정 등의 규정이 제안되어 있음을 지적하고 있다.

### 2) 입법체계에 대한 판단

검토보고서는, 교원노조법안이 노동관계특별법[5]의 형식을 취하고 있다고 판단하면서, 그 동안 교원노조법안이 노동에 관한 사항과 교원의 특수성을 동시에 고려하기 위해서는 교원관련 특별법을 제정해야 한다는 견해와, 노동기본권을 온전히 보장하기 위해서는 노동관계법을 개정해야 한다는 견해가 제시되었으나, 교원노조법안은 교원노조문제는 교육관련법에 의한 근무조건의 규율을 전제로

---

회의설치및운영등에관한법률'을 제정 · 공포함으로써 제도적 기반을 공고히 하였다.

조직은 각종 의제의 최종심의와 의결을 담당하는 본위원회와 주요의제의 사전검토와 조정을 담당하는 상무위원회, 이밖에 공공부문구조조정특별위원회 · 금융부문구조조정특별위원회 · 부당노동행위특별위원회와 노사관계소위원회 및 경제사회소위원회로 구성되어 있다.

5) 일반법이란 어떤 사항에 관하여 널리 일반적으로 규정하는 법령을 말하며, 특별법이란 그와 같은 사항에 관하여 특정의 사람, 지역, 기간 등을 한정하여 적용되는 내용을 규정하는 법령을 말한다. 일반법과 특별법을 구별하는 실익은 법적용과 해석에 있어서 특별법이 일반법에 우선하여 적용된다는 데 있다. 따라서 양자가 서로 저촉할 경우에는 특별법의 규정이 우선 적용되고 일반법은 특별법에 규정되어 있지 않은 사항에 대하여 보충적으로 적용된다. 그러나 일반법과 특별법의 관계는 일의적, 절대적, 고정적으로 정하여지는 것이 아니라, 상대적인 관념이므로 어떤 법령에 대한 특별법이 타의 법령에 대한 일반법인 경우도 다수 존재하고 있는 점에 주의하지 않으면 안 된다. 또한 형식적 효력이 동일한 법령 상호간의 모순저촉을 해결하는 원리로서 후법우선의 원칙과 특별법우선의 원리 중 어느 것을 적용하여야 할 것인가가 문제로 되는 경우도 많다. 특별법인 한에서는 당연히 특별법우선의 원리가 적용되나, 경우에 따라서는 특별법으로 볼 수 있는가의 여부에 관해서 그 판단을 내리기 어려운 경우도 많다. 결국 개별 구체적으로 법령의 규정에 입각하여 그 규정의 취지, 규정의 방식 등에 따라 판단하여야 할 것이다. 따라서 입법에 즈음하여 특별법을 두는 경우에는 충분한 주의를 하여 될 수 있는 한 입법적 해석을 시도하려는 노력이 필요하며, 특별법의 취지를 명백히 할 필요가 있다(박영도, 입법학 용어해설집, 한국법제연구원 연구보고 02-01, 2002, pp. 306-307).

제한적인 노동기본권을 보장하는 노동관계특별법 제정의 형식을 취하고 있음을 지적하고 있다.

#### 3) 노동조합 설립 방식(안 제4조)

검토보고서는, 교원노조법안 제4조제1항은 교원이 특별시 · 광역시 · 도단위 또는 전국단위에 한하여 노조설립을 허용하고 있는데, 이는 교원의 임금, 근로조건 등이 법령과 예산에 의해 결정되고 있고, 임용권은 시 · 도교육감이 갖고 있는 등의 특수성을 고려한 것으로 판단하고 있으며, 한편 동조 제2항이 노동조합 설립 신고를 노동부장관에게 하도록 하고 있는 것은 교원노조에 대한 행정의 전문성 및 일관성 확보를 위한 것으로 판단하고 있다.

#### 4) 단체교섭의 구조(안 제6조제1항)

검토보고서는, 안 제6조제1항이 국 · 공립학교의 경우 전국적 교섭은 교육인적자원부장관과 시 · 도 단위의 교섭은 교육감과 하도록 하고, 사립의 경우는 사용자가 연합하여 교섭하도록 하고 있어, 국 · 공 · 사립을 불문하고 단위학교 차원에서의 교섭은 허용하고 있지 않는 바, 이는 교원노조가 학교 운영에 관여할 우려를 고려한 것으로 판단하였다. 사립학교의 경우에도, 복무, 자격 등이 관련법에서 국 · 공립의 경우와 동일하게 결정되어 있고, 정부가 재정의 상당 부분을 지원하고 있기 때문에, 단일 사립학교 차원에서 임의적으로 단체교섭을 통해 보수나 근무조건 등을 결정할 수 없음을 고려한 것을 판단하고 있다.

#### 5) 단체교섭 사항(안 제6조제1항)

안 제6조제1항은 또 단체교섭사항은 임금, 근무조건, 복지후생 등 경제적 사회적 지위 향상과 관련된 사항으로 한정하고 있는 바, 검토보고서는 이것이 교육정책, 교육과정, 교육기관의 관리 운영 사항 등은 관련법령에 의거하여 행정기관이 권한과 책임을 가지고 집행하는 사항이며, 국민의 학습권과 직접 관련이 있는 사항이므로 노사간의 교섭에 의하여 좌우될 수 없음을 고려한 입법으로 판단하고 있다.

### 6) 교섭권 위임의 금지(안 제6조제2항) 및 교섭창구의 일원화(안 제6조제3항)

안 제6조제2항은 노동조합의 교섭위원은 당해 노동조합을 대표하는 자와 그 구성원으로 한다고 하여, 일반노동조합처럼 제3자에게 교섭권을 위임할 수 없도록 하고 있고, 한편 안 제6조제3항은 조직대상을 같이 하는 2이상의 노동조합이 설립되어 있는 경우에 단체교섭 창구를 단일화하도록 하고 있는 바, 검토보고서는 전자는 교원노조의 특수성을 고려한 입법으로, 후자는 교섭을 둘러싼 혼란을 방지하기 위한 입법으로 판단하였다.

### 7) 단체협약의 효력(안 제7조제1항)

안 제7조제1항은 단체협약 체결권은 인정하되, 예산, 법령 등에 의해 결정되는 사항에 대해서는 단체협약의 효력을 부인하고 있는 바, 검토보고서는 이에 대하여 교원의 임금 및 대부분의 근무조건이 법정화되거나 예산에 의해 결정되고 있어, 이 경우에 단체협약의 효력을 인정하게 되면, 국회의 입법권과 예산권을 침해할 우려가 있기 때문인 것으로 판단하였다.

### 8) 쟁의행위 금지(안 제8조)

안 제8조는 교원노조와 교원에게 일체의 쟁의행위를 금지하고 있는 바, 검토보고서는 그 이유를, 교원들이 집단적으로 수업을 거부하거나 파업을 하는 경우에는 학생들이 수업을 받을 수 없게 되고, 면학분위기에 나쁜 영향을 미칠 우려가 있기 때문인 것으로 판단하였다.

### 9) 정치활동의 금지(안 제14조제3항)

안 제14조제3항은 공직선거 및 선거부정방지법 제87조 단서규정을 통하여 노동조합이 특정 정당이나 후보자를 지지·반대하거나 지지·반대할 것을 권유하는 행위를 할 수 있도록 규정한 사항을 교원노조에게는 적용하지 않도록 하고 있는 바, 이는 교육의 정치적 중립성과 학습권 보호를 위한 규정으로 판단하였다.

### 10) 교원노조 가입 대상

교원노조법안이 정부안으로 제출된 같은 시기에 국회 박승국 의원 외 20인이 발의한 '교원단체의설립및단체교섭에관한법률안'이 제출된 바, 검토보고서는 양자의 비교에서 전자, 즉 교원노조법안은 그 가입 대상을 교장, 교감 등 관리, 감독적 지위에 있는 교원 및 대학교수를 제외하는 것으로 판단하고, 후자, 즉 교원단체법안은 이들을 모두 교원단체 가입대상으로 상정하고 있는 것으로 판단, 제시하였다. 또한 후자는 교육과정에 관한 사항, 교육기관의 관리·운영에 관한 사항을 모두 단체교섭에 포함하고 있었다.

## 나. 심사

교원노조법안에 대한 국회 환경노동위원회 심사 의견은 다음과 같다.[6]

반대 의견(박원홍 의원)은 교원들에게 노동조합을 설립·운영할 수 있도록 근로자로서의 노동권 일부를 보장할 수 있는 정부의 소관 부처는 노동부가 아니라 교육인적자원부이므로 교원노조법안은 교육위원회에 회부되어야 하고, 동 법률안은 국회 교육위원회에 회부된 '교원단체의설립및단체교섭에관한법률안'과 하나의 위원회에서 병합 심사되어야 한다고 하였으며, 소관 상임위원회의 재결정

6) 국회환경노동위원회, 교원의노동조합설립및운영등에관한법률안 심사보고서, 1998.

요청에 대해서 국회 운영위원회에서 독단적으로 소관위원회를 환경노동위원회로 결정한 것은 절차를 무시한 결정으로 본다고 하였다.

찬성 의견(방용석, 이수인, 조성준 의원)은 교원노조 합법화는 IMF 위기를 극복하기 위한 노사정위원회의 합의 사항 중 핵심 사항으로서, 교원노조 합법화가 좌절될 경우, 노동계의 노사정위원회 탈퇴와 그로 인한 산업사회의 갈등이 급격히 고조될 것이며, 교원의 노동기본권 보장은 국제 사회에서 지켜야 할 최소한의 기준이라고 하였다.

심사 결과 교원노조법안은 환경노동위원회에서 원안대로 의결되었다(찬성 10인, 반대 1인, 기권 5인).

## 5. 교원노조법에 대한 개정안의 제출

교원노조법의 제정 이래 세 건의 중요한 개정안이 제출된 적이 있다. 그 하나는 교원노조 전임자에 대한 급여를 지원하자는 것이고, 두 번째 안은 교원노조 가입 자격에 대학 교원을 포함시키고자 한 것이고, 세 번째 안은 교원노조의 단체교섭 시에 학부모 등의 의견 수렴 절차를 강화하고자 한 것이다. 이들 개정안은 모두 통과되지는 않았으나, 교원노조법의 이해를 위해서 개정안 및 그에 대한 환경노동위원회의 검토 내용을 제시하면 다음과 같다.

### 가. 의안 번호 161745호(2002.9.24 발의)

의안번호 161745호에 의한 개정안은 2002년 9월 24일 신계륜 의원 대표로 발의되어 2002년 9월 25일 환경노동위원회에 회부되었다. 법안의 내용은 교원노조 전임자에 대한 급여를 지원하자는 것이었는데, 이에 대해서 검토보고서는 교육부, 행정자치부, 기획예산처, 지방교육청 등 관계 부처와 교원노조, 사립학교재단 등

이해당사자 및 국민 일반의 의견을 충분히 수렴하는 등 신중하게 입법을 추진할 필요가 있다고 판단하였다.[7)]

### 나. 의안번호 162025호(2002.12.4 발의)

의안번호 162025호에 의한 개정안은 2002년 12월 4일 이호웅 의원 대표 발의에 의하여 2002년 12월 5일 환경노동위원회에 회부되었다. 이 개정안은, 교원노조법의 적용 대상에 고등교육법에 의한 대학의 교원을 추가하자는 것이었다. 이 개정안에 대한 환경노동위원회 전문위원의 검토 의견은, 대학교수에 대한 노조 설립에 대해서는 다양한 의견이 제시되고 있는 바, 일반 국민의 공감대 형성 및 노사정 이해 당사자간의 심도 있는 의견 교환과 이를 통한 의견 수렴 등 신중한 입법 절차를 거쳐서 개정해야 할 것이라는 것이었다.[8)]

### 다. 의안번호 163017호(2003.12.16 발의)

정몽준 의원 대표 발의에 의해, 의안번호 163017호로 2003년 12월 16일 발의되었던 개정안은 단체교섭을 하는 경우에 관계 당사자는 국민 여론 및 학부모의 의견을 수렴하여 성실히 교섭하고 단체협약을 체결해야 하도록 규정하고 있는 제6조제4항의 규정의 경우 그 절차에 관한 사항이 미비되어 제대로 이행되고 있지 않다고 보고 있다. 이에 따라 이 개정안은 국민여론의 수렴 및 학부모의 의견 수렴에 관한 절차를 대통령령으로 정하도록 제안하였다.[9)]

이들 개정안은 국회 임기만료로 2004. 5. 29자로 모두 폐기되었다.

---

7) 국회 환경노동위원회, 교원의노동조합설립및운영등에관한법률중개정법률안(신계륜 의원 대표 발의, 2002. 9. 24)검토보고서, 2003. 11.

8) 국회 환경노동위원회, 교원의노동조합설립및운영등에관한법률중개정법률안(이호웅 의원 대표 발의, 2002. 12. 4)검토보고서, 2003. 11.

9) 국회 환경노동위원회, 교원의노동조합설립및운영등에관한법률중개정법률안(정몽준 의원 대표 발의, 2003. 12. 16).

# 제2장 조문해설

# 제1조 목 적

## 1. 조문

이 법은 국가공무원법 제66조 제1항 및 사립학교법 제55조의 규정에 불구하고 노동조합및노동관계조정법 제5조 단서의 규정에 의하여 교원의 노동조합 설립에 관한 사항을 정하고 교원에 적용할 노동조합및노동관계조정법에 대한 특례를 규정함을 목적으로 한다.

## 2. 입법 취지 및 해설

### 가. 입법 취지

교원노조 결성은 노사정위원회의[1] 합의 사항으로 동법은 교원노조와 관련하여 교육 관련법에 의한 근무조건의 규율을 전제로 제한적인 노동기본권을 보장하는 등 노동관계특별법 제정을 통해 보장하고 있고, 이는 교원의 특수한 지위 및 입법기술상의 문제 등을 감안한 조치로 판단된다.[2]

### 나. 해설

본 조문은 「국가공무원법」 제66조제1항을 적용 받는 국・공립 교원과 「사립

1) 노사정위원회의설치및운영등에관한법률[제정 1999.5.24] : 근로자와 사용자 및 정부가 신뢰와 협조를 바탕으로 노동정책 및 이와 관련된 사항을 협의하고, 대통령의 자문에 응하게 하기 위하여 설치하였다.

2) 국회 환경노동위원회, 교원의노동조합설립및운영등에관한법률안 검토보고서, 1998. 12.

학교법」제55조에 따라 이를 준용 받는 사립 교원들은 노동운동과 같은 집단적 행위를 할 수 없음에도 불구하고 「노동조합및노동관계조정법」 제5조(노동조합의 조직 · 가입)의 단서 규정에 의거하여 교원의 노동조합 설립 및 운영 등에 대해 허용됨을 밝히고 있다.

이렇게 일반노조법에 대한 특례로 규정한 것은 일반노조법의 입법 당시 교원에 대한 사회적 인식의 충돌[3]을 염려하여 일반근로자의 노동조합 조직 · 가입과 달리 제한적으로 허용하는 절충의 형태를 취하고자 하였기 때문으로 보인다.[4]

또한 동법은 일반노조법의 특별법으로서 교원의 노동조합 설립, 단체교섭, 노동쟁의, 정치활동에 관한 사항 등을 특례로 적용되는 사항만을 규정하고, 규정되지 않은 사항에 대하여는 일반노조법을 적용함을 밝히고 있다.

## 3. 참고 내용

### 가. 주요개념

#### 1) 노동조합

노동조합은 근로자가 주체가 되어 자주적으로 단결하여 근로조건의 유지 · 개선 및 근로자의 경제적 · 사회적 지위 향상 도모를 목적으로 조직한 근로자의 단체를 말한다. 이러한 노동조합은 그 목적을 달성하기 위하여 경제적 · 공제적 · 정치적 기능을 발휘한다. 경제적 기능은 단체교섭 등을 통한 근로조건 개선 기능을 말하며, 공제적 기능은 질병 등과 같은 경제 · 사회적 위험에 대비하여 기금 등

---

3) 군사부일체 등의 스승으로서의 성직관과 봉급을 받는 근로자로서의 노동자관의 충돌을 의미한다.

4) 국회사무처, 제183회 국회 환경노동위원회회의록 제2호, 1997. 2.19 (노동관계법에 대한 공청회)

을 조성하는 방법으로 상호부조하는 기능을 말한다. 정치적 기능은 근로자와 관계가 있는 법률이나 정책에 대해 정당과 연계하거나 독자적으로 견해를 표명하고 영향력을 행사하는 기능을 말한다.[5)]

이러한 노동조합활동은 자본주의사회의 초기에는 시민법질서를 침해하는 것으로 생각되어 민·형사상의 책임을 지는 것으로 억압하였으나 점차 소극적으로 인정하는 단계를 거쳐 적극적으로 보호하는 단계에 이르게 되었다.[6)]

### 2) 특례

교원노조법은 교원의 특수성과 입법기술상의 문제점 등을 감안하여 일반노조법의 특별법으로 제정되었다. 따라서 동 법은 교원노동조합의 설립, 단체교섭, 노동쟁의에 관한 사항 등 교원노조에 특례로 적용되는 사항만을 규정하고, 기타 사항에 대하여는 일반노조법이 적용된다.

특례법은 일반적으로 어떤 법률에서 규정하고 있는 내용에 대하여 특례를 규정하는 것을 목적으로 제정된 법이다.[7)] 특례법은 학문상 개념보다는 법제실무상의 개념으로 제정되는 이유는 다음과 같다.

첫째, 일반법의 적용시 새로운 입법수요를 충족시킬 수 없는 특수한 상황에서 현실의 구체적 상황 가운데 전개되는 특수한 입법정책적 목적을 수행하기 위하여 한정된 내용만을 규정하면서 다른 법률에 대한 적용배제 또는 예외를 규정하여 강한 법집행력을 수반할 필요성이 있는 경우

둘째, 사회변동으로 인하여 특수한 내용을 규율하고자 하는 입법의 필요성이 대두된 경우에 일반법의 근간은 그대로 유지하면서 한정된 범위 내에서 예외적인 조치를 내용으로 하는 특례법/특별법을 제정함으로써 법 적용의 탄력성을 유지할 필요성이 있는 경우

셋째, 국가의 정책 추진의지와 입법의지를 국민에게 강하게 인식시키기 위하

5) 김유성, 노동법Ⅱ-집단적 노사관계법-, 법문사, 1997 pp. 49-50.

6) 이상윤, 노동법(제3판), 법문사, 2000, pp. 506-507.

7) 이와 유사한 입법사례로 교육공무원법은 국가공무원법과 지방공무원법의 특별법으로 교원의 특수성과 전문성을 고려한 복무 등을 규정하고 있다.

여 동일한 내용이라 할지라도 일반법의 규정 가운데 포함시키지 않고 예외법으로서의 특례법/특별법을 마련하여 국가정책에 대한 국민의 이해와 협조를 요구할 필요성이 있는 경우

넷째, 입법기술적인 측면에서 번잡한 절차를 거치지 않고 비교적 신속하게 법규범을 제정 또는 개정할 필요성이 있는 경우 및 입법경제적인 측면에서 많은 비용과 시간이 소요되는 일반법보다는 예외법으로서의 특례법/특별법을 제정하는 것이 효율적인 경우 등이다.

그러나, 예외법으로서의 특례법/특별법을 선택함으로써 오히려 비생산적으로 작용하여 법이 촉진하고 보호하려는 가치를 손상하게 하거나 주어진 문제를 해결하기보다는 문제를 더욱 악화시키는 경우에는 이를 배제하여야 할 것이다.[8)]

### 3) 개별적 노동관계법과 집단적 노동관계법

현행 노동법은 근로자의 근로조건의 향상을 위한 「헌법」 제32, 33조[9)]의 취지에 따라서, 일반적으로 개별근로자와 사용자의 관계를 규율하는 개별적 노동관계법과 근로자단체와 사용자의 관계를 규율하는 집단적 노동관계법으로 구분할 수 있다.

첫째, 개별적 노동관계법은 개별 근로자의 보호를 위하여 국가가 직접 개입하여 법적 기준(근로시간, 휴게, 휴일 등)을 창설하고, 그 실효성을 확보하기 위하여 행정감독(근로감독관제도)과 벌칙규정을 두고 있다.[10)]

「국가공무원법」, 「교육공무원법」, 「교원지위향상을위한특별법」, 「초·중등교육법」, 「국가공무원복무규정」, 「공무원보수규정」 등은 「근로기준법」 등 개별적 노동관계법령과의 관계에 있어 특별법의 지위에 있다. 따라서 국·공립학교의 경우에는 교원의 신분, 복무, 휴가, 보수 등에 관하여는 우선적으로 「교육공무

8) 박영도, 입법학 용어해설집, 한국법제연구원 연구보고 02-01, 2002. pp. 303-305.

9) 「헌법」 제32조제3항 '근로조건의 기준은 인간의 존엄성을 보장하도록 법률로 정한다.'
「헌법」 제33조제2항 '공무원인 근로자는 법률이 정하는 자에 한하여 단결권·단체교섭권 및 단체행동권을 가진다.'

10) 근로기준법, 최저임금법, 산업안전보건법, 남녀고용평등법 등

원법」 및 「국가공무원법」 등 교육관계법령이 적용된다. 다만, 교육관계법령에 특별한 규정이 있지 아니하면서 「근로기준법」 등에 규정이 있는 경우에 한하여 개별적 노사관계법령이 적용된다. 사립학교의 교원의 경우에는 「사립학교법」과 동법에 의해 준용되는 「국가공무원법」, 「교육공무원법」, 「교원지위향상을위한특별법」, 「초 · 중등교육법」 등이 개별적 노사관계법령에 대해 우선 적용된다.[11]

둘째, 집단적 노동관계법은 근로자가 자주적으로 형성한 단결체를 기반으로 하여 노사간의 실질적 평등과 집단적 자치에 대해 규정하며, 국가의 개입은 간접적이다.[12]

교원노조법은 집단적 노동관계법령인 일반노조법에 대해 특별법의 지위에 있다. 교원의 노조 설립과 그 활동에 관하여는 교원노조법이 우선 적용되고, 교원노조법에 규정이 없는 사항에 대해서는 특별한 규정이 없는 한 일반노조법이 적용된다.

### 4) 노동3권 관련 학설과 교원의 노동3권

교원노조법에는 단결권과 단체교섭권은 인정하고 있으나, 쟁의행위를 금지하고 있어 단체행동권을 보장하고 있지 않다. 이러한 제한이 헌법 제33조 1, 2항에서 보장하고 있는 노동3권과 배치되는 것은 아닌지 관련 학설과 판례를 중심으로 살펴보겠다.[13]

#### 가) 유기적 관련 학설

노동3권의 유기적 관련성을 인정하는 학설에 의하면 단결권 · 단체교섭권 및

11) 서울특별시교육청, 교직단체업무편람, 서울: 경인정보문화사, 2005, pp. 11-12.

12) 노동조합및노동관계조정법, 교원의노동조합설립및운영등에관한법률 등

13) 재학관계를 사법상의 계약관계로 보는 견해(재학계약론)도 있다. - 교사는 학생들에게 교육서비스를 제공하는 데 있어서 단순히 사용자인 교육청이나 학교법인의 '이행보조자'가 아니다. 교사는 자신의 능력과 판단, 그리고 책임 하에서 교육서비스를 제공한다. 헌법이 교원의 신분을 두텁게 보호하고, 교육의 자주성, 전문성, 정치적 중립성을 보장하는 것도 그 때문이다. 따라서 교사가 학생들에 대한 학과지도나 생활지도 등을 거부할 경우, 이는 채무불이행에 해당된다. 물론 교사의 불법행위에 대해서는 당사자만이 아니라, 학교법인도 사용자책임을 지게 되지만, 계약법에서의 채무불이행책임과 불법행위법에서의 사용자 책임과는 그 구조를 달리한다고 볼 것이다.

단체행동권은 밀접한 상호관련을 가지면서 근로조건의 향상을 위한 수단으로 보장되어 있다는 견해로 단결이 근로자집단의 근로조건의 향상을 추구하는 주체라고 생각한다면 단체교섭은 그 주체의 구체적인 목적활동이며 그 목적활동은 단체협약의 체결이라는 것으로 결실을 보게 되고, 단결체가 단체교섭에 의하여 소기의 목적을 달성할 수 없을 때에는 단체행동을 통하여 그의 주장을 관철하게 되므로 노동3권은 서로 유기적인 밀접한 관련성을 가지고 있으므로 원칙적으로 일체적 권리로서 보장되어 있다고 주장하고 있다.[14)]

또한 관련 판례는, 사용자에 비하여 열세일 수밖에 없는 근로자에게 열세성을 배제하고 사용자와의 대등성 확보를 위한 법적 수단으로 단체교섭권을 인정하는 것이야말로 근로조건의 향상을 위한 본질적 방편이라고 아니할 수 없으며 따라서 그것을 위하여 단체형성의 수단인 단결권이 있고 또한 교섭이 난항에 빠졌을 때 그것을 타결하기 위한 권리로서의 단체행동권이 있는 것으로 보아야 하기 때문에 단결권과 관련하여 인정된 지위는 단체행동권과 관련해서도 같은 정도로 인정될 수 있다고 하여 근로3권의 유기적 관련성에 있어 긍정설 입장을 취하고 있다.[15)]

한편, 헌법 제33조 제2항에 따라 공무원인 근로자는 법률이 정하는 자에 한하여 단결권 · 단체교섭권 및 단체행동권을 가진다고 규정하고 있고, 교원의 경우에는 교원노조법이 제정됨에 따라 '법률이 정하는 자'에 해당된다 할 것이므로 이 경우에 비추어 교원의 노동기본권을 제한할 수 있는가 하는 의문은 여전히 남아 있다고 볼 때, 근로3권의 유기적 관련성을 긍정하는 입장에서 보면, 단체행동권의 제한은 위헌의 소지가 있다 할 것이고, 이와 관련하여 교원의 노동기본권을 단결권과 단체교섭권으로 한정하고 있는 교원노조법에 대해서는 헌법 제33조 제2항에 비추어 위헌의 소지가 있다는 문제도 제기되고 있다.

#### 나) 소극적 상호관련 학설

반면, 우리 헌법이 단결권 · 단체교섭권 · 단체행동권을 병렬적으로 규정하여 근로3권 각각이 독자성을 강화하고 있는 점, 근로3권 상호관련성을 어떤 수준으로 부여할 것인가는 입법정책 내지는 입법재량에 속하는 문제라는 점, 그리고

---

14) 김형배, 노동법, 서울: 박영사, 2002, p. 146 이하

15) 대법원, 1990.5.15, 90도357 판결

시대상황에 따라 근로3권의 중심이 되는 권리도 변화되어 온 점 등을 근거로 근로3권의 상호관련성이란 근로3권 중의 어느 하나의 권리가 다른 권리에 의하여 정당성이 규정된다는 그러한 적극적 의미의 일체성이 아니라, 생존권 이념을 실현하려면 삼권 중의 어느 하나도 결여되어서는 안 된다는 소극적 의미에서의 상호관련성 정도로 파악하여야 한다는 견해이다.[16)]

관련 판례에서 보면, 교원의 경우 「교원의노동조합설립및운영에관한법률」 제8조에 "파업 · 태업 기타 업무의 정상적인 운영을 저해하는 일체의 쟁의행위를 하여서는 아니 된다."고 규정하여 단체행동권을 제한하고 있다. 교원의 노동기본권 제한에 대한 헌법재판소의 견해는 우리 「헌법」은 제3조 제2항에서 "공무원인 근로자는 법률이 정하는 자에 한하여 단결권 · 단체교섭권 및 단체행동권을 가진다."고 규정하여 공무원인 근로자에 대하여는 일정한 범위의 공무원에 한하여서만 노동3권을 향유할 수 있도록 함으로써 기본권의 주체에 관한 제한을 두고 있다고 전제한 뒤, 국민전체에 대한 봉사자의 지위, 직무의 공공성, 재정 민주주의, 주권자인 전체국민의 복리를 고려하여 공무원제도를 보장하고 보호하는 점 등을 감안할 때 사실상 노무에 종사하는 공무원을 제외한 공무원들에 대하여 근로3권의 행사를 제한하는 것은 헌법 제33조 제2항의 근거, 합리적인 이유 및 「헌법」 제11조 제1항에 정한 평등의 원칙에 위반되는 것이 아니므로 「국가공무원법」 제66조 제1항은 「헌법」에 위반되지 않는다고 판단하고 있다.[17)]

한편, 공무원의 국민전체에 대한 봉사자인 지위, 직무의 공정성, 근무조건 법정주의, 재정민주주의, 교원 직무의 특수성, 공사립학교의 동질성 등 교원의 노동기본권 제한의 논거를 감안할 때, 일반 근로자와 다르게 취급할 수 있다는 헌법재판소의 견해는 교원노조법이 제정되었다 하더라도 여전히 배제할 수 없다 할 것이므로 교원의 근로3권의 유기적 관련성에 있어서 부정설이 보다 타당하다는 주장이 있다. 또한, 근로3권의 유기적 관련성이 쟁의행위의 정당성과 관련하여 일반적으로 논의되고 있는 사항으로는 쟁의행위의 주체와 관련하여 쟁의행위는 협약체결능력이 있는 노동조합이 주도하여야 한다는 점과 쟁의행위는 단체협약상의 목적

16) 이철수, 단체교섭의 근로자측 주체에 관한 비교법적 연구, 서울대학교박사학위논문, 1992, pp. 206-209.

17) 헌재 1992.4.28, 90헌바27 · 34 · 36 · 42 · 44 · 46.

을 관철하기 위한 목적으로 수행되어야 한다는 점을 감안할 때, 근로조건의 법률에 의하여 정해지고 단체교섭의 상대방이 법률의 개정에 대하여 권한을 가지고 있지 않다는 점에서 「교원의노동조합설립및운영에관한법률」 제8조와 무관하게 교원의 쟁의행위가 정당성을 인정받을 수 있는 가능성은 매우 희박하다는 견해도 있다.

#### 5) 교원의 교직관

교직은 관점에 따라 성직관, 전문직관, 공직관, 노동직관으로 분류하고 있다. 성직관은 성직자와 같이 인간의 인격형성을 돕는 일로써 교사의 높은 윤리성과 인격성을 강조하고, 전문직관은 교직은 엄격하고 끊임없는 연구에 의해 획득하고 유지되는 전문적인 지식 및 기능을 교사에게 요구하는 공공적 직무이며 또 교사가 담당하는 학생의 교육과 복지에 대해서 개인 및 공동의 책임감을 요구한다.[18) 공직관은 교직을 인간으로서의 존엄이라는 사회적 공동선을 실현시키는 데 필수불가결한 활동으로 보고 이를 공적으로 시행하여야 한다고 보는 관점이며, 노동직관은 일정한 급료를 받고 자신의 노동력을 제공한다는 의미에서 노동자의 그것과 동일하다는 현실적인 인식에 근거[19)하고 있다. 한편, 오늘날 교직의 성격은 이 네 측면을 모두 공유하고 있는 상태라고 보는 것이 일반적 견해이다.[20)

### 나. 관계 법령

#### 1) 「국가공무원법」 제66조(집단행위의 금지)

공무원은 노동운동 기타 공무 이외의 일을 위한 집단행위를 하여서는 아니된다. 다만, 사실상 노무에 종사하는 공무원은 예외로 한다.

---

18) 1966년 10월 5일 파리에서 UNESCO/ILO의 합동회의에서 채택한 "교원지위에 대한 권고"
19) 박상신, 교원노조의 단체교섭에 관한 연구, 고려대학교 석사학위논문, 2002, pp. 7-14.
20) 고전, 교원노조 법제화의 의의와 쟁점, The Journal of Education Admination, 1999, Vol.17, No.3, p. 199.

### 2) 「사립학교법」 제55조(복무)

사립학교의 교원의 복무에 관하여서는 국 · 공립학교의 교원에 관한 규정을 준용한다.

### 3) 「노동조합및노동관계조정법」 제5조(노동조합의 조직 · 가입)

근로자는 자유로이 노동조합을 조직하거나 이에 가입할 수 있다. 다만, 공무원과 교원에 대하여는 따로 법률로 정한다.

### 4) 「근로기준법」과 「노동조합및노동관계조정법」(근로자의 정의)

| 「근로기준법」제14조 | 「노동조합및노동관계조정법」 제2조 |
|---|---|
| "근로자"라 함은 직업의 종류를 불문하고 사업 또는 사업장에 임금을 목적으로 근로를 제공하는 자를 말한다. "근로"라 함은 정신노동과 육체노동을 말한다. | "근로자"라 함은 직업의 종류를 불문하고 임금 · 급료 기타 이에 준하는 수입에 의하여 생활하는 자를 말한다. |

### 5) 「노동조합및노동관계조정법」 제2조 제4호(노동조합의 정의)

"노동조합"이라 함은 근로자가 주체가 되어 자주적으로 단결하여 근로 조건의 유지 · 개선 기타 근로자의 경제적 · 사회적 지위의 향상을 도모함을 목적으로 조직하는 단체 또는 그 연합단체를 말한다. 다만, 다음 각목의 1에 해당하는 경우에는 노동조합으로 보지 아니한다.

가. 사용자 또는 항상 그의 이익을 대표하여 행동하는 자의 참가를 허용하는 경우

나. 경비의 주된 부분을 사용자로부터 원조받는 경우

다. 공제 · 수양 기타 복리사업만을 목적으로 하는 경우

라. 근로자가 아닌 자의 가입을 허용하는 경우. 다만, 해고된 자가 노동위원회

에 부당노동행위의 구제신청을 한 경우에는 중앙노동위원회의 재심판정이 있을 때까지는 근로자가 아닌 자로 해석하여서는 아니된다.

마. 주로 정치활동을 목적으로 하는 경우

### 6) 교원 노동기본권과의 관련법 주요 개정 내용 요약

가)「헌법」

| 개정시기 | 공무원 노동3권 관련 내용 | 비 고 |
|---|---|---|
| 제정<br>1948.7.17 | 제18조 근로자의 단결, 단체교섭과 단체행동의 자유는 법률의 범위 내에서 보장된다. | 공무원 노동3권에 대한 제한 내용 없음 |
| 전문개정<br>1962.12.26 | 제29조 ①근로자는 근로조건의 향상을 위하여 자주적인 단결권·단체교섭권 및 단체행동권을 가진다.<br>②공무원인 근로자는 법률로 인정된 자를 제외하고는 단결권·단체교섭권 및 단체행동권을 가질 수 없다. | 일부를 제외하고 공무원 노동3권 제한 |
| 전문개정<br>1972.12.27 | 제29조 ①근로자의 단결권·단체교섭권 및 단체행동권은 법률이 정하는 범위안서 보장된다. ②공무원인 근로자는 법률로 인정된 자를 제외하고는 단결권·단체교섭권 또는 단체행동권 가질 수 없다.<br>③ 공무원과 국가·지방자치단체·국영기업체·공익사업체 또는 국민경제에 중대한 영향을 미치는 사업체에 종사하는 근로자의 단체행동권은 법률이 정하는 바에 의하여 이를 제한하거나 인정하지 아니할 수 있다. | 일부를 제외하고 공무원 노동3권 공공사업체 근로자 단체행동권 제한 |
| 전문개정<br>1980.10.27 | 제31조 ①근로자는 근로조건의 향상을 위하여 자주적인 단결권·단체교섭권 및 단체행동권을 가진다. 다만, 단체행동권의 행사는 법률이 정하는 바에 의한다.<br>② 공무원인 근로자는 법률로 인정된 자를 제외하고는 단결권·단체교섭권 및 단체행동권을 가질 수 없다. ③ 국가·지방자치단체·국공영기업체·방위산업체·공익사업체 또는 국민경제에 중대한 영향을 미치는 사업체에 종사하는 근로자의 단체행동권은 법률이 정하는 바에 의하여 이를 제한하거나 인정하지 아니할 수 있다. | 일반 근로자의 단체행동권 행사 및 일반 공무원 노동3권, 공공 사업체 근로자 단체행동권 제한 |

| 개정시기 | 공무원 노동3권 관련 내용 | 비 고 |
|---|---|---|
| 전문개정<br>1987.10.29 | 第33조 ①근로자는 근로조건의 향상을 위하여 자주적인 단결권・단체교섭권 및 단체행동권을 가진다.<br>② 공무원인 근로자는 법률이 정하는 자에 한하여 단결권・단체교섭권 및 단체행동권을 가진다.<br>③ 법률이 정하는 주요방위산업체에 종사하는 근로자의 단체행동권은 법률이 정하는 바에 의하여 이를 제한하거나 인정하지 아니할 수 있다. | 공무원 중 법률이 정하는 자는 노동3권 인정, 방위산업체근로자만 단체행동권 제한 |

나) 「국가공무원법」

| 개정시기 | 공무원의 노동3권 관련 개정내용 | 비 고 |
|---|---|---|
| 제정<br>1949.8.12 | 第37조 공무원은 정치운동에 참여하지 못하며 공무 이외의 일을 위한 집단적 행동을 하여서는 아니 된다. | 집단적 행동 금지 (노동운동 무언급) |
| 일부개정<br>1961.9.18 | 第37조 공무원은 정치운동에 참여하지 못하며 노동운동 기타 공무 이외의 일을 위한 집단적 행동을 하여서는 아니 된다. | 노동운동 집단적 행동 금지 |
| 일부개정<br>1962.2.23 | 第37조 공무원은 정치운동에 참여하지 못하며 노동운동 기타 공무 이외의 일을 위한 집단적 행동을 하여서는 아니 된다. 단, 사실상 노무에 종사하는 공무원의 노동운동은 예외로 한다. | 노무 종사 공무원의 노동운동 집단적 행동 금지 예외 |
| 폐지제정<br>1963.4.17 | 第66조 (집단행위의 금지) 공무원은 노동운동 기타 공무 이외의 일을 위한 집단적 행위를 하여서는 아니된다. 다만, 각령으로 정하는 사실상 노무에 종사하는 공무원은 예외로 한다. | 각령이 정한 노무종사 공무원은 노동운동 집단적 행위 금지 예외 |
| 일부개정<br>1964.5.26 | 第66조 (집단행위의 금지) 공무원은 노동운동 기타 공무 이외의 일을 위한 집단적 행위를 하여서는 아니 된다. 다만, 국회규칙・대법원규칙 또는 대통령령으로 정하는 사실상 노무에 종사하는 공무원은 예외로 한다. | 국회규칙 등으로 정한 노무 종사 공무원은 노동운동 집단지 행위 금지 예외 |

| 개정시기 | 공무원의 노동3권 관련 개정내용 | 비 고 |
|---|---|---|
| 일부개정<br>1973.2.5 | 第66조 (집단행위의 금지) ①공무원은 노동운동 기타 공무 이외의 일을 위한 집단적 행위를 하여서는 아니 된다. 다만, 사실상 노무에 종사하는 공무원은 예외로 한다. ②전항 단서의 사실상 노무에 종사하는 공무원의 범위는 국회규칙·대법원규칙 또는 대통령령으로 정한다. ③제1항 단서에 규정된 공무원으로 노동조합에 가입된 자가 조합업무에 전임하고자 하는 경우에는 소속장관의 허가를 얻어야 한다. ④전항의 규정에 의한 허가에는 필요한 조건을 붙일 수 있다. | 국회규칙 등으로 정한 노무 종사 공무원이 노조의 전임하고자 할 때 소속장관 허가 |
| 일부개정<br>1994.12.22 | 第66조 (집단행위의 금지) ①공무원은 노동운동 기타 공무 이외의 일을 위한 집단적 행위를 하여서는 아니 된다. 다만, 사실상 노무에 종사하는 공무원은 예외로 한다. ②제1항 단서의 사실상 노무에 종사하는 공무원의 범위는 국회규칙·대법원규칙·헌법재판소규칙·중앙선거관리위원회규칙 또는 대통령령으로 정한다. ③제1항 단서에 규정된 공무원으로 노동조합에 가입된 자가 조합업무에 전임하고자 하는 경우에는 소속장관의 허가를 얻어야 한다. ④제3항의 규정에 의한 허가에는 필요한 조건을 붙일 수 있다. | 노동운동 집단적 행위 금지 예외 노무종사 공무원 범위 정하는 규칙에 헌재, 중앙선관위 추가 |

다) 「노동조합및노동관계조정법」

| 관련법 | 공무원, 교원 노동조합 관련 내용 | 비 고 |
|---|---|---|
| 노동조합법<br>제정<br>1953.3.8 | 第6조 (노동조합조직가입의 제한) 근로자는 자유로 노동조합을 조직하거나 또는 이에 가입 할 수 있다. 단, 현역군인, 군속, 경찰관리, 형무관사와 소방관사는 예외로 한다. | 예외 사항 중 일반 공무원, 교원은 해당 없음 |
| 노동조합법<br>전문개정<br>1963.4.17 | 第8조 (노동조합의 조직과 가입의 제한) 근로자는 자유로이 노동조합을 조직하거나 이에 가입할 수 있다. 다만, 공무원에 대하여는 따로 법률로 정한다. | 공무원은 따로 법률로 정함(노동조합법은 1996년에 폐지되고 노동조합및노동관계조정법으로 대체) |

| 관련법 | 공무원, 교원 노동조합 관련 내용 | 비 고 |
|---|---|---|
| 노동조합및노동관계조정법 제정 1997.3.13 | 第5조 (노동조합의 조직 · 가입) 근로자는 자유로이 노동조합을 조직하거나 이에 가입할 수 있다. 다만, 공무원과 교원에 대하여는 따로 법률로 정한다. | 공무원, 교원은 따로 법률로 정함. 교원노조법의 근거 |

※「교원의노동조합설립및운영등에관합법률」(1999.1.29 공포, 1999.7.1 시행)

## 다. 외국의 사례

### 1) 영국

교원노조는 전국교원연합, 스코틀랜드 교육원, 전국교사협회와 여교사연합, 중등교장협회, 조교사협회, 교원전문협회, 스코틀랜드 중등교사협의회 등 다양한 교원단체가 설립되어 활동하고 있다.

단체교섭은 그동안 교원들의 주요 근로조건은 국가수준의 단체교섭인 번함 협상제도를 통하여 결정되어 왔고, 이외에 지역수준에서도 협상은 이루어졌다. 지금은 1987년 교원보수와 근무조건법을 제정 · 시행하여 교원의 보수와 근무조건에 관한 사항은 법률로 정하도록 함으로써 종전의 번함 협상제도를 폐지하였고, 단체교섭 결렬로 인한 파업 자체를 원천적으로 봉쇄하였다. 현재는 지역수준 차원에서 단체교섭과 협의가 행해지고 있으며, 교섭당사자는 지방수준 교원조직과 지방교육당국자가 포함된 교원평가기구이다.[21)]

### 2) 독일

교원노조는 독일교육학술노동조합, 연방직업교육교사연맹, 교육연맹 등이 조직되어 활동하고 있다.

단체교섭은 독일의 공공부문은 일반노사관계와 마찬가지로 집중적으로 조

21) 박근석, 교원노조의 효율적인 단체교섭에 관한 연구, 고려대학교노동대학원 석사학위논문, 2004. pp. 42-46 참고.

절되고 있을 뿐만 아니라 자율교섭방식으로 조절되고 있으며, 이러한 집중식-교섭식 모델을 가리켜 흔히 조정모델이라고 부른다.22)

### 3) 미국

교원노조는 NEA(1857년에 초・중등 교원(교육행정가 포함)과 대학교원들이 주축이 되어 결성된 단체로 교육기회의 균등 실현, 교육내용 및 방법의 개선, 그리고 교원의 사회경제적 지위 향상을 목적으로 활동해 왔으며, 2006년 현재 320만 명의 회원을 가진 세계 최대 교원단체로 성장하였다. AFT는 1916년 교사를 중심으로 미연방 산업별 노동조합과 연대하여 강력한 노동조합을 표방하여 태동하였고, 공・사립학교 교사, 교원 보조원 및 학교 관련 종사자, 간호원 및 건강전문가 연합, 고등교육기관 직원 및 전문가 연합 그리고 공무원 연합 등으로 구성되어 교원의 처우와 근무조건의 개선을 목표로 활동해 왔다. 2006년 현재 약 130만 명의 회원을 가진 단체이다.

단체교섭권의 인정 범위는 다양하여 단체교섭법이 있는 주, 단체교섭법이 없고 제한적인 교섭이 허용되는 주, 단체교섭법이 없으나 교섭이 확대되고 있는 주가 있다. 교섭구도는 지역별 교육구의 교육당국을 대표한 교육위원회와 교원을 대표한 교직단체 간에 이루어지며, 주 정부나 연방정부와는 단체교섭이 이루어지지 않는다. 교섭방식은 공・사립을 불문하고 해당 지역의 전 교원이 투표하여 하나의 단체를 교섭당사자 대표로 선출하는 배타적 교섭방식을 취하며, 교섭사항은 일반적으로 봉급・수당 등의 근무조건에 국한되어 있고 관리사항・정책적인 사항은 제외시키는 것이 일반적인 경향이다.23)

---

22) 박근석, 위의책, pp. 46-49 참고.

23) 박근석, 위의 책, pp. 49-51.

# 제2조 정 의

## 1. 조문

이 법에서 "교원"이라 함은 초 · 중등교육법 제19조제1항에서 규정하고 있는 교원을 말한다. 다만, 해고된 자로서 노동조합및노동관계조정법 제82조 제1항의 규정에 의하여 노동위원회에 부당노동행위의 구제신청을 한 자의 경우에는 중앙노동위원회의 재심판정이 있을 때까지 이를 교원으로 본다.

## 2. 입법취지 및 해설

### 가. 입법 취지

본조는 교원노조법이 적용되는 교원의 범위를 「초 · 중등교육법」 제19조 제1항에 나타나 있는 유치원, 초등학교, 중학교, 고등학교, 고등공민학교, 고등기술학교, 특수학교, 각종학교의 교원으로 규정하고 있다.

그리고 해고된 교원이 사용자의 부당노동행위에 대하여 노동위원회에 구제신청을 한 경우에는 노동조합의 활동이 방해받는 것을 방지하기 위한 취지에서 중앙노동위원회의 재심판정이 있을 때까지 교원으로 보게 한 것이다.

### 나. 해설

2004년 1월 29일 법률 제7120호에 의거 유아교육법이 제정 · 시행됨에 따라 본조의 교원이라 함은 「초 · 중등교육법」 제19조제2항과 제3항은 물론 「유아교육법」 제20조제1항의 교원도 포함된다고 볼 수 있다.

교원노조법 제14조(다른 법률과의 관계)제1항에서 일반노조법의 "근로자"는 "교원"으로, "사용자"는 "교육인적자원부장관, 시 · 도 교육감, 사립학교를 설립 · 경영하는 자 또는 교원에 관한 사항에 대하여 교육인적자원부장관, 시 · 도 교육감, 사립학교를 설립 · 경영하는 자를 위하여 행동하는 자"로 본다고 규정되어 있어 교(원)장, 교(원)감은 사용자 지위에 있는 관계로 교원노조 가입 허용 범위에 포함되지 않는다고 볼 수 있다.

입법 당시 대학교수와 교원이 아닌 직원의 교원노조 포함 여부도 쟁점이 되긴 했으나 일반 공무원과의 형평성 문제를 정부에서 제기함에 따라 노동계가 양보했다고 한다. 대학교수의 경우 이른 시일 안에 대학구성원의 의견수렴을 거쳐 가입자격 여부를 결정하기로 했으며, 직원의 경우 공무원노조가 허용되는 시점에서 다시 논의할 계획이라고 하였다고 한다.[1]

일반노조법에서 근로자란 직업의 종류를 불문하고 임금, 급료, 기타 이에 준하는 수입에 의하여 생활하는 자를 말하며, 현재 근로계약을 맺고 근로를 제공하고 임금을 받는 자는 물론, 현재는 일시적 실업자 또는 구직자일지라도 임금, 급료, 기타 이에 준하는 수입에 의하여 생활하여 노동3권을 보장할 필요성이 있으면 근로자에 해당한다. 한편 부당노동행위는 근로3권을 보호하기 위한 제도이며, 자율적 단체협약질서를 포함한 전체적인 노사관계질서를 고려하여야 한다. 이에 부당노동행위구제절차는 손해의 배상과 같은 침해된 권리의 사후구제에 있는 것이 아니라, 손상된 자율적 단체협약질서의 회복과 협약자율기능의 작동을 보장하는데 중점이 두어져야 한다. 그러므로 부당노동행위 구제는 협약질서 침해행위를 신속히 제거하려는 신속성이 요구된다.[2] 따라서 부당노동행위의 구제를 신청한 교원의 경우 중앙노동위원회의 재심판정이 있을 때까지 교원으로서 인정되어야 한다고 볼 수 있다.

---

1) 동아일보, 1998.11. 2.

2) 박경서, 노동법Ⅱ-실무집단적 노사관계법, 한솜미디어, 2002, p. 62, p. 384.

## 3. 참고 내용

### 가. 주요개념

#### 1) 교원노조법에서 교원의 범위에서 제외되는 자

가) 대학교수

일반노조법 제5조에 따르면 근로자는 자유로이 노동조합을 조직하거나 이에 가입할 수 있다. 다만, 공무원과 교원에 대하여는 "따로 법률로 정한다."라고 규정하고 있다. 「사립학교법」제55조는 "사립학교의 교원의 복무에 관하여는 국・공립학교의 교원에 관한 규정을 준용한다."라고 규정하고 동법 제58조제1항 제4호는 사립학교 교원이 '정치운동' 또는 '노동운동'을 하는 경우에 면직 시킬 수 있다고 규정하고 있다. 또한「사립학교법」제61조제1항은 "사립학교의 교원이 다음 각 호의 1에 해당하는 때에는 당해 교원의 임명권자는 징계의결의 요구를 하여야 하고, 징계의결의 결과에 따라 징계처분을 하여야 한다"라고 규정함으로써 사립학교교원의 노동운동을 면직사유와 징계사유로 하고 있다.

대학교수들이 정당가입 및 정치활동의 자유보장, 조교수 이상에 대한 국회의원 등 겸직 허용과 함께 학문연구 및 교수의 자유가 보장되고 있다는 점에 있어서 초, 중등 교원에 비해 법적 위상이 현격히 우월한 교원노조법의 적용대상에서 제외된 것으로 여겨진다. 그러나 최근의 근무환경의 변화는 교수노조의 필요성이 거론되고 있다. 2001년 11월19일 교육인적자원부는 교육공무원 임용령 중 개정령을 발표하였다. 동 개정령 제5조의 2(대학교원의 계약제 임용 등) "대학교원의 임용은 다음 각 호의 범위 안에서 계약조건을 정하여 행한다. 1.근무기간 2.급여 3.근무조건 4.업적 및 성과 5.재계약조건 및 절차 6. 그밖에 대학의 장이 필요하다고 인정하는 사항" 과 동 개정령 제5조의 4(정년보장교원의 심사) "정년까지 임용되는 교원의 정수는 당해 대학의 교원정원의 범위 내에서 당해 대학의 장이 정한다."라고 되어 있다. 뿐만 아니라 사학재단의 지배권강화 등으로 고용불안 및 노동조건

저하에 직면하고 있다고 할 수 있기 때문에 앞으로 일반국민의 공감대형성과 노사정 이해당사자간의 의견수렴을 거쳐 신중하게 입법절차를 처리하여야 할 것이다.

나) 교육기관에 종사하는 강사 및 직원

현재는 「초·중등교육법」제19조제1항에서 규정하고 있는 교원과 「유아교육법」제20조제1항에 규정되어 있는 교원만이 교원노조법에 가입할 수 있도록 되어있다. 그러나 현재 학교에 근무하고 있는 강사나 기간제 교사 또는 명예 교사, 외국인 회화교사, 영양사, 간호사, 간호조무사, 사서직원, 학교급식소 직원, 경비원, 학교버스기사, 행정실직원 등 교육기관에 종사하는 사람들의 노조가입여부의 문제도 최근에 활발하게 논의되고 있는 공무원노조와 교수노조의 결성움직임과 함께 공무원노조가 허용되는 시점에서 종합적으로 검토되어져야 할 것이다.

## 나. 관계법령

### 1) 「교육기본법」제14조(교원)

① 학교교육에서 교원의 전문성은 존중되며, 교원의 경제적·사회적 지위는 우대되고 그 신분은 보장된다.

② 교원은 교육자로서 갖추어야 할 품성과 자질을 향상시키기 위하여 노력하여야 한다.

③ 교원은 교육자로서의 윤리의식을 확립하고, 이를 바탕으로 학생에게 학습윤리를 지도하고 지식을 습득하게 하며, 학생 개개인의 적성을 계발할 수 있도록 노력하여야 한다. <신설 2005.11.8>

④ 교원은 특정 정당 또는 정파를 지지하거나 반대하기 위하여 학생을 지도하거나 선동하여서는 아니된다.

⑤ 교원은 법률이 정하는 바에 의하여 다른 공직에 취임할 수 있다.

⑥ 교원의 임용·복무·보수 및 연금 등에 관하여 필요한 사항은 따로 법률로 정한다.

### 2) 「초 · 중등교육법」 제19조(교직원의 구분)

① 학교에 두는 교원은 다음 각 호와 같다.

1. (삭제 2004.1.29)
2. 초등학교 중학교 고등학교 공민학교 고등공민학교 고등기술학교 및 특수학교에는 교장, 교감 및 교사를 둔다. 다만, 학생 수 100명 이하인 학교 또는 학급 수 5학급 이하인 학교 중 대통령령으로 정하는 일정규모 이하의 학교에는 교감을 두지 아니할 수 있다(단서신설99.8.31).
3. 각종학교에는 제1호 및 제2호의 규정에 준하여 필요한 교원을 둔다.

② 학교에는 교원 외에 학교운영에 필요한 행정직원 등 직원을 둔다.

③ 학교에 두는 교원과 직원(이하 "교직원"이라 한다)의 정원, 배치기준 등에 관하여 필요한 사항은 대통령령으로 정한다.

### 3) 「유아교육법」 제20조(교직원의 구분)

① 유치원에는 교원으로 원장, 원감 및 교사를 두되, 대통령령이 정하는 일정모 이하의 유치원에는 원감을 두지 아니할 수 있다.

② 유치원에는 교원 외에 촉탁의사, 영양사, 간호사 또는 간호조무사, 행정직원 등을 둘 수 있다.

③ 유치원에 두는 교원과 직원(이하 "교직원"이라 한다)의 정원, 배치 기준 등에 관하여 필요한 사항은 대통령령으로 정한다.

### 4) 일반노조법 제2조(정의)

이 법에서 사용하는 용어의 정의는 다음과 같다.

① "근로자"라 함은 직업의 종류를 불문하고 임금 · 급료 기타 이에 준하는 수입에 의하여 생활하는 자를 말한다.

② "사용자"라 함은 사업주, 사업의 경영담당자 또는 그 사업의 근로자에 관한 사항에 대하여 사업주를 위하여 행동하는 자를 말한다.

③ "사용자단체"라 함은 노동관계에 관하여 그 구성원인 사용자에 대하여 조정 또는 규제할 수 있는 권한을 가진 사용자의 단체를 말한다.

### 5) 일반노조법 제82조(구제신청)

① 사용자의 부당노동행위로 인하여 그 권리를 침해당한 근로자 또는 노동조합은 노동위원회에 그 구제를 신청할 수 있다.
② 제1항의 규정에 의한 구제의 신청은 부당노동행위가 있은 날(계속하는 행위는 그 종료일)부터 3월 이내에 이를 행하여야 한다.

## 다. 판례

**사립학교법 제55조, 제58조제1항 제4호에 관한 위헌 심판[1991.7.22 89헌가 106) 판결문]**

교육의 목적은 학교교육의 분야에서뿐만 아니라 정치 · 경제 · 사회 · 문화의 모든 영역에서도 항상 강력히 실현되어야 하지만(교육법 제3조 참조), 오늘날의 교육은 주로 조직화 · 제도화된 공교육기관인 학교에서 이루어지는 학교교육이 그 중심을 이루고 있고, 학교교육의 수행자가 바로 교원이다.

실정법상으로 보면 교원은 교육법 제81조에 규정된 국민학교 · 중학교 · 고등학교 · 대학 등 각 학교에서 원아, 학생을 직접 지도 교육하는 사람으로 그 소속 교육기관의 종별에 따라 정교사(1급 · 2급) · 준교사 · 특수학교교사 · 교도교사 · 사서교사 · 실기교사 · 양호교사로 세분되는 교사와 교장 · 교감 · 원장 · 원감으로 구분되는 관리직인 교원과 교수 · 부교수 · 조교수 · 전임강사 및 조교로 구분되는 고등교육기관의 교원으로 나뉘어져 있다(교육법 제73조, 제75조, 제79조, 사립학교법 제52조).

이와 같은 각 학교의 교원은 학생들에 대한 지도교육이라는 노무에 종사하고, 그 노무제공에 대한 대가로 받는 임금 · 급료 기타 이에 준하는 수입에 의하여 생활하는 사람이므로 교원 역시 근로관계법에서 정의하고 있는 통상적인 의미의 근로자인 성격을 가지고 있음에는 틀림이 없다(근로기준법 제14조, 노동조합법 제4조).

그러나 교원은 그의 수업 및 교육활동에 있어서는 종속된 행정집행자나 법규의 적용자가 아니며, 국가나 지방자치단체 또는 사립학교의 설립·경영자나 학생들의 부모 및 그들에게 영향을 미칠 수 있는 제삼자들의 지시에 단순히 복종하는 사람도 아니다. 교원은 미래지향적, 가치 창조적 입장에서 홍수같이 밀려드는 정보를 학생들이 정리할 수 있도록 도와주고, 학생들에게 사고의 방식을 길러주며, 학생들로 하여금 이해력과 통찰력을 개발하도록 하여 지적인 흥미를 유발시킬 수 있는 능력을 배양하도록 하고, 학생들이 사물에 대한 자기 나름의 견해를 가질 수 있도록 가치적인 문제들에 대하여 학생을 지도하는 사람인 것이다.

### 라. 질의 회신

| 질의 | 부장교사의 교원노조 가입 자격 여부 |
|---|---|

[노동부 노조01253-189(2000.3.3)] 1. 노동조합에 가입할 수 있는 자의 자격 및 범위는 일반노조법 제2조제2호 및 제4호가목 소정의 사용자 또는 그 이익대표자에 해당되지 않는 범위 내에서 노동조합의 규약으로 정할 수 있는 것이다. 2. 동법 제2조제4호가목에서 노동조합의 결격사유의 하나로 "사용자 또는 항상 그의 이익을 대표하여 행동하는 자의 참가를 허용하는 경우"를 정하고 있는 것은 사용자에 해당하는 자가 노조에 가입하여 노조의 조직운영에 지배, 개입하는 행위를 방지함으로써 노조의 자주성을 보호하는 한편, 사용자의 노무관련 기밀에 관한 사항이 노조에 누설됨을 예방하여 노사교섭력의 균형을 기하고자 하는데 입법취지가 있다. 3. 이 경우 "사용자 또는 항상 그의 이익을 대표하여 행동하는 자"인지 여부에 대한 판단은 형식적인 직급명칭이나 지위보다는 직무내용 및 회사규정의 운영실태, 근로자에 관한 사항에의 관여 또는 정도 등 구체적인 사실관계를 토대로 근로자의 인사, 후생, 노무관리 등 근로조건의 결정 또는 업무상의 명령이나 지휘, 감독 등에 대한 사업주로부터 권한과 책임을 부여받았는지 여부, 근무평정 권

한 및 책임이 최종적으로 귀속되는지 여부, 근로관계에 대한 계획과 방침 등 사용자의 기밀에 속하는 사항을 접하고 있어 근로자의 현 직책상의 직무수행에 수반하는 책임과 의무가 노동조합의 조합원으로서의 활동에서 요구되는 성의와 책임에 직접 저촉되는지 여부 등에 따라 판단하여야 할 것이다.

## 마. 외국의 사례

### 1) 미국

미국은 교원의 정의에 대한 특별한 명시가 법률에는 나타나 있지 않다. 미국에는 노동조합형태인 미국교원연맹 AFT(American Federation of Teachers)와 교원의 이익단체인 전미교육협회 NEA( National Education Association)란 두 개의 큰 조직이 있으나 교원들만이 가입되어 있지 않고 Teachers(교사), Support Professionals(경비원, 간호원 등 학교에서 가르치지는 않지만 일을 하는 사람들), Higher Education Faculty and Staff(대학교, 대학원에서 일하는 사람들), Retired Members(은퇴한 멤버들)로 구성되어 있다.

### 2) 영국

영국에는 전국교사조합(조합원 약 20만 명)인 National Union of Teachers가 있으며, 노조라기보다는 한국의 교원단체연합회와 같은 형태의 조직인 전국교장연합회(National Association of Head Teachers)와 중등교장연합회(Secondary Head Association)가 구성되어 있다. 또한 전국의 초 · 중 · 고 교사 및 교장과 교감이 함께 참여하는 전국남녀경력교사연합회(회원수 약 17만 명)(National Association of Schoolmaster Union of Women Teachers)와 교 · 강사연합회(Association of Teachers and Lecturers)가 있다.

### 3) 독일

독일에는 교학노조 GEW(Gewerkschaft Erziehung und Wissenschaft)가 있다. 구성원은 초등학교, 중 · 고등학교, 실업계고등학교, 종합학교, 직업학교, 특수학교(Sonderschule), 중도학교(Mittelschule) 상급생학교(Kollegschule), 그리고 또 다른 형태의 학교들, 유아원, 청소년보호원, 대학교와 대학연구소 및 연구소 시설에 근무하는 요원, 평생교육원, 외국 소재 독일학교 및 전 세계에 파견되어 있는 독일문화원직원들, 그리고 실업상태에 있는 교육자와 학자들이 노조원으로 가입되어 있다. 현재 회원수는 27만 명이다. 이 외에도 김나지움과 같은 아카데미 스쿨의 교원 및 대학교수로 조직된 김나지움교사조합(Philologen Verband)과 교수조합(Hochschule Verband)이 있다.

### 4) 일본

일본에는 일본교직원조합 일명 일교조가 있다. 일교조는 회원수 40만 명으로 국 · 공립, 사립학교 유치원, 초 · 중 · 고 · 대학, 고등전문학교 등 각종학교의 교사뿐 아니라 일반교직원과 사무원이 가입하고 있다. 그 외에 전 일본교직원조합(전교), 일본고등학교교직원조합(일고교우파), 전 일본교직원연맹(전일교련), 전국교육관리직원단체협의회(전관협)이 있다.

# 제3조

# 정치활동의 금지

## 1. 조문

교원의 노동조합(이하 "노동조합"이라 한다)은 일체의 정치활동을 하여서는 아니된다.

## 2. 입법취지 및 해설

### 가. 입법취지

이는 「헌법」제31조와 교육기본법 제6조에 의하여 교육의 중립성을 확보하고 「국가공무원법」제65조 및 「사립학교법」제58조, 「국가공무원복무규정」제27조에서 정치적 행위에 대하여 금지를 규정하고 있는바, 본조문은 교원노조 또한 정치활동 금지를 명확하게 하기 위한 것으로 이와 관련하여 「교원의노동조합설립및운영등에관한법률」제14조 제3항은 일반노조의 정치활동을 허용하는 근거조항인 「공직선거및선거부정방지법」제87조 단서규정을 통해 노동조합이 특정 정당이나 후보자를 지지・반대하거나 지지・반대할 것을 권유하는 행위 등을 할 수 있도록 규정한 조항을 교원노동조합에는 적용하지 않도록 하여 교원노조의 정치활동을 금지하고 있는 바, 이는 교육의 정치적 중립성과 학습권을 보호를 위한 조치로 판단된다.[1)]

---

1) 국회 환경노동위원회, 교원의노동조합설립및운영등에관한법률안 검토보고서, 1998. 12. pp. 7-8.

## 나. 해설

공무원은 국민 전체의 이익을 위해 봉사해야 하는 입장에 있으며 일부의 국민이나 특정 정파 혹은 정당의 이익을 위해 봉사하는 입장이 아니다. 정치적 중립성의 요청은 정권교체로 인한 행정의 일관성과 계속성이 상실되지 않도록 하면서, 공무원의 정치적 신조에 따라서 행정이 좌우되지 않도록 함으로써 공무집행에서의 혼란의 초래를 예방하고 국민의 신뢰를 확보하기 위한 것으로「헌법」제7조 제1항[2)]과 제2항[3)]에 잘 나타나 있다.

이와 관련하여 헌법재판소는 1995. 5. 25. 선고한 91헌마67 결정에서 "공무원은 국민 전체에 대한 봉사자이므로 중립적 위치에서 공익을 추구하고(국민 전체의 봉사자설), 행정에 대한 정치의 개입을 방지함으로써 행정의 전문성과 민주성을 제고하고 정책적 계속성과 안정성을 유지하며(정치와 행정의 분리설), 정권의 변동에도 불구하고 공무원의 신분적 안정을 기하고 엽관제로 인한 부패・비능률 등의 폐해를 방지하며(공무원의 이익보호설), 자본주의의 발달에 따르는 사회경제적 대립의 중재자・조정자로서의 기능을 적극적으로 담당하기 위하여 요구되는 것(공적 중재자설)"이라고 하면서, 공무원의 정치적 중립성 요청은 결국 위의 근거를 종합적으로 고려하여 "공무원의 직무의 성질상 그 직무집행의 중립성을 유지하기 위하여 필요한 것"이라고 판시한 바 있다(판례집 7-1, 722, 759).

이와 같은 공무원에 대한 정치적 중립성의 요청은 교육분야에서 종사하는 교육공무원에게까지 제도적으로 보장되고 요구되고 있다. 즉, 헌법 제31조 제4항은 "교육의 … 정치적 중립성 …은 법률이 정하는 바에 의하여 보장된다."고 선언함으로써 헌법적 차원에서 이를 강력히 보장하고 있다.

헌법재판소는 1992. 11. 12. 선고한 89헌마88 결정에서 교육의 정치적 중립성이 보장되어야 하는 이유에 관하여, "교육이 국가의 백년대계의 기초인 만큼 국가의 안정적인 성장・발전을 도모하기 위해서는 교육이 외부세력의 부당한 간섭에 영향 받지 않도록 교육자 내지 교육전문가에 의하여 주도되고 관할되어야 할 필

2) 헌법 제7조 제1항 – 공무원은 국민전체에 대한 봉사자이며, 국민에 대하여 책임을 진다.

3) 헌법 제7조 제2항 – 공무원의 정치적 중립성은 법률이 정하는 바에 의하여 보장된다.

요가 있다는 데서 비롯된 것이라고 할 것이다. 그러기 위해서는 교육에 관한 제반 정책의 수립 및 시행이 교육자에 의하여 전담되거나 적어도 그의 적극적인 참여 하에 이루어져야 함은 물론 교육방법이나 교육내용이 종교적 종파성과 당파적 편향성에 의하여 부당하게 침해 또는 간섭당하지 않고 가치중립적인 진리교육이 보장되어야 할 것이다."(판례집 4, 739, 762)라고 밝힌 바 있고 1993. 7. 29. 선고한 91헌마69 결정에서, "국 · 공립학교 교원이 공무원신분을 가지도록 한 것은 국가가 교육에 있어서 중대한 역할을 수행하게 되는 공교육제하에서 교육의 자주성 · 전문성 · 정치적 중립성의 보장이라는 헌법 제31조의 명제를 구체화시키기 위한 것"이라고 하면서, 교육공무원의 정당가입을 금지한 정당법 제6조는 교육의 자주성 · 전문성 · 정치적 중립성의 보장을 위하여 인정되는 합리적인 제한이라고 판시한 바 있다(판례집 5-2, 145, 152).

이와 같이 초 · 중등학교에 근무하는 교원이 정당의 발기인 또는 당원이 되는 것을 금지하고 있는 것은, 공무원의 신분을 보장하고 민주주의 및 법치주의의 통치이념에 기여하려는 공무원제도의 본질에 비추어 공무원의 정치적 중립성 확보를 위한 조치로서 헌법 제37조 제2항에 따른 최소한의 제한이라고 할 수 있다. 이는 우리나라의 정치적 현실과 역사적 경험에 비추어 행정의 중립성 · 효율성의 확보뿐만 아니라 특히 교원의 활동이 미성숙한 학생들의 가치판단에 중대한 영향을 주고 있으므로 교육자로서의 특별한 처신이 요구되고, 피교육자인 학생들의 기본권 또는 학부모들의 자녀에 대한 교육권과의 갈등을 예방하기 위해 부득이하고 필요한 조치이기도 하다.

## 3. 참고 내용

### 가. 주요 개념

#### 1) 정치활동

한 사회의 구성원이 직접 · 간접으로 지도자의 선택과 공공정책 결정에 참가하는 자발적 활동, 전형적인 활동으로는 투표, 정보의 획득, 토론과 권유, 집회의 참가, 대표자와의 커뮤니케이션 등이며 적극적인 활동으로는 정당가입, 선거인명부 점검 및 등록, 연설, 선거운동, 공직 및 당직을 위한 경쟁 등을 일컫는다.

#### 2) "~일체의 정치활동을 하여서는 아니된다."의 개념

현행 국가공무원법 제2조와 지방공무원법 제2조에 규정된 공무원과 교원은 정당의 발기인 또는 당원이 될 수 없도록 한 규정(정당법 제6조)에 의거해서 개념을 살펴보면,

① 정당 기타 정치단체 결성에 관여 · 가입 – 금지
다만, 국 · 공 · 사립대학교의 총장으로부터 전임강사에 이르기까지의 교수들은 예외

② 선거에서 특정정당(인)의 지지 · 반대 – 금지

③ 정치적 행위 결과에 의한 약속 – 금지

④ 기타 정치적 목적을 가진 행위 – 금지

## 나. 관계 법령

### 1) 「헌법」 제31조

① 모든 국민은 능력에 따라 균등하게 교육을 받을 권리를 가진다.
② 모든 국민은 그 보호하는 자녀에게 적어도 초등교육과 법률이 정하는 교육을 받게 할 의무를 진다.
③ 의무교육은 무상으로 한다.
④ 교육의 자주성 · 전문성 · 정치적 중립성 및 대학의 자율성은 법률이 정하는 바에 의하여 보장된다.

### 2) 「교육기본법」 제6조(교육의 중립성)

① 교육은 교육 본래의 목적에 따라 그 기능을 다하도록 운영되어야 하며, 어떠한 정치적 · 파당적 또는 개인적 편견의 전파를 위한 방편으로 이용되어서는 아니된다.

### 3) 「교육기본법」 제14조(교원)

③ 교원은 특정 정당 또는 정파를 지지하거나 반대하기 위하여 학생을 지도하거나 선동하여서는 아니된다.
④ 교원은 법률이 정하는 바에 의하여 다른 공직에 취임할 수 있다.

### 4) 「사립학교법」 제58조(면직의 사유)

① 사립학교의 교원이 다음 각호의 1에 해당할 때에는 당해 교원의 임면권자는 이를 면직시킬 수 있다. <개정 77.12.31, 81.2.28>
1.～3. 생략

4. 정치운동 또는 노동운동을 하거나 집단적으로 수업을 거부하거나 또는 어느 정당을 지지 또는 반대하기 위하여 학생을 지도 · 선동한 때

### 5) 「공직선거및선거부정방지법」 제9조(공무원의 중립의무 등)

① 공무원 기타 정치적 중립을 지켜야 하는 자(기관 · 단체를 포함한다)는 선거에 대한 부당한 영향력의 행사 기타 선거결과에 영향을 미치는 행위를 하여서는 아니된다.

② 검사(군검찰관을 포함한다) 또는 경찰공무원(검찰수사관 및 군사법경찰관리를 포함한다)은 이 법의 규정에 위반한 행위가 있다고 인정되는 때에는 신속 · 공정하게 단속 · 수사를 하여야 한다.

### 6) 「교육공무원법」 제53조(「국가공무원법」과의 관계)

① 국가공무원법 제16조 제2항을 교육공무원(공립대학에 근무하는 교육공무원을 제외한다. 이하 이 조에서 같다)인 교원에 적용함에 있어서 동조 제2항의 "소청심사위원회"는 이를 "교원징계재심위원회"로 본다.

② 국가공무원법 제43조 제1항을 교육공무원에 적용함에 있어서 동조 동항의 "제71조 제1항 제3호 · 제5호 또는 제71조 제2항의 규정"은 이를 "교육공무원법 제44조 제1항 제2호 · 제4호 내지 제11호, 제44조 제2항 또는 동조 제3항의 규정"으로 본다.

③~④ 생략

⑤ 국가공무원법 제6조 · 제17조 · 제19조의2 · 제21조 내지 제24조 · 제28조의2 · 제28조의3 · 제31조 내지 제32조의2 · 제34조 · 제36조 내지 제39조 · 제40조의2 · 제41조 · 제42조 제2항 및 제50조의 규정은 교육공무원에게, 동법 제76조의 규정은 교원(공립대학의 교원을 제외한다)에게 각각 이를 적용하지 아니한다.

### 7) 「국가공무원법」제65조(정치운동의 금지)

① 공무원은 정당 기타 정치단체의 결성에 관여하거나 이에 가입할 수 없다.
② 공무원은 선거에 있어서 특정정당 또는 특정인의 지지나 반대를 하기 위하여 다음의 행위를 하여서는 아니된다.
1. 투표를 하거나 하지 아니하도록 권유운동을 하는 것
2. 서명운동을 기도・주재하거나 권유하는 것
3. 문서 또는 도서를 공공시설 등에 게시하거나 게시하게 하는 것
4. 기부금을 모집 또는 모집하게 하거나 공공자금을 이용 또는 이용하게 하는 것
5. 타인으로 하여금 정당 기타 정치단체에 가입하게 하거나 또는 가입하지 아니 하도록 권유운동을 하는 것
③ 공무원은 다른 공무원에게 제1항과 제2항에 위배되는 행위를 하도록 요구하거나 또는 정치적 행위의 보상 또는 보복으로서 이익 또는 불이익을 약속하여서는 아니된다.
④ 제3항 외의 정치적 행위의 금지에 관한 한계는 국회규칙・대법원규칙・헌법재판소규칙・중앙선거관리위원회규칙 또는 대통령령으로 정한다.

## 다. 판례

### 1) 교육공무원의 정당가입 및 선거운동의 제한의 위헌 여부[2004. 3. 25. 2001헌마710 전원재판부]

가. 이 사건 청구인들(중등학교 교육공무원인 지방선거 선거권자들)은 별도의 집행행위 없이 이 사건 법률조항에 의하여 정당가입 및 선거운동이 금지되었으므로 자기관련성 및 직접성이 있다. 한편, 선거운동은 당해 후보자의 등록이 끝난 때부터 선거일 전일까지에 한하여 이를 할 수 있는 바, 현행 헌법소원절차에 미루어 후보자등록신청개시일보다 약 8개월 전에

청구한 이 사건 심판청구는 현재성의 요건도 갖춘 것으로 보아야 한다. 또한, 청구인들이 헌법소원심판을 청구한 후 2002. 6. 13. 지방선거는 이미 실시되어 종료하였으므로 이 사건 법률조항에 대한 위헌결정이 선고되더라도 청구인의 주관적 권리구제는 불가능하게 되었다고 할 수도 있을 것이나, 이 사건 법률조항이 청구인들의 기본권을 침해하는 것이라면 앞으로 있을 각종 선거에서 청구인들과 같은 교육공무원들이 이 사건 법률조항에 의하여 반복하여 기본권을 침해당할 것이 확실히 예상된다. 따라서 이 사건 법률조항의 위헌 여부에 관한 판단은 헌법질서의 수호·유지를 위하여 긴요한 사항으로서 헌법적으로 그 해명이 중대한 의미를 지니므로, 심판청구의 이익을 인정할 수 있다.

나. 오늘날 정치적 기본권은 국민이 정치적 의사를 자유롭게 표현하고, 국가의 정치적 의사형성에 참여하는 정치적 활동을 총칭하는 것으로 넓게 인식되고 있다. 정치적 기본권은 기본권의 주체인 개별 국민의 입장에서 보면 주관적 공권으로서의 성질을 가지지만, 민주정치를 표방한 민주국가에 있어서는 국민의 정치적 의사를 국정에 반영하기 위한 객관적 질서로서의 의미를 아울러 가진다. 그중 정치적 자유권이라 함은 국가권력의 간섭이나 통제를 받지 아니하고 자유롭게 정치적 의사를 형성·발표할 수 있는 자유라고 할 수 있다. 이러한 정치적 자유권에는 정치적 의사를 자유롭게 표현하고, 자발적으로 정당에 가입하고 활동하며, 자유롭게 선거운동을 할 수 있는 것을 주된 내용으로 한다.

다. 이 사건 법률조항이 청구인들과 같은 초·중등학교 교원의 정당가입 및 선거운동의 자유를 금지함으로써 정치적 기본권을 제한하는 측면이 있는 것은 사실이나, 공무원의 정치적 중립성 등을 규정한 헌법 제7조 제1항·제2항, 교육의 정치적 중립성을 규정한 헌법 제31조 제4항의 규정취지에 비추어 보면, 감수성과 모방성 그리고 수용성이 왕성한 초·중등학교 학생들에게 교원이 미치는 영향은 매우 크고, 교원의 활동은 근무시간 내외를 불문하고 학생들의 인격 및 기본생활습관 형성 등에 중요한 영향을 끼치는 잠재적 교육과정의 일부분인 점을 고려하고, 교원의 정치활동은 교육수혜자인 학생의 입장에서는 수업권의 침해로 받아들여질 수 있다는 점에서 현 시점에서는 국민의 교육기본권을 더욱 보장함으로써 얻을 수 있는 공익을 우선시해야 할 것이라는 점 등을 종합적으로 감안할 때, 초 · 중등학교 교육공무원의 정당가입 및 선거운동의 자유를 제한하는 것은 헌법적으로 정당화될 수 있다.

라. 현행 교육법령은, 초 · 중등학교의 교원 즉 교사는 법령이 정하는 바에 따라 학생을 교육하는 자이고(교육기본법 제9조, 초 · 중등교육법 제20조 제3항), 반면에 대학의 교원은 학생을 교육 · 지도하고 학문을 연구하되 학문연구만을 전담할 수 있다(고등교육법 제15조 제2항)고 하여 양자의 직무를 달리 규정하고 있다. 뿐만 아니라, 초 · 중등학교의 교육은 일반적으로 승인된 기초적인 지식의 전달에 중점이 있는 데 비하여, 대학의 교육은 학문의 연구 · 활동과 교수기능을 유기적으로 결합하여 학문의 발전과 피교육자인 대학생들에 대한 교육의 질을 높일 필요성이 있기 때문에 대학교원의 자격기준도 이와 같은 기능을 수행할 수 있는 능력을 갖출 것이 요구된다. 그렇다면 초 · 중등학교 교원에 대해서는 정당가입과 선거운동의 자유를 금지하면서 대학교원에게는 이를 허용한다 하더라도, 이는 양자간 직무의 본질이나 내용 그리고 근무 양이 다른 점을 고려할 때 합리적인 차별이라고 할 것이므로 청구인이 주장하듯 헌법상의 평등권을 침해한 것이라고 할 수 없다.

### 2) 공직선거및선거부정방지법 제87조[4] 단서 위헌확인(전원재판부 1999. 11. 25. 98헌마141)

우리 헌법은 모든 국민에게 결사의 자유(제21조)를 보장하면서 결사의 한

---

4) 제87조 (단체의 선거운동금지)

① 다음 각호의 1에 해당하는 기관 · 단체는 그 명의 또는 그 대표의 명의로 선거운동을 할 수 없다.

1. 국가 · 지방자치단체
2. 제53조(공무원 등의 입후보)제1항제4호 내지 제6호에 규정된 기관 · 단체
3. 향우회 · 종친회 · 동창회, 산악회 등 동호인회, 계모임 등 개인간의 사적 모임
4. 특별법에 의하여 설립된 국민운동단체로서 국가 또는 지방자치단체의 출연 또는 보조를 받는 단체(바르게살기운동협의회 · 새마을운동협의회 · 한국자유총연맹을 말한다)

형태인 노동조합에 관하여는 일반 단체와는 다른 특별한 보호와 규제를 하고 있다(제33조). 노동조합은 "근로자들이 자주적으로 근로조건의 유지·개선과 근로자의 경제적·사회적 지위의 향상을 도모할 목적으로" 하는 단체이고, 또 그러한 목적수행에 필요한 조직을 갖추고 있는 반면에, 헌법 제21조에서 규정하고 있는 단체는 그 설립목적이 노동조합과는 다르고 그 조직이 헌법에 규정된 것도 아니며, 그러한 조직을 형성할 의무가 있는 것도 아니다. 따라서 공직선거에 특정 정당이나 후보자를 지지·반대하거나 지지·반대할 것을 권유하는 선거운동을 함에 있어서 "각종 단체"를 "노동조합"에 비교하여 차별취급을 한다고 하더라도, 이는 헌법에 근거를 둔 합리적인 차별로 보아야 하므로, 노동조합이 아닌 단체에 대하여 선거운동을 허용하지 아니한 것은 헌법상의 선거운동의 균등보장규정 및 평등원칙에 위반된다고 할 수 없다.

노동조합이 공직선거에 조합 또는 그 대표 명의로 선거운동을 할 수 있게 한 것은 조합원의 복지향상을 도모하기 위한 목적달성에 필요불가결한 수단에 해당된다. 조합원인 근로자의 권익에 직접 관계되는 입법 또는 행정조치 등을 촉진하거나 반대하여 그 목적을 달성하려면 조합의 정치활동이 허용되어야 하고, 이러한 정치활동은 노동조합의 목적 범위 내의 행위로 해석되기 때문이다.

따라서 공직선거에 특정 정당이나 후보자를 지지·반대하거나 지지·반대할 것을 권유하는 선거운동을 함에 있어 "노동조합"과 "일반 결사인 각종 단체"에 대하여 그 보호와 규제를 달리한다 하더라도 이는 헌법에 근거를 둔 합리적인 차별로 보아야 하므로, 노동조합이 아닌 청구인과 같은 각종 단체에 대하여 선거운동을 허용하지 아니하였다고 하여 그것이 곧 헌법상의 선거운동의 균등보장규정 및 평등원칙에 위반된다고 단정할 수 없다.

---

5. 법령에 의하여 정치활동이나 공직선거에의 관여가 금지된 단체
6. 후보자 또는 후보자의 가족(이하 이 항에서 "후보자 등"이라 한다)이 임원으로 있거나, 후보자 등의 재산을 출연하여 설립하거나, 후보자 등이 운영경비를 부담하거나 관계법규나 규약에 의하여 의사 결정에 실질적으로 영향력을 행사하는 기관·단체
7. 국민건강보험법에 의하여 설립된 국민건강보험공단
8. 구성원의 과반수가 선거운동을 할 수 없는 자로 이루어진 기관·단체

②누구든지 선거에 있어서 후보자(후보자가 되고자 하는 자를 포함한다)의 선거운동을 위하여 연구소·동우회·향우회·산악회·조기축구회, 정당의 외곽단체 등 그 명칭이나 표방하는 목적 여하를 불문하고 사조직 기타 단체를 설립하거나 설치할 수 없다. [전문개정 2004.3.12]

### 3) 17대 총선 때 전교조 시국선언 - 선거법 위반 확인[대법원 2006. 5.12. 선고 2005도4513 판결]

가. 국가공무원법 제66조 제1항에서 금지하고 있는 '공무 이외의 일을 위한 집단적 행위'의 의미

나. 어떤 행위가 구 공직선거 및 선거부정방지법과 국가공무원법에서 금지하는 특정 정당 또는 후보자를 지지 혹은 반대하는 행위에 해당하는지 여부의 판단 방법

다. 전국교직원노동조합이 총선을 앞두고 기획 · 시행한 시국선언이 비록 특정 정당을 직접 지칭하지는 않았다고 하더라도, 그 기획 및 추진, 목적과 경위, 구체적 표현 내용 등에 비추어, 기존 정치세력에 반대하고 대안 세력으로서의 특정 정당을 지지하려는 목적의사가 객관적으로 인정될 수 있을 정도의 능동적이고 계획적인 행위로서 구 공직선거 및 선거부정방지법이나 국가공무원법에서 금지하고 있는 특정 정당 또는 후보자를 지지 혹은 반대하는 행위에 해당한다는 이유로, 무죄를 선고한 원심판결을 파기한 사례로서 "여러 정황상 민노당 지지"에 대해 무죄 선고한 원심을 파기하였다.

전국교직원노동조합(전교조)이 2004년 17대 총선에 앞서 민주노동당을 사실상 지지하는 내용의 시국선언문을 발표한 것은 선거법 위반이라는 대법원 판결. 대법원 3부(주심 김황식 대법관)는 선거법 위반 등의 혐의로 불구속 기소된 전교조 전 광주지부장 송모(53) 씨 등 전교조 지부장 2명에 대한 상고심에서 무죄를 선고한 원심을 깨고 사건을 광주고법으로 돌려보냈다.

## 라. 외국의 사례

각국은 상황에 따라 제한의 필요성이 없는 활동에 대해서는 이를 허용하고 있는 것이 경향이다.

### 1) 미국

#### 가) 교원의 정치활동

미국에서 교육에 관한 연방정부의 권한은 미국 수정헌법 제10조에 의하여 각 주에 위임되어 있다.[5] 즉 교육에 관한 법적 관리는 각 주의 입법부의 권한에 속한다. 다시 말해서 각 주의 교육위원회는 주의 입법부에서 위임한 권한만을 갖는 것에 불과하다. 이와 관련, 1969년 미국 최고재판소는 연방 헌법에서 보호하고 있는 기본적인 사항과 합치하는 한, 주나 학교관리자는 학교에 있어서 행위를 규율해 관리하는 포괄적 권한을 갖는다고 판시한 바 있다.

또한, 공무원의 정치활동을 금지(선거에 영향을 주기 위한 정치운동, 정치자금의 기부 행위, 파괴적 정당 및 단체 가입행위 금지)하였던 연방 법률 Hatch Act (1939년 제정)은 1942년 개정에 의해, 교원에게는 이러한 제한 규정을 적용하지 않도록 하였다. 이와 관련하여, 주 차원의 Little Hatch Act에서도 교원의 정치활동 제한 금지를 채택하고 있는 주가 많다. 일례로 '매사추세츠' 주의 경우 교사의 당파적 정치활동을 교육위원회 등의 행정기관이 부당하게 제한하는 것을 금지하고 있다.

한편, 교원의 선거운동은 조건부 허용 방식을 띠고 있다. 즉, 교사 개인이 공직선거에 입후보하는 것은 다른 시민과 동일하게 인정되지만, 교사로서의 신분을 유지한 채 후보자로서 정치활동을 하는 것은 교사 직무와의 충돌 가능성을 감안하여, 휴가 · 휴직 등 학교와의 관계를 일시적으로 중단하도록 하고 있다. 또한, 선거 결과 교직과 정치적 직무를 겸하게 된 경우, '공직불양립(incompatibility of offices)'의 개념에 의해 또는 공직 겸직을 금지하는 주의 규정에 의해 처리된다. 다음으로, 교사가 타인을 위해 선거운동을 하는 권리는 인정하지만, 그 한계에 대하여 판례는 과도한 선거운동이나 근무시간 중의 선거운동 등은 허용하지 않고 있다. 그러나 교사의 정치활동의 한계에 관해서 일률적이고 구체적인 기준의 적용은 어려우며, 사안에 따라 판단할 수밖에 없는 문제라고 볼 수 있다.[6]

---

5) 미국 수정헌법 제10조 : "본 헌법에 의해 연방에 위임되지 않거나 각 주에 대해서 금지되지 않았던 권한은 각 주 및 주민에 유보한다."

6) 고전, 교사의 법적 지위에 관한 연구, 연세대학교 박사학위논문, 1996. 12., pp. 163-164.

미국의 주 수준에서 교원의 정치활동에 관한 법률은 주마다 다양한 상황을 보이고 있다. 그 한 예로서 펜실베이니아주 공공고용관계법(The Public Employ Relations Act; Act 195, 1970)을 들 수 있다.

이 법에서는 공공분야의 근로자에 대한 노동관계(관할 위원회, 단체교섭 절차, 정치활동 등)를 규정하고 있으며, 이 법에서 규정한 정치활동 조항은 교원 정치활동의 근거 조항이 되어 있다. 즉, 펜실베이니아 · 주 교육위원회연합회에서 발간한『학교법편람(Pennsylvania School Handbook)』5:24에 의하면, 교원들의 정치활동은 Act 195에 위반하지 않는 범위 내에서 허용된다고 규정하고 있다. 따라서 공공분야 노동관계에 대한 책임도 주 교육부가 아니라 펜실베이니아 노동관계위원회가 지고 있다.

### 나) 주요 특징

위에서 미국 교원 개인의 정치활동에 관한 연방과 주 수준에서의 법적 현황을 살펴보았다. 미국 교원 개인의 정치활동에 관한 법적인 주요 특징을 요약하면 다음과 같다.[7)]

미국 교원의 정치활동 법제에 있어서 가장 큰 특징은 '공공분야 근로자에 대한 노동제도'로서 공공 노동관계법의 체제 내에 포함되어 있다는 점이다. 즉, 교원들의 정치활동에 관한 규정을 담은 법률들은 교원들에게만 적용되는 것이 아니라 공공 분야의 근로자들에게 적용되는 노동관계법이다. 예를 들어, 펜실베이니아주 공공고용관계법(The Public Employ Relations Act; Act 195, 1970)이 그것이다. 1970년대 미국의 주들은 다양하게 공공 분야의 근로자에 대한 노동제도를 발전시켰다. 주별로 차이가 있으나 전체적으로는 공공 분야 근로자들의 단체교섭권과 정치 참여를 허용하는 방향으로 제도가 형성되어 왔다.

미국 교원의 정치활동은 공공분야 근로자의 노동제도의 틀 속에서 상당한 정도로 '허용적 참여제도'의 특징을 띠고 있다. 그러나 전체적으로 허용적이지만 교직의 특수성을 감안하여 일정한 제한을 가하고 있는 '조건부 정치참여 제도'를 유지하고 있다.

7) 박재윤, 교원과 정치참여-미국의 사례, 새교육, 통권 561호, 2001. 7월호, pp. 48-52.

미국 교원의 개인적 차원에서 정치적 참여에 대하여 이를 허용하는 조항들이 상당히 많은 주의 법률에 나타나 있다. 일정한 조건 하에서는 교원의 정치 참여는 제한받지 않도록 규정하고 있다. 이러한 '허용적 정치참여제도'를 형성하게 된 것은 교원의 수가 격증하였고 학교 체제가 보편화됨으로써 이와 같은 현실을 정치적으로 고려해야 했다는 점, 그리고 합리적인 요구의 표현에 대해서는 이를 어느 정도 수용하는 체제를 구축해야 할 수밖에 없었다는 점을 생각할 수 있다. 조건부 허용 제도의 단면은, 최근 NEA 등 교원단체의 정치자금 모금에 관해서 일정한 제약을 가하려는 연방 입법(paycheck protection)의 추진과 이를 둘러싼 논란에서도 확인할 수 있다.

또한, 교원의 정치참여에 대한 제한도 각 주별로, 카운티(county)별로 다양하고 차이가 있으나 공통적인 것도 있다. 예를 들어, 교직 업무를 수행해야 하는 기간에 있어서 정치활동 금지, 교사라는 지위를 정치 목적에 이용하는 행위의 금지, 정치활동을 위한 모금에서 강요의 금지, 교원단체의 가입여부와 가입단체의 선택 등에 있어서 강요의 금지 등이 있고 판례를 통해서 정립되는 많은 제한들이 있다. 이와 함께 어떤 조항을 위반했을 때 벌칙 조항도 있다.

교직의 특수성을 고려하여 교원의 정치 참여로 인하여 파생되는 예민한 문제들을 하나하나 검토하여 충분한 대비규정을 두고 있는 것은 상당한 합리성이 있는 것이다. 더욱이 판례를 통해서 사례별로 합리적인 제한을 가하고 주법이나 교원단체 자체의 규정을 통해서 합리적인 제한 규정을 두고 있는 점은 높이 평가할 만하다.

미국의 교원 정치참여 제도는 많은 법적인 자원 속에서 움직이는 '법적 제도'라는 점이다. 흔히 생각하기는 정치적인 문제는 법과 관련이 적거나 법의 위에 있는 것으로 알기 쉬우나 미국의 교원 정치참여 제도는 법적인 측면과 긴밀하게 관련된 문자 그대로 '법제'의 성격이 강하다. 정치자금모금에 관한 연방법, 연방공무원의 단체교섭권에 관한 연방 행정명령, 교원을 포함한 공공분야 근로자의 노동권에 관한 주법 및 각종 지침, 교원단체 자체의 각종 지침이나 규정(전국수준과 각 지방 수준의 협의회 규정), 대학 등을 포함한 교육기관들의 자체 규정, 그리고 위원회의 규정들이 있고, 무엇보다 판례를 통해서 교원의 정치참여에 관한 법이 계속적으로 생성되고 있다.

이와 같이 법제도로서 교원 정치참여제도를 형성하는 것은 정치활동에 대한 올바른 방향 정립과 남용의 방지, 부적절한 규제의 방지 등의 효과가 있는 것으로 이러한 장치 속에서는 중요한 문제가 미리 탐지되고 해결될 수 있는 가능성이 크다고 볼 수 있다.

#### 다) 법적 근거

미국 교원단체가 정치활동을 할 수 있는 법적 근거는 「연방선거운동법」(Federal Election Campaign Act ; FECA. 1971년 제정)에서 찾을 수 있다. 이 법에 근거하여 노동조합, 기업, 이익단체가 PAC(Political Action Committee ; 정치활동위원회)을 설치, 합법적이고 공개적인 정치활동을 수행하고 있다. 이 법에 의거 "연방선거위원회"가 모든 PAC을 관리하고 있다.

그런데 PAC에 관한 정의는 연방선거운동법에 직접적으로 명시되어 있지 않고, 다만 "非政黨 정치활동위원회"의 범주 속에 PAC을 포함시켜 적용하고 있다. '비정당 정치활동위원회'는 1년에 1천$ 이상을 모금 또는 지출하거나 연방선거운동 자금을 모금 또는 지출하기 위해 별도의 분리된 기금을 운영하는 각종 단체들로 정의하고 있다. 따라서 NEA와 AFT의 정치활동위원회는 '연방선거운동법'의 적용을 받고 있다.

### 2) 영국

#### 가) 교원의 지위와 정치참여

영국에서 교원은 지방교육청이나 각 학교운영위원회에 의해 계약제로 임명되고 있으나 공무원은 아니다. 그러나 독일과 프랑스의 경우에서와 같이 영국에서도 개인의 정치참여는 국민 기본권으로 인식되며 교원이라는 신분 때문에 정치참여를 제한하거나 금지하는 것은 민주주의의 기본 원칙에 위배되는 것으로 인식되고 있다.

따라서 교원은 다른 국민과 똑같이 정치활동의 자유를 가지고 있으며 정당에 가입하는 것도 국민의 권리로 인정되고 있으며 당원으로서 지구당 행사에 참여하고, 선거 시에는 수업이 끝난 후 선거운동도 할 수 있으며, 의회 의원으로 출마하기도 한다. 다만, 지방의원 선거에 입후보하는 경우 한 가지 제약조건은 자신이 근무했던 학교가 있는 지역구에서 출마할 수 없다는 것이다.[8)]

나) 교원단체의 현황

영국에서는 1992년의 「노동조합및노동관계법(Trade Union and Labour Relations Act)」에 따라 2인 이상의 교원은 원하면 누구나 교원단체든 노동조합이든 설립이 가능한데[9)], 근본적으로 동법이 복수조합주의(multi-unionism)를 채택하고 있어 한 학교에서도 다수의 교원단체가 존재하며 교원은 복수단체에 2중, 3중으로 가입할 수도 있다.

대표적인 교원단체로는 전국교원노조(NUT: National Union of Teachers), 전국교원연합 및 여교사노조(NASUWT: National Association of Schoolmasters and Union of Women Teachers), 교원 · 강사연합(ATL: Association of Teachers and Lecturers), 전국교수연합(NATFHE: National Association of Teachers in Further and Higher Education) 등이 있다.[10)] 이들 교원단체의 활동은 교원의 단결, 사용자측과의 보수 및 근무조건의 협상, 교원들의 의견수렴, 재정확보, 정책결정에의 참여 등에 초점을 맞추고 있다.

영국의 교원단체들은 교원들의 권익향상을 위하여 사용자측과 단체교섭을 할 수 있는데 잉글랜드와 웨일즈의 경우 교원단체와 고용자간의 단체교섭은 1919년부터 1987년까지 번햄 체제(Burnham System)라는 제도를 통하여 이루어졌다. 번햄 체제라는 것은 각 교원단체의 대표와 고용자측 대표들이 국가 수준에서 교섭을 하는 번햄위원회(Burnham Committee)를 운영하는 것을 말하는데 매 6년마다 번햄 체제를 가동해서 교원의 보수를 국가수준에서 결정했다. 1980년대에 들어 보수당 정부는 경제발전과 교육을 연계시키면서 교원단체의 교섭력을 약화시키는 정책을 펴나가게 되었는데 마침내 1987년 「교원보수및근무조건법(Teachers' Pay and Conditions Act)」이 제정되어 교원의 보수가 단체교섭에 의하여 결정되던 번햄 체제는 폐지되고 중앙정부인 교육고용부가 정한 수준 이내의 보수를 지방교

8) 김현준, "-영국교원과 교원 단체의 정치참여-", 새교육, 2001년 8월호, p. 87.
9) 김영철 외, 한국의 교원단체 발전방안 연구, 한국교육개발원, 연구보고 RR 97-18, 1997, p. 56.
10) 김영철 외, 앞의 책, pp. 52-56.

육 당국이 지역적 조건에 따라 수준을 다르게 할 수 있게 하면서 상당한 권한이 학교운영위원회에 부여되었다.

그러나 국가수준의 임금교섭은 없어졌으나 지방교육청 단위나 학교 단위 수준에서의 보수 결정에 교원단체들이 영향력을 행사할 여지는 남아 있다.[11)]

오늘날 교원단체들은 교육정책 결정에서 영향력을 행사하거나 회원들의 전문성 및 복지 향상에 주력하는 방향으로 행동노선을 전환하고 있다.

다) 교원단체의 정치참여

영국에서 교원단체의 정치활동 방향은 관계 당국과의 접촉을 통하여 보수 및 근무조건의 개선 및 교육과정에 대한 자율성확보 등을 위한 압력수단을 사용하고, 의회와 접촉하여 입법활동에 영향을 주며, 일반 시민의 지지를 얻기 위하여 대국민 홍보를 전개하는 데 모아지고 있다.

우선, 정부에 대해서는 정부측의 각종 자문위원회에 교원단체의 회원들이 참여하거나 정부 관계자들과 여러 경로로 접촉하여 교육정책 결정에 영향을 미치고 있다. 그리고 대의회 활동으로는 지방의회의 경우 교사들이 직접 의회의원에 출마하거나 의회에 사절단을 파견하여 그들의 요구를 전달하는데 전국교원노조(NUT)의 경우 지역별로 의회담당 연락책을 두고 있고 이런 일을 담당시키고 있다.[12)] 국회를 상대로 할 경우에는 국회의원들에게 교원단체의 홍보를 정기적으로 하거나 편지 쓰기, 청원 등을 통해 의원들을 접촉하고 때에 따라서는 국회에 사절단을 파견하여 직접 로비하기도 한다.

현재 영국의 교원단체는 교원의 목소리를 높이기 위해 교원의 의회 진출을 지원하고 있기는 하지만 특정 정당을 지지하거나 제휴하고 있지 않다. 교원단체 중 가입 회원이 많은 대규모 조직인 전국교원노조(NUT), 전국교원연합 및 여교사노조(NASUWT), 전국교수연합(NATFHE)은 전국단위 노동조합연맹(TUC : Trade Union Congress)에 가입하고 있지만 노동당에는 직접 가입하고 있지 않다. 조합원의 다양한 정치적 성향에도 불구하고 특정 정당에 가입하는 것은 노조의 분열을 초래할 가능성이 있다는 판단 때문이다. 예컨대, NUT의 경우 전 조합원의

11) 김영철 외, 위의 책, p. 63.

12) 김영철 외, 위의 책, p. 57.

약 60%가 노동당 지지 세력이지만 약 30% 정도는 보수당을 지지하는 것으로 나타나고 있다.

NUT는 노동당에 가입하지도 않고 정치기금을 조성하지도 않고 있으나 선거 시에는 교육현안에 대해서 각 당에 공개질의서를 보냄으로써 각 당의 입장을 파악하고 있다.

NASUWT, NATFHE가 노동당에 가입하지 않은 것은 NUT와 같으나 합법적으로 정치기금을 조성하고 있다는 점이 다르다.[13] 정치기금은 주로 선거 시기에 노동 진영 전체 차원에서 조성하는 선거 기금에 출연하거나 자체적으로 선거 기간 중에 홍보물 제작과 정책 광고비용 등으로 사용된다.

대체로 교원단체는 특정 정당에 가입하거나 지지 선언을 하지 않으며 교원단체의 입장은 교육현안에 대한 각 정당의 입장을 확인하여 소속 조합원에게 정보를 제공하고 이것이 결과적으로 투표에 영향을 미치도록 하는 것이다.

그러나 교원단체에 따라서는 국회의원 선거에서 교원단체 지지를 약속하는 특정 후보를 공식적으로 지원하는 캠페인을 벌이기도 한다. 또한 교원단체는 자기 단체에게 우호적인 의원들에게 그들의 권익 및 노선을 추진할 수 있도록 요청하거나 로비를 하고, 회원들을 의사당에 보내 단체의 요구를 직접 표시하는 방법을 사용하기도 한다.

끝으로 각 교원단체는 언론 담당 책임자를 두고 연례 기자회견, 각종 기자회견 등을 개최하여 언론을 통한 대국민 홍보에 나서는 한편 각종 홍보용 자료를 발간하고 협의회 등을 개최하며 필요시에는 언론매체에 광고를 싣는 방법으로 대국민 홍보활동을 전개한다.

### 3) 독일

독일은 기본법 제9조 제1항과 2항상의 결사의 자유에 따라 모든 독일인이 헌법 규정에 위배되거나 형법에 위배되는 행동이나 목적 이 외의 단체를 결성할 수 있도록 하고 있다. 또한 제3항상의 단결의 자유(Coalitionsfreiheit)에 의하여 외국

13) 김현준, 앞의 글, p. 84.

인을 포함하여 모든 사람이 모든 직업을 위하여 노동조건과 경제조건의 촉진과 보호를 위한 단체 형성의 권리가 보장되도록 하고 있다.[14] 이 권리는 연방공무원 기본법에도 명문화되어 있다. 따라서 모든 공무원은 노동조합(Gewerkschaft) 또는 직장연맹(Berufsverband)을 결성할 수 있는 권리를 가진다. 공무원이 노동조합에 가입했다고 해서 직무상 제약을 받거나 손해를 보지 않는다.

독일교육 · 학술노동조합(Gewerkschaft Erziehung und Wissenschaft : GEW)은 이러한 법적 근거 하에 교원들의 직업적, 경제적, 사회적, 법률적 이익과 교육 및 학문의 촉진을 위한 노동조합으로서의 활동을 하고 있다.

독일교육 · 학술노동조합은 어디까지나 노동조합이기 때문에 정치적인 활동을 직접적인 목적으로 활동하는 단체는 아니다. 그러나 정치적 색깔에서 자유롭다고 하여 항상 정치적 금욕을 하는 것은 아니다.

독일은 공무원 전체에 대해 정치활동의 제한이 없다. 교원은 전통적인 교원의 공무원법상의 특수한 지위 이론(Lehre von der beamtenrechtliche Sonderstellung des Lehrers)으로 상대적으로 더 많은 보장을 받고 있다.[15] 독일에서 정치적 활동의 권리는 기본법 제5조1항상의 사상의 자유, 제8조 및 제9조상의 집회 · 결사의 자유, 제21조제1항 2문상의 정당설립의 자유를 근거로 한다.[16] 정당 및 정치적 결사에 가입 활동 할 수 있다.

독일교육 · 학술노동조합 정관 제4조 바항은 "의회와 의회 소속 위원회와의 공동 노력"을 주요한 활동영역으로 규정하고 있다.[17] 이 활동은 회원의 이익, 안전한 직장, 고용계약이 정하는 노동조건, 민주적인 교육제도를 위하여 필요한 활동으로 간주되고 있다.[18] 정치적 활동의 권리는 구체적으로는 기본법 제5조 1항상의 사상의 자유, 제8조 및 제9조상의 집회 · 결사의 자유, 제21조 제1항 2문에 의하여 보장되는 정당 설립의 자유를 근거로 한다.[19]

---

14) 허종렬, "교육에 관한 국가의 권한과 그 한계: 독일기본법상 교육고권에 관한 학술과 판례를 중심으로", 성균관대 법학박사학위논문, 1993, pp. 139-140.

15) 허종렬, 위의 글, p. 139.

16) 허종렬, 위의 글, p. 140.

17) 박덕규 · 박영숙, 교원의 법적 지위에 관한 연구, 한국교육개발원, 1989. p. 52.

18) 허종렬, 위의 글, p. 140.

19) J. Hoffmann, "Zur Meinungsfreiheit des Lehrers," RdJB 1984, SS. 98-109 참조.

### 5) 프랑스

프랑스 국가공무원은 공무원으로 하여금 그 신분을 가지고 입후보할 수 있고, 스스로 입후보할 수 있으며, 입후보기간에 유급휴가를 받을 수 있다. 의원으로 당선되더라도 공무원 신분을 그대로 보유할 수 있다. 공무원의 정당가입이나 정치적 의사표현 또한 금지되어 있지 않다.

### 6) 일본

일본의 교원 및 교원단체의 정치활동은 우리나라와 거의 같이 제한 또는 금지되어 있다. 먼저 일본 헌법 제15조는 '모든 공무원은 전체의 봉사자이지 일부의 봉사자가 아니다'고 규정하여 '국민전체의 봉사자'로서의 지위에 관하여 우리 헌법과 같은 내용을 규정하고 있다. 그리고 일본 헌법에서는 우리 헌법의 교육의 자주성, 전문성 및 중립성 보장을 규정하고 있지는 않으나 교육기본법 제10조에서 '교육은 부당한 지배에 복종함이 없이, 국민 전체에 대해 직접 책임을 지고 행해져야 한다'고 교육의 본질과 이념에 배치되는 정치 또는 행정의 부당한 지배를 금하고 있다.

교원의 정치활동에 대하여는 국 · 공 · 사립의 모든 교원의 정치활동에 대하여는 교육기본법 제8조에서 금지하고 있다. 즉 교육기본법 제8조는 정치교육과 교육의 중립성에 대하여 ① 양식 있는 공민으로서 필요한 정치적 교양은 교육상 이를 존중해야한다. ② 법률에 규정된 학교는 특정한 정당을 지지하거나 또는 반대하기 위한 정치교육 기타 정치적 활동을 해서는 안 된다고 규정하고 있다. 이는 민주시민 교육으로서의 정치교육은 존중되나, 특정 정당을 지지, 반대하는 교육활동을 할 수 없음을 명문으로 규정하고 있는데 '법률에 규정된 학교'에 대해 특정 정당지지, 반대의 정치교육이나 교육활동을 금지하고 있으므로 학교교육법과 사립학교법 등에 규정된 국 · 공 · 사립의 모든 학교(초등학교 · 중등학교 · 대학교)가 이 규정의 적용을 받는 것이고, 학교가 이러한 활동을 할 수 없다함은 학교교육활동을 담당하는 교원이 적용대상이 된다고 보아야 한다.

그리고 국가공무원법, 지방공무원법, 교육공무원특례법, 의무교육제학교에 있어서 교육의 정치적 중립의 확보에 관한 임시조치법, 공직선거법 등에서 교육공무원은 일반 공무원과 같이 정치활동을 금지하고 있다.

일본 국가공무원법 제102조(정치적 행위의 제한)는 '직원은 정당 또는 정치적 목적을 위해 기부금 그 밖의 이익을 구하거나 수령하는 일, 또는 어떠한 방법에 의하든 간에 이러한 행위에 관여하거나 선거권의 행사를 제외한 외의 인사원규칙으로 정한 정치적 행위를 해서는 안 된다(정치적 목적 및 행위는 인사원규칙 14-5 참조). ② 직원은 공선(공직선거)에 의한 공직의 후보자가 될 수 없다. ③ 직원은 정당 그 밖의 정치적 단체의 임원, 정치적 고문, 그 밖에 이들과 동일한 역할을 갖는 구성원이 될 수 없다.'고 규정하고 제110조에서는 벌칙규정(3년 이하의 징역 또는 10만 엔 이하의 벌금)을 두고 있다.

구체적으로 인사원규칙에서 '국가공무원은 정치적 단체의 결성을 기획하거나 원조해서는 안 된다(동 규칙 제14조의 7의 제6항 제5호), 정치적 단체의 권유운동을 해서는 안 된다(동 제6항 제6호). 집회 등에서 확성기를 사용해 정치적인 견해를 표명해서는 안 된다(동 제6항 제11호). 정치적인 연극을 연출해서는 안 된다(동 제6항 제14호)'고 하여 일체의 정치적 행위를 금지하고 있다. 그리고 이러한 규정은 비상근의 직원에게도 적용되며 이에 위반한 국가공무원에 대한 징계와 형사처벌을 규정하고 있다.

지방공무원은 지방공무원법 제36조에 의하여 정치활동이 다음과 같이 제한되고 있다. '직원은 정당 및 그 밖의 정치적 단체의 결성에 관여하거나 임원이 될 수 없고, 정치적 단체의 구성원이 될 수 없다(동조 제1항)'. 직원은 특정의 정당 및 기타의 정치적 단체 또는 특정의 내각, 지방공공단체의 집행기관을 지지하거나 반대할 목적으로 또는 선거 또는 투표에 있어서 특정인을 지지하거나 반대할 목적으로 다음과 같은 정치적 행위를 해서는 안 된다. 즉, ① 공의 선거 또는 투표에 있어서 투표하게 하거나 하지 않게 권유 운동을 하는 행위, ② 서명운동을 기획하고 주재하는 등 이에 적극적으로 관여하는 행위, ③ 기부금 또는 그 밖의 금품모집에 관여하는 행위, ④ 문서 또는 도화를 지방공공단체의 청사, 시설 등에 게시하거나 게시시키고, 그 밖의 지방공공단체의 청사, 시설, 자재 또는 자금을 이용하거나 이용시키는 행위, ⑤ 이밖에 조례로 정하는 정치적 행위는 금지되어 있다. 그러나 당해 직원이 속하는 지방공공단체의 구역 밖에서는 ①～③과 ⑤의 정치적 행위는 허용된다(동조 제2항).

또한 교육공무원특례법(1949) 제21조 제4항에서 '공립학교의 교육공무원의 정치행위의 제한에 대해서는 당분간 지방공무원법 제36조의 규정에도 불구하고 국립학교의 교육공무원의 예에 의한다'라고 규정하여 지방공무원인 교원의 정치활동을 국가공무원과 같은 내용으로 금지하고 있다.

그리고 공직선거법(1950) 제136조의 2는 국・공립학교 교원의 경우 '공무원 등의 지위를 이용한 선거운동의 금지'를 정하고 있는데 '국가 또는 지방 공공 단체의 공무원 또는 특정 독립 행정법인의 임원 또는 직원에 해당한 자는 그 지위를 이용하여 선거운동을 할 수 없다.'고 규정하고, 동법 제137조는 '교육자(학교교육법 – 1947년 법률 제26호 – 에 규정한 학교의 장 및 교사를 말한다)는 학교의 아동, 생도 및 학생에 대한 교육상의 지위를 이용하여 선거운동을 할 수 없다.'고 규정하여 국・공・사립학교 교원 모두에게 특히 '교육자의 지위를 이용한 선거운동을 금지'하고 있다.

사립학교 교원도 교원 모두에게 적용되는 교육기본법, 공직선거법, '의무교육 제 학교에 있어서 교육의 정치적 중립의 확보에 관한 임시조치법(이하 '정치적 중립법'이라 함)에 의하여 정치활동을 제한 받고 있다고 할 수 있다. 국・공립학교 교원과 같이 공직선거 입후보 제한이나 정당 가입을 제한하는 법령이 보이지 않으나 정당 지지 및 선거운동 금지 등 포괄적인 정치활동에 대한 제한이 가능하므로 정치활동 제한에 대해서는 국・공・사립학교 교원간에 별 차이는 없는 것으로 보인다.

그리고 교원과 교원단체의 정치활동과 관련하여 1954년의 정치적중립법 제3조(특정한 정당을 지지하는 등의 교육의 교사 및 선동의 금지)에서 '누구라도 교육을 이용하여 특정한 정당 그 밖의 정치적 단체(이하 「특정한 정당 등」)의 정치적 세력의 신장 또는 제동에 이바지할 목적으로, 학교교육법에 규정한 학교의 직원을 주된 구성원으로 하는 단체(그 단체를 주된 구성원으로 하는 단체를 포함)의 조직 또는 활동을 이용하여 의무교육 제 학교에 근무하는 교육 직원에 대하여, 이들이 의무교육 제 학교의 아동 또는 학생에 대해 특정한 정당 등을 지지하게 하거나 또는 이에 반대하게 하는 교육을 행한 것을 교사하거나 선동해서는 안 된다'고 규정하고 이에 대한 벌칙 규정을 두고 있다(물론 이 경우 의무교육 학교는 초등학교와 중학교만을 의미하고 고등학교는 포함되지 않는다).

이상과 같이 일본의 경우 현행 법령은 국・공・사립의 초등・중등・대학의 모든 교원에게 정치행위를 금지하고 있으며, 교원으로 구성된 교원단체에 대해서도 정치활동을 금지하고 있다.

일본의 교원단체는 대표적으로 일본교직원조합(일교조), 전일본교직원조합(전교), 일본고등학교교직원조합(일고교 우파 및 좌파), 전일본교직원연맹(전일교련), 전국교육관리직원단체협의회(전관협) 등이 있다. 직원단체는 공립학교의 교직원단체인데, 지방공무원법 제55조에 의해 지방공공단체 당국과 근무조건의 유지개선을 위해 단체교섭을 하나 단체협약을 체결할 권리는 포함되지 않는다.

일본에서는 공무원의 직원단체가 단체협약체결권 없는 단체교섭권을 가지나 단체행동은 법률상 금지되어 있다. 국가공무원법과 지방공무원법의 쟁의금지규정이 1969년 4월1일 판결까지는 위헌으로 판결되었는데, 1976년 5월 21일 판결부터는 합헌으로 판결되었다. 판례에 나타난 쟁의권 제약의 원리는 「직무의 공공성」에 있다고 할 수 있다. 이 직무의 공공성을 판례에서 「국민생활 전체의 이익」이라고 하거나, 「지역주민 생활 전체의 이익」 또는 「지방주민의 일상생활」이라고도 하였는데 그것은 국민의 구체적 생활이익에 관한 문제라는 의미라고 할 수 있다.[20]

일본의 교원단체는 현행법상 정치활동이 금지되어 있기 때문에 직접적인 정치활동을 하기보다 일교조의 조합활동으로 단체활동을 통해 간접적인 정치활동을 꾸준히 해왔다고 볼 수 있다. 전국학력테스트반대사건, 교과서검인정제도 반대 및 위헌 재판 사건, 학교통폐합반대사건 등과 최근의 일장기와 가미가요를 일본국기와 국가로 법제화하는 문제에 대한 반대운동, 교과서왜곡문제 등에 대해 정부의 입장을 반대하는 정치활동을 하고 있다.

---

20) 강인수, "교원의 노동기본권에 관한 비교 연구", 대한교육법학회, 교육법학연구 제2호, 1989, p. 95 ; 강인수, "일본의 교직단체 활동방향과 단체교섭 방식", 한국교원교육연구회, 교원교육연구 제3권 제1호, 1990.

# 제4조

# 노동조합의 설립

## 1. 조문

① 교원은 특별시 · 광역시 · 도 (이하 "시 · 도"라 한다 ) 단위 또는 전국 단위에 한하여 노동조합을 설립할 수 있다.

② 노동조합을 설립하고자 하는 자는 노동부장관에게 설립신고서를 제출하여야 한다.

## 2. 입법취지 및 해설

### 가. 입법 취지

본 조 제1항은 교원이 노동조합을 설립하고자 하는 경우 특별시 · 광역시 · 도 단위 또는 전국단위로 한정하고 있는데, 이는 교원의 임금 · 근무조건 등은 법령 · 예산 등에 의해 결정되고 있고 임용권은 시 · 도 교육감이 갖고 있는 등의 특수성을 고려한 것으로 보인다.

본 조 제2항은 일반노조법에서 특별시 · 광역시 · 도에 걸치는 노동조합은 노동부장관에게 설립신고서를 제출해야 한다는 규정[1])을 근거로 교원노조에 대한 행정의 전문성과 일관성을 확보하기 위하여 교원노조 업무를 노동부장관으로 일원화하고자 한 것"[2])으로 보인다.

---

1) 「노동조합및노동관계조정법」제10조 (설립의 신고) ①노동조합을 설립하고자 하는 자는 다음 각호의 사항을 기재한 신고서에 제11조의 규정에 의한 규약을 첨부하여 연합단체인 노동조합과 2이상의 특별시 · 광역시 · 도에 걸치는 단위노동조합은 노동부장관에게, 그 외의 노동조합은 특별시장 · 광역시장 · 도지사에게 제출하여야 한다. <개정 1998.2.20>

2) 국회 환경노동위원회(1998). 앞의 책. p. 4.

## 나. 해설

본 조 제1항에서 교원노조의 설립단위를 특별시·광역시·도 단위 또는 전국 단위로 제한하고 단위학교를 배제한 입법 취지는 다음의 세 가지 측면에서 설명될 수 있다.

첫째, "교원의 임금·근무조건 등이 법령·예산 등에 의해 결정되고, 임용권은 시·도 교육감이 갖고 있는 등 일반근로자와 다른 특수성을 고려한 것"[3]이라는 점이다.

둘째, "학교 단위에서 노조 설립 및 단체교섭 불인정 등 교원노조 결성권을 제한한 것은 국민의 학습권과 교육의 정치적 중립성이 침해될 우려가 있다."[4]는 점이다.

셋째, "초·중등교육법에 따라 설치된 학교운영위원회[5] 기능과의 갈등관계를 형성할 소지가 있다."[6]는 점이다.

# 3. 참고 내용

## 가. 주요개념

### 1) 노동조합의 조직형태

노동조합의 조직은 법에 위반되지 않는 범위 내에서 근로자가 자주적으로 결

3) 위의 책, p. 4-5.
4) 위의 책, p. 2(검토보고서) ; p. 4(심사보고서)의 제정취지.
5) 학교운영위원회는 1997년 12월에 사학을 제외한 모든 국공립학교에 설치를 의무화한 이래, 1999년 8월에는 사립학교에도 설치 의무화하였다.
6) 교육인적자원부, 교직단체와의 단체교섭·협의 자료집, 2003. 12. p. 33.

정할 수 있다.[7] 이러한 노동조합은 조합원의 직무속성, 소속된 범위, 구성원에 따라 여러 가지 형태로 분류할 수 있다.[8]

### 가) 직종별 노조와 산업별 노조

조합원들의 직무속성을 기준으로 직종별 노조와 산업별 노조로 구분할 수 있다. 직종별 노동조합은 선반공, 목수 등과 같이 동일한 직종에 속하는 근로자들이 기업과 산업을 초월하여 횡적으로 결합한 조직형태이다. 금융노조, 금속연맹 등과 같이 동종의 산업에 종사하는 근로자에 의하여 직종과 기업을 초월하여 조직된 조직형태이다. 우리나라의 교원노조는 산업별 노동조합의 형태로 보는 것이 일반적이다.[9]

### 나) 기업별 노조와 지역별 노조

조합원들이 소속된 범위를 기준으로 기업별 노조와 지역별 노조로 구분할 수 있다. 우리나라 대부분의 노동조합은 기업단위로 조직되고 기업별로 결합한 조직형태이다. 지역별 노조는 일정한 지역 내에 있는 특정한 산업 또는 직종의 근로자들을 조직대상으로 노동조합을 구성하는 것을 말한다.

### 다) 단일조직과 연합체 조직

노동조합의 직접구성원이 개별근로자인지 단위노조인지 여부에 따라 단일조직과 연합체 조직으로 구분 할 수 있다. 우리나라 교원노조와 같이 단일 조직은 중앙 조직에 개개 근로자들이 직접 그 구성원이 되어 있는 것이며, 각 지역 또는 지구별로 지부 또는 분회를 두는 조직형태이다. 연합체 조직은 각 지역별 노동조합 또는 각 기업별 노동조합이 독립된 노동조합의 자격을 가지면서 전국적인 조직의 구성원으로 되어 있는 것을 말한다.

---

7) 1997.10.22, 노조01254-844.

8) 박경서, 노동법Ⅱ-실무 집단적 노사관계법, 한솜미디어, 2002, pp. 83-90.

9) 서울특별시교육청, 교직단체 업무 편람, 2005, p. 13.

### 2) 교원노조의 설립[10)]

특별시 · 광역시 · 도 단위 또는 전국단위에 한하여 설립이 가능하고, 시 · 군 · 구 또는 학교 단위에서는 교원노조의 설립이 허용되지 않는다. 한편, 복수노조[11)]가 허용됨에 따라 여러 개의 교원노조 설립이 가능하며, 사립학교의 교원도 국 · 공립학교 교원에 준하여 교원노조를 설립할 수 있다.

교원노조법 시행령 제2조에 따르면, 둘 이상의 광역시 · 도에 걸치는 교원노조는 광역시 · 도 단위의 지부 · 분회에 대하여 노동조합 설립신고를 할 수 있다. 즉, 지부 · 분회가 시 · 도 단위에 설치된 경우 노동부 장관에 설립신고를 하여 단위노동조합과 같은 활동을 할 수 있다고 보며, 설립신고증이 교부된 지부 · 분회는 단체교섭이나 부당노동행위 구제신청을 할 수 있다.[12)] 그러나 시 · 군 · 구 또는 학교 단위에서의 설립신고는 인정되지 않는다. 일반 사업장 노조의 경우 연합단체와 둘 이상의 시 · 도에 걸치는 단위노조는 노동부장관이, 그 외의 단위노조는 시 · 도지사가 관장하고 있으나, 교원노조에 관하여서는 행정의 전문성 · 일관성 확보를 위하여 설립신고 등 교원노조 업무를 노동부 장관으로 일원화하고 있다.

### 3) 교원노조 설립 절차

노동조합의 설립은 복수노조가 허용됨에 따라 여러 개의 교원노조설립이 가능하며, 형식은 신고주의를 취하고 있다. 교원노조법에서 교원노조의 설립절차는 일반노조법 제10조, 제11조, 제12조에 따른다.

10) 박재윤 외, 2004년도판 교원노조법 해설, 한국문화사, 2004, p. 40.

11) 기업 · 사업단위 등에서는 기존 노조와 조직대상이 중복되는 복수노조를 금지해 왔다. 1997년 3월 13일 개정된 「노동조합및노동관계조정법」에서는 복수노조 금지조항을 삭제하고, 동법 부칙 제5조제1항에서 2001년 12월 31일까지는 복수노조를 금지하고 있다. 1997년 12월 IMF체제를 극복하기 위한 노 · 사 · 정간 대타협의 일환으로 1998년 2월 6일 노사정위원회에서 '교원의 노동조합 결성권을 보장'하기로 합의함에 따라 「교원의노동조합설립및운영에관한법률」이 제정 · 시행되었고, 신생노조인 경우에는 복수노조결성이 가능하여 1997년 7월 1일 전국교직원노동조합(창립일 1999년 5월 15일)과 한국교원노동조합(창립일 5월 16일)이 설립되었다(이일권, 교원노조법의 문제점과 개정방안, 노총연구원, 2000. p. 2).

12) 노동부, 교원노조 이렇게 운영됩니다, 2001. p. 7.

- **노조규약 제정**

  노조를 설립하고자 하는 교원은 설립총회를 개최하여 규약을 제정하고, 임원을 선출한다.
- **설립신고서 제출**

  노조대표자는 설립신고서에 규약 1부, 임원의 성명 및 주소록 1부, 명칭, 조합원수, 대표자 성명을 첨부하여 관할노동관서에 제출한다.
- **설립신고서 검토**

  노동부 또는 노동관서는 설립신고서와 규약을 검토하여 노조 설립 신고증 교부 여부를 결정한다.
- **설립신고서 보완 · 반려**

  설립신고서 검토결과 설립신고서에 규약 미첨부, 또는 설립신고서 및 규약의 기재사항 누락이나 허위사실, 임원 선거 및 규약 제정절차의 법 규정 위반시 등 경미한 사항에 대해서는 20일 이내의 기간을 정해 보완을 요구하고, 보완 기간 내에 보완하지 않거나 노동조합의 결격사유가 발견된 때에는 설립신고서를 반려한다.
- **설립신고증 교부**

  설립신고서에 하자가 없으면 접수한 때부터 3일 이내에 신고증을 교부하고 그 사실을 관할 노동위원회와 교육인적자원부장관, 시 · 도 교육감 또는 해당 사학단체에 통보한다.

## 나. 관계 법령

### 1) 일반노조법

가) 제2조(정의)

4. "노동조합"이라 함은 근로자가 주체가 되어 자주적으로 단결하여 근로조건의 유지 · 개선 기타 근로자의 경제적 · 사회적 지위의 향상을 도모함을 목적으로 조직하는 단체 또는 그 연합단체를 말한다. 다만, 다음 각목의 1

에 해당하는 경우에는 노동조합으로 보지 아니한다.

가. 사용자 또는 항상 그의 이익을 대표하여 행동하는 자의 참가를 허용하는 경우

나. 경비의 주된 부분을 사용자로부터 원조받는 경우

다. 공제 · 수양 기타 복리사업만을 목적으로 하는 경우

라. 근로자가 아닌 자의 가입을 허용하는 경우. 다만, 해고된 자가 노동위원회에 부당노동행위의 구제신청을 한 경우에는 중앙노동위원회의 재심판정이 있을 때까지는 근로자가 아닌 자로 해석하여서는 아니된다.

마. 주로 정치운동을 목적으로 하는 경우

나) 제5조(노동조합의 조직 · 가입)

근로자는 자유로이 노동조합을 조직하거나 이에 가입할 수 있다. 다만, 공무원과 교원에 대하여는 따로 법률로 정한다.

다) 제10조(설립의 신고)

① 노동조합을 설립하고자 하는 자는 다음 각호의 사항을 기재한 신고서에 제11조의 규정에 의한 규약을 첨부하여 연합단체인 노동조합과 2이상의 특별시 · 광역시 · 도에 걸치는 단위노동조합은 노동부장관에게, 그 외의 노동조합은 특별시장 · 광역시장 · 도지사에게 제출하여야 한다.

라) 제12조(신고증의 교부)

③ 행정관청은 설립하고자 하는 노동조합이 다음 각호의 1에 해당하는 경우에는 설립신고서를 반려하여야 한다.

1. 제2조제4호 각목의 1에 해당하는 경우
2. 제2항의 규정에 의하여 보완을 요구하였음에도 불구하고 그 기간 내에 보완을 하지 아니하는 경우

마) 시행령 제7조(산하조직의 신고)

근로조건의 결정권이 있는 독립된 사업 또는 사업장에 조직된 노동단체는 지

부 · 분회 등 명칭여하에 불구하고 법 제10조제1항의 규정에 의한 노동조합의 설립신고를 할 수 있다.

바) 시행령 제9조(설립신고서의 보완요구등)

① 노동부장관 또는 특별시장 · 광역시장 · 도지사(이하 "행정관청"이라 한다)는 법 제12조제2항의 규정에 의하여 노동조합의 설립신고가 다음 각 호의 1에 해당하는 경우에는 보완을 요구하여야 한다.

1. 설립신고서에 규약이 첨부되어 있지 아니하거나 설립신고서 또는 규약의 기재사항 중 누락 또는 허위사실이 있는 경우
2. 임원의 선거 또는 규약의 제정절차가 법 제16조제2항 내지 제4항 또는 법 제23조제1항의 규정에 위반되는 경우

② 노동조합이 설립신고증을 교부받은 후 법 제12조 제3항 제1호에 해당하는 설립신고서의 반려사유가 발생한 경우에는 행정관청은 30일의 기간을 정하여 시정을 요구하고 그 기간 내에 이를 이행하지 아니하는 경우에는 당해 노동조합에 대하여 이 법에 의한 노동조합으로 보지 아니함을 통보하여야 한다.

③ 행정관청은 노동조합에 설립신고증을 교부하거나 제2항의 규정에 의한 통보를 한 때에는 지체 없이 그 사실을 관할 노동위원회와 당해 사업 또는 사업장의 사용자나 사용자단체에 통보하여야 한다.

### 2) 교원노조법

가) 제14조(다른 법률과의 관계)

① 노동조합 및 노동관계조정법 제10조제1항 본문 중 '연합단체인 노동조합과 2이상의 특별시 · 광역시 · 도에 걸치는 단위노동조합은 노동부장관에게, 그 외의 노동조합은 특별시장 · 광역시장 · 도지사에게'는 '노동부장관에게'로 본다.

나) 시행령 제2조(산하조직의 신고)

교원의 노동조합(이하 "노동조합"이라 한다)중 2이상의 특별시 · 광역시 · 도 (이하 "시 · 도"라 한다)에 걸치는 단위노동조합은 시 · 도 단위의 지부 · 분회 등에 한하여 「교원의노동조합설립및운영등에관한법률」(이하 "법"이라 한다)제4조제2항의 규정에 의한 노동조합의 설립신고를 할 수 있다.

## 다. 외국의 사례

### 1) 미국

교원단체는 1개 학교 단위로 구성되는 것이 아니라 지역교육구 단위의 지역조합(local unions)별로 구성되어 있으며, 거의 모든 지역 교원조합은 전국교육연합회(National Education Association : NEA) 또는 미국교사연맹(American Federation of Teacher : AFT)에 가입돼 있다. 두 단체 중에서 미국교사연맹(AFT)은 미국의 전국적인 노동단체연합체인 미국노동자연맹과 산업별단체회의(American Federation of Labor-Congress of industrial Organizations : AFT-CIO)에 가입되어 있다.

### 2) 영국

교원은 중앙 또는 지방정부와의 계약에 의해 신분을 유지하고 있으며, 따라서 영국교원은 2인 이상이면 언제나 1974년에 제정된 「노동조합 및 노사관계법」에 의해 교원단체든 노동조합이든 마음대로 결성할 수 있다. 또한 근본적으로 복수조합주의(multi-unionism)를 채택하고 있는 영국에서는 노사문제를 당사자의 자치에 맡겨두는 전통이 형성돼 같은 학교에서도 다수의 교원단체가 존재하고 개인은 복수단체에 2중 3중으로 가입할 수도 있다.

### 3) 프랑스

5개의 대표권을 가진 전국노동조합연합조직이 있으며, 교원단체는 중앙 노조에 속해 있는 단체(FEP-CFDT, FNEC, FP-FO, SGEN-CFDT)가 있는가 하면 중앙 노조에 속하지 아니한 독자적인 단체도 있고, 수시로 분열을 계속하여 다른 단체에 흡수된 단체도 있다(SNI-PEGC 등).

프랑스의 가장 대표적인 교원단체는 1946년에 결성된「전국교육연맹」(FEN, Federation de I'Education Nationale)이고, 현재 전국 단위에서 교육부문의 대표권을 인정받고 있는 FEN은「전국중등교육조합」(SNES),「전국체육교육조합」(SNEP) 등 전국의 31개의 연합체로 106개의 시 · 군 조직, 그리고 26개의 지역 조직으로 구성되어 있다

### 4) 독일

독일 노사관계의 대표적 특징인 산업별 노조형태에 따라 학교 단위별로 단체를 구성하는 것이 아니라 산별 노조에 가입한다. 같은 학교에 근무하고 있는 교원이라 할지라도 신분, 전공, 업무내용에 따라 노조에 자유롭게 가입할 수 있으므로 교원들은 교육학술노조(GEW), 연방직업교육교사연맹(BLBS), 교육연맹(VBE), 공공사업 · 운송 · 교통노조(OTV), 공무원노조연맹(DBB), 기독교노조연맹(CGV) 등에 가입되어 있다.

## 라. 질의 회신

| 질의 | 학교 단위의 교원노조 분회 설립 가능 여부 |
|---|---|

[노동부 노조 68110-474(1999. 6. 29.)] 교원의 노동조합 설립 및 운영 등에 관한 법률 제4조제1항의 규정에 의해 교원노조는 특별시 · 광역시 · 도 단위 또는 전국 단위에 한하여 설립할 수 있으며, 동법 시행령 제2조의 규정에 의해 노동조

합의 설립신고를 할 수 있는 지부 · 분회 또한 특별시 · 광역시 · 도 단위의 지부 · 분회에 한하므로 학교 단위의 교원노조 설립신고는 할 수 없다.

| 질의 | 바람직한 교육노사관계 형성 방안<br>가. 학교 단위 분회 및 시 · 군 · 구 지회의 성격 · 인정 문제<br>나. 교원노조 출범 행사에 학생 동원 요청<br>다. 교내에 단위학교 교원노조 지부 · 분회 간판 등 부착 |
|---|---|

**[교육부(1999. 7. 2.)]** 가. 학교 단위 분회 및 시 · 군 · 구 단위 지회는 공식적인 노조로 인정하지 않는다. 다만, 노조 설립 후 노조규약에 의한 내부조직이므로 설치를 막을 수는 없으나 학교장을 상대로 단체교섭을 요구하는 등 노조의 권능을 행사할 수 없다.

나. 학생의 학습권을 훼손할 우려가 있고 교육과 직접 관련 없는 행사에 학생 동원이 금지되므로 허용이 불가하다.

다. 단위학교 노조로 오인될 수 있는 간판 부착 불허, 단위학교에서는 공식적인 노조활동을 할 수 없으므로 학교에 교원노조 지부 · 분회 간판 등 부착을 금지한다.

| 질의 | 교원노조의 산하조직인 지부 · 분회의 활동 가능 여부 |
|---|---|

**[노동부 노조 01254-592(1999. 8. 5.)]** 교원노조법 제4조제1항의 규정에 의해 교원노조는 특별시 · 광역시 · 도 단위 또는 전국단위에 한하여 설립할 수 있으며, 동법시행령 제2조의 규정에 의해 노동조합의 설립 신고는 할 수 없다. 다만, 교원노조의 내부조직으로서 학교 단위에 지부 · 분회를 설치 · 운영하는 것은 가능하나, 이 경우 지부 · 분회는 노동조합의 내부조직에 불과한 것이므로 개별학교를 상대로 한 단체교섭 등과 같은 활동은 할 수 없다.

| 질의 | 학교에 교원노조 분회 간판을 부착할 수 있는지 여부 |
|---|---|

**[노동부 노조 01254-592(1999. 8. 5.)]** 노동조합이 사용자의 시설물을 사용

할 때에는 단체협약에 별도의 정함이 있는 경우에는 그에 따르되, 그렇지 아니하다면 사용자의 승인을 얻어 사용하여야 할 것이다. 따라서 사용자의 사전 승인 없이 임의로 학교 시설물을 사용하거나 시설물에 간판을 부착하였다면 이는 사용자의 시설관리권을 침해하는 것으로 그 정당성을 인정받기 어려울 것이다.

| 질의 | 전교조의 하부조직인 단위학교 분회의 불법 여부 |
|---|---|

**[교육부 복지 81811-274(1999. 12. 4.)]** 전교조의 단위학교 분회는 노조의 규약에 의한 내부조직으로서 내부적으로 조직할 수는 있으나, 노동조합으로서 학교분회는 인정되지 않는다. 또한 학생의 학습권을 보호하기 위하여 근무시간 중 노조활동은 금지하고 있으며 근무 시간외라도 교내에서 노조활동은 학교장의 승인을 얻은 후 가능하다.

## 마. 교원노조 설립 현황

교원의 노동조합 설립은 1999년 1월 29일 교원노조법이 공포되면서 전국교직원노동조합(전교조)과 한국교원노동조합(한교조)이 설립 · 신고함으로써 복수노동단체로 출발하였다. 2006년 4월 20일에는 '자유민주주의 이념의 교육운동'을 기치로 내건 자유교원조합이 창립선언을 하였으며, 동년 5월 4일에는 자유교원조합 연합단체[13]로 노동조합 설립신고를 하여 5월 9일 노동부에서 설립신고증을 교부받았다.

교원의 노동조합 설립 현황[14]을 보면, 민주노총 산하의 전교조는 16개 시 · 도 지부와 282개 지회, 그리고 9,294개의 분회(2006년 조직현황)가 조직되어 있다. 한교조는 16개 시 · 도 지부가 있으며, 한국노총에 가입되어 있다. 자유교원조합 연합단체는 2006년 5월 현재 서울, 부산, 울산, 경기의 4개 연합단체에 조합원 4,548명으로 구성되어 있다.

13) 학생과 학부모들에게 인정받고, 교원의 권리와 복지의 향상을 설립목적으로 내세움
14) 노동부, 2003년 노동조합 조직현황 분석, 2004년 12월, pp. 5-6.

**|표1| 교원노조의 현황**[15]

| | 전국교직원노동조합 | 한국교원노동조합 |
|---|---|---|
| 설립일 | 1999. 7. 1 | 1999. 7. 1 |
| 회원의 자격 | 유·초·중·고 교사 | 유·초·중·고 교사 |
| 설립목적 | • 교육노동자로서의 기본적인 권익을 적극 옹호<br>• 민주교육의 발전에 기여 | • 교원의 노동기본권 보장과 교육환경개선 및 푸른교육의 실천<br>• 교원 운동의 자주성과 민주성 확보<br>• 모든 사람이 평등하게 교육을 받을 수 있는 민주복지사회건설과 인간 중심의 참된 민주환경 실현<br>• 국내외 노동 사회운동 및 국제교원운동과 연대 강화를 통하여 평화적 민족 통일과 세계평화의 달성 |
| 주요 사업 | • 근로조건의 개선 및 교직원의 사회·경제적 지위 향상<br>• 교육환경 및 교육제도의 개선을 위한 사업<br>• 교육의 민주화와 자주성 확립을 위한 사업<br>• 노동3권의 완전보장 등 교육관계법의 개정을 통한 교직원의 민주적 제권리 확보사업<br>• 민족·민주·인간화 교육을 위한 각종 연구 및 실천사업<br>• 산하조직 및 조합원에 대한 교육·교권옹호·복지후생·문화 및 선전홍보사업<br>• 노동운동단체와의 제휴 및 노동운동의 국제적 연대활동에 대한 사업<br>• 민족 통일과 민주화를 촉진하기 위한 사업<br>• 조합의 목적에 부합하는 협동조합 등 재정사업 | • 교육여건 개선, 근무여건 개선<br>• 회원의 복지 등 교원의 경제적·사회적 지위의 향상과 민주적 교육개혁의 실현<br>• 교육개혁 5대 과제(교원정년 원상회복, 교원연금 안정성 확보, 성과급 폐지, 초등학교 전담교사제 확대 실시, 교원의 자긍심 고취) 실현 |

15) 한국노동교육원, 공공부문(서울시교육청) 노사관계 교육(연수자료), 2005.pp79-82.

| | 전국교직원노동조합 | 한국교원노동조합 |
|---|---|---|
| 주요 기구 | • 의사결정기구(전국대의원대회, 중앙위원회)<br>• 집행기구(중앙집행위원회, 상임집행위원회, 사무처, 정책실, 편집실)<br>• 지역기구(지부, 지회, 분회)<br>• 상설 위원회, 중앙선거관리위원회 | • 동부지역본부 5개(경남지역본부, 경북지역본부, 대구지역본부, 부산지역본부, 울산지역본부)<br>• 서부지역본부 4개(전남지역본부, 전북지역본부, 광주지역본부, 제주지역본부)로 편성 |
| 기타 | • 민주노총에 가입<br>• 한교조와 함께 2000년 교육부와 최초의 단체협약을 체결<br>• 제7차 교육과정 철회, 공교육 파탄 정책 · 연금법 개악저지, 단체협약 이행 등을 쟁점화하여 활동<br>• 최근에는 학교자치제와 사립학교법 개정, 교장선출보직제를 이슈로 하고 있다. | • 한국노총에 가입<br>• 각 지부별로 각 시 · 도 교육청과 전교조와 연대(교원노조)한 공동 교섭안을 가지고 단체협약을 체결<br>• 공무원 대표, 정부관계자, 전문가 등이 참가하는 '공무원연금제도 개선위원회'와 '공무원연금기금운영심의위원회'를 구성, 기금운영과 제도개선을 논의할 것을 주장. |

※ 2006. 05. 04일 자유교원조합 연합단체가 노동조합으로 설립 신고

# 제5조

# 노동조합 전임자의 지위

## 1. 조문

① 교원은 임용권자의 허가가 있는 경우에는 노동조합의 업무에만 종사할 수 있다.

② 제1항의 규정에 의하여 허가를 받아 노동조합의 업무에만 종사하는 자(이하 "전임자"라 한다)는 당해 기간 중 교육공무원법 제44조 및 사립학교법 제59조의 규정에 의한 휴직명령을 받은 것으로 본다.

③ 전임자는 그 기간 중 봉급을 받지 못한다.

④ 전임자는 그 전임기간 중 전임자임을 이유로 승급 및 기타 신분상의 불이익을 받지 아니한다.

## 2. 입법 취지 및 해설

### 가. 입법 취지

본조는 교원노조 전임자를 인정하되 휴직처리하고 전임기간 동안 임용권자로부터 봉급을 받지 못하도록 하고, 전임기간 동안 교원의 승진 · 교육경력 인정 등 신분상의 불이익이 없도록 하려는 데 있다. 한편, 교원 노동조합의 전임자에 대하여 본조에서 별도로 적용하고 있으므로 노동조합법 전임자 관련규정인 일반노조법 제24조(노동조합의 전임자)는 적용을 배제하였다.

## 나. 해설

노조전임자제도는 기업별 노조의 조직형태를 취하고 있는 우리나라와 일본에서 관행적으로 행해지는 독특한 제도로서, 근로자가 사용자와 근로관계를 유지하면서 근로제공의무를 면하고 노동조합의 활동에만 전념하기 때문에 복잡한 문제가 야기된다.1)

본조의 입법취지에는 교원 노동조합의 전임자에 대하여 본조에서 별도로 적용하고 있으므로 노동조합법 전임자 관련규정인 일반노조법 제24조(노동조합의 전임자)2)는 적용을 배제한다고 밝히고 있다. 이는 교원이 사용자와 근로관계에 있는 것이 아닌 국가공무원의 신분에 있는 관계로 별도의 규정을 요한 것이다. 그러나 그 법적 지위에 있어서는 기존 일반노조 전임자에 대한 법리적 해석이 교원노조 전임자에 대한 이해에 있어서 기준점이 된다고 볼 수 있다.

---

1) 기업별 노조가 일반화된 우리나라나 일본과 달리 산업별 직종별 기준에 따라 초기업적으로 기업 외부에서 조직된(노동조합이) 서구 선진국에서는 우리나라나 일본과 같이 조합임원이 원칙적으로 노조전임자가 되는 경우는 별로 없다. 그것은 조합의 활동범위가 넓음으로 인하여 전문적인 직업활동을 필요로 하여 종업원이라는 협소한 범위에서 적절한 인재를 구하기 어렵다는 점과, 조합업무에 필요한 임원을 조합 스스로 유지할 수 있을 만큼의 충분한 재정적 기초를 가지고 있다는 점, 조합업무와 기업내 노사협의회 기능이 완전히 분리되어 조합임원이 개별 기업의 특수성에 구애받을 필요가 없다는 점, 노동운동의 오랜 전통으로 조합임원이 전문화되어 구태여 사업장의 근로자로 복귀할 필요가 없다는 점, 그리고 법이나 관행 또는 단체협약에서 조합원은 근로자이고 조합임원은 조합원이어야 한다는 제한규정이 없음으로써 처음부터 근로자가 아닌 자가 조합전임임원이 되어 우리나라와 같은 유형의 전임제도를 야기할 소지가 없다는 점에서 차이가 난다(이병태, "노동조합전임자의 법률상 문제점", 「현대 법학의 제문제」, 곡천 반원석박사 화갑기념논문집, 1992, p. 486).

따라서 서구국가에서는 노조임원들이 단체교섭을 통하여 단체협약을 체결하더라도 그것은 산업별(또는 직종별)조합에 가입한 조합원을 대표해서 하는 것이며, 기업의 종업원을 대표하는 것은 아니다.

2) 노정법 제24조 (노동조합의 전임자) ①근로자는 단체협약으로 정하거나 사용자의 동의가 있는 경우에는 근로계약 소정의 근로를 제공하지 아니하고 노동조합의 업무에만 종사할 수 있다.

②제1항의 규정에 의하여 노동조합의 업무에만 종사하는 자(이하 "전임자"라 한다)는 그 전임기간 동안 사용자로부터 어떠한 급여도 지급받아서는 아니 된다.

①항은 '교원노조 전임자 인정'에 관한 것으로, 임용권자가 교육인적자원부의 '교원노조 전임자 허가 지침'[3]에 따라 '허가'한다.

최근에는 교원노조 전임자가 되는 절차에 대해 임용권자의 허가사항이 아닌 단체협약으로 정해져야 한다는 주장이 있다. 노조전임자의 선임은 노동조합 자율적 결정에 의해 정해지는 것으로, 임용권자가 허가하는 경우에만 노조업무에 전담할 수 있다는 것은 노동조합의 단결권을 침해하는 것이며, 경우에 따라서는 열성적인 교원의 노조전임업무를 방해하여 부당노동행위도 성립할 수 있다는 것이다.[4]

②항은 전임자의 법적 지위에 관한 것으로, 교원노조 전임자로서의 활동기간 중 휴직상태에 있는 것으로 대우하고 있다.

노조전임자는 기업 내의 근로자로서의 신분을 그대로 유지하나, 근로계약상의 근로제공의무를 면제받고 있다. 노조전임의 이러한 특성에 따라 노조전임의 법적 지위를 (가) 휴직상태에 있는 근로자로 보는 견해와, (나) 이를 부인하지는 않지만 헌법상 근로삼권의 보장에 따른 근로자대표로서의 지위와 역할을 강조하여 휴직상태에 있는 일반 근로자와 구별하는 견해 등이 있다. 노조전임의 법적 지위를 휴직상태에 있는 근로자로 보는 경우 노조전임은 사용자와 신분관계는 유지하되 채권·채무관계는 정지되므로 임금이 지급되지 아니하고, 휴일·휴가도 부여되지 아니하며, 기타 산업재해보상 및 후생·복지시설의 혜택도 제한된다.

교원노조의 전임자에 대한 법적 지위에 대해서는 (가)의 견해를 명문화한 것으로 해석할 수 있으며, 단체협상 등으로 얻을 수 있는 지위에 대한 일련의 조율가능성에 대해 원천 봉쇄한 면이 있다.

최근에는 (가)의 견해에 의문이 제기되고 있다. 노조전임은 헌법상 근로삼권의 보장 하에 노동조합 업무에 전념한다는 점과 노조전임의 인정은 사용자에게도 도움이 된다는 점을 감안하여 볼 때에 노조전임의 법적 지위는 휴직상태에 있는 일반근로자와는 어느 정도 구별되어야 한다고 보고 있다.[5] 이병태도 (가)의 견해

3) 본문 3. 참고 내용 바. 현황 부분 참조.

4) 이일권, 교원노조법의 쟁점에 대한 비판적 고찰 : 교원의 노동기본권을 중심으로, 한국교육행정학 21(4), 2003, p. 247 및 p. 254.

5) 이상윤, 노동법, 법문사, 2005, p. 569.

는 사용자 편향의 시각이라고 지적하고 있다. 즉, 노조전임자의 지위를 사용자 입장에서 근로를 제공받지 않는다는 사실에 중점을 둔 것으로 평가하면서, 노조전임자 입장에서는 분명히 일정한 지위에서 계속적으로 근로를 제공하고 있으며 그 근로는 자신의 사적인 일이 아니라는 것이다. 따라서 노조 전임자를 휴직상태의 근로자가 아닌 사용자와 특수관계에 있는 노조전임이라는 독특한 근로에 종사하고 있는 자로 보아야 할 것이라고 제안하고 있다.6)

위의 논의를 참조할 때 교원노조의 전임자에 대한 이해에도 새로운 시각이 요구된다고 보아진다. 물론 교원노조가 기업별이 아닌 산업별노조형태의 단일조직을 형성하고 있으나 현재 민주노총의 한 조합으로 기능하며, 같은 맥락에서 노조활동이 이루어지고 있기 때문이다.

③항은 전임자의 임금에 대한 규정이다. 우리나라에서는 그동안 노조전임자와 관련하여 급여가 특히 문제되었다. 우리나라의 노조전임자제도는 대부분의 노동조합에서 단체협약이나 관행에 의거하여 사업장에 노조 전임자를 두고 있고, 그 전임자의 임금을 회사에서 지급하여 왔다. 따라서 전임자에 대한 임금지급은 논란의 대상이 되어왔다. 사용자가 전임자에게 임금에 상당하는 급여를 제공할 경우 노동조합에 대한 경비 원조의 하나로 보아 노조의 자주성이 침해될 우려가 있는 부당노동행위(구 노동조합법 제81조 제4호)로 평가하였다(이른바 형식설). 이에 반해 다른 견해는 전임자에 대한 사용자의 임금지급은 노조가 벌인 투쟁의 산물, 즉 전리품에 해당하는 것으로 이를 부당노동행위로 파악해서는 안된다는 견해를 유지하였다(이른바 실질설). 1991년 대법원은 자주성을 잃을 위험성이 현저하게 없는 한 부당노동행위가 성립되지 않는다고 판시함으로써 기존의 학설 중 실질설의 입장을 취하였다.7)

---

6) 이병태, 최신 노동법, 중앙경제, 2005, p. 124.

7) 대법원은 제물포버스노조사건에서 “노동조합전임자나 간부가 사용자로부터 급여를 지급받는 것이 형식적으로 보면 부당행위의 하나인 노동조합법 제39조 4호 본문에 해당하지만, 위 법조 소정의 부당노동행위의 성립여부는 형식적으로만 볼 것이 아니고, 그 급여지급으로 인하여 조합의 자주성을 잃을 현저한 위험이 없는 한 부당노동행위가 성립되지 않는다고 봄이 상당하고, 특히 그 급여지급이 노동조합의 적극적인 요구 또는 투쟁에 의해서 얻어진 것이라면 그 급여지급으로 인하여 조합의 자주성이 저해될 위험은 없는 것으로 보아야 한다”고 밝힘으로써 노조의 자주성 판단에 있어서 형식적으로 판단할 것이 아님을 강조하고 있다(대판 1991.5.28 98누 6392).

현행법 하에서는 전임자에 대한 급여지급이 부당노동행위에 해당하지 않는다는 학설과 판례는 더 이상 유지될 수 없다. 「노동조합및노동관계조정법」 제24조 제2항에서는 전임자의 급여지급 금지를 명문화하고 동법 제81조 제4호에서는 "급여를 지원"하는 행위를 부당노동행위로 정하였다.[8] 2001년 2월 9일 노사정위원회에서 밝힌 입법취지는 전임자에 대한 임금지급이 사용자의 노조에 대한 경비 지원행위로서 노조의 자주성을 침해하며, 무노동 무임금의 원칙에 반한다는 것이다. 이러한 전임자 급여 지원 금지규정은 노동조합의 위축을 불러온다는 점에서 현재 노동계의 커다란 반발에 부딪쳐 있으며, 노동법 관련자들도 이의를 제기하고 있다.[9]

그러나 대립적인 노조와 사용자와의 관계에서 어느 일방이 타방 당사자에게 임금을 지급한다는 것은 자주성의 유지를 곤란케 하는 결과를 초래할 것이다. 상대방에 대한 자주성 확보가 협약의 정당성 확보로 이어진다는 점에서 노동조합의 전임자에 대한 사용자의 급여 지급은 대립적인 계약구도를 왜곡됨이 없이 보장할 수는 없는 것으로 판단된다. 이런 점에서 전임자에 대한 급여지급을 부당노동행위로 명시하여 입법적으로 해결한 것으로 보인다.

---

8) 「노동조합및노동관계조정법」 제24조 (노동조합의 전임자) ② 제1항의 규정에 의하여 노동조합의 업무에만 종사하는 자(이하 "전임자"라 한다)는 그 전임기간동안 사용자로부터 어떠한 급여도 지급받아서는 아니 된다.

제81조(부당노동행위) 사용자는 각호의 1에 해당하는 행위(이하 "부당노동행위"라 한다)를 할 수 없다.

4. 근로자가 노동조합을 조직 또는 운영하는 것을 지배하거나 이에 개입하는 행위와 노동조합의 전임자에게 급여를 지원하거나 노동조합의 운영비를 원조하는 행위. 다만, 근로자가 근로시간중 사용자와 협의 또는 교섭하는 것을 사용자가 허용함은 무방하며, 또한 근로자의 후생자금 또는 경제상의 불행 기타 재액의 방지와 구제 등을 위한 기금의 기부와 최소한의 규모의 노동조합사무소의 제공은 예외로 한다.

부 칙<제5310호, 1997.3.13>

제6조 (노동조합 전임자에 관한 적용의 특례<개정 2001.3.28>) ① 제24조제2항 및 제81조 제4호의 규정(노동조합의 전임자에 대한 급여지원에 관한 규정에 한한다)은 이를 2006년 12월 31일까지 적용하지 아니한다. <개정 2001.3.28>

②노동조합과 사용자는 전임자에 대한 급여지원 규모를 노사협의에 의하여 점진적으로 축소하도록 노력하되, 이 경우 그 재원을 노동조합의 재정자립에 사용하도록 한다. <개정 2001.3.28>

9) 이상윤, 앞의 책, p. 569 및 박경서, 노조전임자제도에 관한 소고, 노동법률 144호, 2003. 5, p. 67.

이와 같은 관점은 교원노조에서도 동일하게 적용될 수 있으리라고 판단된다. 따라서 이일권은 교원노조 전임자에게도 일반노조와 같이 2006년 12월 31일까지는 임금을 지급해야[10] 한다고 보고 있다.[11]

④항은 전임자의 신분으로 인해 불이익을 받지 않는다는 것이다. 이는 전임기간을 근속년수에 산입하고, 승급처리와 복지후생시설 이용 등에 있어서 평등한 대우를 받는다는 의미이다.

## 3. 참고 내용

### 가. 주요개념

#### 1) 임용권자의 허가

교원노조의 전임자가 되기 위해서는 임용권자의 '허가'가 있어야 한다. 즉, 국·공립학교의 경우는 교육부장관이나 시·도교육감, 사립학교는 재단 등 임용권자의 허가를 받아야 한다는 것이다. 국·공립학교 교원의 경우, 그는 교육공무원의 신분을 지니므로 임용권자의 허가는 행정행위로서 그 법적 성격이 특히 문제가 되며, 이러한 허가의 의미·내용은 사립학교 교원이 노조전임자 허가를 신청하는 경우에도 적용될 수 있다.

행정법상 허가란 법규에 의한 일반적·상대적 금지를 특정한 경우에 해제하여 적법하게 일정한 법률행위 또는 사실행위를 할 수 있도록 자유를 회복시켜 주는 행정행위를 말한다.

---

10) 「노동조합및노동관계조정법」 부칙 제4항 ③제6조 ①항

11) 이일권(2003), 앞의 글, p. 247 및 p. 254.

### 2) 전임자

전임자란 임용권자의 허가를 받아 노동조합의 업무에만 종사하는 자를 말하며, 노조전임자의 선임은 노동조합의 자율적 결정에 의하여 정해진다. 전임기간은 휴직기간에 준하는 것으로 보아 전임자는 교육의 의무를 면제받고 봉급을 받지 못하나, 승급, 교육경력 인정 등 신분상의 불이익은 받지 않는다.

따라서 교원노조의 전임자제도는 ①직무에 전념할 의무를 갖고 있는 교원에 대하여 본래의 직무를 이탈하여 조합활동에 종사하는 것을 인정하는 것이며, ② 사용자가 조합임직원에 대하여 임직원을 그만 둔 후에 교원의 지위를 보장함으로써 그 조합활동을 보장한다는 의미를 갖는다.

### 3) 휴직

교원으로서의 신분은 보유하지만 직무에 종사하지 않는 지위에 있다는 것이다.

### 4) 불이익

불이익 취급의 내용으로는 신분적 불이익(해고, 퇴직의 강요, 채용 거부, 전근, 강임, 직종 변경, 출근정지, 휴직, 복직이나 계약 갱신의 거부), 경제적 불이익(차별적 승급, 각종 수당이나 복리후생의 차별), 정신적 또는 생활적 불이익(출근정지, 취업거부, 시말서 요구, 복리후생의 차별), 조합활동의 불이익(비가입대상 직무로의 발령 승진) 등이 있다.

불이익을 받지 않는다는 것은 전임기간의 근속년수에의 산입, 승급처리와 복지후생시설 이용 등에 있어서 평등한 대우를 받는다는 의미이다.

## 나. 관계 법령

### 1) 「교육공무원법」 제44조(휴직)

① 교육공무원이 다음 각 호의 1에 해당하는 사유로 휴직을 원하는 경우에는 임용권자가 휴직을 명할 수 있다. 다만 제1호 내지 제4호 및 제11호의 경우에는 본인의 의사에 불구하고 휴직을 명하여야 하고, 제7호의 경우에는 본인이 원하는 경우 휴직을 명하여야 한다.[12)]

11. 교원의노동조합설립및운영등에관한법률 제5조의 규정에 의하여 노동조합 전임자로 종사하게 된 때

### 2) 「사립학교법」 제59조(휴직의 사유)

① 사립학교 교원이 다음 각 호의 1에 해당하는 휴직을 원하는 경우에는 당해 교원의 임면권자는 휴직을 명할 수 있다. 다만, 제1호 내지 제4호 및 제11호의 경우에는 본인의 의사에 불구하고 휴직을 명하여야 하고, 제7호의 경우에는 본인이 원하는 경우 휴직을 명하여야 한다.[13)]

11. 교원의노동조합설립및운영등에관한법률 제5조의 규정에 의하여 노동조합 전임자로 종사하게 된 때

---

12) 교육공무원법 제44조(휴직) ①항 1. 신체・정신상의 장애로 장기요양을 요할 때 4. 기타 법률의 규정에 의한 의무를 수행하기 위하여 직무를 이탈하게 된 때 7. 자녀(휴직 신청 당시 1세 미만인 자녀에 한한다)를 양육하기 위하여 필요하거나 여직원이 임신 또는 출산하게 된 때

13) 위와 같음.

### 다. 판례

#### 1) 직권 중재재정 대상의 해당 여부[대판 1996.2.23, 94누 9177]

노조전임제는 노동조합에 대한 편의제공의 한 형태로서 사용자가 단체협약 등을 통하여 승인하는 경우에 인정되는 것일 뿐 사용자와 근로자 사이의 근로계약관계에 있어서 근로자의 대우에 관하여 정한 근로조건이라고 할 수 없는 것이고, 단순히 임의적 교섭사항에 불과하여 이에 관한 분쟁 역시 노동쟁의라 할 수 없으므로 특별한 사정이 없는 한 이것 또한 중재재정의 대상으로 할 수 없다(동지: 서울고판 1996.6.13, 95구 22810).

#### 2) 노조사무실에 출근하지 않은 것이 무단결근에 해당하는지 여부[대판 1997.3.11, 95다 46715]

노조전임자라 할지라도 사용자와의 사이에 기본적 근로관계는 유지되는 것으로서 취업규칙이나 사규의 적용이 전면적으로 배제되는 것이 아니므로, 노조전임자에 관하여 단체협약상의 특별한 규정이나 특별한 관행이 없는 한 출・퇴근에 관한 취업규칙이나 사규의 적용을 받으며, 근로계약 소정의 본래 업무를 면하고 노동조합의 업무를 전임하는 노조전임자의 경우 출근은 통상적인 조합업무가 수행되는 노조사무실에서 조합업무에 착수할 수 있는 상태에 임하는 것이므로, 노조전임자가 사용자에 대하여 취업규칙 등에 규정된 소정의 절차를 취하지 아니한 채 위와 같은 상태에 임하지 아니하는 것은 무단결근에 해당된다.

#### 3) 노조전임자 등에 대하여 그들의 쟁의행위 등 성낭한 조합활동을 혐오한 나머지 조합활동을 곤란하게 할 목적으로 원직복귀명령을 함이 부당노동행위에 해당하는지 여부[대판 1991.5.28, 90누6392]

부당노동행위제도의 목적은 근로자의 단결권 등 근로삼권의 보장에 있다 할 것이므로 노동조합업무의 전임자나 노조간부 등의 조합활동상의 불이익도 소정의 불이익취급의 한 유형에 해당한다 할 것이고 노조전임자 등에 대하여 그들의 쟁의행위 등 정당한 조합활동을 혐오한 나머지 조합활동을 곤란하게 할 목적으로 원직복귀명령을 하였다면 이는 사용자의 고유인사권에 기한 정당한 조치라 볼 수 없고 소정의 부당노동행위에 해당하고, 또한 노조의 조직과 운영에 지배, 개입하는 행위로서 소정의 부당노동행위에 해당한다.

#### 4) 조합의 적극적인 요구 내지는 투쟁결과 노조전임자나 노조간부가 사용자로부터 급여를 지급받는 것이 부당노동행위에 해당하는지 여부 [대판 1991.5.28, 90누6392]

노조전임자나 노조간부가 사용자로부터 급여를 지급받는 것이 형식적으로 보면 부당노동행위의 하나에 해당하는 것 같지만, 법조 소정의 부당노동행위의 성립 여부는 형식적으로만 볼 것은 아니고 그 급여지급으로 인하여 조합의 자주성을 잃을 위험성이 현저하게 없는 한 부당노동행위가 성립되지 않는다고 봄이 상당하고, 특히 그 급여지급이 조합의 적극적인 요구 내지는 투쟁결과로 얻어진 것이라면 그 급여지급으로 인하여 조합의 자주성이 저해될 위험은 거의 없다고 보아야 할 것이므로 이는 위 법조 소정의 부당노동행위에 해당하지 않는다고 보아야 할 것이다.

### 라. 외국의 사례

#### 1) 독일

독일의 노동자조합은 이원적 형태로 되어 있다. 그 하나는 헌법(제9조 제3항)에 보장된 결사의 자유를 근거로 한 산업별로 조직된 '노동조합(Gewerkschaft, 이하 노조)'이고 다른 하나는 1972년에 제정된 사업장법(Betriebs-verfassungsgesetz, 제1조)에 의거하여 종업원수 5인 이상의 사업장에 설립할 수 있는 '종업원평의회

(Betriebsrat)'이다.

각 산별노조의 집행기구에서 노조업무와 활동을 담당하는 노조전임자들은 모두 노조 조합원이고 조합원이 아닌 상태에서 노조에 채용된다면 채용과 동시에 노조에 가입하여야 하며, 중앙집행위원을 제외하고는 노조에 채용된 직원으로서 노조와 고용관계를 가지고 있으므로 노조로부터 급여를 받는다. 중앙집행위원들은 노조직원들의 '사용자'로 취급되기 때문에 노조와 고용관계를 갖는 것은 아니지만 역시 노조로부터 급여를 받는다. 노조전임자수는 각 노조마다 자율적으로 정하며, 전임자의 급여는 조합원들이 납부하는 조합비에서 지급한다.

종업원평의회에는 일정 수의 종업원평의회위원이 근로로부터 면제를 받아서 종업원평의회 업무수행을 위해 전임자를 둔다. 위원은 사업장에서 종사하는 생산직·사무직노동자(종업원)들 중에서 선출되며, 전임자는 사업장에 소속된 상태에서 임기(4년) 동안 종업원평의회 활동과 업무를 수행한다. 전임자수는 정규근로시간의 전일근무자를 기준으로 하므로 여러 명의 종업원평의회 위원이 파트타임으로 전임할 수 있다. 전임자는 사용자로부터 기존에 자신이 수행했던 근로에 대한 급여(임금, 상여금, 각종 수당 포함) 수준의 급여를 받는다. 사용자는 종업원평의회의 운영과 활동에 드는 비용을 부담할 의무를 진다.

독일의 노동자조직 전임자제도는 산별노조와 종업원평의회가 분명하게 구분된다. 노조는 자주성과 비종속성을 원칙으로 하는 노동자조직으로서 이러한 원칙을 근본으로 하는 독자적인 전임자제도를 갖추고 있다. 이에 비해 종업원평의회는 사업장 차원에서 참여와 협력을 바탕으로 기업과 노동자의 안녕에 기여하는 사업장법에 의거한 노동자조직으로서 그 전임자제도는 법적으로 보장되어 있다.[14)]

### 2) 프랑스

노조전임자의 유형은 세 가지 유형으로 나뉠 수 있다. '직업적 노조전임자'는 특정한 기업의 종업원이 아니며 지역별 또는 전국별 노조연합단체에서 전적으로

14) 장은숙, 독일의 노조와 종업원평의회 전임자제도, 국제노동브리프 vol.2 no.5, 2004. 9.10, pp. 45-50.

노조업무만을 수행하는 노조활동가를 말한다. 이들은 사용자와 아무런 계약관계를 맺고 있지 않다. '산업별전임자'는 기업의 종업원으로서 일정한 기간 동안 근로계약상의 의무를 면하고 기업 외부의 노조 상급단체에서 노조업무를 수행하는 전임자를 말한다. '기업별전임자'는 기업의 종업원으로서 일정한 기간 동안 근로계약상의 의무를 면하고 사업장 안에서 노조업무를 수행하는 전임자를 말한다. 일반적으로 노조전임자라고 하면 두 번째와 세 번째 유형을 가리킨다.

전임자는 대부분 단체협약으로 규정한다. 산업별협약은 산업별전임자에 대한 일반적인 사항을 규정하고, 기업별협약은 기업의 규모 및 노동조합의 조직상황 등을 고려하여 산업별협약에서 정하지 않은 구체적인 사항을 다룬다.

전임자에 대한 산업별협약의 내용은 일반적인 원칙을 담고 있는 경우가 많으며, 특히 전임기간 만료 이후 원직복귀를 중요하게 다루고 있다. 대부분 전임자의 수에 대해서는 규정하고 있지 않다. 보수지급에 대해서는 언급하고 있지 않은 경우가 많지만[15], 보수가 지급되지 않음을 명시적으로 밝히고 있는 협약도 있다[16].

기업협약에 나타나는 노조전임자제도를 일반 기업과 행정기관의 경우로 나누어 예를 들어 살펴본다.

우선 2000년 6월에 체결된 「근로자대표 및 사회적 협의에 관한 르노 기업협약」에서는 '첫째, 상시 근로자가 2,500명 이상인 사업장에서는 상급단체의 업무를 수행하기 위해 각 대표적 노조마다 1인의 산별전임자를 지정할 수 있다'고 전임자에 대하여 규정하고 있다. 이들은 사업장 내에서 활동하는 것이 아니라, 사업장을 떠나 상급단체에서 노조업무를 수행한다. 둘째, 각 공장과 협약에서 정한 특정한 계열사에 속하는 사업장에서는 해당 사업장 내에서 노조업무를 상시적으로 수행할 수 있는 기업별전임자를 둘 수 있다.[17]

전임자로 지정된 근로자들은 최대 3년의 기간 동안 근로계약이 정지되며, 두 번의 갱신이 가능하다. 전임자의 보수 지급에 대해서는 협약에서 명시적으로 언급하고 있지 않은데, 근로계약이 정지된다고 규정하고 있기 때문에 전임기간 동

15) 예를 들면 채색유리산업, 금속산업, 농업적수공업 등.

16) 사회복지산업이 그 예이다.

17) 협약에서 명시하고 있지는 않지만, 첫 번째 경우와 마찬가지로 각 대표적 노조마다 1인의 기업별전임자를 지정하는 것을 예정하고 있다고 보인다.

안 '근로계약상의 임금'은 지급되지 않는다고 말할 수 있을 것이다.

다음으로, 2000년 12월에 이제르 군의회(Conseil Général d'Isère)와 CFDT 사이에 체결된 협약은 행정기관의 노조전임자 문제에 관하여 좋은 사례이다. 이 사례에서 전임자들은 상급단체에 파견되는 것이 아니라, 군청 안에 설치된 노조 사무실에서 노조업무를 전담하는 기업별전임자들이다. 협약은 전임자의 수를 두 명으로 정하고 있으며, 이들은 공무에서 완전히 벗어난다. 그러나 공무를 계속 수행하는 것으로 간주되며[18] 그에 다른 모든 신분상의 혜택을 계속해서 누릴 수 있다. 전임자로 지정되어 공무수행을 면하게 되는 시점에서 받았던 보수를 전임기간 동안 계속해서 지급받으며, 진급 등에 관한 규정도 전임자에게도 똑같이 적용된다.[19]

### 3) 호주

호주의 노조전임자는 크게 두 부류로 나뉜다. 한 부류는 산별노조에서 전임하고 노조에서 임금을 받는다. 다른 한 부류는 기업에서 전임, 반전임을 하며 기업에서 임금을 받는 '대의원(Delegate)'이다.

활동과 자금 운영이 중앙집중적인 전통을 가지고 있는 호주제조업노동조합(Australian Manufacturing Workers Union, AMWU)의 경우를 보면, 노조에서 임금을 받는 전임자들은 관리, 조정업무와 간행물 발간에 대한 책임을 지고, 높은 수준의 협상이나 분쟁사례 등을 담당하고 해결한다. 사용자에게 임금을 받는 현장대의원의 임금은 노조 조직가들과 비슷한 수준이며, 대부분의 노조 관련 업무를 근무시간 이외에 처리한다. 분쟁이 발생했을 때에는 근무시간에도 노조 관련 일을 하게 되는 부분 전임자라고 할 수 있다.

주별 그리고 소산별로 분권화되어 있는 건설임업광산에너지노동조합(Construction Forestry Mining and Energy Union, CFMEU)의 경우도 AMWU와 마찬가지로 노조에서 임금을 지급하는 전임자와 회사가 임금을 지급하는 전임자인 '현

18) "노동조합의 업무를 위하여 공무수행을 면하게 되는 공무원은 그 공무를 계속 수행하는 것으로 간주된다"(지방공무원의 신분에 관한 1984년 1월 26일 법 제56조).

19) 박제성, 프랑스의 노동조합전임자, 국제노동브리프 vol.2 no.5, 2004. 9.10, pp. 51-54.

장대의원'이 있다. 사용자들이 임금을 직접 지급하는 현장대의원의 임금은 조직가의 약 1.5배로 연간 8,000 호주달러(한화로 약 5,600만원)를 받는다. 이들이 높은 임금을 받는 것은 단체협상 때 노조는 대의원들에게 그 직종에서 가장 높은 직급과 임금을 요구하고, 사용자도 대의원을 활용하여 노조와 원활한 관계를 유지하기 위해 동의함으로써 이루어진다.[20]

### 4) 일본

일본의 노조조직은 전국조직, 산업별조직, 단위노동조합(기업별노조)의 세 가지 단위로 구성되며 각각 역할이 구분되어 있다. 단위노조가 기업과 노동협약을 체결하고 있으며, 산별노조가 협약을 체결하는 경우는 적다. 일본의 단위노조는 2003년 현재 63,955개이며, 산업별 또는 직능별로 조합원을 조직하는 노조는 전일본해원조합(全日本海員組合) 등 극소수이다. 산별노조의 대부분은 단위노조가 산업별로 구성되어 결성된 연합체조직이고, 전국조직은 산업별조직이 참가/결성한 연합체조직이다.

단위노조의 전임자는 조합원 선거에서 선출하며, 산별노조의 전임자는 산업별조직대회에서 선출된 상임집행위원(단위노조의 전임자)이며, 전국조직의 경우는 산업별조직이 추천한 단위노조 전임자들로 구성된다.

전임자의 수는 단위노조에서 자체적으로 결정하지만 노동협약을 통해 회사와 함께 전임자 배치 가능 인원수를 결정하는 것이 일반적이다.

전임자는 풀타임으로 조합업무에 종사하고 임금(급여, 보너스)은 단위노조 조합비에서 지불한다. 전임자의 급여 및 노동시간, 휴일은 회사의 규정을 따르는 조합이 대부분이다. 비전임자는 근무시간 이외에 한해서 조합활동과 업무를 보는 것이 기본이며, 급여는 일반종업원과 같이 회사가 지급한다.

단위노조의 전임자 수는 최근에 감소하고 있다. 1990년대의 장기불황의 영향으로 조합원 수가 줄고 조합 수입이 감소하면서 기존 전임자의 인건비 부담을 감당할 수 없게 되자 전임자를 줄이게 된 것이다. 또 전임자의 수는 노동협약에 '조

---

20) 신준식, 호주 노동조합 전임자제도의 형성과 현황, 국제노동브리프 vol.2 no.5, 2004. 9.10, pp. 55-60.

합원의 인원수에 비례하여 몇 명'이라고 규정된 사례가 많아서 조합원 수의 감소는 전임자 수의 자동적 삭감이라는 영향을 주고 있다.21)

### 5) 미국

미국의 노조는 산업연맹 단위로 중앙집중화되어 있으며, 기업별 노조와 달리 기업 밖에 독립적으로 존재한다. 지역노조(local union) 또한 일반적인 경우 지역의 여러 공장을 담당하게 되기 때문에 특정한 한 기업과 개별적인 관계를 형성하지 않는다. 지역노조의 경우공장의 수나 조합원의 규모 등에 따라 차이가 있으나 보통은 2～3개, 많게는 4～5개의 단위사업장을 포함하는 경우가 일반적이다.22)

노조전임자들은 별도의 제한이 없는 한 조합원들의 직접선거로 선출되며, 노조의 재정에서 임금을 지급받는 것이 일반적이다. 다만, 노조 최소단위인 노조지부에서는 노조간부가 노사관계 관련업무에 종사하는 경우에는 연방노동위원회의 결정과 법원의 판례에 의해서 사용자에 의한 임금지급을 인정해 왔으나 민간부문과 공공부문이 약간씩 다른 관행을 보인다. 즉 민간부문의 경우에는 노조간부가 노사관계 업무(단체협상, 고충처리, 산업안전에 대한 노조업무 등)를 수행하는 시간에 대하여 임금을 지급하여 왔으며 이는 Relesed Time으로 통용되고 있고, 공공부문의 경우 당해 사업장의 노조사무를 담당하는 노조간부에 대한 임금지급은 Official Time 혹은 Relesed Time이라는 명칭으로 통용되며 법에 의하여 일정한 한도를 정하여 허용하거나 노사간의 협상으로 그 테두리를 정하여 시행하고 있다.23)

---

21) 川島千裕・成川秀明, 일본 노조의 전임자, 국제노동브리프 vol.2 no.5, 2004. 9.10, pp. 61-71.

22) 권순원, 미국 노동조합의 조직운영과 노사관계, 국제노동브리프 vol.2 no.5, 2004. 9.10, pp. 72-79.

23) 이상규, 노조전임자임금지급문제에 대한 검토, 국회보 408, 2000.10, pp. 117-118.

## 마. 질의회신

| 질의 | 교원노조 전임자의 복직 시 '97년 이전 문교부 예규 제187호에 의거 15일 이상은 1월로 인정되었던 경력을 호봉 재획정에서 불이익이 발생한 경우 |
|---|---|

**[교육인적자원부 복지 81807-440(' 01.6.16)]** 교원노조 전임자가 휴직기간 만료 후 복직에 따른 호봉 재획정을 할 경우에 교원노조법 제5조제4항의 규정에 의거 "전임자는 그 전임기간 중 전임자임을 이유로 승급 기타 신분상의 불이익을 받지 않는다"라고 되어 있는 바, 이 규정에 의거 복직에 따른 휴직기간에 대한 호봉을 재획정함에 있어 승급과 관련한 불이익을 받지 않음. 그리고, 교원노조 전임자의 휴직이 일반 휴직과 다른 특성이 있으므로 별도의 제도적 조치가 필요하다고 하는 귀 지부의 질의에 대하여 우리 부에서는 2000년 9월부터 "교육공무원 휴직업무 처리요령"을 마련, 시행한 바 있으므로 동 업무 처리요령을 참고하기 바람

| 질의 | 현직 교사의 신분으로 민주노총 시도본부장 활동 적법성 여부 및 교원노조법(약칭) 제5조에 교원노조의 전임자는 휴직명령이 가능 하지만, 전교조 일반조합원으로서 민주노총 전임자로 활동하는 자의 휴직명령 가능여부 |
|---|---|

**[노동부 노조 68107-173(2003.4.16)]** 일반적으로 노동조합의 조합원은 법령 및 규약 등 관련 내부규정 등에 따라 대내외적인 노동조합 활동을 할 수 있는 것이므로 초·중등교육법 제19조제1항에서 규정하고 있는 교원도 달리 볼 사정이 없는 한 당해 노동조합 및 소속 상급단체 등에서 노동조합 활동을 할 수 있을 것임.

다만, 교원노조법에 의거 설립된 노동조합의 조합원이 상급단체에서 노동조합 활동(전임자로서의 활동까지 포함)을 할 수 있는지 여부는 동법 제5조에 의거 임용권자의 허가가 있는 경우에 노동조합 전임자로 활동할 수 있고 이때 전임기간은 교육공무원법 제44조의 규정에 의한 휴직 명령을 받은 것으로 간주하는 등 일반 노동조합과는 달리 규정하고 있으므로 관련 법령의 입법취지, 그간의 관행 등을 종합적으로 검토하여 당해 교원의 임용권자가 결정해야 할 것으로 사료됨.

## 바. 현황

교원노조의 전임자는 임용권자가 교육인적자원부의 '교원노조 전임자 허가 지침'에 따라 허가한다.

◎ 교원노조 전임자 허가 지침(발췌)

1) 전임자 수

교육인적자원부가 인정하여 결정한 범위 내의 인원으로 함

2) 전임자 허가시 자격 제한

① 1999. 7. 1 이후 교육공무원법 등의 위반에 의한 징계 또는 불법노조활동으로 형사처벌을 받은 조합원은 제외함.

② 전임자는 재직기간 중 통산 5년 이내에서만 허가

3) 전임자의 허가 조건

① 전임자가 허가 기간 중 교유공무원법 등 법령을 위반하여 징계를 받은 경우 허가 취소가 가능하며, 취소된 전임자는 즉시 복직됨.

② 전임자 허가기간 중 기간단축 등 허가내용 변경 불가함.
다만, 전임근무 종료로 인한 복직신청에 대해서는 국가공무원법 등 관계법령에 의하여 처리할 수 있음. 가령, 2003. 12월 현재 전임자인 자에 대해 2004. 1. 1 이후 복직 허가시에는 시 · 도교육감이 교원인사 상황을 고려하여 대기발령 등으로 운용할 수 있음.

③ 전임자는 조합활동시 교육기관 및 교육행정기관의 정상적 운영과 학생의 학습권 침해를 불가함.

④ 전임자의 허가조건은 허가시 부관(附款)으로 조건 설정함.

4) 전임자의 허가 기간

① 학생의 학습권 보호를 위해 기존 지침에 의거 학년 단위(매년 3월 1일~다음 해 2월 말)로 허가하고, 4개 학년도 기간의 범위 내에서 연장할 수 있음.

② 다만, 부득이한 경우 전임 허가기간을 학기말 단위로 허가할 수 있고, 학생의 학습권 보호 및 교원인사 · 수급 상황 등을 고려하여 교원노조 집행부교재 등의 사유로 교육감이 필요하다고 인정하는 경우 1월 1일부터 허가하거나 12월 31일까지 허가할 수 있음.

[전임자 허가기간 예시]

- 일반적인 경우 : 3. 1 – 익년 2. 28
- 위원장 선거가 있는 해 : 3. 1 – 12. 31
- 위원장 선거 다음 해 : 1. 1 – 익년 2. 28(위원장, 시도지부장)
  3. 1 – 익년 2. 28(일반 전임자)

5) 전임자 허가 기관

① 국립학교 교원 : 학교장 단, 부속학교 : 대학총장 · 전문대학장
② 공립학교 교원 : 교육감
③ 사립학교 교원 : 학교법인 및 사립학교 경영자

6) 허가 시기 및 절차

① 허가 신청 : 교원노조 대표는 학기 개시 40일 전까지 교육인적자원부장관에게 신청함.
② 허가 기한 : 임용권자는 학기 개시 20일 전까지 결정하여 통보함.
③ 보고 : 사립은 허가 후 10일 이내 시 · 도교육감에게 보고하고, 시 · 도교육감은 보고 받은 후 5일 이내에 교육인적자원부장관에게 보고함.

위 지침에 의거, 교육인적자원부에 허가를 신청하여 전임자로 인정, 휴직 처리된 교원의 수는 아래 [표 2]와 같다.

**[표 2] 2006년도 교원노조 전임자 현황**[24)]

| 노동조합명 | 전임자 허가 수 | | | | | | | | | 허가기간 |
|---|---|---|---|---|---|---|---|---|---|---|
| | 중앙단위(본부) | | | 지방단위(지부)[25)] | | | 계 | | | |
| | 공립 | 사립 | 계 | 공립 | 사립 | 계 | 공립 | 사립 | 계 | |
| 전국교직원 노동조합 | 27 | 8 | 35 | 69 | 9 | 78 | 96 | 17 | 113 | 2006. 5. 1. - 2006. 12. 31. |
| 한국교원 노동조합 | - | - | - | - | - | - | - | - | 0 | 2006. 3. 1. - 2007. 2. 28. |
| 자유교원 노동조합[26)] | - | - | - | - | - | - | - | - | 0 | - |

한편, 2001년 노사정위원회에서 2006년말까지 그 적용을 유예시키기로 잠정적으로 합의했던 '노조전임자 임금지급 금지'와 단위사업장 내 '복수노조 허용' 논란은 2006년 9월 11일 노사정 대표들 합의로 다시 2009년 12월말까지 3년간 다시 유예키로 합의되었다.

---

24) 전교조의 노조전임자 허가기간이 이례적인 것은 2006년 12월 전임위원장의 자진 사퇴에 따라 비상체제로 운영되었고, 2006년 3월말 보궐선거에 의해 새로운 전임자조직이 구성되면서 새로운 신청 및 허가가 있었기 때문이다. 한국교원노동조합은 2004년에는 사립학교 교사 1명이 허가를 신청, 교육부에 의해 인가되어 중앙 단위에서 활동하였으나, 2005년 이후에는 전임자 허가 신청건이 없다. 자유노조의 경우 역시 위원장 1인이 선출되어 있으나 허가를 받고 노조전임자로 활동하고 있는 것은 아니다(교육인적자원부 내부자료).

25) 이는 16개 시도지부 전임자수의 합계로, 구체적으로 살펴보면 다음과 같다.

| 지부 | 전임자 수 | | | 지부 | 전임자 수 | | | 지부 | 전임자 수 | | |
|---|---|---|---|---|---|---|---|---|---|---|---|
| | 공립 | 사립 | 계 | | 공립 | 사립 | 계 | | 공립 | 사립 | 계 |
| 경기 | 8 | 0 | 8 | 대전 | 2 | 1 | 3 | 전북 | 5 | 0 | 5 |
| 강원 | 4 | 0 | 4 | 부산 | 2 | 1 | 3 | 제주 | 2 | 1 | 3 |
| 경남 | 4 | 1 | 5 | 서울 | 8 | 2 | 10 | 충남 | 5 | 0 | 5 |
| 경북 | 5 | 0 | 5 | 울산 | 3 | 1 | 4 | 충북 | 2 | 1 | 3 |
| 광주 | 5 | 0 | 5 | 인천 | 4 | 1 | 5 | 본부 | 27 | 8 | 35 |
| 대구 | 4 | 0 | 4 | 전남 | 6 | 0 | 6 | 계 | 96 | 17 | 113 |

전임자의 정원과 관련하여 전교조는 지부조직을 운영하는데 기본적으로 필요한 인원을 4명으로 하고, 조합원수를 기준으로 정원을 정하고 있다. 구체적으로는 다음과 같다.

| 조합원수 | 4000까지 | 6,000까지 | 8,000까지 | 10,000까지 | 12,000까지 | 14,000까지 | 16,000까지 | 18,000까지 |
|---|---|---|---|---|---|---|---|---|
| 전임사+상근사 | 4 | 5 | 6 | 7 | 8 | 9 | 10 | 11 |

이러한 전임자 정원은 산별노조가 중심인 외국의 경우와 비슷한 수치로, 미국은 노조전임자 1인당 약 1,000명, 영국, 프랑스, 독일의 경우는 약 1,500명이다. 반면, 기업별노조형태인 우리나라 일반노조 전임자는 1998년 현재 노조전임자 1인당 평균조합원수 212명(반전임자를 포함할 경우 171명)으로 과다하다는 의견이 있다.

26) 자유교조는 2006년 3월 27일 서울과 부산의 창립총회를 시작으로 2006년 8월 현재 서울, 부산, 경기, 울산지부가 설립되어 있다.

# 제6조

# 교섭 및 체결권한 등

## 1. 조문

① 노동조합의 대표자는 그 노동조합 또는 조합원의 임금·근무조건·후생복지 등 경제적·사회적 지위향상에 관한 사항에 대하여 교육인적자원부장관, 시·도 교육감 또는 사립학교를 설립·경영하는 자와 교섭하고 단체협약을 체결할 권한을 가진다. 이 경우 사립학교의 경우에는 사립학교를 설립·경영하는 자가 전국 또는 시·도 단위로 연합하여 교섭에 응하여야 한다.

② 제1항의 경우에 노동조합의 교섭위원은 당해노동조합을 대표하는 자와 그 조합원으로 구성하여야 한다.

③ 조직대상을 같이하는 2이상의 노동조합이 설립되어 있는 경우에는 노동조합은 교섭창구를 단일화하여 단체교섭을 요구하여야 한다.

④ 제1항의 규정에 의한 단체교섭을 하거나 단체협약을 체결하는 경우에는 관계 당사자는 국민여론 및 학부모의 의견을 수렴하여 성실히 교섭하고 단체협약을 체결하여야 하며, 그 권한을 남용하여서는 아니 된다.

⑤ 제1항의 규정에 의한 단체교섭의 절차 등에 관하여 필요한 사항은 대통령령으로 정한다.

## 2. 입법취지 및 해설

### 가. 입법취지

교육정책·교육과정, 교육(교육행정)기관의 관리·운영 등의 사항은 관련 법령에 의거하여 행정기관이 권한과 책임을 가지고 집행하는 사항이며, 국민의 학습권과 직접 관련이 있는 사항이므로 노사 간의 교섭에 의하여 좌우될 수 없다. 따라서 교원노조의 단체교섭사항은 임금 · 근무조건 · 복지후생 등 경제적 · 사회적 지위향상과 관련된 사항으로 한정한 것으로 볼 수 있다.

교섭구조는 노동조합의 조직체계와 동일하게 임금 · 근무조건 등이 결정되는 시 · 도 또는 전국단위로 교섭하도록 하고 있다. 사립학교의 경우에도 국 · 공립 및 사립학교 교원의 복무 · 자격 등이 관련법에서 동일하게 결정되고 있고, 정부가 재정의 상당부분을 지원하고 있으며, 사립학교 차원에서 임의적으로 단체교섭을 통해 보수나 기타 근무조건 등을 결정할 수 없는 상황이다. 따라서 사립학교도 국 · 공립학교와 동일하게 시 · 도 또는 전국단위로 연합하여 교섭하도록 하고 있는 것으로 볼 수 있다.

### 나. 해설

①은 교섭사항의 범위를 규정한 것으로 일반노조법에서는 교섭사항의 범위에 대한 제한규정이 없으나, 인사 · 경영권에 관한 사항은 사용자의 고유 권한으로 인정하여 원칙적으로 단체교섭의 대상이 될 수 없다는 것이 일반적 해석(판례 및 행정해석)이다. 다만, 근로자의 근로조건과 밀접한 관련을 가지는 경우에 한하여 그 범위 내에서 단체교섭의 대상이 될 수 있다고 보고 있다.

②는 교섭구조에 관한 것으로 일반노조법에서는 교섭구조에 대한 제한을 받지 않으며, 임금 기타 근로조건이 결정되고 있는 사업장별로 기업별 교섭이 이루어지고 있는 것이 일반적인 관행이다. 다만, 교원노조의 경우 특수성을 고려하여 교섭권을 제3자에게 위임하는 것을 금지하고 있다.[1)]

③은 교섭창구에 관하여 규정한 것으로 교원노조의 조직체계 및 교섭구조를 '학교'단위가 아닌 '시 · 도 또는 전국단위'로 법정화하고 있으므로 시 · 도 또는 전국단위로 복수노조 설립을 허용하되 조직대상을 같이하는 2이상의 노동조합이 설립되어 있는 경우에는 교섭을 둘러싼 혼란을 방지하기 위하여 노동조합이 교섭

1) 일반근로자의 경우 제3자에게 교섭권을 위임할 수 있음(「노동조합및노동관계조정법 제29조제2항).

창구를 단일화하여 단체교섭을 요구하도록 하고 있다.

④는 국민여론 및 학부모 의견 수렴에 관한 것으로 단체교섭·협약체결 과정에서 국민의 학습권이 침해되는 것을 방지하기 위하여 관계 당사자는 국민여론 및 학부모의 의견을 수렴하여 단체교섭 및 단체협약을 체결하도록 하고 그 권한을 남용해서는 아니 되도록 하고 있다.

⑤는 단체교섭 절차를 규정한 것으로 단체교섭의 요구, 교섭위원 선임, 단체협약의 이행 등에 관한 절차적 사항은 대통령령으로 정하도록 하고 있다.[2]

## 3. 참고 내용

### 가. 주요개념

#### 1) 단체교섭의 목적[3]

「헌법」제33조에 "근로자는 근무조건의 향상을 위하여 자주적인 단결권·단체교섭권 및 단체행동권을 가진다"고 명시하여 근로자의 권리를 보장하고 있고, 이를 실현하기 위하여 노동조합을 결성한다. 단체교섭은 노동조합의 목적을 실현하기 위한 주된 제도로서, 임금·근무조건·후생복지 등 경제·사회적 지위향상에 관한 사항에 대해 단결력을 배경으로 교섭하는 활동이다.[4]

2) 「교원의노동조합설립및운영등에관한법률시행령」[일부개정 2005.7.27 대통령령 18966호]

3) 서울특별시교육청, 교직단체 업무 편람, 2005, pp. 18-25

4) 교총과 같은 교원단체의 경우는 교원의 전문성 신장과 지위향상을 위하여 교육감 또는 교육인적자원부장관과 교섭·협의하고 있다(「교원지위향상을위한특별법」제11조 및 「교원지위향상을위한교섭·협의에관한규정」 참조).

### 2) 단체교섭의 구조

| 교섭 구조 | 내 용 |
|---|---|
| 기업별 교섭 | 특정한 기업 내에 조직된 노동조합과 사용자 사이에 교섭 형태로 우리나라 대부분이 기업별 교섭형태를 띠고 있다. |
| 통일교섭<br>(산업별교섭) | 산업별 또는 직종별로 조직된 노동조합이 이에 대응하는 사용자 또는 사용자 단체와 교섭하는 형태로 우리나라는 공무원노조, 전력노조 및 교원노조가 이형태를 띠고 있으며, 서구에서는 일반적인 교섭구조이다. |
| 대각선교섭 | 산업별로 조직된 노동조합이 개개 기업의 사용자와 교섭하는 형태로 산업별 노동조합에 대응할 만한 사용자단체가 없거나 또는 사용자 단체가 있더라도 각 기업에 특수한 사정이 있을 때에는 이 방식이 사용된다.[5] |
| 공동교섭 | 섬유노조나 택시노조와 같이 지부의 교섭에 산업별 노동조합이 참가하여 공동으로 사용자와 교섭하는 형태이다 |
| 집단교섭 | 수개의 노동조합이 공동으로 이에 대응하는 사용자 측과 교섭하는 형태이다. |

※ 교원노조와의 단체교섭 구조

○ 전국단위 : 통일교섭(산업별교섭)

○ 시 · 도단위 : 대각선교섭

– 외형적으로는 시 · 도교육감과 전국단위 교원노조와 교섭하는 형태를 띠고 있으나, 교원노조의 내부위임에 의하여 시 · 도 지부(본부)와 단체교섭을 추진하여 단체협약을 체결하고 있다.

### 3) 단체교섭 당사자 및 담당자

• **당사자** : 단체교섭의 당사자란 단체교섭에 대한 권리와 의무를 가진 자로서, 스스로의 이름으로 단체교섭을 행하고 단체협약을 체결할 권한을 가지는 자를 의미하며, 사용자측은 교육인적자원부장관, 시 · 도교육감, 사립학교 설립 · 경영자이며 근로자 측은 교원노동조합이 된다.[6] 사립학교의 경우에는 전국 또는 시 · 도 단위로 연합하여 교섭에 임해야 한다.[7]

5) 현재 교원노조와 시 · 도 단위의 교섭형태가 유사함

6) 「교원의노동조합설립및운영등에관한법률」 제6조제1항

7) 교총과 같은 교원단체와의 교섭 · 협의의 경우는 중앙 및 특별시 · 직할시 · 도에 조직된 교

• **담당자** : 단체교섭의 담당자란 단체교섭 상대방과 실제로 교섭을 담당하는 권한을 가진 자를 말하며, 노조 측은 노조의 대표나 조합원 중에서 선정된 교섭위원을 의미한다. 사용자 측은 교섭당사자와 교섭에 필요한 실무 담당자를 의미한다.[8)]

• **교섭당사자의 의무**[9)] : 단체교섭은 합의의 가능성을 모색하기 위하여 성실하게 이루어져야 한다. 정당한 사유 없이 단체교섭을 거부하면 부당노동행위가 성립한다고 보는 것이 일반적이다. 근로자 측이 성실교섭의무를 위반하는 경우 벌칙의 제재는 가해지지 않으나 사용자 측의 교섭 거부의 정당성을 판별하는 기준이 된다. 단체협약 유효기간 내에 새로운 단체협약의 체결을 요구하는 경우 특별한 사정이 없는 한 교섭에 응할 의무가 없다. 또한 단체교섭을 위한 정당한 행위는 민 · 형사상 면책이 된다.

### 4) 단체교섭의 대상

• **단체교섭 사항** : 단체교섭 사항은 임금, 근무조건, 후생 · 복지 등 경제적 · 사회적 지위향상과 관련된 사항으로 한정하고 있다.[10)]

• **단체교섭 대상의 판단 기준** : 사용자가 처리 및 처분할 수 있어야 하고, 집단적 성격을 띠어야 한다.[11)] 교원의 근무조건과 관련이 있어야 한다.[12)]

---

육회와 교육인적자원부장관 및 교육감을 각각 교섭 · 협의의 당사자로 한다(「교원지위향상을위한교섭 · 협의에관한규정」 제2조)

8) 교총과 같은 교원단체와의 교섭 · 협의의 경우는 교섭 · 협의 요구가 있는 때에는 당해 당사자는 그 소속직원 중에서 지명한자로 하여금 교섭 · 협의내용의 범위, 교섭 · 협의 대표, 교섭 · 협의의 일시 및 장소 기타 교섭 · 협의에 필요한 사항에 관하여 미리 실무협의를 하도록 하고 그 결과를 서면으로 작성하게 하여야 한다.

9) 성실교섭 의무(「노동조합및노동관계조정법」 제30조)

10) 교총과 같은 교원단체의 교섭 · 협의 경우 교원의 처우개선, 근무조건 및 복지후생과 전문성 신장에 관한 사항을 대상으로 하고 있다(「교원지위향상을위한특별법」 제12조 및 「교원지위향상을위한교섭 · 협의에관한규정」 제3조 참조).

11) 개별 교원의 해고 반대, 복직요구 등은 원칙적으로 단체교섭 사항이 아니다.

12) 교육정책 · 교육과정 · 기관운영에 관한 사항은 교섭대상에서 제외됨이 원칙이다.

### 5) 단체교섭의 범위

- **의무적 교섭사항** : 보수, 근무조건, 복지후생 등 교원의 경제적 · 사회적 지위향상에 관한 사항으로써 교육감에게 위임된 사항 중 교육감의 권한으로 처리 또는 처분할 수 있는 사항을 의무적 교섭사항이라 한다.[13)]
- **임의적 교섭사항** : 교섭할 의무는 없으나 노사 합의에 의하여 교섭할 수도 있는 사항으로써 교육감의 권한 사항을 임의적 교섭사항이라 한다.
- **교섭 제외사항** : 교육시책, 시 · 도 단위 교육과정, 기관운영, 인사권 등에 관한 사항과 교육감의 권한이 아닌 사항들이 여기에 속한다.

### 6) 단체교섭 창구 단일화

노조가 자율적으로 교섭창구를 단일화하여 단체교섭을 요구하도록 규정하고, 일반노조 교섭 창구 단일화 방안이 마련되는 2007.01.01부터 교원노조도 이를 수용하도록 하고 있다.

- **단체교섭 창구 단일화 방안** : 배타적 교섭 대표제는 사업장내 선거 등을 통해 다수 종업원의 지지를 받는 노조에만 교섭권을 부여하는 방안이고, 비례적 교섭 대표제는 조합원 수에 비례하여 교섭 위원단을 구성하는 방식이다. 교섭 단일화 의무제는 노동조합이 자율적으로 교섭위원단을 구성토록 하고 단일화가 된 경우에만 사용자에 교섭에 응할 의무를 부여하는 방식이며, 단순 다수 대표제는 사업장내 근로자의 과반수 여부에 상관없이 최대 노조에 배타적 교섭권을 부여하는 방식이다.

13) 교육감의 고유권한 사항

• **각 방안의 장 · 단점 비교**[14)]

| 구분 \ 장단점 | 장 점 | 단 점 |
|---|---|---|
| 배타적 교섭 대표제 | • 민주성(선정절차)<br>• 교섭창구 완전 단일화<br>• 사측의 교섭비용 감소 | • 공적기관 관여 및 비용부담<br>• 교섭대표 선출기관 과다<br>• 부당노동행위 반발<br>• 공정대표의 문제 |
| 비례적 교섭 대표제 | • 민주성(소수의견 존중) | • 교섭단 내부의견 조정난이<br>• 교섭의 타결지연 |
| 교섭단일화 의무제 | • 노조 자율성보장 | • 소수노조의 단일화 방해, 부당노동행위 우려 |
| 단순다수 대표제 | • 제도 운영이 간편 | • 대표성 약화<br>• 소수노조 난립 우려 공정대표의 문제 |

### 7) 단체교섭의 절차 및 시기[15)]

▪ **교섭 절차**

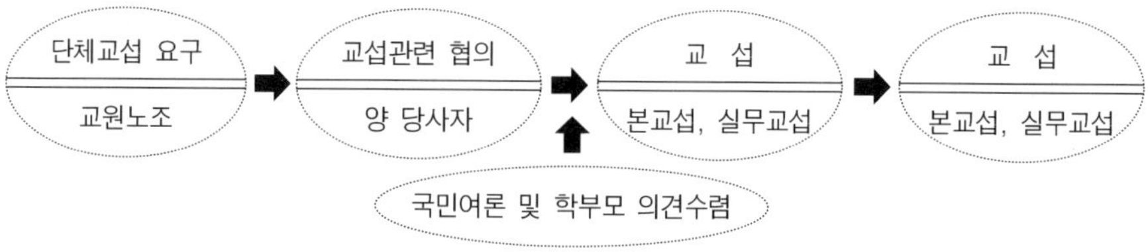


교원노조 대표자는 교섭창구를 단일화하여 교섭개시 예정일 30일 전까지 상대방에게 서면으로 통보하여야 하며,[16)] 교섭개시 예정일 전까지 교섭위원을 선정하여야 한다.[17)]

---

14) 윤성천, 복수노조 체제와 교섭창구단일화 방안 : 복수노조의 시행과 교섭구조, 노사정위원회, 1999.12.2 참조.

15) 서울특별시교육청, 교직단체 업무 편람, 2005, pp. 21-22.

16) 교원단체와의 교섭 · 협의 : 교섭 · 협의 개시 예정일 20일 전까지 요구(「교원지위향상을위한교섭 · 협의에관한규정」 제4조 제1항).

17) 「교원의노동조합설립및운영등에관한법률시행령」 제3조.

▪ **교섭 진행 방식**

– 교육청 교섭준비 흐름도

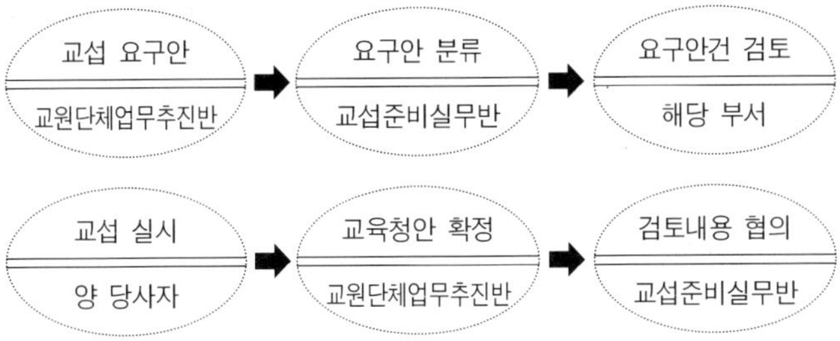


– 교원노조와의 교섭진행

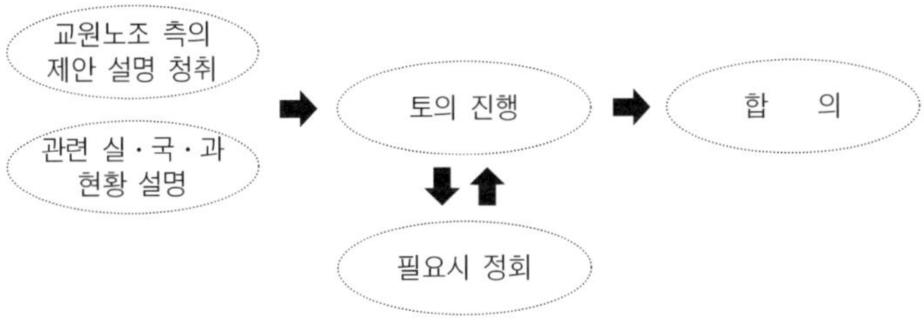


조문별 축조 심의시 조문별로 교원노조측의 제안 설명을 청취하며, 실·국·과로부터 교섭안건 관련 현황이 설명되고 조문별 교섭안건에 대한 토의가 진행된다.

### 8) 단체협약[18)]

노동조합과 사용자가 임금·근로 조건 기타 사항에 대하여 단체교섭과정을 거쳐 합의한 문서로 개별근로계약에 우선하는 규범적 효력이 인정된다. 교원의 경우 임금 등 근무 조건이 법령·예산·조례 등에 의해 결정되고 있으므로 이에 반하는 내용의 단체협약은 그 효력이 부인되고 사용자측이 성실 이행 의무만을 갖게 된다.

---

18) 교육부, 교원노조제도의 올바른 이해, 1997. 7. pp. 25-26.

- **규범적 부분** : 근로조건, 기타 근로자의 대우에 관한 기준을 정한 부분으로 노동법상의 특별한 법적 효과가 부여되어 이에 위반하는 취업규칙 또는 근로계약의 부분은 무효가 된다. 규범적 부분에 관해서는 일반적 구속력이 인정된다.[19)]
- **채무적 부분** : 노동조합과 사용자간의 권리의무를 정한 부분으로 단체협약 당사자는 이행의 의무를 지게 되며, 불이행하는 경우에는 채무 불이행으로 인한 민사법상의 책임을 지게 된다.

## 나. 관계법령

### 1) 「헌법」제33조

① 근로자는 근무조건의 향상을 위하여 자주적인 단결권 · 단체교섭권 및 단체행동권을 가진다.

② 공무원인 근로자는 법률이 정하는 자에 한하여 단결권 · 단체교섭권 및 단체행동권을 가진다.

### 2) 제29조(교섭 및 체결권한)

① 노동조합의 대표자는 그 노동조합 또는 조합원을 위하여 사용자나 사용자단체와 교섭하고 단체협약을 체결할 권한을 가진다.

### 3) 「노동관게및노동관계조정법」제30조(교섭 등의 원칙)

① 노동조합과 사용자 또는 사용자단체는 신의에 따라 성실히 교섭하고 단체협약을 체결하여야 하며 그 권한을 남용하여서는 아니 된다.

---

19) 「노동조합및노동관계조정법」제35조

② 노동조합과 사용자 또는 사용자단체는 정당한 이유 없이 교섭 또는 단체협약의 체결을 거부하거나 해태하여서는 아니 된다.

### 4) 「교원의노동조합설립및운영등에관한법률시행령」 제3조(교섭절차)

① 노동조합의 대표자는 법 제6조제1항의 규정에 의하여 교섭하고자 하는 때에는 교섭개시 예정일 30일 전까지 상대방(사립학교를 설립・경영하는 자의 경우 이들을 구성원으로 하는 단체가 있는 때에는 그 단체의 대표자)에게 서면으로 통보하여야 한다. 이 경우 조직대상을 같이 하는 2이상의 노동조합이 있는 때에는 노동조합의 대표자는 연명으로 상대방에게 통보하여야 한다.

② 사립학교를 설립・경영하는 자가 제1항의 규정에 의하여 교섭통보를 받은 때에는 전국 또는 시・도 단위로 교섭단을 구성하여야 한다.

③ 제1항의 규정에 의하여 교섭통보가 있는 때에는 노동관계 당사자는 그 소속원 중에서 지명한 자로 하여금 교섭개시 예정일까지 교섭내용・교섭위원수・교섭일시 및 장소 기타 교섭에 필요한 사항에 관하여 협의를 하도록 한다.

④ 노동관계 당사자는 교섭개시 예정일전까지 교섭위원을 선임하여야 한다.

⑤ 제4항의 경우에 조직대상을 같이 하는 2이상의 노동조합이 설립되어 있는 때에는 합의에 의하여 교섭위원을 선임하되, 합의하지 못하는 때에는 노동조합의 조합원수에 비례하여 교섭위원을 선임한다.

### 5) 「교원의노동조합설립및운영등에관한법률시행령」 제4조(국민여론 등 의견수렴)

① 노동관계 당사자는 법 제6조제4항의 규정에 의하여 국민 여론 및 학부모의 의견을 수렴하는 때에는 여론 조사를 하거나 공청회 등을 개최할 수 있다.

② 제1항의 규정에 의한 여론조사 및 공청회 개최 등은 노동관계 당사자가 이를 공동으로 실시할 수 있다.

### 다. 질의회신

**질의** 교육정책이 단체교섭 대상이 될 수 있는지 여부

[노조 01254-186(2000.3.3)] 1. 교원노조법 제6조제1항의 규정에 의해 교원노조의 대표자는 그 노동조합 또는 조합원의 임금 · 근무조건 · 후생복지 등 경제적 · 사회적 지위향상에 관한 사항에 대하여 교섭하고 협약을 체결할 권한을 가진다고 규정하고 있으며, 또한 단체교섭 대상의 일반적 판단기준은 사용자가 처리 · 처분할 수 있는 사안으로서 집단적 성격을 띠어야 하는 것이다.

2. 귀 질의의 경우 교육정책 · 교육과정은 국민의 학습권과 직접 관련이 있는 사항으로서 헌법 등 관련법령에 의거하여 행정기관이 법률적인 권한과 책임을 가지고 집행하는 사항이며, 교육기관과 교육행정기관의 관리 · 운영에 관한 사항은 국가 및 지방자치단체의 고유한 경영권에 관한 사항이므로 원칙적으로 단체교섭의 대상이 될 수 없을 것이다. 다만, 교육정책에 관한 사항 중 근로자의 임금 · 근무조건 · 후생복지 등과 직접적으로 관련되는 사항은 그 범위 내에서 단체교섭의 대상이 될 수 있을 것이다.

**질의** 교원노조가 교육과정의 변경에 관하여 단체교섭을 할 수 있는지 여부

[노조 01254-186(2000.3.3)] 할 수 없다. 교원노조의 단체교섭사항은 임금 · 근무조건 · 후생복지 등 경제적 · 사회적 지위향상과 관련된 사항으로 한정된다. 교육정책 · 교육과정은 관련법령과 국가시책에 따라 결정되며 국민의 학습권과 직결되므로 단체교섭의 대상이 될 수 없다. 그러나 교육정책 등에 대하여 교원노조나 교원전문직단체가 의견을 제출하여 반영되는 등 의견수렴의 통로는 마련될 것이다.

### 질의 인사 · 경영에 관한 사항의 교섭대상 여부

**[노조 01254-186(2000.3.3)]** 정리해고에 관한 노동조합의 요구 내용이 사용자는 정리해고를 하여서는 아니 된다는 취지인 경우, 사용자의 경영권을 전면적으로 제약하는 것이 되어 원칙적으로 단체교섭의 대상이 될 수 없고, 단체교섭사항이 될 수 없는 사항을 달성하려는 쟁의행위는 그 목적의 정당성이 인정될 수 없다[대판 2001.4.24, 99도4893].

기업경영이나 생산방법 및 인사 등 이른바 경영생산에 관한 사항은 사용자가 배타적으로 결정할 수 있지만, 그것이 근로조건에 영향을 미치는 한 단체교섭에 대상이 된다[대판 1992.5.12, 91다34523].

### 질의 교원노조 시 · 도지부장 명의로 단체협약체결이 가능 여부

**[노조 01254-690(2000.8.17)]** 교원노조법 제6조제2항의 규정에 의거 노동조합의 교섭위원은 당해 노동조합을 대표하는 자와 그 조합원으로 구성되어야 하는 바, 교원노조 대표자가 효율적인 교섭진행을 위해 시 · 도교육감의 권한범위에 해당하는 사항에 대한 단체교섭 및 협약체결권을 시 · 도지부장에게 내부위임 하였다면 시 · 도지부장은 자신의 명의로 교원노조의 시 · 도단위 단체협약을 체결할 수 있으며, 이 경우 단체협약의 효력은 당연히 교원노조 대표자에게 미치게 된다고 보아야 할 것이다.

### 질의 사립학교 교원의 근무조건 등에 관한 단체 교섭 당사자

**[교육부, 교원노조제도의 올바른 이해, 1999.p. 45]** 사립학교 설립 · 경영자들이 교원노조로부터 단체교섭통보를 받으면 전국 또는 시 · 도단위로 교섭단을 구성하여 단체교섭을 하게 된다.

## 질의 교원노조의 교섭권 위임 및 교원노조간 제3자 해당 여부

**[충북지노위 68098-563(2002.8.28)]** 1. 교원노조법 제6조제3항은 복수노조의 경우 교섭혼란을 막기 위해 교섭창구의 단일화를 이루고 이후 단체교섭을 요구하여야 한다는 의미로 해석하는 것이 타당하며, 교원노조간에 교섭소위원회에 참석할 위원을 정하는 과정에서 전교조 위원만으로 구성하도록 양 노조가 위임의 형식으로 합의하였다 하더라도, 이는 교섭창구의 단일화 과정으로 이해하는 것이 타당하다.

2. 동법 제6조3항에 있어서 한교조에 대한 전교조의 위치는 교섭창구 단일화의 대상으로 그 의미가 있을 뿐, 그와 달리 교섭창구의 단일화를 가로막는 제3자로 간주함은 동 입법취지에 합당치 아니하며, 따라서 복수 노조로서 공동교섭단내의 전교조는 제3자의 위치에 있지 않은 것으로 보아야 한다.

## 질의 전국단위 교원노조의 특정 지부의 관할구역에 다른 전국단위 교원노조의 조합원이 존재하지 않는 경우 교섭창구 단일화 방법은?

**[노조 01254-255('99.12.7)]** 교원노조법 제6조제3항의 규정에 의해 조직대상을 같이하는 2이상의 노동조합이 사용자 측과 교섭을 하고자 하는 때에 노동조합은 교섭창구를 단일화하여 단체교섭을 요구하여야 하는 바, 교원노조 위원장으로부터 교섭권한을 내부위임 받은 시 · 도 지부장이 사용자 측(시 · 도교육감)에게 교섭을 요구하는 때에는 이에 따라야 할 것이며, 교원노조 위원장으로부터 정당하게 교섭 권한을 내부위임 받은 시 · 도지부장이 당해 교섭단위 내의 사용자 측에 교섭을 요구하고자 하는 경우 당해 교섭단위 지역 내에 다른 교원노조의 조합원이 없다면 교원노조법 제6조제3항의 규정에 의한 교섭창구 단일화 문제는 발생하지 않는다고 보아야 할 것이다. 다만, 교원노조법의 시행에 있어 교육부장관과 시 · 도 교육감의 권한범위가 불분명하여 단체교섭 요구사항을 확정하기 곤란하고, 시 · 도 교육감의 권한이 교육부장관의 권한에 의해 영향을 받는 경우가 많아 교섭의 진전이 어려우며, 중앙교섭과 시 · 도 단위 교섭을 동시에 실시하는 경우에는 중앙협약과 시 · 도 협약이 상호 모순되게 체결되는 등 교섭상의 문제점이

발생될 것으로 예상되므로 교원노조의 시・도지부와 시・도 교육청간의 교섭은 전국단위 교원노조와 교육부장관 간의 단체협약이 체결된 이후 그 범위 내에서 실시하는 것이 타당할 것이다.

복수의 교원노조간 교섭창구 단일화는 법령의 범위 내에서 양 노조간에 합의로 결정할 사안이다.

| 질의 | 교원노조 대표자(위원장)의 단체협약 체결권을 시・도 지부장에게 위임가능여부 |
|---|---|

**[노조 01354-690(2000.08.07)]** 교원노조법 제6조 제2항의 규정에 의해 노동조합의 교섭위원은 당해 노동조합을 대표하는 자와 그 조합원으로 구성되어야 하는바, 교원노조 대표자가 효율적인 교섭진행을 위해 시・도 교육감의 권한 범위 내에 해당하는 사항에 대한 단체교섭 및 협약 체결권을 시・도 지부장에게 내부위임 했다면 시・도지부장은 자신의 명의로 교원노조의 시・도 단위 단체협약을 체결할 수 있으며, 이 경우 체결된 단체협약의 효력은 당연히 교원노조 대표자에게 미치게 된다고 보아야 할 것이다.

| 질의 | 기존 단체협약의 내용보다 저하된 단체협약의 효력 |
|---|---|

**[노조 01254-2343(1985.12.28)]** 단체협약의 내용 중에 협약을 갱신 체결함에 있어 기존협약을 저하시킬 수 없다고 명시하고 있다면 단체교섭과정에서 노사간 마땅히 이를 준수 실현시켜야 할 것이다. 그러나 노사간 교섭결과 새로운 단체협약을 합의 체결하였다면 체결된 협약의 내용이 기존의 협약에 비하여 저하되었다고 하더라도 이에 대하여 이의를 제기할 수는 없는 것이며 성실히 준수할 의무를 지게 되는 것이다.

| 질의 | 사립학교가 교육청의 단체협약을 이행하지 않았을 때, 이에 따른 법률적인 문제 |
|---|---|

**[노동부 노정 100145(2001.01.11)]** 교육인적부장관 또는 시・도교육감이

학교정책적 차원에서 국 · 공립학교에 적용되는 단체협약상 내용을 준거로 하여 사립학교에 대해 학교운영 지침이나 권고안을 시달하고 이러한 지침이나 권고안을 개별 교육기관이 시행하는 것은 외견상으로 단체협약의 확장적용으로 보일 수 있을 것이나, 일반적 구속력에 의한 단체협약의 확장은 아니며, 따라서 교육감과 교원노조 지부간 체결한 단체협약의 적용범위에 해당하지 않는 사립학교에서 이러한 지침이나 권고안을 이행하지 않는다고 하여 단체협약이 불이행 문제가 발생한다고 보기는 어려울 것이다.

**질의** 단체교섭위원의 복무

**[행자부복조 81811-288(2000.02.28), 교육부교원 12410-765(2000.07.24)]** 출장은 공무원이 행하는 업무가 국가 또는 해당기관의 공무수행을 위한 것이므로, 교원노조 조합원의 권익향상을 위한 단체교섭은 공무수행으로 볼 수 없어 출장처리는 불가하다. 교원노조법 제6조에 의한 단체교섭위원으로 참석할 때와 동법시행령 제3조제3항에 의한 교섭관련 협의를 위하여 지명된 자로 참석할 때는 공가를 허가할 수 있다.

**질의** 교원노조 조합원이 없거나 50% 미만인 학교의 장이 단체협약의 적용을 거부했을 때 법률적 하자

**[노동부질의 회신집 접수번호100145(2000.01.11)]** 단체협약의 효력은 협약당사자의 구성원들에게만 미치는 것이 원칙이나, 일반노조법 제35조에서는 하나의 사업 또는 사업장에 상시 사용되는 동종근로자 반수이상이 하나의 단체협약을 적용받는 경우에, 해당사업장의 다른 동종의 근로자들에게까지 당해 단체협약의 규범적 부분을 확장 적용되도록 하는 일반적 구속력 규정을 두어 예외적으로 비조합원인 근로자에게 단체협약이 확장 적용될 수 있도록 하고 있는 바, 일반적 구속력 규정은 법적 요건을 충족하면 자동적으로 그 효력이 인정되며, 협약 당사자간 합의에 의해 일반적 구속력의 적용을 배제하거나 요건을 완화시킬 수 없는 것이며, 따라서 일반적 구속력 적용단위 사업 또는 사업장인 특정학교에 교원노조

조합원이 없거나 조합원이 과반수에 미달하는 경우에는 일반적 구속력이 적용되지 않는 것이다.

| 질의 | 인사고과 결과가 개별 근로자의 호봉 결정에 영향을 미치는 경우 단체교섭의 대상이 되는지 |
|---|---|

**[노조 01254-1049(94.07.28)]** 인사 및 기업의 경영 · 관리는 기업주체로서의 사용자의 책임 하에 행하여지는 사항으로서 단체교섭의 대상이 될 수 없고 이러한 인사 · 경영권의 본질적인 사항에 관하여 사용자가 교섭을 거부하여도 부당노동행위가 성립되지 않는다. 인사고과 자체는 사용자의 고유한 권한이지만 동고과 결과가 개별 근로자의 호봉결정에 영향을 미치는 경우라면 이는 근로자의 근로조건에 직접적인 영향을 미치는 결과가 되므로 단체교섭의 대상이 되는 것이다.

| 질의 | 교원노조 단체협약의 일반적인 구속력 관련 |
|---|---|

**[노조 68107-43(2001.01.10)]** 교원노조의 시 · 도단위 교섭에 있어 사용자측 협약당사자는 교원노조법 제6조 제1항의 규정에 의해 국 · 공립학교의 경우 시 · 도교육감이, 사립학교의 경우에는 사립학교를 설립 · 경영하는 자의 시 · 도단위 연합단체가 되는 것이므로 시 · 도 교육감이 교원노조(지부)와 체결한 단체협약은 원칙적으로 당해 시 · 도 국 · 공립학교에 적용되는 것이며, 따라서 국 · 공립 학교를 적용범위로 하여 교육감과 교원노조(지부)간에 체결된 시 · 도 단위 단체협약이 일반적 구속력 규정에 의해 사립학교에까지 확대 적용될 수 없을 것이며, 국 · 공립학교에서도, 교원노조조합원이 없거나 조합원이 과반수에 미달하는 경우에는 일반적 구속력이 적용되지 않을 것이다. 다만, 교육인적부장관 또는 시 · 도교육감이 학교정책적 차원에서 국 · 공립학교에 적용되는 단체협약상 내용을 준거로 하여 사립학교를 포함한 여타 교육기관에 대해 학교운영 지침이나 권고안을 시달하고 이러한 지침이나 권고안을 개별 교육기관이 이행하는 것은 외견상으로는 단체협약 외 확장적용으로 보일 수 있을 것이나, 일반적 구속력에 의

한 단체협약의 확장은 아니며, 따라서 교육감과 교원노조 지부간 체결한 단체협약의 적용범위에 해당하지 않는 사립학교에서 이러한 지침이나 권고안을 이행하지 않는다고 하여 단체협약의 불이행 문제가 발생한다고 보기는 어려울 것이다.

| 질의 | 전교조와 교육부의 단체협약이 사립교원과 비전교조 조합원에게는 적용이 되는지 |
|---|---|

[교육인적자원부 사이버소리함-묻고답하기 465번(2000.04.18)] 사립학교의 경우에는 사립학교 경영자 연합체와 전국단위 또는 시・도단위 단체협약을 체결하여야 한다. 2000. 7. 3일 교육부와 교원노조간 체결된 협약에서 "본 단체협약은 교육인적자원부와 전교조 및 한교조, 국공립학교 교원인 조합원에게만 인정된다."라고 명시되어 있다. 원칙적으로 비조합원 및 사립학교 교원에게는 적용 받지 못한다. 다만 교원의 근무조건 등에 관한 사항은 대부분 법령과 예산에 의하여 규정되는 사항으로써 전국적으로 통일되어 있고 국공립 교원 모두가 국가공무원법과 교육공무원법 등을 일률적으로 적용받게 되므로 비조합원이나 국공립학교 교원도 사실상 적용을 받게 된다. 사립학교 교원도 합의사항으로 직접적으로 적용되지 않으나 사립학교법 제55조의 규정에 의거 복무에 관하여는 국공립학교의 교원에 관한 규정을 준용하도록 되어 있고 「교원지위향상을위한특별법」 제3조제2항에 의하여 보수를 공무원인 교원의 보수수준으로 유지하도록 하고 있어 국공립 교원에게 적용되는 법령을 개정할 시 그 효력이 동일하게 미치므로 사립학교 교원도 사실상 그 혜택을 볼 수 있다고 할 것이다.

| 질의 | 교섭요구일로부터 30일이 경과하면 반드시 본교섭에 응해야 하는지 여부 |
|---|---|

[노조 01254-254(1999.12.07)] 교원노조법 제6조 제1항 및 동법시행령 제3조 제1항의 규정에 의하여 노동조합의 대표자는 교섭개시 예정일 30일 전까지 상대방에게 서면으로 교섭요구를 통보하는 바, 동조항의 취지는 노동조합이 일방적으로 교섭일정을 통보하는 경우 사용자 측의 교섭에 대한 사전준비 등의 기회가 없어 발생하는 교섭력의 불균형을 방지함과 아울러 30일간의 충분한 기간을 가지

고 노사간에 교섭의제 및 위원, 장소 기타 교섭에 필요한 사항을 사전협의하여 효율적인 교섭을 도모하고자 한다. 교섭요구일로부터 30일이 경과하였다는 사실만으로 일방적으로 본교섭을 진행하는 것은 타당하지 않는 것으로 사료되며, 본교섭의 일정은 예비교섭의 진행상황을 감안하여 노사가 합의하여 결정할 사안으로 판단된다.

## 라. 외국의 사례

### 1) 미국

미국의 교원들은 지역과 공・사립을 막론하고 헌법에 의거하여 헌법적 권리의 하나로 결사의 자유를 가지고 있음. 미국 교원단체의 활동에 있어서의 핵심이 되는 것은 단체교섭활동으로 교육위원회의 대표가 학교구내의 교사 대표와 일정한 기간 중의 봉급, 수당, 근무조건 등에 관해상호 합의하기 위해 만나서 교섭한다. 미국은 어떠한 교원단체나 교원조직도 단체교섭대표를 구성하고 구성원들의 전체투표에서 승리한 교섭단체가 전체교원을 대변하여 교섭하는 배타적 대표권을 행사한다. 단체교섭의 범위는 대부분 봉급과 수당, 근무 조건으로 한정되어 있으며 인사문제는 행정기관의 고유 권한으로 제외하고 있다. 이 문제에 있어서 NEA (National Education Association, 전국교육연합회)는 보수와 교사의 근무조건에 직접적 영향을 주는 사안만을 교섭의 내용으로 한다는 입장이고, AFT(The American Federation of Teachers)는 교섭의 범위를 제한하는 데 반대하고 더 많은 사항을 교섭의 범위에 포함하고자 한다. 한편 노동조합은 단체교섭의 과정에서 자신들의 요구가 받아들여지지 않거나 협상이 타결되지 못할 때 중재를 거치게 되며, 압력수단으로 파업이나 태업 등의 단체행동을 하는 경우가 있다. 미국 대부분의 주에서는 교원단체의 파업을 불법화하여 제한하고 있다.

### 2) 독일

독일 교원단체의 성격은 노동조합으로서 독일 노동조합총연맹, 유럽노동조합총연맹 및 세계노동조합기구에 가입되어 교육 및 학술노동조합 및 독일 공무원동맹은 각각 단체의 정관을 지니고 있으며 노동3권을 모두 행사할 수 있다. 다만 독일공무원동맹은 단체행동권을 스스로 포기하고 있음. 독일의 경우 공무원도 헌법상 결사의 자유와 근로자로서의 노동3권의 행사자체는 제한하지 않는다. 그러나 노동조합과 공무원동맹 스스로 파업의 절차를 엄격히 정하여 극단적인 행동을 자제하고 있다는 데 큰 의미가 있다. 독일의 노동운동은 근로자의 보수 및 근로조건개선 등의 권익을 위해 노동3권은 부여하나 상대방의 조건들이 무시되거나 간과되어도 무조건 우선된다고 해석하지 않는다.

### 3) 영국

영국에서 교원단체의 활동과 관련된 사항은 노동법(Employment Law)에 근거를 두고 있다. 즉 교원단체도 일반 노동조합과 같은 시각에서 같은 법적 근거 하에 동등한 취급을 받고 있다. 영국의 교원단체가 그 목적 달성을 위해 사용하고 있는 주 전략으로는 조직통합, 전문적 자율운영, 파업, 교육혁신 세력 및 타 노동단체와의 연대 등이 주로 사용되고 있다. 그 중 파업은 교원단체들이 권익신장과 교육정책에서의 영향력 행사를 위하여 주로 사용한 전략으로 1919년에는 요크셔의 노스라이딩(North Riding)에서 3개월 반이나 학교 문을 닫는 사태까지 발생하였다. 또한, 1960년 이후 보수인상, 무자격교사임용 반대 등 현안 목적을 달성하기 위해 파업을 계속하자 마침내 보수당 정부는 교사의 파업을 금지하였다.

| 국 가 명 | 단 체 교 섭 권 |
| --- | --- |
| 미 국 | • 인정 |
| 영 국 | • 인정(공무원 신분이 아님. 노동법 적용)<br>– 단체협약은 법률적 구속력이 있음 |
| 독 일 | • 인정<br>– 헌법 해석(판례)에 의거 단체협약 체결권 불인정<br>※ 노동조합법은 없음 |
| 일 본 | • 사립학교 교원은 인정<br>• 국 · 공립 교원은 단체협약 체결권 불인정<br>※ 노동조합이 아닌 직원단체 |
| 프랑스, 캐나다, 이탈리아, 스웨덴, 핀란드, 아일랜드, 뉴질랜드, 네덜란드 | • 인정 |

## 마. 현황[20)]

### 1) 국민여론 및 학부모 의견 수렴

교원노조가 출범하고 단체협약을 처음 하는 초창기에 대부분 시 · 도는 별도의 여론수렴 절차를 거치지 않았고, 두 번째 단체협약을 하면서부터 교원을 대상으로 회의 형식으로 의견을 수렴하기 시작하면서 점차적으로 학부모까지 확대하면서 설문지 조사 방법도 활용되었다. 학부모 단체가 2002년 5월 9일자로 체결한 서울시교육청-교원노조 2001 단체협약에 대하여 교육청과 교원노조를 상대로 국민여론 및 학부모 의견을 수렴하지 않은 절차상 하자를 이유로 단체협약 내용 중 학생의 학습권을 침해하였기 때문에 단체협약이 무효라고 주장하며 단체협약 무효 확인 청구 소송과 단체협약 시행금지 가처분 신청을 제기한 사례가 있다.

20) 박근석, 교원노조의 효율적인 단체교섭에 관한 연구, 고려대학교 노동대학원 석사학위논문, 2004, pp. 52-89.

### 2) 단체교섭 요구안건에 대한 교섭대상 분류현황[21]

| 시도별 | 1기 | | | 2기 | | | 3기 | | | 비고 |
|---|---|---|---|---|---|---|---|---|---|---|
| | 요구항목 | 교섭대상 | 교섭제외 | 요구항목 | 교섭대상 | 교섭제외 | 요구항목 | 교섭대상 | 교섭제외 | |
| 평균 | 253 | 80 | 173 | 318 | 125 | 193 | 312 | 165 | 147 | |
| 서울 | 267 | 92 | 175 | 241 | 104 | 137 | 290 | 166 | 124 | |
| 부산 | 92 | 92 | 0 | 466 | 67 | 399 | 182 | 96 | 86 | |
| 대구 | 383 | 62 | 321 | 422 | 59 | 363 | 430 | 112 | 318 | |
| 인천 | 제출 | 자료 | 없음 | 129 | 103 | 26 | 264 | 233 | 31 | |
| 광주 | 266 | 115 | 151 | 586 | 370 | 216 | 323 | 176 | 147 | |
| 대전 | 203 | 52 | 151 | 168 | 54 | 114 | 348 | 185 | 163 | |
| 울산 | 290 | 34 | 256 | 198 | 65 | 133 | - | - | - | 2기 진행중 |
| 경기 | 166 | 36 | 130 | 264 | 115 | 149 | 167 | 55 | 112 | |
| 강원 | 226 | 73 | 153 | 404 | 123 | 281 | 312 | 157 | 155 | |
| 충북 | 320 | 85 | 235 | 351 | 99 | 252 | (329) | 미분류 | 미분류 | |
| 충남 | 260 | 99 | 161 | 243 | 91 | 152 | - | - | - | 2기 진행중 |
| 전북 | 제출 | 자료 | 없음 | (331) | - | - | 373 | 373 | 0 | |
| 전남 | 351 | 63 | 288 | 429 | 266 | 163 | 468 | 161 | 317 | |
| 경북 | 214 | 152 | 62 | (348) | 교섭 | 중단 | (279) | - | - | |
| 경남 | 335 | 125 | 210 | 375 | 206 | 169 | 243 | 210 | 33 | |
| 제주 | 179 | 39 | 140 | 175 | 26 | 149 | 346 | 63 | 283 | |

* ( )안은 교섭 진행 중 횟수로 본수에 미포함

21) 위의 글, p. 69.

# 단체협약의 효력

# 제7조

## 1. 조문

① 제6조 제1항의 규정에 의하여 체결된 단체협약의 내용 중 법령·조례 및 예산에 의하여 규정되는 내용과 법령 또는 조례에 의한 위임을 받아 규정되는 내용은 단체협약으로서의 효력을 가지지 아니한다.

② 교육인적자원부장관, 시·도 교육감 및 사립학교를 설립·경영하는 자는 제1항의 규정에 의하여 단체협약으로서의 효력을 가지지 아니하는 내용에 대하여는 그 내용이 이행될 수 있도록 성실히 노력하여야 한다.

## 2. 입법취지 및 해설

### 가. 입법취지

단체협약 체결권은 인정하되, 예산·법령 등에 의해 결정되는 사항 및 법령·조례의 위임을 받아 결정되는 사항에 대해서는 단체협약의 효력을 부인하고 있는 바, 이는 국회의 입법권과 예산권을 침해하는 문제가 발생할 우려가 있기 때문이다.[1)]

### 나. 해설

①항은 단체협약 체결권은 인정하되, 예산·법령 등에 의해 결정되는 사항 및 법령·조례의 위임을 받아 결정되는 사항에 대해서는 단체협약의 효력을 부인

1) 국회환경노동위원회(1998), 앞의 책, pp. 6-7.

하고 있는 바, 이는 교원의 임금 및 대부분 근로조건이 법정화되거나 예산에 의해 결정되고 있으므로 단체협약 체결권을 인정하고 단체협약의 규범적 효력을 인정하는 경우에는 국회의 입법권과 예산권을 침해하는 문제가 발생할 우려가 있기 때문이다.

단체협약은 노동조합과 사용자가 임금 · 근로 조건 기타 사항에 대하여 단체교섭과정을 거쳐 합의한 문서로 개별근로계약에 우선하는 규범적 효력이 인정된다. 단체협약의 내용은 일반적으로 규범적 부분과 채무적 부분으로 구분되며[2], 규범적 부분에 관해서는 일반적 구속력이 인정된다.[3] 그러나 법령 · 조례 및 예산 등에 의해 결정되고 있는 교원의 경우 임금 등 근무조건은 본 교원노조법 본조 ①항에서 단체협약의 효력을 배제하고 있는 것이다. 채무적 부분은 노동조합과 사용자간의 권리의무를 정한 부분으로 단체협약 당사자는 이행의 의무를 지게 되며, 불이행하는 경우에는 채무 불이행으로 인한 민사법상의 책임을 지게 된다.[4]

단체협약의 규범적 효력이 미치는 범위는 그 당사자인 사용자와 노동조합의 조합원에 한정되는 것이 원칙이나, 사용자간의 불공정 경쟁을 방지하고 사용자측이 상대적으로 근로조건이 높은 조합원보다 비조합원을 선호하여 노동조합을 약화시킬 것을 예방하기 위하여 단체협약의 효력이 적용되는 범위가 확장되도록 제도화하고 있다.[5] 이는 비조합원의 근로조건을 통일적으로 규제함으로써 조합원을 보호하고 협약당사자인 노동조합의 규제력을 강화하기 위한 것이며, 일반노조법 제36조(지역적 구속력)는 교원노조에는 적용되지 않는다.[6] 일반적 구속력에서 '동종 근로자'라 함은 기존 단체협약의 적용을 받는 근로자와 작업내용이나 형태가 동일하거나 유사한 직종에 근로하는 자를 모두 의미하며, 단체협약의 적용범

2)

| 구분 | 내용 |
|---|---|
| 규범적 부분 | 교원의 근무조건, 기타 교원의 대우에 관한 사항<br>예) 임금, 퇴직금, 근로시간, 인사이동, 상벌 및 해고 등 |
| 채무적 부분 | 노동조합의 유지 · 활동을 위한 사항<br>예) 조합원의 범위, 조합활동, 단체교섭 등 |

3) 「노동조합및노동관계조정법」 제35조(일반적 구속력) 하나의 사업 또는 사업장에 상시 사용되는 동종의 근로자 반수 이상이 하나의 단체협약의 적용을 받게 된 때에는 당해 사업 또는 사업장에 사용되는 다른 동종의 근로자에 대하여도 당해 단체협약이 적용된다.

4) 교육부, 교원노조제도의 올바른 이해, 1997. 7. pp. 25-26.

5) 「노동조합및노동관계조정법」 제35조(일반적 구속력) 및 제36조(지역적 구속력)의 입법취지.

6) 「교원의노동조합설립및운영등에관한법률」 제14조 제2항.

위가 특정되지 않거나 협약조항이 모든 직종에 걸쳐서 공통적으로 적용되는 경우에는 직종의 구분 없이 사업 또는 사업장 내의 모든 근로자가 동종의 근로자에 해당된다. 「노동조합및노동관계조정법」 제2조 제4호 가목에 해당되는 사용자 지위에 해당되는 자[7]는 법상 단체협약 적용이 예정되어 있지 않으므로 '동종 근로자'에 포함되지 않는다.

단체협약은 노사관계에 관한 총괄적인 협정인 경우도 있는데, 그 내용이 어떠한 것이든 서면으로 작성해야 하며, 서명 · 날인이 없는 단체협약은 법상의 효력을 가지지 않는다.[8]

단체협약을 체결한 당사자는 단체협약 체결일로부터 15일 이내에 쌍방이 연명으로 이를 지방노동관서에 신고하여야 하는데, 단체협약의 신고는 행정관청의 인가를 얻기 위한 요식행위가 아니며 단체협약의 효력발생과는 아무런 관계는 없다.

단체협약의 해석 또는 이행방법에 관하여 관계 당사자간의 의견의 불일치가 있는 때에는 당사자 쌍방 또는 단체협약에 정하는 바에 의하여 어느 일방이 노동위원회에 그 해석 또는 이행방법에 관한 견해의 제시를 요청할 수 있다.[9] 견해제시의 요청은 당해 단체협약의 내용과 당사자의 의견 등을 기재하여 서면으로 하여야 한다.

단체협약은 유효기간의 만료에 의하여 소멸된다. 유효기간을 2년 미만의 정하는 것은 무방하지만, 유효기간을 정하지 않거나 2년 이상의 기간을 정한 때에는 2년으로 된다.[10] 단체협약의 유효기간 만료시를 전후하여 노동조합과 사용자

---

7) 「노동조합및노동관계조정법」 제2조(정의) 이 법에서 사용하는 용어의 정의는 다음과 같다.
④"노동조합"이라 함은 근로자가 주체가 되어 자주적으로 단결하여 근로조건의 유지 · 개선 기타 근로자의 경제적 · 사회적 지위의 향상을 도모함을 목적으로 조직하는 단체 또는 그 연합단체를 말한다. 다만, 다음 각목의 1에 해당하는 경우에는 노동조합으로 보지 아니한다.
가. 사용자 또는 항상 그의 이익을 대표하여 행동하는 자의 참가를 허용하는 경우

8) 우리나라는 요식을 갖추지 않은 단체협약의 효력을 부인하는 효력부인설이 통설이지만, 요식은 정책적인 것이므로 단체협약의 본질적 효력인 규범적 효력은 인정된다고 보는 규범적 효력 인정설도 있다.

9) 「노동조합및노동관계조정법」 제34조

10) 「노동조합및노동관계조정법」 제32조 제1항 및 제2항.

쌍방이 새로운 단체협약을 체결하기 위하여 단체교섭을 계속하였음에도 불구하고 단체협약이 체결되지 아니한 때에는 종전의 단체협약은 그 만료일로부터 3월까지 계속 효력을 갖는다.11) 단체협약으로 자동연장협정 조항을 두는 경우 새로운 협약이 체결될 때까지 계속 효력을 갖도록 명시할 수 있고, 당사자 일방은 상대방에게 6개월 이전에 통고하고 종전 단체협약을 해지할 수 있다.

그러나 교원노조와 교육인적자원부는 단체협약의 유효기간을 1년으로 하고 있으며, 유효기간이 만료되더라도 갱신 체결 때까지 협약의 효력이 지속된다고 명시하고 있다.12)

②항은 성실이행의무에 관한 것으로, 단체협약의 효력을 부인한 사항에 대해서는 규범적 효력은 갖지 않으나 법령의 제정・개정 또는 폐지, 예산의 편성・집행 등에 의하여 이행 될 수 있는 사항에 관하여는 장관, 시・도 교육감 및 사립학교를 설립・경영하는 자가 성실히 이행하도록 노력을 하여야 한다는 것을 의미한다.13)

단체협약 사항 중 교육감의 고유권한에 속하는 사항은 교육청이 독자적으로 추진하여 이행한다. 협약사항이 법령・조례 및 예산에 관련된 것으로써 교육청이 아닌 타 기관 및 단체와 관련된 사항은 관련기관의 협조를 받아 이행하도록 한다. 따라서 교육청 이외에 도의회 등 다른 기관(중앙 부처, 교육위원회 등) 및 단체와 관련되어 있는 사항은 당해 기관 및 단체에 의견을 제시하거나 협조를 구하는 방법으로 추진한다. 직속기관장, 지역교육청교육장, 각급학교장에게 권한이 있는

---

11) 「노동조합및노동관계조정법」 제32조 제3항.

12) 「교육인적자원부-교원노조 2002년도 단체협약」 제1조(유효기간) 이 협약의 유효기간은 협약 체결일로부터 1년으로 한다.
제2조(협약갱신) 교육인적자원부와 교원노조 쌍방 중 어느 일방이 본 협약을 갱신코자 할 때에는 유효기간 만료 30일 전에 갱신요구안을 제출하여야 하며 동 기간 중에 어느 일방도 갱신요구안을 제출하지 않았을 때에는 본 협약은 자동 갱신된 것으로 간주하여 효력이 지속된다.
「서울시교육청 – 교원노조 2004년도 단체협약」 부칙 제1조(유효 기간)
① 본 협약의 유효기간은 협약체결일로부터 1년으로 한다.
② 본 협약의 유효기간이 만료되더라도 갱신 체결시까지 본 협약의 효력은 지속된다.
③ 본 단체협약 중 향후 개정되지 않는 내용은 그 효력이 지속된다.

13) 「교원지위향상을위한특별법」 제11조 제2항.

사항은 교육감이 지도, 권장하는 방법을 통하여 각급 기관, 학교별로 이행하여야 한다. 지도사항은 특별한 사유가 없는 한 이행하여야 하고 권장사항은 기관장 또는 학교장이 제반 여건과 교원의 의견을 감안하여 이행여부를 결정한다.

교원의 근무조건 · 후생복지 등 교원의 처우개선에 관한 사항은 대부분 교육관계 법령 등에 의하여 결정되고 예산의 뒷받침이 있어야 하므로, 관계 부서와 소요 재원을 예산에 반영할 수 있도록 노력하고 관계 규정 및 조례 등을 제 · 개정하는 과정을 통해 이행해야 하는 현실적인 한계가 있다.[14)]

## 3. 참고 내용

### 가. 주요개념

#### 1) 단체협약

단체 협약은 노동조합과 사용자가 임금, 근로시간 기타의 사항에 대하여 단체교섭 과정을 거쳐 합의한 문서를 말한다.

#### 2) 법령 · 조례

법령은 법률과 명령을 총칭하는 말로서, 일정한 입법절차에 따라 조문의 형식으로 제정되는 성문법은 헌법, 법률, 명령, 조례, 규칙, 조약이 있다. 그 가운데 명령은 행정기관이 법률 내용을 실천하기 위하여 제정하는 규범인데 대통령령이나 부령 같은 것이 있고, 조례는 지방자치단체의 의결기관이 법령의 범위 안에서 제정하는 규범을 말한다.

---

14) 전문환, 단체협약 이행에 따른 학교 갈등, 초등교육 제24호, 2005. 4, pp. 26-27.

### 3) 성실의무

민법에서 규정한 신의 .성실의 원칙은 주로 일정한 법률관계에 있는 당사자 간의 권리 행사를 규제하는 일반 원칙으로서, 개인이 어떤 구체적인 사정 하에서 상대방이 기대하는 신뢰를 배반하지 않도록 성의를 가지고 행동해야 한다는 것을 말한다. 신의 · 성실의 원칙은 때와 장소에 따라 사회적 상식이나 통념에 맞게 변화될 수 있는 것으로서 공공성이나 사회성을 존중하는 데 목적이 있다.

「교원지위향상을위한특별법」제11조(교원의지위향상을위한교섭 · 협의)와「교원지위향상을위한교섭 · 협의에관한규정」제6조(합의사항의성실한이행)에는 법령의 제정 · 개정 또는 폐지, 예산의 편성 · 집행 등에 의하여 이행 될 수 있는 사항에 관하여 교육인적자원부장관과 교육감은 적법한 절차와 방법에 의하여 그 이행을 위해 성실한 노력을 하여야 한다고 규정하고 있다.

## 나. 관계 법령

### 1)「노동조합및노동관계조정법」제29조(교섭 및 체결권한)

노동조합의 대표자는 그 노동조합 또는 조합원을 위하여 사용자나 사용자단체와 교섭하고 단체협약을 체결할 권한을 가진다.

### 2)「노동조합및노동관계조정법」제32조(단체협약의 유효기간)

① 단체협약에는 2년을 초과하는 유효기간을 정할 수 없다.

② 단체협약에 그 유효기간을 정하지 아니한 경우 또는 제1항의 기간을 초과하는 유효기간을 정한 경우에 그 유효기간을 정한 경우에 그 유효기간은 2년으로 한다.

③ 단체협약의 유효기간이 만료되는 때를 전후하여 당사자 쌍방이 새로운 단체협약을 체결하고자 단체교섭을 계속하였음을 불구하고 새로운 단체협

약이 체결되지 아니한 경우에는 별도의 약정이 있는 경우를 제외하고는 종전의 단체협약은 그 효력 만료일부터 3월까지 계속 효력을 갖는다. 다만 단체협약에 그 유효기간이 경과한 후에도 새로운 단체협약이 체결되지 아니한 때에는 새로운 단체협약이 체결될 때까지 종전 단체협약의 효력을 존속시킨다는 취지의 별도의 약정이 있는 경우에는 그에 따르되, 당사자 일방은 해지하고자 하는 날의 6월 전까지 상대방에게 통고함으로써 종전의 단체협약을 해지 할 수 있다.

### 3) 「노동조합및노동관계조정법」 제33조(기준의 효력)

① 단체협약에 정한 근로 조건 기타 근로자의 대우에 관한 기준에 위반하는 취업 규칙 또는 근로 계약의 부분은 무효로 한다.
② 근로 계약에 규정되지 아니한 사항 또는 제1항의 규정에 의하여 무효로 된 부분은 단체협약에 정한 기준에 의한다.

### 4) 「노동조합및노동관계조정법」 제34조(단체협약의 해석)

① 단체협약의 해석 또는 이행 방법에 관하여 관계 당사자간에 의견의 불일치가 있는 때에는 당사자 쌍방 또는 단체협약에 정하는 바에 의하여 어느 일방이 노동위원회에 그 해석 또는 이행 방법에 관한 견해를 제시를 요청할 수 있다.
② 노동위원회는 제1항의 규정에 의한 요청을 받은 때에는 그 날부터 30일 이내에 명확한 견해를 제시하여야 한다.
③ 제2항의 규정에 의하여 노동위원회가 제시한 해석 또는 이행 방법에 관한 견해는 중재 규정과 동일한 효력을 가진다.

### 5) 「노동조합및노동관계조정법」 제35조(일반적 구속력)

① 하나의 사업 또는 사업장에 상시 사용되는 동종의 근로자 반수 이상이 하

나의 단체협약의 적용을 받게 된 때에는 당해 사업 또는 사업장에 사용되는 다른 동종의 근로자에 대하여도 당해 단체협약이 적용된다.

#### 6) 「교원의노동조합설립및운영등에관한법률시행령」 제5조(단체협약의 이행통보)

교육인적자원부장관, 시・도 교육감 및 사립학교를 설립・경영하는 자는 법 제7조 제1항의 규정에 의하여 단체협약으로서의 효력을 가지지 아니하는 단체협약 내용에 대한 이행 결과를 다음 교섭시까지 상대방에게 서면으로 통보하여야 한다. 이 경우 사립학교를 설립・경영하는 자를 구성원으로 하는 단체가 있는 경우에는 그 단체의 대표자가 상대방에게 서면으로 통보하여야 한다.

### 다. 판례

#### 1) 헌법 제33조 제1항의 '단체교섭권'에 '단체협약체결권'이 포함되어 있는지 여부[헌판 1998. 2.27. 94헌바13](노동조합법제33조제1항 위헌소원)

헌법 제33조 제1항이 "근로자는 근로조건의 향상을 위하여 자주적인 단결권, 단체교섭권, 단체행동권을 가진다"고 규정하여 근로자에게 "단결권, 단체교섭권, 단체행동권"을 기본권으로 보장하는 뜻은 근로자가 사용자와 대등한 지위에서 단체교섭을 통하여 자율적으로 임금 등 근로조건에 관한 단체협약을 체결할 수 있도록 하기 위한 것이다. 비록 헌법이 위 조항에서 '단체협약체결권'을 명시하여 규정하고 있지 않다고 하더라도 근로조건의 향상을 위한 근로자 및 그 단체의 본질적인 활동의 자유인 '단체교섭권'에는 단체협약체결권이 포함되어 있다고 보아야 한다.

**2) 정식의 단체교섭절차가 아닌 노사협의회의 협의를 거쳐 성립된 합의 사항을 서면으로 작성하여 노동조합과 사용자 쌍방의 대표자가 서명날인한 경우, 단체협약으로 볼 수 있는지 여부[대판 2005.3.11, 2003다27429]**

단체협약은 노동조합이 사용자 또는 사용자단체와 근로조건 기타 노사관계에서 발생하는 사항에 관한 협정(합의)을 문서로 작성하여 당사자 쌍방이 서명·날인함으로써 성립하는 것이고, 그 협정(합의)이 반드시 정식의 단체교섭절차를 거쳐서 이루어져야만 하는 것은 아니라고 할 것이므로 노동조합과 사용자 사이에 근로조건 기타 노사관계에 관한 합의가 노사협의회의 협의를 거쳐서 성립되었더라도, 당사자 쌍방이 이를 단체협약으로 할 의사로 문서로 작성하여 당사자 쌍방의 대표자가 각 노동조합과 사용자를 대표하여 서명날인하는 등으로 단체협약의 실질적·형식적 요건을 갖추었다면 이는 단체협약이라고 보아야 할 것이다.

**3) 단체협약의 당사자 쌍방이 기명서명한 단체협약의 효력[대판 2005.3.11, 2003다27429]**

단체협약에 있어서 합의내용을 서면화할 것을 요구하는 것은 단체협약의 내용을 명확히 함으로써 장래의 분쟁을 방지하려는 것이고, 서명날인절차를 거치도록 한 것은 체결당사자를 명확히 함과 아울러 그의 최종적 의사를 확인함으로써 단체협약의 진정성을 확보하고자 하는 것으로서, 기명 옆에 서명만 하였다 하더라도 이를 무효라고 할 것은 아니다.

**4) 노동조합의 대표자가 단체교섭의 결과에 따라 사용자와 단체협약의 내용을 합의한 후 다시 협약안의 가부에 관하여 조합원총회의 의결을 거치도록 하는 것이 「노동조합및노동관계조정법」 제29조 제1항에 위반하는지 여부[대판 2005.3.11, 2003다27429]**

노동조합의 대표자가 단체교섭의 결과에 따라 사용자와 단체협약의 내용을 합의한 후 다시 협약안의 가부에 관하여 조합원총회의 의결을 거쳐야만 한다는 것은 대표자의 단체협약체결권한을 전면적·포괄적으로 제한함으로써 사실상 단체협약체결권한을 형해화하여 명목에 불과한 것으로 만드는 것이어서 「노동조합및노동관계조정법」 제29조 제1항에 반한다.

### 라. 질의 회신

| 질의 | 1. 교원노조에 조합원이 없거나 50% 미만인 학교의 경우에도 단체 협약의 규범적 부분이 확대 적용되는지 여부<br>2. 사립학교의 경우 시·도 교육감과의 단체협약이 적용되는지 여부 |
|---|---|

[노동부 노조68107-43, 2001.1.10)] 1. 단체협약의 효력은 협약당사자의 구성원들에게만 미치는 것이 원칙이나 「노동조합및노동관계조정법」 제35조에서는 하나의 사업 또는 사업장에 상시 사용되는 동종근로자 반수 이상이 하나의 단체협약을 적용받는 경우에 해당사업장의 다른 동종의 근로자들에게까지 당해 단체협약의 규범적 부분이 확장 적용되도록 하는 일반적 구속력 규정을 두어 예외적으로 비조합원인 근로자에게 단체협약이 확장 적용될 수 있도록 하고 있는바, 일반적 구속력 규정은 법적 요건을 충족하면 자동적으로 그 효력이 인정되며, 협약당사자간 합의에 의해 일반적 구속력의 적용의 배제하거나 요건을 완화시킬 수는 없는 것이다.

또한, 교원노조의 시·도 단위 교섭에 있어 사용자측 협약당사자는 교원노조법 제6조제1항의 규정에 의해 국·공립학교의 경우 시·도교육감이, 사립학교의 경우에는 사립학교를 설립·경영하는 자의 시·도 단위 연합단체가 되는 것이므로 시·도교육감이 교원노조(지부)와 체결한 단체협약은 원칙적으로 당해 시·동의 단위 단체협약이 일반적 구속력 규정에 의해 사립학교에까지 확대 적용될 수는 없을 것이며, 국·공립학교에서도 교원노조 조합원이 없거나 조합원이 과반수에 미달하는 경우에는 일반적 구속력이 적용되지 않는 것이다.

다만, 교육인적자원부장관 또는 시·도교육감이 학교정책적 차원에서 국·공립학교에 적용되는 단체협약상 내용을 준거로 하여 사립학교를 포함한 여타 교육기관에 대해 학교운영 지침이나 권고안을 시달하고 이러한 지침이나 권고안을 개별 교육기관이 이행하는 것은 외견상으로는 단체협약의 확장적용으로 보일 수 있을 것이나, 일반적 구속력에 의한 단체협약의 확장은 아니며 따라서 교육감과 교원노조 지부간 체결한 단체협약의 적용범위에 해당하는 않는 사립학교에서 이러한 지침이나 권고안을 이행하지 않는다고 하여 단체협약의 불이행 문제가 발생한다고 보기는 어려울 것이다.

## 마. 현황

교원노조법에 의한 단체협약은 2002년 교육인적자원부와, 그리고 2004년 서울시교육청과의 단체교섭을 통하여 체결된 것들이다.

2002년 단체협약은 전문과 본문 105조, 부칙 5조로 구성되어 있으며, 2002년 12월 30일에 이상주 부총리겸 교육인적자원부장관과 이수호 전교조위원장, 류명수 한교조위원장이 연명으로 합의하여 성립되었다. 본문의 105개 조는 시・도 이행권장사항이 43건, 예산관련사항이 24건, 법령 등 제도개선 관련사항이 37건, 기타 해정조치 사항이 1건으로 구성되었다. 2003년 단체교섭 제1차 본교섭위원회 개최 당시 분석된 분야별 이행상황은 다음과 같다.

**｜표 4｜ 2003년 단체교섭 제1차 분야별 이행상황**

| 관련 분야 | 주요 내용 | 이행 상황 |
|---|---|---|
| 시・도교육청에 이행 권장 사항(43건) | 여성교원 육아시간 부여, 출산휴가 보장, 근무시간 준수, 이전비 지급, 교육환경 개선 등 | 42건 완료, 1건 추진 중 |
| 예산관련 사항 (24건) | 유・초등교원과 중등교원의 수당차 해소, 교통비 인상, 보수 인상, 명절휴가비 등 인상 등 | 10건 완료, 14건 추진 중 |
| 법령 등 제도 개선 사항(37건) | 대학원비 소득공제, 사고배상과 구상권 제한, 보건휴가・배우자 출산휴가지급 등 | 27건 완료, 10건 추진 중 |
| 기타 행정조치 사항 | 교육부-교원노조간 자료제공 협조 | - |

'2003 교원노조와의 단체교섭'은 2003년 11월 26일 교원노조가 총104조 320개항으로 구성된 공동교섭요구안을 제출하면서 시작되었다. 당시 제출한 교섭안의 주요 10대 의제는 ①해직교사 원상복직 및 명예회복, ②전임자 급여지급, ③표준수업시수법제화 및 교원법정정원 확보, ④교원노조법 개정, ⑤학교자치 교장선출 보직제 실현, ⑥사립학교법 민주적 개정, ⑦안전공제회 운영 교원노조 참가, ⑧학업성취도 평가 폐지, ⑨민주적 인사위원회 구성, 그리고 ⑩연금제도 개선이었다.

2004년 6월 제4차 본교섭위원회 도중 표준수업시수법제화 문제로 단체교섭이 교착상태에 빠지게 되었으며, 2004년 한 해 동안 교섭하여 합의한 주요내용은 NEIS 추진과 관련하여 새로운 시스템개발에 교원노조를 참여시키고, NEIS 이외에 SA, CS를 시행하는 학교에 대한 유지 · 관리에 필요한 조치를 취할 것을 공문으로 처리하며, 2004학년도 학사업무는 새로운 시스템으로 처리할 수 있도록 최대한 노력한다는 내용과 0교시 폐지, 교원노조 사무실 임차료 지원 등을 들 수 있다. 그러나 이러한 합의사항들이 최종 단체협약으로 정리되지 못하여 차기 집행부와의 교섭으로 이어지게 되었다.[15)]

한편 2003~2004년도에는 각 시 · 도 차원에서 단체교섭이 추진되었으며, 서울시의 경우 1년 여에 걸친 단체교섭 결과 「서울시교육청-교원노조 2004년도 단체협약」이 체결되었다. 이는 전문과 본문 63조(192항목), 부칙 6조로 구성되어 있으며, 2004년 5월 25일에 유인종 서울특별시교육감과 전교조 서울지부장 유승준, 한교조 서울본부장 서태식이 연명으로 합의하였다. '2004단체협약안'의 구체적 내용은 다음과 같다.

**| 표 5 | 2004 단체협약안**

| 관련 분야 | 내 용 |
|---|---|
| 조합활동 | 홍보활동의 보장, (예산범위 내)교육행사 지원 등 7개조 |
| 근로조건 | 학교인사자문위 구성, 교육전문직 선발제도 개선 노력,<br>전보제도 개선, 비정규직 교사의 임용조건 및 처우개선,<br>표준수업시수의 준수 등 25개조 |

15) 박희동, 2005 단체교섭의 전망과 과제, 초등교육 제24호, 2005.4, pp. 21-22.

| 관련 분야 | 내 용 |
|---|---|
| 교원의 전문성 보장 | 교원의 전문성 향상을 위한 지원, 공모제에 의한 연구시범학교의 지정 · 운영 등 12개조 |
| 교권보호 및 복지후생 | 교원에 대한 구상권 제한 등 4개조 |
| 성평등과 모성보호 | 수유시간 허용, 탁아소 설치 등 4개조 |
| 실업 · 보건 · 특수 · 유아교육 | (해당 각급 학교의)근무여건 개선 등 5개조 |
| 교육환경 및 학생복지 | 학교급식 개선, 학생의 인권보장, (예산 범위 내) 학생자치활동 지원 등 3개조 |

# 제8조

# 쟁의 행위의 금지

## 1. 조문

노동조합과 그 조합원은 파업・태업 기타 업무의 정상적인 운영을 저해하는 일체의 쟁의행위를 하여서는 아니 된다.

## 2. 입법 취지 및 해설

### 가. 입법 취지

완전한 노동기본권을 보장하기 위해서는 쟁의 행위를 인정해야 할 것이나, 교원들이 집단적으로 수업을 거부하거나, 파업을 하는 경우에는 학생들이 수업을 받을 수 없게 되고, 면학분위기에 나쁜 영향을 미칠 우려가 있어 쟁의행위를 금지하고 있는 것으로 보인다.[1]

### 나. 해설

본조는 교원노조와 교원에게 일체의 쟁의행위를 금지토록 하고 있다. 그러나 이론상의 쟁의행위 유형과는 별개로 실제에 있어서는 수업 활동 등 정상적 학교 운영을 저해하지 않는 기타의 단체 행동 등에 대해 개별적이고 구체적인 사안에 따라 판단해야 할 경우가 있다.[2]

1) 국회 환경노동위원회, 교원의 노동조합설립및운영등에관한법률 심사보고서, 1998. 12. p. 9.
2) 서울특별시교육청, 교직단체 업무 편람, 2005. p. 39.

## 3. 참고 내용

### 가. 주요 개념

#### 1) 현행 교원의 근로기본권 관련 법체계

**• 공무원인 국 · 공립 교원의 경우**

「헌법」제33조 제2항 "공무원인 근로자는 법률이 정하는 자에 한하여 단결권 · 단체교섭권 및 단체행동권을 가진다"고 규정하여 일부 공무원에 대해서만 근로3권을 인정하고 있다.

「노동조합및노동관계조정법」제5조 "근로자는 자유로이 노동조합을 조직하거나 이에 가입할 수 있다. 다만, 공무원과 교원에 대하여는 따로 법률로 정한다"고 규정하고 있다.

「국가공무원법」제66조 제1항 및 지방공무원법 제58조 제1항 "공무원은 노동운동 기타 공무이외의 일을 위한 집단적 행위를 하여서는 아니된다. 다만, 사실상 노무에 종사하는 공무원은 예외로 한다"고 규정하고 있다.[3)]

「국가공무원복무규정」제28조에서 사실상 노무에 종사하는 공무원을 "정보통신부 및 철도청 소속의 현업기관과 국립의료원의 작업현장에서 노무에 종사하는 기능직 공무원 및 고용직 공무원으로서 다음 각호의 1에 해당하지 아니한 자에 한한다"고 규정함으로써 공무원의 노동운동은 전면적으로 제한되고, 예외적 경우에 해당하는 현업기관에 종사하는 자만 인정되고 있다.

교육공무원의 경우도「국가공무원법」제2조제2항제2호의 경력직공무원으로서 동법의 적용을 받고 있다. 다만「교육공무원법」제53조는 교육공무원의 특수성

---

3) 동조항에 대해서는 전교조 결성이 시도된 이래 계속적으로 그 위헌성에 대한 논란이 있어왔으나 헌법재판소는 이 조항에 대해 ① 공무원의 임용행위가 일반근로계약과 다른 공법상 특별한 계약이고, ② 공무원의 근로관계는 공무원이 국민전체에 대한 봉사자이고 그 직무에서 공공성이 강조되는 특별권력관계이며, ③ 그 처우는 법률상 · 예산상의 제한을 받는다는 등을 근거로 합헌 결정을 하였음(1992.4.28.90헌바27내지34등).

을 인정하여 국가공무원법의 적용을 배제하는 규정을 두고 있으나 앞에서 살펴본 「국가공무원법」 제66조 제1항은 그 적용을 배제하고 있지 않기 때문에 교육공무원의 노동운동은 전면적으로 금지되고 있다.

「국가공무원법」 제78조 및 교육공무원법 제51조에 근거하여 국・공립학교 교원은 노동운동을 하였을 경우 징계 사유에 해당하고, 「국가공무원법」 제84조에 의거하여 형사처벌을 받을 수도 있다.

• **사립학교 교원의 경우**

「사립학교법」 제55조에서 사립학교 교원의 복무에 관하여는 국・공립학교의 교원에 관한 규정을 준용하도록 하고 있음으로 노동운동이 전면 금지되어 있다.

「사립학교법」 제58조 제1항 제4호는 사립학교 교원이 노동 운동을 하였을 경우 사립학교 교원의 임면권자는 면직시킬 수 있도록 하고 있다. 헌법재판소는 동 조항들에 대하여 ① 교원은 공교육을 담당하는 직무의 특수성으로 인하여 일반 근로자와 본질적 차이가 있으며, ② 교육의 내・외적 조건에 있어서 공・사립간의 차이가 없고, 교원의 대우도 동등하며, ③ 국민의 교육을 받을 기본권은 교원의 노동기본권에 우선하고, ④ 교원은 교육법 및 교원지위향상을 위한 특별법에 의하여 그들의 경제적・사회적 지위 향상을 도모할 수 있으며, ⑤ 세계인권선언이나 국제협약, 권고 등을 반드시 국내법으로 수용할 필요는 없다는 것 등을 근거로 위헌이 아니라고 결정하였다(1991.7.22.89헌가106). 다만, 동결정에 있어서는 ① 교원직무의 특수성이 교원을 근로자가 아니라고 볼 수 있는 근거가 될 수는 없으며, ② 사립학교 교원의 지위에 대해 교육공무원법의 몇 가지 규정을 준용한다고 해서 그 신분을 공무원으로 볼 수는 없고, 일부 공무원에 대해서만 근로기본권의 제한을 허용하고 있는 「헌법」 제33조 제2항도 제한의 근거가 될 수 없으며, ③ 교육을 받을 기본권과 교원의 노동기본권이 상충될 경우 전자를 위해 후자의 전면 제한이 불가피하다는 이론은 헌법원리에 배치되며, 헌법 제37조 제2항의 기본권의 본질적 내용을 침해할 수 없다는 규정에도 위배되고, ④ 교직단체는 그 목적이나 가입탈퇴 및 운영에서 자주적이고 민주적인 조직으로 보기 어렵기 때문에 단결권에 대한 대상조치로 볼 수 없다는 등의 논거로 위헌이라는 소수의견이 있었다.

### 2) 노동기본권 제한의 이론적 근거[4)]

「헌법」제37조 제2항에서는 노동기본권의 제한에 대한 법적 근거를 밝히고 있다. "국민의 모든 자유와 권리는 국가안전보장과 질서유지 또는 공공복리를 위하여 필요한 경우에 한하여 법률로써 제한할 수 있으며, 제한하는 경우에도 자유와 권리의 본질적인 내용을 침해할 수 없다"는 규정이 바로 그것이다. 이 규정은 기본권을 제한할 수 있는 사유와 제한방법 및 제한의 한계를 명시하고 있다.[5)]

공무원도 근로자이지만[6)], 일반 근로자와 비교하면 다음과 같다.

첫째, 공무원은 헌법상 국민전체에 대한 봉사자라는 점이다.

둘째, 공무원의 보수는 근로의 대가인 성격과 직무의 효율적 수행을 확보한다는 의미도 가지고 있다는 점이다.

셋째, 공무원의 근로조건은 단체협약의 대상이 아니라 법령의 규율 대상이 된다는 점이다.

넷째, 공무원이 수행하는 업무는 공무이므로 공무원에게는 일반 근로자에게는 인정되지 아니하는 권리・의무가 인정된다는 점 등에서 특수성을 가지고 있다. 헌법재판소 역시 교원은 공교육을 담당한다는 직무의 특수성 때문에 공・사립을 묻지 아니하고, 그 근로관계는 일반 근로자의 그것과 본질적인 차이가 있으므로[7)] 노동법 원리가 그대로 적용될 수 없다고 하였다.[8)]

---

4) 이하 노동기본권 제한의 이론적 근거 부분은 오택주, 교원의 노동기본권에 관한 연구, 인하대학교 교육대학원 교육학 석사학위청구논문, 2002, pp. 37-41에 전적으로 의지하여 집필하였음을 밝힌다.

5) 우리 헌법재판소의 확립된 판례에 의하면 기본권제한입법이 우리 헌법 제37조 제2항에 근거를 두고 있는 과잉금지의 원칙에 위반하지 않으려면 먼저 정당한 목적을 추구하여야 하고(목적의 정당성), 그 목적을 달성하기에 수단이 적합하여야 하고(수단의 적합성), 피해를 최소화하여야 하며(피해의 최소성), 제한되는 기본권과 실현되는 공익사이에는 상당한 비례 관계가 있어야 할 것(법익의 균형성)을 요구하며 만일 기본권을 제한하는 법률이 이 중 어느 한 조건이라도 충족하지 못하면 그 입법은 위헌적인 입법이 된다는 것을 내용으로 하고 있다(헌재결 1996.12.26 【93헌바17】. 동지:1997.3.27 【92헌가17】).

6) 헌재결 1992.4.28. 【90헌바27-34・36-42・44-46,92헌바15(병합)】, 헌집, 4권 255【164】면 참조.

7) 헌법재판소는 국민의 교육을 받을 기본권은 교원의 근로기본권에 우선하고, 전자를 저해할

공무원이라는 신분을 이유로[9] 교원의 노동기본권의 제한을 정당화하고자 하는 주요한 이론에는 공무원은 국민 전체에 대한 봉사자이기 때문에 근로 3권의 향유에 있어 제한을 받는다는 국민 전체 봉사자론과 근로 3권이 제한되지 않을 수 없다는 특별 권력 관계론과 공무원은 공무원법을 비롯하여 여러 가지 특별조치에 의해 근로조건이 보호되고 있으므로 공무원의 근로 3권을 제한하더라도 공무원에게 불이익이 없다는 대상조치론 등이 있다. 이러한 이론과 반론에 대하여 살펴보고자 한다.

**• 국민 전체 봉사자론 및 반론**

공무원은 국민 전체의 봉사자이며 국민에 대하여 책임을 진다는 규정에서 그 제한의 근거를 찾을 수 있다는 견해이다. 즉 공무원의 지위의 특수성과 직무의 공공성에 의해 노동기본권이 특별한 규제를 받는다는 것이다. 이 이론은 국민 전체와 공무원과의 관계를 마치 봉건제하의 군주와 신민과의 관계처럼 전인격적인 복종과 보호의 관계로 보는 오류를 범하고 있는 것으로 국민과 공무원의 관계를 대

---

우려가 있는 경우에 후자는 제한되어야 하므로 헌법 제32조 제6항의 취지도 그러한 뜻으로 해석된다고 하면서, 사립학교 교원의 노동운동을 금지하고 있는 사립학교법 제55조 및 제58조 제1항 제4호는 위헌이라고 단정할 수 없다고 판시하였다(헌재결 1991.7.22. 【89 헌가106】, 헌집, 3. 387 【416】 면 참조).

8) 교육공무원의 경우에는 교육이라는 직무의 특성상 고도의 전문성 · 자주성 및 사회적 책임성이 존중되어야 하며, 이에 따라 사용자인 국가 또는 지방자치단체 더 나아가 실질적인 사용자인 전체 국민과의 사이에 상호협력 · 존중의 관계에 선다고 할 것이다. 이러한 점을 고려한다면, 교육공무원을 비롯한 일반공무원의 근로관계는 근로자와 사용자의 이원적 구조 아래서 서로 투쟁과 타협에 의하여 발전되어온 노동관계법에 의하여 규율하는 것보다는 오히려 공무원의 지위와 그 직무의 공공성에 적합하도록 형성 · 발전되도록 하는 것이 보다 합리적이고 합목적적일 수 있다(헌재결 1992.4.28. 【90 헌바27-34 · 36-42 · 44-46, 92헌바 15(병합)】, 헌집, 4, 255 [271]면 참조).

9) 오늘날 일반적으로 노동3권 보장에서 예외적 취급이 가능한 공무원으로 인식되고 있는 것은 주로 공안 공무원의 경우에 한한다. 우리나라와 매우 유사한 법제도를 가지고 있는 일본의 경우 단결권까지 금지되는 공무원은 경찰직원, 해상보안청과 감옥에 근무하는 직원(국가공무원법 제108조 제2항), 자위대직원(자위대법 제64조 제1항)뿐이다. 일본은 국가공무원법 개정(1965년) 이전에는 소방직원도 단결권을 인정하지 않았으나 ILO 제87조 조약의 비준에 따른 동법 개정으로 현재는 단결권을 인정하고 있다. ILO 제87조 조약은 군대와 경찰에 대해서만 단결권 보호에서 특별취급을 인정하여 각국의 국내법령에 맡기고 있다.

등한 권리 주체간의 법률적 관계로 파악하는 민주헌법의 기본 원리에 배치된다는 강력한 비판을 받아온 지 오래다.

헌법상 공무원의 국민 전체에 대한 봉사자라는 규정은 본래 공무원이 군주나 여당 또는 특정계급 등 일부의 이익에만 봉사해서는 안 된다는 점에 그 의의를 둔 것이지 공무원에게 정부의 모든 기능에 대한 절대적 복종의무를 과한 것은 아니다. 공무원은 국민 전체의 봉사자로서 국민을 사용자로 하며, 따라서 정부는 그 근무 조건을 본래 결정할 수 없다는 점에서 근무 관계 자체에 특수성이 있고 이 특수성에 의해 공무원의 노동기본권 제한이 설명될 수 있다고 한다. 이 전체의 봉사자라는 개념은 공무원의 직무 수행상의 기본적인 태도, 즉 공무원이 국민과 주민을 접촉하는 경우에 취하여야 할 자세를 나타낸 것이고 공무원의 근로관계 즉 노무 제공을 주축으로 하는 내부적인 고용의 경우에 문제가 되는 노동 3권과는 직접적인 관계를 갖지 않는 개념이다. 또한 사용자라고 하는 것은 근로자를 지휘하기도 하고 근로 조건의 결정, 기타의 근로관계의 제 문제에 관하여 권한을 갖는 자를 가리키는 것이고, 공무원의 경우에는 정부와 소속 기관의 장 등이 이에 해당된다. 이를 넘어서 '궁극의 사용자'가 누구인지를 묻는 것은 적어도 노동법상으로는 무의미하다. 국민은 납세자로서 공무원의 급여를 부담하고 정부와 의회를 선출하기 위하여 한 표를 던지는 권한은 있어도, 공무원을 지휘 · 감독하거나 그 근로 조건을 결정하는 권한을 갖지 않기 때문이다.

**• 특별 권력 관계론 및 반론**

공무원은 그 자유의사에 의해 국가와의 특별 권력 관계에서 포괄적 지배를 받는 지위에 있으므로 국가와 일반 국민간의 일반 권력 관계에서 보장되는 기본권은 그 범위 내에서 제한이 불가피하고 공무원의 노동기본권은 바로 그러한 이유에서 제한된다는 견해이다. 그러나 이 이론은 19C의 절대주의적 관료적 입헌주의의 산물이며 제2차 대전 후 이 이론 모국인 독일에 있어서는 물론 일본이나 한국에 있어서 많은 비판을 받고 있다. 헤쎄(HESSE)는 종래의 특별 권력 관계론이라는 개념으로 표시하려던 국가와 국민의 관계는, 일반국민이 부담하는 의무보다 더 큰 의무를 과할 수도 있고, 반대로 더 많은 권리를 인정할 수도 있는 일종의 '특수한 신분 관계'에 지나지 않는다고 본다. 그러면서 특수한 신분 관계라 해서 그 기본권 제한에 있어서 완전히 새로운 절차와 한계가 적용되는 것이 아니라 기본권 제한에 관한 일반적인 이론이 특수한 신분 관계에도 적용된다고 한다. 그러면서 특수한 신분 관계를 원활히 유지하기 위해 불가피한 기본권의 제한은 이른바 '규범 조화적 해석'의 방법에 따라 그 정당성 여부가 평가되어야 한다고 주장한다.

공무원 관계에 특수성이 있다 하여 법치주의를 배제하는 포괄적 지배권으로서의 특별 권력 관계에 있다고 할 수 없으며, 다만 공무원 관계를 일방적으로 국가에 유리하도록 하는 전근대적 특별 권력 관계로 파악해 온 절대주의적 관계제도와 그 법 이론의 잔재에 불과한 것으로 독일에서는 2차 대전 이후 그 부인론이 지배적이며 국내 · 외 학계에서도 이 주장은 사라지고 있는 실정이다. 요컨대 공무원 관계는 특별 권력 관계가 아니라 근로 계약 관계로 파악해야 한다는 것이다. 즉 공무원과 국가공무원은 그 자유의사에 의하여 국가와의 특별 권력 관계에서 포괄적인 지배를 받는 지위에 있으므로 국가와 일반국민 사이의 일반 권력 관계와는 달리 '법률에 의한 기본권 제한의 원칙'이 존중될 필요는 없으며, 따라서 공무원의 노동기본권도 부인될 수 있다는 이론이다.

• **대상조치론 및 반론**

대상조치론은 근로자의 노동 3권 그 자체가 목적이 아니라 근로조건의 유지 · 개선을 위한 것이므로 다른 제도상의 기술에 의해 대상조치가 이루어진다면 특별한 제한이 가능하다는 이론이다. 대상조치의 운영에 대해서는 상황에 따라 공무원의 단결활동에 의해 감시 · 비판 · 압력 등을 필요로 할 경우도 있을 것이므로 대상조치의 존재만을 이유로 공무원 근로자의 단결권에 대한 전면적 금지의 충분한 근거가 있다 할 수 없다. 또한 공무원이 대상조치에 의해 근로조건 등이 충분히 보장될 가능성이 있거나 보장되어 있어서, 현실적으로 공무원 자신이 단결권 행사의 필요성을 느끼지 않는다 할 경우에는 그것은 권리행사의 사실상의 유보일 뿐 권리 자체의 법률상 부인 또는 제한으로 인정될 수는 없다. 그러나 대상조치만 부여되면 자유로이 공무원의 노동기본권의 제한이 허용된다는 근거는 없다. 노동기본권의 제한이 합리적이고 필요 부득이하다고 판단되는 경우에 대상조치가 필요 최소한도의 원칙 등에 의해 비로소 취할 수 있는 논의에 불과하다. 또한 공무원제도의 신분보장에 있어서도 공무원법이나 정원 변경 또는 예산 감축에 의해 강등 · 면직될 수도 있고, 의무 위반 행위로 인하여 징계 · 면직 당할 수도 있다는 점에서 일반 근로자와 다를 바 없으므로 공무원법상의 신분 보장이나 위법 처분에 대한 행정구제 등도 노동기본권 제한의 충분한 대상조치라고 할 수 없다.

### 3) 국제기구들의 권고

**• 국제노동기구(ILO)**

국제노동기구(ILO : International Labor Organization)는 UN 산하의 노동전문기구로서 근로자의 단체활동을 지원해 오고 있다. ILO 결사의 자유위원회는 1993년 3월 4일 한국 정부에 전교조 등에서 제소한 결사의 자유 인정과 해직교사 복직을 「권고」 결의한 이래, 1993년 11월, 1994년 6월, 1996년 6월, 1997년 3월 등 지금까지 수차례에 걸쳐 위와 유사한 취지의 「권고」안을 계속 제시하여 왔다.[10] ILO의 제반기준은 법적 구속력을 가진 것은 아니더라도, 한국은 1991년 12월 9일 ILO에 가입함으로써 일반적인 준수 의무가 있고, 헌법 제6조 제1항에서 "일반적으로 승인된 국제기준은 국내법과 같은 효력을 가진다"라고 규정하고 있음을 감안할 때, 정부 정책 또는 입법에 있어서 중요한 국제적 기준이 된다고 하겠다. 또한 ILO의 주요활동은 국제노동기준을 설정하는 데 있으므로, ILO 가입은 한국 노사관계의 법제도적 틀을 정비하는 데 중요한 의미를 갖는다. ILO의 협약 및 「권고」에 의하면, 공공근로자 중에서 군인, 경찰, 중요한 정책결정이나 권리를 담당하는 고위직 공무원, 또는 고도의 기밀업무를 담당하는 공무원에 대하여는 국내법령에 의해 단결권 및 단체교섭권이 제한될 수 있음을 인정하고 있다. 그 외에 소방직 공무원, 교정직 공무원, 교원, 일반의 관리직 · 감독직 · 기밀직 공무원에 대하여는 공공근로자임을 이유로 단결권 및 단체교섭권을 제한할 수 없다고 보고 있다. ILO의 결사의 자유위원회는 1993년 한국 제소자들이, 노동법이 근로자들 스스로 선

---

10) 1998년 11월 19일 제273차 ILO 이사회에 보고 및 승인된 내용으로서 ILO 결사의 자유위원회 권고안 중에서 교원의 단결권과 관련된 내용을 보면 "노사정 합의시 선언된 것과 같이, 교원의 단결권 보장이 가능한 한 조속히, 늦어도 노사정 합의시 표명된 시한내에, 인정될 수 있도록 적절한 조치를 취할 것을 요청하고, 교사의 노조 결성권이 법제화되는 즉시 전교조를 등록시켜, 동 단체가 합법적으로 구성원의 이익을 대변할 수 있도록 하여야 한다"는 것이다. 노동부, 「ILO 결사의 자유위원회 권고안」, 노동부 보도자료, 1998. 11. 19

택하는 단체를 설립할 권리, 공무원의 단결권, 사립학교 교원의 노조설립권, 공무원의 단체행동권 등을 제한하고, 노동쟁의에 있어서 제3자 개입을 금지하고 있다고 주장하는 것에 대하여 심의하고 「권고」하였다. 이와 같이 ILO는 기본적으로 공무원이나 교원을 막론하고, 모든 노동자에게 결사의 자유가 인정되어야 한다는 일관된 입장을 취하고 있다. 그리고 교사들의 단체행동권에 대하여도 이는 근로자와 그들 단체의 기본적인 권리 중 하나인 동시에 그들이 자신들의 직업적인 이익을 증진・옹호할 수 있는 필수적인 수단중의 하나라고 보고 있다. 이런 입장에서 ILO 압력은 계속될 것으로 예상된다.

• 국제연합교육과학문화기구(UNESCO)

UNESCO가 ILO와 함께 1996년에 공동 채택한 '교원 지위에 관한 권고(Recommendation concerning the Status of Teachers)'에서는, 교원의 보수와 근무조건은 교원단체와 고용자간의 교섭과정을 통해 결정되어야 하는 당위성을 제시하고 있고(제82조)[11], 교원이 그들의 고용주와 교섭할 수 있는 권리의 보장과 법적 또는 임의의 교섭기관 설치를 「권고」하고 있으며(83조)[12], 교원과 고용자간의 고용기간과 조건에 관한 분쟁해결을 위한 적절한 합동기구를 설치하여야 하며, 교원단체는 교섭이 교착되는 경우, 그 해결방안을 강구할 권리를 가져야 한다(제84조)[13]는 점에 명백히 하고 있다. 이 「권고」는 교원단체에 관련된 조항으로, 교원단체의 교육정책결정에의 참여보장(제9조), 교원단체의 교원충원정책 참여 권장(제38조), 교원의 승진(제44조) 및 징계사항(제49조)에 있어서 교원단체와 합의하여 엄격한 전문직적 기준 내지 징계기관을 설치해서 협의를 통해 결정하도록

11) 第82조는 「교원의 봉급과 근무조건은 교원단체와 교원들의 고용자 간에 교섭과정을 거쳐 결정되어야 한다」고 규정하고 있다.

12) 第83조는 「법적 내지 임의의 교섭기관을 설치하고, 이것에 의하여 교원에게는 그들의 단체를 통하여 공・사립을 막론하고 그 고용주와 교섭할 수 있는 권리가 보장되어야 한다」고 규정하고 있다.

13) 第84조는 「고용기간과 고용조건에 관하여 고용자간에 발생하는 분쟁의 해결을 다룰 수 있도록 적절한 합동기구가 마련되어야 한다. 만일 이러한 목적을 위하여 마련된 수단과 절차가 미흡하거나 쌍방간의 교섭이 교착되었을 경우, 교원단체는 다른 단체가 그 정당한 이익을 보호하기 위하여 보통 가지고 있는 것과 다른 방안을 강구할 권리를 가져야 한다」고 규정하고 있다.

권장한다. 교원과 교원단체의 새로운 교육과정, 교과서 및 학습보조 자료 개발에의 참여(제62조), 교원 윤리강령 및 행동강령을 제정하는 것이 바람직하다는 것(제73조) 등을 세계 각국의 정부에 강력하게 「권고」하였다.

제29차 UNESCO 회의(1997.11.10)에서 고등학교 교원의 지위향상과 학문의 자유 및 인권보장 등의 내용을 포함한 고등교육 교원지위에 관한 「권고」안을 채택하였다. 이러한 「권고」안에 따라 UNESCO에서는 교원들의 권리를 보장하기 위한 교원단체의 설립과 교원 단체의 자유로운 활동, 그리고 교원과 사용자간의 분쟁 조정 등에 관한 제도적 장치가 마련되어야 한다는 원칙을 선언하고 있다.

• 국제교육연합(EI)

국제교육연합(EI)는 1993년 1월 26일 스톡홀름에서 당시 세계 양대 교원 단체였던 세계교직단체연합회(WCOTP)와 국제자유교원조합연맹(IFFTU)을 발전적으로 해체 · 통합하여 결성한 기구다. EI 정관에 나타난 목표는 다음과 같다. 첫째, 교원의 권익 증진을 통하여 노동조합권 및 전문직적 권리 옹호, 고용 및 근무조건의 향상을 강조한다. 둘째, 교육의 발전을 통하여 평화, 민주주의, 사회정의 및 평등사회를 조성한다. 셋째, 교육정책 수립 및 결정과정에의 적극 참여를 보장받도록 노력한다. 넷째, 모든 형태의 편견 및 차별을 타파하고 여성의 참여를 확대한다. 다섯째, 회원 단체간 유대 및 상호협력 체제를 유지한다. 이처럼 EI는 기본적으로 독립성, 민주주의, 교원노동조합이라는 3대 이념을 추구하고 있다. 이러한 정책노선에 따라 EI는 ILO, UNESCO 등의 국제기구 및 국제노동단체와 연대하여 인권 및 단체 활동 등에 관하여 정책 활동을 전개하고 있다.

• 경제협력개발기구(OECD)

한국은 1996년 말 경제협력개발기구(OECD : Organization for Economic Corporation and Development)에 회원국으로 가입하게 되면서 OECD 정책과 밀접한 관련을 맺고 있다. OECD 회의에서는 회원국들이 국제 규범에 맞는 정책을 채택하도록 회원국들간에 압력을 행사해 오고 있다. OECD의 노동관계 정책은 ILO, UNESCO 등의 국제기구의 관점을 유사하게 견지하고 있다. OECD 고용 · 노동 · 사회문제위원회는 근로자들의 자유로운 노동단체 결성과 자유로운 노조활동을 지지하고 있다. 이와 같은 정책은 교원단체의 경우에도 그대로 적용하고 있다. 또한 한편 OECD 교육위원회(Education Committee)는 1996년 10월 15일 서울에서 개최된 한국교육정책 평가회의에서 교원단체에 관하여 평가한 내용도 위와 유사한 입장을 취하면서, 결사의 자유(Freedom of association)를 건의하고 있다. 1997년 3월 26일과 27일 양일간 개최된 제90차 OECD 고용 · 노동 · 사회문제 위원회에서는 한국의 개정 노동법에 관한 발표와 토론이 있었다. 회원국들은 한국 정부의 개정노동법에 대해 전반적으로 긍정적인 평가를 하면서, 교원 및 공무원의 단결권 보장에 관한 향후 개혁의 구체적 계획 등을 포함한 일부 사항에 관해서는 추가적인 자료를 요구하였다. 특히 OECD 교육위원회는 현재 추진중인 교육개혁의 정신에 비추어 보더라도 교원들의 자유로운 결사의 자유를 인정해야 한다는 점을 강조했다. 이와 같이 ILO, UNESCO, OECD 등의 국제기구나, EI 와 같은 국제교원단체들은 예외 없이 자유로운 교원단체의 결성 및 단체활동을 「권고」하거나 제안하여 왔다. 이러한 국제기구들의 「권고」가 나올 때마다, 한국 정부는 남북 분단의 특수한 상황, 유교적 전통을 가진 한국 문화의 특수성 등을 설명하여 왔다. 현재는 교원노조법의 제정으로 교원의 결사의 자유에 관한 사항에 대해서만큼은 국제적인 비난에서 벗어날 수 있게 되었으며, 이러한 국제기구들이 교원노조법 제정의 한 역할을 했음을 부인할 수는 없을 것이다.

**• 「ILO - UNESCO 교원의 지위에 관한 권고」를 통해서 본 교원의 근로기본권**

"ILO-UNESCO 교원의 지위에 관한 권고"에 나타난 구체적인 제 규정을 통해 교육활동 내지 교육실천과 결합되는 교원의 노동기본권 행사의 내용과 범위를 고찰해 보면,

- 단결권

「권고」 제9항에서 "교원단체는 교육 진보에 크게 기여할 수 있는 것이며 따라서 교육정책결정에 관여해야 할 세력으로서 인정되어야 한다"라고 규정하고 있는 바 교원단체는 단순히 근로 조건의 개선을 위해서만이 아니라 자유롭고 독립적인 교육 활동을 목적으로 단결 활동을 행하는 주체이며 교육의 발전에 직접적으로 관여할 수 있는 단체라는 것을 인정한 것으로 볼 수 있을 것이다.

- 단체교섭권

「권고」 제82항에서 "교원의 보수와 근무조건은 교원단체와 교원들의 고용자간의 교섭과정을 거쳐 결정되어야 한다"라고 규정하고, 제83항에서 "법적 내지 임의의 교섭기관을 설치하고, 이것에 의하여 교원에게는 그들의 단체를 통하여 공·사립을 막론하고 그 고용주와 교섭을 할 수 있는 권리가 보장되어야 한다"라고 규정하고 있다.

교원의 단체교섭의 범위와 대상에 대한 논의에서 어느 경우에나 고용관계에서 발생하는 근로조건에 관한 사항이 단체교섭의 주제가 되어야 한다는 데는 일치하고 있으나 교육정책 내지 순수한 교육조건 사항이 단체교섭의 주제가 될 수 있는지에 대하여는 이론이 있다.

이와 관련하여 제75항 "당국은 교원이 그 책임을 완수할 수 있도록 교육정책, 학교조직, 교육활동의 새로운 발전 등에 관하여 교원단체와 협의할 수 있는 정당한 방안을 강구하고, 또 이를 항상 활용하여야 한다"는 규정과 제76항 "당국과 교원들은 교육활동의 질적 향상을 도모하기 위한 방안, 교육연구, 새로이 개선된 교육방법의 발전과 보급 등에 있어서 교원들이 그들의 조직을 통하거나 또는 그 밖의 방법으로 참여하는 일이 중요하다는 것을 인식해야 한다"는 규정이 있다. 이는 교육정책, 학교운영 기타 교육활동 및 교육사업의 질적 향상을 위한 제 사항은 국가 또는 당국의 전권 사항이 아니라 교원 및 교원단체와의 협의 또는 교섭을 통하여 결정되어야 하며, 또 그에 대한 교원단체의 참여의 중요성을 강조한 것으로 보인다.

- 단체행동권

교원의 단체행동권에 대하여 제84항에서 "고용조건 등에 관하여 교원과 고용주간에 발생하는 분쟁의 해결을 위한 적절한 합동기구가 설치되어야 한다. 만일 이러한 합동기관의 절차를 모두 거쳤거나 혹은 양당사자간의 교섭이 결렬되었을 경우 교원단체는 다른 단체가 그 정당한 이익을 보호하기 위해 일반적으로 가지고 있는 것과 같은 다른 수단을 취할 권리를 갖지 않으면 안된다"고 규정하고 있다. 이 조항의 의미는 교원단체의 교섭이 결렬되었을 경우 교원에게 쟁의권을 인정하여야 한다는 취지인 것으로 해석되고 있다.

### 4) 노동쟁의 · 쟁의행위 · 단체행동의 구별

**• 노동쟁의**

노동조합과 사용자 또는 사용자단체 즉, 이하 노동관계 당사자간에 임금 · 근로시간 · 복지 · 해고 기타 대우 등 근로조건의 결정에 관한 주장의 불일치로 인하여 발생한 분쟁상태를 말한다.

**• 쟁의행위**

파업 · 태업 · 직장폐쇄 기타 노동관계 당사자가 그 주장을 관철할 목적으로 행하는 행위와 이에 대항하는 행위로서 업무의 정상적인 운영을 저해하는 행위를 말한다.

**• 단체행동**

집단적 행위를 말하는 것으로 근로자 측의 경우 동일한 목적을 추구하는 다수 근로자의 의식적이며 의욕적인 공동행위를 말한다. 예컨대 쟁의행위인 파업 · 태업 등은 물론, 그 이외의 가두시위 · 집회 · 완장착용 등이 모두 이에 속한다. 이는 업무의 정상적인 운영을 저해하는 것을 기본 개념으로 하는 쟁의행위 보다 넓은 개념으로 업무의 정상적인 운영을 저해하지 않는 집단적인 행위도 포함하는 개념이다.

### 5) 쟁의행위[14)]

노동쟁의의 개념과는 달리 쟁의행위의 개념에 대해서는 일반노조법과 공무원노조법, 교원노조법이 달리 규정되어 있다.

---

14) 쟁의행위란 업무의 정상적인 운영을 저해하는 행위로서, 형법상 업무방해죄에 해당하고, 민사상으로는 업무방해로 인한 불법행위 책임과 근로계약 위반에 따른 채무불이행 책임을 지게 된다. 다만 노동조합 및 노동쟁의조정법에 의하여 보호되는 적법한 쟁의행위일 경우에는 그 위법성이 조각되며(형법 제20조) 귀책사유(고의 · 과실, 위법성)가 없다 할 것이므로 채무불이행책임도 지지 않게 되는 것이다.

즉, 일반노조법상 쟁의행위 개념에는 노동관계당사자가 주장을 관철할 목적이 있어야 하고 또한 사용자의 쟁의행위도 포함하고 있으나, 공무원노조법과 교원노조법에서는 쟁의행위의 주체는 노조 또는 조합원이며, 쟁의행위의 목적과 사용자의 쟁의행위가 포함되어 있지 않다.

이에 대해 헌법재판소에서는 교원노조법상 쟁의행위의 개념이 따로 정의되어 있지 않고, 교원노조법에서 규정하지 아니한 사항은 일반노조법에 의한다라고 규정한 교원노조법의 규정에 의거하여 일반노조법상의 쟁의행위 개념에 따라 정의된다고 하였다.

> 「교원의노동조합설립및운영등에관한법률」제8조는 "노동조합과 그 조합원은 파업 · 태업 기타 업무의 정상적인 운영을 저해하는 일체의 쟁의행위를 하여서는 아니 된다"고 규정할 뿐, 쟁의행위를 따로 정의하고 있지 않다. 다만 교원노조법은 이 법에 정하지 않은 사항에 대하여는 노동조합및노동관계조정법이 정하는 바에 따른다고 규정하고 있다 (「교원의노동조합설립및운영등에관한법률」제14조 제1항). 따라서 「교원의노동조합설립및운영등에관한법률」제8조의 '쟁의행위'의 개념은 「노동조합및노동관계조정법」의 규정에 따라 정의된다고 할 것이다.
>
> [헌법재판소 2004.7.15. 2003헌마878 전원재판부]

**▪ 일반노조법상 쟁의행위**

"쟁의행위"라 함은 파업 · 태업 · 직장폐쇄 기타 노동관계 당사자가 그 주장을 관철할 목적으로 행하는 행위와 이에 대항하는 행위로서 업무의 정상적인 운영을 저해하는 행위를 말한다.

일반노조법상 쟁의행위의 주체는 단체교섭의 당사자인 "사용자 또는 사용자단체"와 일반노조법에 따라 설립된 "노동조합"만을 의미하고 단체교섭권한이 없는 일시적인 근로자의 단체나 쟁의단, 근로자 개인은 제외된다.

그러므로 쟁의단이나 일반노조법에 근거하지 않은 조합 또는 단체의 단체행동은 이 법에 의한 쟁의행위가 아니며, 노동조합의 의사와 관계없이 행하여지는 일부 조합원의 쟁의행위(wildcat strike) 또는 노동조합 설립신고를 하지 아니한 지부, 분회 등이 노동조합의 통제에 반하여 행한 쟁의행위도 일반노조법에 위반된다.

위생문제에 특히 주의해야 하고 신분을 표시할 필요가 있는 간호사들이 집단으로 규정된 복장을 하지 않는 것은 병원업무의 정상적인 운영을 저해하는 것으로 쟁의행위에 해당함

[대법 93다29267('94.6.14)]

**▪ 공무원노조법과 교원노조법상 쟁의행위**[15)]

공무원노조법과 교원노조법에서 노동조합과 그 조합원은 파업・태업 그 밖에 업무의 정상적인 운영을 저해하는 일체의 행위를 하여서는 아니 된다[16)]라고 규정하여 일반노조법과 달리 규정하고 있다.

공무원과 교원노조법상 쟁의행위의 주체는 노동조합과 조합원이며 노동조합과 조합원이 그 주장을 관철할 목적으로 업무의 정상적인 운영을 저해하는 일체의 행위를 하게 되면 쟁의행위 금지 규정에 위반하게 된다.[17)]

교원노조법 제8조는 "노동조합과 그 조합원은 파업・태업 기타 업무의 정상적인 운영을 저해하는 일체의 쟁의행위를 하여서는 아니 된다"고 규정할 뿐, 쟁의행위를 따로 정의하고 있지 않다. 다만 교원노조법은 이 법에 정하지 않은 사항에 대하여는 「노동조합및노동관계조정법」이 정하는 바에 따른다고 규정하고 있다(「교원의노동조합설립및운영등에관한법률」제14조 제1항). 따라서 교원노조법 제8조의 '쟁의행위'의 개념은 「노동조합및노동관계조정법」의 규정에 따라 정의된다고 할 것이다.

---

15) 공무원과 교원의 노동쟁의가 제3자에 대한 책임 문제를 발생시킨다. 즉, 파업이나 태업으로 인하여 교육서비스나 행정서비스가 학생이나 국민에게 제공되지 않을 경우, 교사 또는 공무원은 직접 학생 또는 국민에게 채무불이행 내지 불법행위 책임을 지게 된다. 이 경우 국가가 노동조합과 조합원을 상대로 손해배상을 청구한 사례만 있는 것이 아니고, 학생들이 수업을 거부한 교사들을 상대로 손해배상을 청구한 사례도 있다.

16) 「공무원노동조합설립및운영등에관한법률」제11조, 「교원의노동조합설립및운영등에관한법률」 제8조

17) 공무원 및 공무원인 교사(사립학교 교사가 아닌)들의 경우, 쟁의행위 과정에서 우발적으로 공무집행방해를 할 수도 있겠지만, 쟁의행위가 곧 공무집행방해가 될 수 있다는 것은 예상하기 어렵다. 또한 쟁의행위로 인하여 간접적으로 다른 공무원의 직무집행을 방해하는 경우가 있을 수 있다고 하더라도 쟁의행위를 위계(오인, 착각, 부지를 일으키고 이를 이용하는 행위)라고는 할 수 없다. – 형법 제136조 ① 직무를 집행하는 공무원에 대하여 폭행 또는 협박한 자는…. ② 공무원에 대하여 그 직무상의 행위를 강요 또는 저지하거나 그 직을 사퇴하게 할 목적으로 폭행 또는 협박한….

한편, 일반노조법 제2조 제6호 "쟁의행위"라 함은 파업 · 태업 · 직장폐쇄 기타 노동관계 당사자가 그 주장을 관철할 목적으로 행하는 행위로서 여기에서 그 주장이라 함은 같은 법 제2조 제호에 규정된 임금 · 근로시간 · 복지 · 해고 기타 대우 등 근로조건의 결정에 관한 노동관계 당사자 간의 주장을 의미한다고 볼 것이므로, 위와 같은 근로조건의 유지 또는 향상을 주된 목적으로 하지 않는 쟁의행위는 일반노조법의 규제대상인 쟁의행위에 해당하지 않는다고 할 것이다.

> 전교조 조합원들이 다수 조합원들과 함께 집단 연가서를 제출한 후 수업을 하지 않고 무단 결근 내지 무단 조퇴를 한 채 교육인적자원부가 추진하고 있는 교육행정정보시스템(NEIS) 반대집회에 참석하는 등의 쟁의행위는 NEIS의 시행을 저지하기 위한 목적으로 이루어진 것인바, 청구인들의 행위는 직접적으로는 물론 간접적으로도 근로조건의 결정에 관한 주장을 관철할 목적으로 한 쟁의행위라고 볼 수 없어 일반노조법의 적용대상인 쟁의행위에 해당하지 않는다고 할 것이다.
> [헌법재판소 2004.7.15. 2003헌마878 전원재판부]

### 6) 노조활동과 쟁의행위의 유형별 구분

공무원은 사실상 노무에 종사하는 공무원을 제외하고는 공무 이외의 일을 위한 집단적 행위를 할 수 없으나[18] 공무원노조법에 의한 공무원의 노동조합의 조직 및 가입과 노동조합과 관련된 정당한 활동에 대해서는 집단적 행위를 금지한 국가공무원법 및 지방공무원법의 규정이 적용되지 않는다.[19] 그러나 공무원은 노동조합의 활동을 함에 있어서 다른 법령이 규정하는 공무원의 의무에 반하는 행위를 하여서는 아니 되므로[20] 「국가공무원법」 및 「지방공무원법」에 규정된 신분상 · 직무상의 의무를 준수하여야 한다.

또한 공무원노조법과 교원노조법은 노동조합과 그 조합원은 파업 · 태업 그 밖에 업무의 정상적인 운영을 저해하는 일체의 행위를 금지[21]하고 있다.

---

18) 「국가공무원법」 제66조 제1항 및 지방공무원법 제58조 제1항

19) 「공무원의노동조합설립및운영등에관한법률」 제3조)

20) 「공무원의노동조합설립및운영등에관한법률」 제3조 제2항

21) 「공무원의노동조합설립및운영등에관한법률」 제11조, 「교원의노동조합설립및운영등에관한법률」 제8조

위의 법 규정을 정리하면 정당한 노조활동인 경우에만 복종의무, 직장이탈금지의무, 집단행위의 금지의무 등 공무원의 의무가 그 범위에서 면제된다.

- **근무시간 중 노조활동과 쟁의행위**

– 업무저해 행위

다수의 조합원들이 점심시간 끝나기 5분전 전원 식사하기(일렬로 서서), 수개의 배식구중 1개 또는 극소수의 배식구만을 이용하여 급식을 받음으로써 지정된 중식시간을 상당히 연장시키는 행위, 근무시간 중 단체로 화장실가기(일렬로 서서), 근무시간 중 신용협동조합에 단체예금 및 인출하기, 근무시간 중 간부사원 단체면담하기, 근무시간 중 일괄 의무실에서 약타먹기 등 노동조합의 주장을 관철할 목적으로 사실상 업무의 정상한 운영을 저해하는 행위는 쟁의행위에 해당된다(노사 32281-6917, '88.5.11).

– 제복착용 의무위반

현행 국가공무원복무규정 제8조의2(복장 및 복제 등) 제3항에 따라서, 「국회공무원복제규정」 및 「농산물검사공무원복제규칙」, 「관세청직원복제규칙」, 「교도관복제규칙」, 「국립검역소공무원복제규칙」, 「해양수산부복제규칙」 등 여러 규정 및 규칙에 의거하여 일정한 공무원의 경우 제복을 착용하도록 하고 있다. 그런데 이러한 제복착용의무가 있는 공무원들이 집단적 요구의 관철을 위하여 제복착용을 거부하는 것이 쟁의행위인지 여부에 대하여 논란이 발생할 수 있다. 현행 판례상 신분을 표시할 직종에 종사하는 근로자들이 집단으로 제복착용을 거부하는 것은 업무의 정상적인 운영을 저해하는 것으로 쟁의행위에 해당한다고 보고 있다. 따라서 제복착용의무가 있는 공무원들이 자신의 주장을 관철하기 위하여 업무의 정상적인 운영을 저해하기 위하여 제복착용을 거부하는 것은 쟁의행위가 될 가능성이 있다.

> 위생문제에 특히 주의해야 하고 신분을 표시할 필요가 있는 간호사들이 집단으로 규정된 복장을 하지 않는 것은 병원업무의 정상적인 운영을 저해하는 것으로서 역시 쟁의행위에 해당한다 할 것이며, 중재회부 전의 행위라 하여 쟁의행위에 해당되지 않는다는 법리는 없고, 쟁의행위가 정당성의 한계를

벗어날 때에는 위법한 쟁의행위로서 징계사유가 되는 것은 물론 업무방해죄 등 형사상 책임도 면할 수 없다(1992.9.22. 대법 92도1855 ; 1992.2.22. 대법 91다4317 등 참조).

[대법원 1994.6.14. 선고93다29167 판결]

– 리본착용과 쟁의행위

일반적으로 리본을 착용하는 것은 통상 조합활동에 해당하는 경우가 많을 것이고, 리본을 착용하는 것만으로 쟁의행위에 해당한다고 보기는 어렵겠지만, 리본의 착용은 통상 노동조합 및 조합원의 요구·주장을 담고 있을 것이다. 공무원이 국민전체의 봉사자로서 정직과 성실로 직무에 전념하여야 함에도 불구하고(국가공무원복무규정 제2조에 의한 공무원선서의 내용) 리본에 기재된 요구와 주장의 내용이 사실과는 무관하거나, 정도를 지나치거나, 일방적 비난·비방 문구로 일관되어 있거나 기타 내용이 적절하지 못하여 일반 국민에게 위화감을 조성하거나 공무원의 신용을 실추시킬 위험을 가지고 있는 경우에는 업무상 저해가 발생한다고 볼 수 있다. 우리나라의 판례 가운데 리본을 착용하는 것만으로 쟁의행위가 성립한다고 보는 경우는 없으나, 그러나 일본의 하급심 판례에서는 리본을 착용하는 것이 공무원의 직무전념의무에 반하는 것으로서 업무를 저해하는 것이라고 본 경우가 있다.

(당해 사건의) 리본착용투쟁이 직무에 전념하지 못하게 하는 결과를 초래할 개연성이 높은 행위이고, 직장 전체에 위화감을 형성시키며, 국민에 대해서는 국가공무원의 신용을 실추시킬 우려를 발생시키는 것으로 인정되는 이상, 상사가 리본을 뗄 것을 경고 및 직무명령을 발한 것은 적법하고, 직장내 기강 및 질서유지를 위하여 그 직무명령에 따라야 함에도 불구하고 직무명령을 거부한 것은 국가공무원법 제98조 제1항을 위반하는 것이다.

[관련일본판례 : 全建勞勤勉手當事件(1977.7.25, 동경지방법원판결)

– 근무시간 중 조합집회

근무시간 중 조합집회를 개최하는 경우 정당한 노조활동인지 여부가 기본적으로 문제되나, 정당한 노조활동이 아닌 경우에는 쟁의행위에 해당할 수도 있다. 쟁의행위는 노무의 부제공으로 인해 업무의 정상적인 운영이 저해되는 경우에 인정되기 때문에 공무원노조가 근무시간 중에 조직적으로 노동력제공을 하지 않은 경우에는 쟁의행위에 해당할 수 있다. 따라서 조합집회가 적법한 허가없이 노조의 결정에 의해 근무시간 중에 개최된 경우에는 위법한 쟁의행위에 해당한다고 할 수 있다.

▪ 준법투쟁

준법투쟁이란 노동조합이 의도적으로 법령이나 단체협약, 취업규칙 등의 내용을 지나치게 엄격히 준수함으로써 업무의 능률이나 실적을 떨어뜨려 자신의 주장을 받아들이도록 사용자에게 압력을 가하는 집단행동을 말한다. 이러한 준법투쟁은 일반노조법상 쟁의행위의 제한 · 금지 규정이나 단체협약에 의한 평화의무의 회피 수단으로 잘못 이용되고 있는 경향이 있다.

여기서 준법투쟁이 쟁의행위로 인정될 수 있는지 여부에 대해서는 "업무의 정상적인 운영"을 무엇으로 보느냐에 따라 견해가 대립한다. 즉, 업무의 정상적인 운영을 '그동안 사실상 관행화되어 온 업무운영'(사실정상설)을 의미하는 것으로 본다면 준법투쟁도 쟁의행위에 해당되고, 반면에 '적법 내지 정당한 업무 운영 상태'(법률정상설)로 본다면 준법투쟁은 시민법상 자유 또는 권리의 행사에 지나지 않으므로 쟁의행위에 해당되지 않는 것으로 된다.

판례는 통상적으로 실시해 오던 휴일근무를 집단적으로 거부하였다면 이는 회사업무의 정상적인 운영을 저해한 것으로 보아 쟁의행위에 해당한다고 판시하는 등 업무의 정상적인 운영을 사실상 관행화되어 온 업무운영(사실정상설)으로 봄으로써 준법투쟁을 쟁의행위로 보고 있다.

그러나 준법투쟁이라 할지라도 사용자에 대한 요구관철의 목적이 있고, 업무의 정상적인 운영을 저해한다면 쟁의행위가 된다.

따라서 준법투쟁이 '그 주장을 관철할 목적으로', '업무의 정상적인 운영을 저해'하는 것인 한 쟁의행위에 해당된다.

– 집단휴가 및 연가투쟁과 쟁의행위

조합원들이 일제히 연 · 월차휴가, 조퇴, 생리휴가, 집단연가, 보건휴가 등을 실시하는 경우 쟁의행위에 해당하는지가 문제가 된다. 연가는 공무원이 연가원을 제출한 때에는 행정기관의 장은 공무수행 상 특별한 지장이 없는 한 이를 허가하여야 하고[22], 연가는 자유롭게 사용할 수 있는 것이 원칙이다. 그러나 업무의 정상적 운영을 저해할 목적으로 근로조건의 결정에 관한 주장을 관철할 목적으로 연가신청을 집단적으로 하는 경우에는 쟁의행위에 해당하고 조합원의 일정 비율이 연가신청을 하도록 하는 경우에도 마찬가지로 보아야 한다.

근로기준법상 월차유급휴가의 사용은 근로자의 자유의사에 맡겨진 것으로서 연차유급휴가와는 달리 사용자에게 그 시기를 변경할 수 있는 권한조차 없는 것이지만, 정당한 쟁의행위의 목적이 없이 오직 업무방해의 수단으로 이용하기 위하여 다수의 근로자가 집단적으로 일시에 월차유급휴가를 신청하여 일제히 결근함으로써 회사업무의 정상적인 운영을 저해한 경우에는 업무방해행위를 구성한다고 볼 수밖에 없음.

[대법 90도2852, '91.1.23]

택시회사 노동조합의 조합장이 실질적으로 회사로부터 거부당한 요구사항을 관철시키고 회사의 정상적인 업무수행을 저해할 의도로 근로자들에게 집단적으로 연차휴가를 사용할 것을 선동하고 이에 따라 근로자들의 집단적 연차휴가 사용 및 근로제공 거부행위가 이루어진 경우, 이는 이른바 쟁의적 준법투쟁으로서 쟁의행위에 해당하고 이와 같은 행위를 함에 있어 노동조합의 결의를 거치거나 쟁의발생신고를 하는 등의 노동쟁의조정법(현행 노조법)상의 적법한 절차를 거치지 아니하고 회사에게 예상치 못한 업무의 저해를 초래하여 택시 이용자들에게 많은 불편을 초래한 점 등이 인정된다면, 이와 같은 준법투쟁은 정당한 쟁의행위의 한계를 벗어난 것으로서 이를 선동한 조합장의 행위는 단체협약 소정의 면직사유에 해당한다고 보아 이를 이유로 한 면직처분은 정당한 인사권의 행사로서 부당노동행위에 해당하지 아니함.

[대법 96누587, '96.7.30]

사용자와의 단체협약갱신협상에서 유리한 지위를 차지하기 위하여 조합원들로 하여금 집단으로 월차휴가를 실시하게 한 것은 이른바 쟁의적 준법투쟁으로서 쟁의행위에 해당함.

[대법원1994.6.14. 선고 93다29167 판결]

---

22) 「공무원복무규정」 제16조 제4항

– 당직근무거부와 쟁의행위

숙 · 일직근무는 원칙적으로 근무시간에는 해당되지 않지만 국가공무원복무규정 국가공무원당직 및 비상근무규칙에 기하여 설정된 것이다. 따라서 시설의 보전이나 근무시간 외의 외부와의 연락 확보 등을 목적으로 하여 직무상 명해진 것이기 때문에 이를 거부하는 경우에는 복종의무위반[23]이다. 또한 공무원노조가 주장을 관철할 목적으로 조직적으로 숙 · 일직근무를 거부하는 것은 쟁의행위에 해당하는 것으로 보아야 한다.

– 연장근로 및 시간외 근무거부 등과 쟁의행위

조합원들이 집단적으로 정규근로시간외의 연장근로를 거부하는 경우 쟁의행위에 해당하는 지가 문제가 된다. 공무원의 경우 시간외근무는 "행정기관의 장은 사무처리상 긴급을 요한다고 인정할 때" 행정기관의 장이 명하는 것으로서(국가공무원복무규정 제11조 제1항) 정당한 직무 명령에 해당하기 때문에 이를 거부하면 복종의무위반을 구성할 뿐만 아니라 주장을 관철할 목적으로 행해지는 경우에는 쟁의행위에 해당하고 집단적인 공휴일근무거부 역시 쟁의행위에 해당한다.

근로자들을 선동하여 근로자들이 통상적으로 해오던 연장근로를 집단적으로 거부하도록 함으로써 회사업무의 정상운영을 저해하였다면 이는 쟁의행위로 보아야 함.

[대법 91도600, '91.10.22]

노사간에 체결된 단체협약에 작업상 부득이한 사정이 있거나 생산계획상 차질이 있는 등 업무상 필요가 있을 때에는 사용자인 회사가 휴일근로를 시킬 수 있도록 정하여져 있어서, 회사가 이에 따라 관행적으로 휴일근로를 시켜왔음에도 불구하고, 근로자들이 자신들의 주장을 관철할 목적으로 정당한 이유없이 집단적으로 회사가 지시한 휴일근로를 거부한 것은 회사업무의 정상적인 운영을 저해하는 것으로서 노동쟁의조정법 제3조(현행 노조법 제2조) 소정의 쟁의행위에 해당함.

[대법 91도1051, '91.7.9 ; 대법 92누11176, '94.2.22]

23) 국가공무원법 제57조, 지방공무원법 제49조

반원들에게 만약 피고회사로부터 연장근로 요구가 있을 때에는 이를 수락하지 말고 연장근로에 임하지 말라는 것은 결국 피고 회사의 업무를 방해하거나 방해하려고 할 경우에 해당함.

[대법원 1990.12.7. 선고 90다6095 판결]

연장근로가 당사자 합의에 의하여 이루어지는 것이라고 하더라도 근로자들을 선동하여 근로자들이 통상적으로 해 오던 연장근로를 집단적으로 거부하도록 함으로써 회사업무의 정상운영을 저해하였다면 이는 쟁의행위로 보아야 할 것임.

[대법원 1991.10.22. 선고 91다600 판결]

통상적으로 실시되어 오던 휴일근무를 근로자들이 집단적으로 거부하였다면 이는 회사업무의 정상적인 운영을 저해하는 쟁의행위에 해당함.

[대법원 1995.4.7. 선고 94다27342 판결]

노사간에 체결된 단체협약에 작업상 부득이한 사정이 있거나 생산계획상 차질이 있는 등 업무상 필요가 있을 때에는 사용자인 회사가 휴일근로를 시킬 수 있도록 정하여져 있어서, 회사가 이에 따라 관행적으로 휴일근로를 시켜 왔음에도 불구하고, 근로자들이 자신들의 주장을 관철할 목적으로 정당한 이유도 없이 집단적으로 회사가 지시한 휴일근로를 거부한 것은, 회사업무의 정상적인 운영을 저해하는 것으로서 노동쟁의조정법 제3조 소정의 쟁의행위에 해당함.

[대법원 1991.7.9. 선고 91도1051 판결]

– 정시출퇴근투쟁과 쟁의행위

주장을 관철할 목적으로 집단적 · 조직적으로 정시 출 · 퇴근을 함으로써 업무의 정상적 운영을 저해한다면 쟁의행위에 해당한다.

한국통신공사의 직원들의 경우 단체협약에 따른 공사 사장의 지시로 09:00 이전에 출근하여 업무준비를 한 후 09:00부터 근무를 하도록 되어 있음에도 피고인이 쟁의행위의 적법한 절차를 거치지도 아니한 채 조합원들로 하여금 집단으로 09:00 정각에 출근함으로써 전화고장수리가 지연되는 등으로 위 공사의 업무수행에 지장을 초래하였다면 이는 실질적으로 피고인 등이 위 공사의 정상적인 업무수행을 저해함으로써 그들의 주장을 관철시키기 위하여 한 쟁의행위임.

[대법원 1996.5.10. 선고96도419 판결]

– '점심시간지키기 운동'과 쟁의행위

"점심시간 지키기 운동"이 쟁의행위에 해당된다고 하기 위해서는 첫째, 이 운동을 통하여 사용자(즉 국가 또는 지방자치단체)에 대한 요구관철의 목적이 있어야 하고, 둘째, 업무의 저해성이 있다고 판단되어야 한다. 이러한 요구관철의 목적이 없거나 업무의 저해성이 없다면 쟁의행위가 아니다.

– 안전보건투쟁

안전 · 위생에 관한 법규, 취업규칙 및 단체협약상의 규정을 철저히 준수하거나 위반사항의 시정을 요구하면서 작업을 거부하는 것을 말한다. 근로자집단의 요구사항 관철을 위한 압력수단으로서 안전 · 위생규정을 필요 이상으로 철저히 준수하는 것은 근로의무의 불성실한 이행에 해당하므로 쟁의행위(태업)에 해당될 수 있다.

노동조합이 실정법에 의하여 교통행정 당국에 신고된 내용의 이행과 안전운행을 위하여 단체교섭과 관계없이 해당 법을 지키기 위한 순수한 목적에서 지도 · 홍보하는 행위라면 노동쟁의조정법상 쟁의행위로 볼 수 없음. 다만, 노동조합이 임금, 근로시간, 해고, 기타 대우 등 근로조건에 관하여 그 주장을 관철할 목적으로 준법을 빙자하여 관계법규(예 : 도로교통법, 운수사업법 등)에 의한 제반규정을 지나치게 엄격히 준수함으로써 업무의 정상적인 운영이 저해된 경우에는 쟁의행위에 해당된다고 할 것임

【관련 행정해석】(노사 01254-281, '92.6.11)

• **직장점거**

직장점거란 조합원들이 일정한 목적을 관철하기 위하여 사용자의 의사에 반하여 청사 내에서 퇴거하지 않고 장시간 체류하거나 이를 점거하는 쟁의수단으로서 파업의 실효성을 확보하기 위한 부수적 쟁의행위이며 피켓팅의 특수한 형태라고 할 수 있다.[24]

---

24) 쟁의행위가 허용되는 민간부문의 노조는 일반노조법 제42조【폭력행위등의 금지】 제1항

청사 이외의 시설에 대해서도 일시적인 체류가 아닌 전면적 · 배타적 점거 또는 장기적 점거는 부당한 쟁의수단으로서 건조물 침입, 퇴거불응, 업무방해 등에 해당할 수 있다.

정당한 노조활동은 법적으로 보호를 받을 수 있지만, 어떠한 경우에도 폭력이나 파괴행위는 정당한 행위로 해석되어서는 안되므로(일반노조법 제4조 단서) 직장점거과정에서 폭력을 행사하거나 파괴행위가 있는 경우 형법에 따라 해당 범죄행위에 해당한다.

따라서 정상 업무를 위하여 청사 내로 들어오는 직원의 출입을 물리적으로 방해하는 행위, 청사의 상당부분 또는 출입금지구역에 해당하는 시설의 중요부분을 점거하거나 기타 사업장 일부를 점거, 농성하면서 사내를 선회하며 소란을 야기하여 업무의 정상한 운영을 저해하는 행위 등은 쟁의행위에 해당함은 물론 업무방해, 폭행 등에 해당될 수 있다.

> 회사에서 휴업공고를 하였다 하더라도, 비상대책위원회 의장인 피고인 등이 근로자들로 하여금 작업을 거부함과 아울러 회사로 통하는 모든 출입문에 바리케이드 등을 설치하고 다수의 근로자들로 하여금 위 회사의 관리직 사원을 포함한 모든 출입자의 출입을 통제하였다면, 위력으로 회사의 업무를 방해한 것이며 업무방해죄의 위법성이 조각되지 아니함.
>
> [대법 91도753, '91.6.11]

**• 지부나 분회가 행하는 위법한 쟁의행위**

민간부문의 쟁의행위는 단체교섭능력을 가지고 단체협약체결권이 있으며 쟁의행위능력이 있는 노동조합 등이 주체가 되어 행하여져야 하기 때문에 이른바 비공인파업, 쟁의단에 의한 파업 등의 정당성이 문제될 수 있다.

그러나 공무원노조와 교원노조의 경우에는 노조 그 자체와 개별 조합원 양자

---

에서 '쟁의행위는 폭력이나 파괴행위 또는 생산 기술 기타 주요업무에 관련되는 시설과 이에 준하는 시설로서 대통령령이 정하는 시설을 점거하는 형태로 이를 행할 수 없다'고 규정하고 있다.

따라서 "생산 기타 주요업무에 관련되는 시설과 노조법 시행령 제21조에서 정하는 시설"을 점거하는 쟁의행위는 그 정당성을 상실하며, 동법 제89조 1호에 의해 3년 이하의 징역 또는 3천만원 이하의 벌금에 처해진다.

에 대해 쟁의행위를 금지한다는 취지를 명확히 하고 있으므로, 공무원과 교원노조가 주도적으로 쟁의행위를 실시한 경우만이 아니라 일부 조합원이 쟁의행위를 행한 경우에도 민형사상 책임을 물을 수 있다.

따라서 공무원과 교원노조의 본부의 지시 유무와 관계없이 지부나 분회가 독자적으로 쟁의행위를 하는 것도 금지된다.

다만 공무원과 교원노조 본부의 지시가 없이 지부나 분회의 독자적으로 행해진 쟁의행위에 대한 책임은 원칙적으로 당해 쟁의행위를 조직하거나 참가한 개별 공무원과 교원에 대해서만 미치고 노조 본부에는 미치지 않는다.

### 7) 쟁의행위의 일반적 유형과 사례

쟁의행위가 가능한 일반노조법상 노동조합의 경우에는 쟁의행위의 유형에 따라 그 정당성을 구체적으로 판단하게 된다.

쟁의행위가 금지되는 공무원노조법과 교원노조법의 경우에는 쟁의행위의 정당성 문제보다는 어떤 형태가 쟁의행위가 성립하는 지가 중요하게 되며, 일정한 행위가 쟁의행위에 해당하게 되면 그 정당성 여부를 판단하기 이전에 위법한 행위가 된다.

따라서 일반노조법의 적용을 받는 노동조합의 쟁의행위 유형과 정당성을 중심으로 사례를 검토해 보기로 한다. 다만, 공무원과 교원의 경우에는 정당성 문제보다는 어떤 행위 유형이 쟁의행위에 해당하는 지가 중요하다.

**• 파업**

근로자가 공동의 목적을 달성하기 위하여 집단적이고 조직적으로 제공할 의무가 있는 노무의 제공을 일시적으로 거부하는 행위를 말하며 쟁의행위의 가장 전형적인 형태이다.

파업의 형태에는 전면파업, 부분파업, 지명파업, 시한부파업, 파상파업 등이 있다. 파업형태의 선택은 파업지도부의 결정에 맡겨지는 것이므로 파업의 규모에 의하여 정당성이 평가되는 것은 아니다. 또한 파업은 반드시 계속적으로 실시되어야 하는 것은 아니므로 시한부형태 혹은 파상형태로도 가능하다.

특히, 공무원과 교원의 경우 지도부 일부만 참여하는 집회 및 시위의 경우 '업무의 운영을 저해'할 정도에 이르는 경우 부분파업 또는 지명파업으로 해석될 가능성을 배제할 수 없다.

• 태업(soldiering)

태업은 근로자들이 단결하여 의식적으로 작업능률을 저하시키는 행위로 태업이 작업능률을 저하시키는 데 그치는 한 상품제조상 손해가 생기더라도 정당하다고 할 수 있다. 그러나 일정한 한도를 넘는 행위가 수반되는 경우에는 그 정당성이 문제된다.

평소 계속적으로 수행하여 오던 작업 중 특정의 직무만을 골라서 그 수행을 거부하는 행위의 경우 즉, 사용자의 지휘명령 기타 연락 · 문서의 접수 및 송부업무를 수행하지 아니하는 연락차단파업, 지각 · 조퇴 · 외출신청서 제출 또는 명찰패용의 거부 등은 부작위이상의 것이 아니어야만 정당성을 인정받을 수 있다.

공무원과 교원의 경우에는 그 주장을 관철할 목적으로 하는 태업으로 인해 업무가 정상적인 운영이 저해된다면 쟁의행위에 해당하게 된다.

• 사보타아지(sabotage)

사보타아지는 의식적으로 생산 또는 사무를 방해하고 생산설비를 파괴하거나(소극적 사보타아지), 사용자의 사적비밀 또는 험담 따위를 고객에게 알리는 방법(폭로사보타아지) 등으로 업무의 정상적인 운영을 저해하는 행위 등을 말한다.

사보타아지는 기본적으로 사용자의 재산권 또는 사생활 자유에 대한 적극적 침해이고 경영간섭의 소지가 있기 때문에 그 정당성이 부정되거나 제한된 범위 내에서만 인정된다.

따라서 원료, 제품, 기계 등을 손괴, 임의 처분하는 경우 또는 기계의 부품을 은닉하거나 분해하는 경우에는 재물 손괴죄 또는 횡령죄가 성립될 수 있으며 또한 공연히 사용자의 사적 비밀을 폭로하거나 인신비방을 하는 경우에는 명예훼손죄, 신용훼손죄 등이 성립될 수 있다.

• 생산관리

근로자들이 사용자의 노조에 대한 지휘명령을 거부하는데 그치지 아니하고 오히려 능동적으로 사업장 또는 공장을 점거하여 조합간부의 지휘 하에 노무를 제공하는 행위로 소극적 생산관리와 적극적 생산관리가 있다.

생산관리는 노조가 일시적으로 생산시설, 자재, 자금 등을 장악하여 사용자의 지휘명령을 배제하고 직접 기업경영을 하는 행위로 사용자의 생산수단에 대한 소유권과 기업경영권을 침해할 뿐만 아니라 파업기간중의 임금 기타 투쟁자금을 확보하는 수단으로 이용될 수 있어 정당성이 인정되지 않는다.

공무원과 교원의 경우에는 노조에서 적극적으로 업무를 지시하거나 또는 개별 조합원이 적법한 직무명령에 따른 업무를 거부하는 행위 등은 쟁의행위에 해당할 가능성이 많다.

• 보이콧(boycott)

노동조합이 사용자 또는 그와 거래관계에 있는 제3자의 상품구입 또는 시설이용을 거절하거나 그들과의 근로계약 체결을 거절할 것을 호소하는 쟁의수단으로 사용자를 상대로 하는 1차적 보이콧과 사용자와 거래관계가 있는 제3자를 상대로 하는 2차적 보이콧이 있다.

1차적 보이콧(Primary boycott)이란 불매 및 시설이용거절 결의, 평화적 설득의 방법에 의한 불매 및 시설 불이용 호소 등의 경우는 정당한 쟁의행위라 할 수 있으나 폭행, 협박, 허위선전, 사용자비방 등을 수반하는 경우는 정당성의 한계를 넘는 행위로서 사안에 따라 폭행, 협박, 신용훼손, 업무방해, 명예훼손, 모욕 등의 죄책이 발생될 수 있다.

2차적 보이콧(Secondary boycott)은 사용자와 거래관계에 있는 제3자에 대한 집단행동이므로 제3자가 자발적으로 동의하지 않는 한 당사자관계의 흠결로 정당성을 상실하게 된다.

• 피켓팅(picketing)

쟁의행위 장소에 보호 또는 감시요원을 배치하여 근로희망자 등의 사업장출입을 저지하고 쟁의행위에 협조할 것을 권유, 설득하는 쟁의수단으로 독립된 쟁의행위가 아니고 주로 파업, 보이콧 등의 효과를 높이기 위하여 부수적으로 행하여지는 보조적 수단이다.

피켓팅의 경우에도 근로희망자 등에게 폭력을 사용하여 쟁의행위에 참가 또는 동조를 요구할 권한은 없다 할 것이므로 원칙적으로 평화적 설득의 방법에 의한 경우에만 정당성이 인정된다(협력 68140-261, '98.7.10). 「노동조합및노동관계조정법」제38조 제1항은[25] 이에 대한 확인규정으로서 피케팅의 정당성 판단기준을 규정하고 있다.

따라서 근로희망자 등에 대하여 폭행, 협박, 압력 등으로 조업을 중지시키거나 폭언, 인신비방 등으로 조업을 방해하는 행위 등은 사안에 따라 폭행, 협박, 업무방해, 명예훼손, 모욕 등의 죄책에 해당될 수 있다.

다만 구체적으로 어떤 행위가 위법인지의 여부는 일률적으로 판단할 것이 아니라 해당 쟁의행위의 동기, 목적, 태양 등의 제반 상황을 종합하여 판단하여야 한다.

> 연금관리공단에서 파업에 참가한 근로자들이 파업에 동조하지 아니하고 조업을 하는 사람들에게 피케팅을 하고, 쟁의기간 중 대체채용을 한 회사측의 법규위반행위를 저지하기 위하여 상당한 정도의 실력을 행사하는 것은 동맹파업 등 근로자들에 의한 쟁의행위가 실효를 거둘 수 있도록 하기 위하여 마련된 노동쟁의조정법 제15조(현행 노조법 제43조)의 규정취지에 비추어 허용된다고 할 것이나, 그렇다고 하더라고 고지서 발송작업을 전면적으로 저지하기 위하여 그 작업현장에 있던 고지서를 전부 탈취하여 은닉한 행위는 파업의 보조적 쟁의수단인 피케팅으로서도 정당화될 수 없다 할 것이어서, 위 고지서 발송업무의 저지행위는 위법함
>
> [대법 91다43800, '92.7.14]

> 방송국 노동조합이 적법한 절차에 따라 파업결의를 한 후 사태를 지켜보던 중 일부 기자가 징계를 당하자 노조원 40여 명이 파업농성투쟁에 돌입할 것을 결의하고 다른 노조원들과 공동하여 방송국 보도국 사무실 일부를 점거하여 야간에는 10여 명씩 조를 짜서 교대로 철야농성을 하고 주간에는 함께 모여 농성을 하면

---

25) 일반노조법 제38조【노동조합의 지도와 책임】①쟁의행위는 그 쟁의행위와 관계없는 자 또는 근로를 제공하고자 하는 자의 출입 · 조업 기타 정상적인 업무를 방해하는 방법으로 행하여져서는 아니 되며 쟁의행위의 참가를 호소하거나 설득하는 행위로서 폭행 · 협박을 사용하여서는 아니 된다.

서 구호를 외치거나 노래를 부르고 북, 장구, 징, 꽹과리를 두드리며 소란행위를 계속하고, 농성에 가담하지 아니하고 근무하는 직원들에게 "노조원들과 적이 되려 하느냐"는 등의 야유와 협박을 하며 농성가담을 적극 권유하고, 그곳에 있는 텔렉스기기실에 들어가서는 텔렉스용지를 찢거나 그 작동을 중단시키는 등의 행위를 한 것은 그 방법이나 수단에 있어서 쟁의행위의 정당성의 한계를 벗어나 위법한 것임.

[대법 91도3051, '92.5.8]

**• 집단사표제출에 의한 업무 정지**

근로자들이 요구조건의 관철을 위하여 집단적으로 사표를 제출하고 노무제공을 거부하는 것을 말한다. 통상 진정한 근로계약 해지의 의사 없이 자신들의 주장을 관철하기 위하여 실시하는 것이기 때문에 쟁의행위로 봄이 타당하며, 그에 대한 정당성 판단은 일반적인 쟁의행위의 정당성 판단기준에 따라 판단하여야 한다.

### 8) 쟁의행위와 책임

공무원노조법과 교원노조법에 의거 노동조합과 그 조합원은 파업·태업 그 밖에 업무의 정상적인 운영을 저해하는 일체의 행위를 할 수 없다.[26)]

일반노조법의 적용을 받는 노동조합이 쟁의행위를 할 경우에는 그 정당성을 판단하여 정당성이 인정될 경우에는 민·형사상 면책이 되지만, 공무원노조와 교원노조가 업무상 정상적인 운영을 저해하는 쟁의행위를 할 경우에는 그 정당성을 판단할 여지없이 불법행위가 성립한다.

그 결과 공무원과 교원 노동조합의 쟁의행위시에는 민·형사책임 및 징계책임이 발생하며, 아울러 공무원의 업무는 일반 공중생활에 미치는 영향이 크기 때문에 제3자에 대한 책임문제가 발생하게 된다.

26) 「공무원의노동조합설립및운영등에관한법률」 제11조, 「교원의노동조합설립및운영등에관한법률」 제8조

• 민사책임

공무원노조와 교원노조 그리고 그 조합원의 쟁의행위로 인해 국가 재산상의 손실이 발생한 경우 국가 또는 행정기관은 해당 노조와 조합원에 대해 민법상 손해배상책임을 물을 수 있다.

이때, 불법쟁의행위를 기획, 지시, 지도한 조합간부들의 행위는 조합의 집행기관으로서의 행위라 할 것이므로 노종조합은 그 불법쟁의행위로 인하여 국가가 입은 손해를 배상할 책임이 있고, 한편 조합간부들의 행위는 일면에 있어서는 개인의 행위라는 측면도 아울러 지니고 있기 때문에 국가는 노동조합의 책임 외에 쟁의행위를 기획, 지시, 지도한 조합 간부들 개인에 대하여도 책임을 지울 수 있다.

철도노조의 불법파업으로 인해 여객과 화물 운송에 피해를 보았다며 국가가 전국철도노동조합을 상대로 낸 손해배상청구소송에서 법원에서는 노조는 불법행위로 인한 손해배상책임이 있다고 판결한 바 있다.

조합원인 공무원 개인의 경우에도 불법쟁의행위의 참가로 인하여 노동조합과 함께 민사상 손해배상책임을 지게 되는 경우도 발생할 수 있다.

• 형사책임

형사책임은 그 본질에 있어서 범죄행위를 한 행위자를 처벌하는 것이며, 그 밖에 교사나 방조를 한 자에 대해서도 처벌할 수 있으나 법인체에 대하여서는 그 책임을 물을 수 없는 것이 원칙이다. 따라서 쟁의행위 중에 불법행위를 한 자만이 응분의 책임을 지는 것이 원칙이고 노조나 기업 자체는 형사책임을 지지 아니한다.

또한 노조의 간부가 그러한 행위를 지시하였거나 가담한 경우, 구체적 정도에 따라서 행위자로서의 책임을 지거나 교사범, 방조범으로서 책임을 지게 되며, 사용자의 경우도 동일하다. 특히 공무원과 교원 노동조합의 경우에는 위계에 의한 공무집행방해 및 직무유기 등의 범죄에 해당될 가능성이 있으며, 조합간부가 그러한 행위를 지시하였거나 가담한 경우에는 구체적인 정도에 따라서 행위자로서의 책임을 지거나 교사범, 방조범으로서의 책임을 지게 된다.

• **징계책임**

공무원과 교원노조 또는 조합원이 쟁의행위를 할 경우에는 그 조합원들이 불법적으로 직무를 거부하는 것이 되기 때문에 불법 쟁의행위에 참가한 조합원은 국가공무원법 제78조 제1항 제1호 내지 제3호의 징계사유에 해당하게 된다.

「국가공무원법」제78조 제1항 제1호 내지 제3호가 정하는 징계사유로는 이 법 및 이 법에 의한 명령에 위반하였을 때, 직무상의 의무[27]에 위반하거나 직무를 태만한 때, 직무의 내외를 불문하고 그 체면 또는 위신을 손상하는 행위를 한 때로 규정하고 있다.

따라서 조합간부 및 조합원은 국가공무원법에 따라 징계처분을 받을 수 있는데 특히 조합간부에게 일반 조합원보다 중한 징계책임을 물을 수 있는지 여부가 문제된다. 그러나 조합간부가 불법쟁의행위를 기획, 지시, 지도하였거나 또는 조합간부는 개별 조합원의 위법행위를 방지하여야 할 의무가 있기 때문에 이를 위반한 조합간부에게는 일반 조합원보다 중한 징계처분을 물을 수 있다.

조합원인 공무원의 각 소속 기관의 장은 쟁의행위에 참가한 조합원의 행위의 유형, 폭력, 파괴행위 여부, 참여정도 등을 고려하여 파면, 해임, 정직, 감봉, 견책의 징계를 할 수 있다.[28]

## 나. 관계 법령

### 1) 대한민국헌법 제33조

① 근로자는 근로조건의 향상을 위하여 자주적인 단결권 · 단체교섭권 및 단체행동권을 가진다.

② 공무원인 근로자는 법률이 정하는 자에 한하여 단결권 · 단체교섭권 및 단체행동권을 가진다.

27) 다른 법령에서 공무원의 신분으로 인하여 부과된 의무를 포함한다.

28) 국가공무원법 제79조

③ 법률이 정하는 주요방위산업체에 종사하는 근로자의 단체행동권은 법률이 정하는 바에 의하여 이를 제한하거나 인정하지 아니할 수 있다.

#### 2) 국가공무원법 제66조(집단행위의 금지)

① 공무원은 노동운동 기타 공무이외의 일을 위한 집단행위를 하여서는 아니된다. 다만, 사실상 노무에 종사하는 공무원은 예외로 한다.
② 제1항 단서의 사실상 노무에 종사하는 공무원의 범위는 국회규칙・대법원규칙・헌법재판소규칙・중앙선거관리위원회규칙 또는 대통령령으로 정한다.

#### 3) 지방공무원법 제58조(집단행위의 금지)

① 공무원은 노동운동 기타 공무이외의 일을 위한 집단행위를 하여서는 아니된다. 다만, 사실상 노무에 종사하는 공무원은 예외로 한다.
② 제1항 단서에 규정된, 사실상 노무에 종사하는 공무원의 범위는 조례로 정한다.

#### 4) 국가공무원복무규정 제28조(사실상 노무에 종사하는 공무원)

법 제66조에 규정된 “사실상 노무에 종사하는 공무원”이라함은 정보통신부 및 철도청 소속의 현업기관과 국립의료원의 작업현장에서 노무에 종사하는 기능직 공무원 및 고용직공무원으로서 다음 각호의 1에 해당하지 아니하는 자에 한한다.

1. 서무・인사 및 기밀업무에 종사하는 자
2. 경리 및 물품출납사무에 종사하는 자
3. 노무자의 감독사무에 종사하는 자
4. 보안업무규정에 의한 보안목표시설의 경비업무에 종사하는 자
5. 승용자동차 및 구급차의 운전에 종사하는 자

### 5) 사립학교법 제55조(복무)

사립학교의 교원의 복무에 관하여는 국 · 공립학교의 교원에 관한 규정을 준용한다.

### 6) 사립학교법 제58조(면직의 사유)

① 사립학교의 교원이 다음 각호의 1에 해당할 때에는 당해 교원의 임면권자는 이를 면직시킬 수 있다.

4. 정치운동 또는 노동운동을 하거나 집단적으로 수업을 거부하거나 또는 어느 정당을 지지 또는 반대하기 위하여 학생을 지도 · 선동한 때

### 7) 교원의노동조합설립및운영등에관한법률 제15조(벌칙)

① 제8조의 규정에 위반한 자는 5년 이하의 징역 또는 5천만원 이하의 벌금에 처한다.

### 8) 노동조합및노동관계조정법 제2조(정의)

이 법에서 사용하는 용어의 정의는 다음과 같다.

5. "노동쟁의"라 함은 노동조합과 사용자 또는 사용자단체(이하 "노동관계 당사자"라 한다)간에 임금 · 근로시간 · 복지 · 해고 등 근로조건의 결정에 관한 주장의 불일치로 인하여 발생한 분쟁상태를 말한다. 이 경우 주장의 불일치라 함은 당사자간에 합의를 위한 노력을 계속하여도 더 이상 자주적 교섭에 의한 합의의 여지가 없는 경우를 말한다.
6. "쟁의행위"라 함은 파업 · 태업 · 직장폐쇄 기타 노동관계 당사자가 그 주장을 관철할 목적으로 행하는 행위와 이에 대항하는 행위로서 업무의 정상적인 운영을 저해하는 행위를 말한다.

### 9) 노동조합및노동관계조정법 제5조(노동조합의 조직 · 가입)

근로자는 자유로이 노동조합을 조직하거나 이에 가입할 수 있다. 다만, 공무원과 교원에 대하여는 따로 법률로 정한다.

## 다. 질의회신

| 질의 | 북, 장구, 꽹과리 등의 사용과 벽보 부착 행위의 쟁의행위 해당 여부 |
|---|---|

**[노동부 노사 32281-8308(1990.6.12)]** 징과 북, 확성기를 사용하는 행위는 당연히 정당성을 인정받을 수 있는 행위는 아니고 사용자나 근로자의 정당한 업무수행을 적극적으로 저지하거나 방해한다면 정당한 조합 활동의 한계를 일탈한 것으로 보아야 하며, 노동조합이 조합게시판 등 지정된 곳이 아닌 기업의 물적 시설에 사용자의 의사에 반하여 벽보를 부착하는 행위는 당해 물적 시설에 대한 사용자 측의 사용거부가 권리남용이라고 인정되는 특별한 사정이 있는 경우를 제외하고는 허용되지 않는다 할 것이다.

| 질의 | 쟁의 행위시 부착한 각종 유인물, 현수막 철거 가능 여부 |
|---|---|

**[노동부 노사 32281-12279(1990.9.3)]** 용역업체 소속근로자로 조직된 노동조합이 쟁의 행위과정에서 각종 유인물, 현수막 등을 사용자의 의사에 반하여 시설에 부착하였을 경우 사전에 철거 요청을 하였음에도 거부한 것을 이유로 철거하였다면 동 철거 행위가 권리 남용이라고 볼만한 특단의 사정이 없는 한 위법이라고 볼 수 없다.

| 질의 | 교원의 집단행동 관련 |
|---|---|

**[노동부 노조 01254-188(2000.3.3)]** 교원은 국 · 공립은 물론 사립교원도 복

무에 있어서는 국가공무원법이 적용되므로 교원의 노동조합 활동도 이러한 복무 관련 규정을 준수하면서 이루어져야 할 것이다.

또한 노동조합의 활동은 업무의 정상적인 운영을 저해하지 않는 근무시간 외에 실시함이 원칙이므로 근무시간 중에 노조 관련 모임이나 활동을 하는 경우에는 사전에 학교 측의 승인이 있어야 하고, 연가, 외출, 조퇴를 신청하는 것은 가능하나 학교 측의 승인여부는 학생의 학습권 등 제반사항을 감안하여 결정할 수 있을 것이다. 이 경우 교원이 학교 측의 승인 없이 임의로 근무시간 중에 외부 집회 등에 참가하는 경우에는 관련 규정에 의거하여 책임을 물을 수 있다.

| 질의 | 교원노조 쟁의 행위 관련 질의회신 |
|---|---|

**[노동부 노조 01254-389(2000.5.12)]** 노동법상 쟁의 행위라 함은 노동관계 당사자가 그 주장을 관철할 목적으로 업무의 정상적인 운영을 저해하는 행위를 말하는 바 근무시간 중에 집단적으로 리본을 패용하는 행위가 쟁의행위에 해당되는 지는 리본패용의 태양 · 수단 · 내용 등을 종합적으로 검토하여 그 행위가 교육서비스 제공이라는 학교의 정상적인 업무수행을 저해하였는지의 여부에 따라 판단되어야 할 것으로 교원은 복무와 관련하여 공무원으로서 품위를 유지할 단정한 복장을 착용하고, 근무시간 중에 직무에 성실히 임할 의무를 지니므로 교원이 근무 시간 중에 집단적으로 리본을 패용하는 행위가 이러한 직무관련 법령을 위반하거나 직장규율을 침해하는 경우에는 정당한 조합 활동의 범위를 일탈한 것이다.

## 라. 외국의 사례[29]

외국에서의 교원노동조합 운동은 각기 소속된 사회의 역사 · 정치 · 경제적 상황에 따라 활동범위 및 지향성이 다르게 나타나지만 어느 나라에서나 교원의 지위를 향상하고 교육의 민주화를 목표로 전개되고 있다는 데는 크게 다를 바 없

29) 교원노조 합법화와 교원의 근로기본권, 정순임(법제1과 입법조사관), 1998.3.10 제98-5호(통권 제75호), 국회사무처법제예산실

다. 민주주의가 발달한 선진 자본주의 사회에서는 대부분 교원노조를 합법적으로 인정하고 그 정당성을 공적으로 부정하고 있지 않을 뿐만 아니라 정부가 교원노조와 제휴하여 교육정책을 공동으로 결정하고 교원의 보수도 양측이 타협하여 정하는 경향이 있다. 여기에서는 미국, 영국, 일본, 독일, 캐나다의 교원노조에 대해 살펴보기로 한다.

### 1) 미국

미국에는 전문직능 단체 성격의 전국교육협회(Nation Education Association : NEA)와 전국 각 지역의 교원노조연합체인 미국교원연맹(The American Federation of Teachers : AFT)이라고 하는 두 개의 교원 단체가 경쟁적으로 활동하고 있다. 점차 교원노조에게 단체행동권까지 부여하는 주가 늘어 1989년 현재에는 32개 주에서 교원의 근로 3권을 보장하고 있다. 또 파업을 금지하는 주나 시에서도 파업 교원에 대해 벌금형이나 훈방 정도의 조처를 취하는 경우가 많고, 실제 파업까지 가는 것은 드물고 단체교섭 과정에서 타결되는 것이 보통이다.

미국의 교원노조는 근무조건의 개선과 교원의 지위향상을 위해서 뿐만 아니라 교육의 민주적 개혁을 위해서도 적극적인 운동을 전개해 왔다.

### 2) 영국

영국에는 전체 교원의 절반가량을 회원으로 거느리고 있는 전국교원조합(National Union of Teachers : NUT)이 1889년에 조직되었는데, 이는 각급 학교 교원을 총망라한 영국 최대의 교직 단체이다. NUT 외에 영국의 교원단체들로서는 중등학교 교사협의회, 교장협회, 여교장협회, 교감협회 등이 있다. 노동조합운동의 역사가 가장 오랜 영국에서는 교원을 비롯한 공무원의 근로 3권이 완전히 보장되어 있으며 노동기본권을 제한하는 법령은 존재하지 않는다. NUT는 처음부터 교원의 고용조건 개선, 외부간섭으로부터의 자유 등의 문제에 중점을 두어 왔고, 특히 제1차 세계대전 후 지방교육 기관과 임금협상 체제가 정착되어 왔으며, 파업은 NUT 스스로 극히 제한하고 있다.

### 3) 일본

일본의 교원단체로는 일본교직원조합(일교조), 일본고등학교교직원조합(일고조), 전일본교직원연맹(전일교련), 전국교육관리직원단체협의회(전관협) 등이 있으며 이중 일교조가 최대의 단체이다. 일본의 교원들은 법률적으로 "교육공무원"(사립학교 교원은 제외)이기 때문에 일반 노동관계법의 적용 대상에서 제외됨에 따라 일본의 교원조합은 노동관계법상의 "노동조합"으로는 인정을 받지 못하고 있지만 사실상의 노동조합으로서의 실체는 인정받고 있다. 일본 정부는 일본교조가 성립된 후 처음에는 법외 노동단체로 취급하였으나 지금은 법외 노조로서 단체교섭을 인정하고 회견이라는 형태로도 접촉하고 있다.

### 4) 독일

독일은 2백년에 가까운 교육 운동의 역사를 가지고 있다. 1848년 일반독일교원연맹(Der Allgemeine Deutsche Lehrer Verein : ADLV)을 조직하여 1871년 독일교사연맹(Der Deutsche Lehrer Verein : DLV)으로 개칭하여 활동하다, 2차 세계대전 후 독일 각 지역의 교원 단체들은 노동조합적 성격을 강화하여 교육 및 학술노동조합(Gewerkschaft, Erziehung und Wissenschaft : GEW)이라는 명칭 하에 통합하는 방향으로 나아갔다.

교원 대부분이 갖는 공무원 신분이 그들의 투쟁 방법에 커다란 제약을 주는데 GEW는 그 정관에 노동 쟁의를 인정하고 있지만 파업은 최후의 방법이라고 명시하고 있다. 독일의 교육 운동은 회원의 교육조직적 활동, 시위, 집회, 연구모임, 강습회, 유인물 등을 이용한 교육계몽 작업을 통하여 여론을 조성하여 그들의 주장을 실현시켜 나가는 평화적 방법을 주로 사용하고 있다. 사립학교 교원은 교원이라는 신분으로 인하여 근로 3권 보장에서의 차별을 받지 않고 일반근로자와 마찬가지로 단결권과 단체교섭권뿐만 아니라 파업권까지 가지고 있다.

독일 교원노조는 교원의 근로조건과 지위향상과 같은 물질적인 차원에서의 교원의 인간화보다는 교육제도의 개혁과 같은 교육의 민주화를 촉진하는 과제에 더 큰 관심을 보인다.

### 5) 캐나다

캐나다에서의 교원 단체는 노동조합적 성격을 갖고 있지만 "교사협회"(Teacher Association)라는 말을 쓰고 있으며, 퀘벡과 온타리오를 제외한 각 주에는 하나의 통합된 교사 협회가 존재하고, 각 주에 존재하는 교사 협회는 캐나다교사연합회(Canadian Teacher's Federdation)를 구성하고 있다. 현재 캐나다의 모든 주에서 단체교섭권은 합법적으로 인정되고 있지만, 앨버타, 퀘벡, 뉴브런즈윅의 3개주에서는 단체행동권이 법적으로 보장되어 있고 단체행동권이 합법화되지 않은 주에서는 그러한 권한을 인정받기 위한 운동이 활발하게 전개되고 있다. 캐나다의 주 교육행정기관은 교사협회와 협조하여 교원 및 교육문제를 해결하고 있다.

**❙표 6❙ 종합적 비교 검토**

<table>
<tr><th>구분</th><th>단결권</th><th>단체교섭권</th><th>단체행동권</th><th>비고</th></tr>
<tr><td>미국</td><td>○</td><td>○</td><td>일부주 허용 안함</td><td rowspan="5">대부분 복수 단체를 허용하고 있으며, 노동조합의 성격을 갖는 것과 직능단체적 성격을 갖는 것이 공존하며, 교원의 근로조건뿐만 아니라 교육개혁을 운동의 목표로 하고 있음.<br>쟁의권이 인정되는 국가에서도 쟁의권은 최후의 방법으로 단체 스스로 자제하는 경향을 보임.</td></tr>
<tr><td>영국</td><td>○</td><td>○</td><td>파업인정되나 스스로 제한</td></tr>
<tr><td>일본</td><td>○</td><td>○</td><td>사립학교 교원에게는 인정</td></tr>
<tr><td>독일</td><td>○</td><td>○</td><td>사립학교 교원은 인정되고, 공무원인 교원의 경우 GEW정관에서 인정하나 최후의 방침으로 자제</td></tr>
<tr><td>캐나다</td><td>○</td><td>○</td><td>일부주에서만 허용</td></tr>
</table>

# 제9조

# 노동쟁의의 조정신청 등

## 1. 조문

① 제6조의 규정에 의한 단체교섭이 결렬된 경우에는 당사자 일방 또는 쌍방은 중앙노동위원회에 조정을 신청할 수 있다.

② 제1항의 규정에 의하여 당사자 일방 또는 쌍방이 조정을 신청한 경우에는 중앙노동위원회는 지체없이 조정을 개시하여야 하며 당사자 쌍방은 이에 성실히 임하여야 한다.

③ 조정은 제1항의 규정에 의한 신청이 있는 날부터 30일 이내에 종료하여야 한다.

## 2. 입법 취지 및 해설

### 가. 입법취지

본 조항에서 노동쟁의 조정신청기간을 30일로 하고 있는 바, 이는 일반사업과 공익사업의 노동쟁의 조정기간 10일과 15일 보다는 연장된 것으로, 제8조에 의해 교원노조의 쟁의 행위가 금지되고 있는 입법취지를 고려하여 충분한 논의를 통해 조정이 이루어질 수 있도록 하기 위한 입법조치로 판단된다.[1)]

### 나. 해설

① 노조의 조정신청은 단체교섭이 결렬된 경우 당사자 일방 또는 쌍방이 중

1) 국회환경노동위원회(1998). 앞의 책. p. 9.

앙노동위원회에 조정 신청한다. 그러나 최근에는 조정신청 유무에 관계 없이 노사 교섭 개시 통보로 노동위원회가 조정 가능하도록, 예방적 조정 제도의 도입이 필요하다는 주장이 거론되고 있다.[2)]

② 조정의 대상이 되는 노동쟁의라 함은 노동조합 및 노동관계조정법 제2조 제5호에서 '노동쟁의라 함은 노동관계 당사자간에 임금 · 근로시간 · 복지 · 해고 기타 대우 등 근로조건의 결정에 관한 주장의 불일치로 인하여 발생한 분쟁상태'라고 정의하고 있어서, 노동쟁의가 이익분쟁에 한정됨을 분명히 하고 있다.

- **권리분쟁** : 법령, 단체협약, 취업규칙 등에 의하여 이미 확정된 권리에 관한 노사간 해석, 적용 준수 등을 둘러싼 분쟁으로 체불임금청산, 해고자 복직, 단체협약 이행, 부당노동행위 구제 등이 해당된다.
- **이익분쟁** : 근로조건의 기준에 관한 권리의 형성, 유지, 변경 등을 둘러싼 분쟁으로 임금 인상이나 단체협약 갱신 · 체결 등이 해당된다. 위와 같이 노동쟁의의 개념이 협소하므로, 노동위원회는 다양한 현안 중 근로조건 외에는 조정능력을 충분히 발휘하지 못함으로써, 조정제도의 분쟁해결 기능 역시 약화되어 있다.[3)] 또한, 노동조합 및 노동관계조정법에서 정한 노동쟁의가 이익분쟁만을 한정하므로, 권리분쟁에 관한 사항을 관철하기 위한 쟁의행위는 정당성이 인정될 수 없다.[4)]

③ 조정신청 방법은 노동쟁의조정신청서에 단체교섭 경위, 당사자간 의견의 불일치 사항 및 이에 대한 당사자 주장 내용, 기타 당사자 주장 내용 관련 사항으로서 조정에 참고가 될 수 있는 사항을 기재하여 신고한다.[5)]

④ 조정 기간은 30일로서 중앙노동위원회가 지체없이 조정을 개시하여 신청이 있는 날로부터 30일 이내에 종료해야 함을 말한다. 교원노동쟁의의 조정절차를 그림으로 나타내면 다음 [그림 1]과 같다.

⑤ 조정의 방법은 교원노동관계조정위원회가 관계 당사자를 출석시켜 주장

---

2) 노사정위원회, 노동쟁의 조정제도 및 쟁의문화 개선을 위한 논의자료, 2003.10, pp. 73-76.

3) 노사정위원회, 노사관계법 제도 선진화 방안, 상무위원회 토론자료, 2003. 11. p. 34.

4) 1977. 4. 19. 협력 68140-151(김수복, 노동법, (주)중앙경제, 2004. p. 1077에서 재인용)

5) 「교원의노동조합및운영등에관한법률시행규칙」 제2조

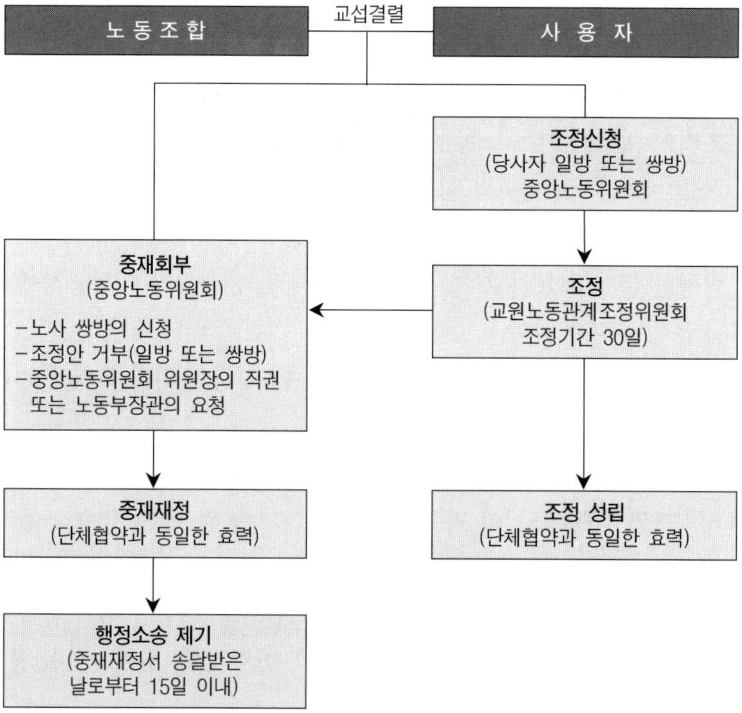


**|그림 1| 교원 노동쟁의 조정 절차도**[6]

의 요점을 확인하고, 필요시에는 현지조사를 병행하여 조정안을 작성하며 의결한다. 조정안을 당사자에게 제시하여 수락을 권고하는 동시에 조정안에 이유를 붙여 공표하며, 필요시 신문・방송에 보도해 줄 것을 협조 요청한다.

⑥ 조정의 효력은 단체협약과 동일한 효력이 발생한다. 당사자가 조정안을 수락한 경우, 교원노동관계조정위원회 위원 전원은 조정서를 작성, 관계 당사자와 함께 서명 날인함으로써 효력이 발생하고 노동쟁의는 종결된다. 수락한 조정안에 대한 해석 또는 이행방법에 관해 당사자간에 의견이 불일치할 경우, 관계 당사자는 교원노동관계조정위원회에 그 해석 또는 이행방법에 관한 명확한 견해 제시를 요청해야 하며, 교원노동관계조정위

6) 김천수・정기종, 노사협상의 전략과 쟁점, 서울: (주)중앙경제, 2004. 7. p. 269.

원회가 제시한 해석 또는 이행방법에 관한 견해는 중재재정과 동일한 효력을 가진다.[7] 당사자가 조정안을 수락하지 않고 더 이상 조정이 이루어질 수 없다고 판단되는 경우에는 조정위원회는 조정의 종료를 결정하고 이를 관계 당사자 쌍방과 노동부장관에게 통보한다.

## 3. 참고 내용

### 가. 주요 개념

#### 1) 노동쟁의

노동조합과 사용자 또는 사용자단체 간에 근로조건의 결정에 관한 주장의 불일치로 인하여 발생한 분쟁 상태를 말하며, 주장의 불일치라 함은 당사자간에 합의를 위한 노력을 계속해도 더 이상 자주적 교섭에 의한 합의의 여지가 없는 경우를 말한다.

※ 노동쟁의라 볼 수 없는 것[8]

- 단체교섭을 충분히 행하지 않은 상태에서 당사자 어느 일방이 일방적 주장만 을 요구함으로써 발생되는 주장의 불일치
- 이미 확정된 단체협약의 불이행에 대한 다툼 또는 해석상 문제가 야기된 사항 등 다른 법 또는 판결에 의거 해결되어야 할 집단적 권리 분쟁
- 불이익, 이익침해 등 노사협의회, 고충처리위원회 및 근로기준법 등을 통해 해 결되어야 할 개별적 노사관계 사항 등

7) 「노동조합및노동관계조정법」 제60조④, 동법 제61조③
8) 교육부, 교원노조제도의 올바른 이해, 1999. pp. 34-35.

### 2) 단체교섭의 결렬

노동관계 당사자가 일정 기간 동안의 단체교섭을 통하여 당사자간 주장의 불일치를 해소하고자 노력하였으나 합의점을 찾지 못하고, 향후 계속해서 교섭을 진행하여도 합의가 기대될 수 없는 상태를 말한다.

### 3) 중앙노동위원회

중앙노동위원회는 노동위원회법에 근거 노동부장관 소속하에 설치되며, 노동관계의 판정 및 조정업무를 신속・공정하게 수행할 것을 목적으로 하는 합의제 행정관청으로서 독립성을 지닌 준사법적 기관이다.

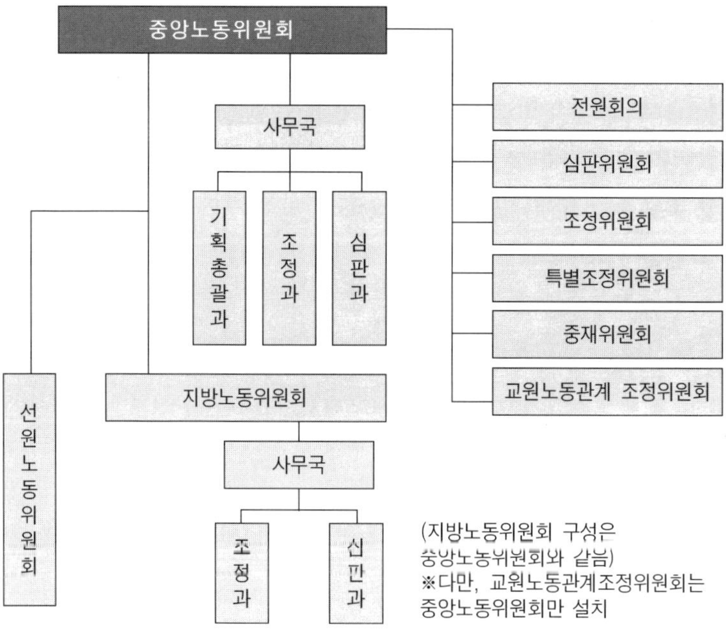


┃그림 2┃ 노동위원회 기구표[9)]

9) 자료: http://www.nirc.go.kr 중앙노동위원회

노동위원회는 관할 및 업무에 따라 중앙노동위원회, 지방노동위원회(12개소), 특별노동위원회(선원노동위원회)로 구분되며, 전원회의 외에 그 권한에 속하는 업무를 부문별로 처리하기 위하여 부문별 위원회(심판위원회, 조정위원회, 특별조정위원회, 중재위원회 및 교원노동관계조정위원회)를 두어 사건을 처리한다. 또한, 위원회의 사무처리를 지원하기 위해 사무국을 둔다.10)

#### 4) 조정(調停, Mediation)

근로자와 사용자의 단체 교섭에서 합의가 이루어지지 않아 당사자간 교섭이 결렬된 노동쟁의 상태에서, 노동위원회의 조정위원회가 당사자의 의견을 들어 조정안을 작성하고 당사자에 대해 조정안 수락을 권고하는 제도이다.

① 교원 노조의 경우 – 노동관계의 단체교섭이 결렬된 경우 당사자 일방 또는 쌍방이 중앙노동위원회에 조정 신청할 수 있으며, 일반 노조와 달리 쟁의 행위가 금지되고 있는 반면 조정기간이 30일로서 일반노조보다 훨씬 긴 조정기간을 가질 수 있다.

② 일반 노조의 경우 – 쟁의 행위에 앞서 조정전치주의를 채택하고 있으며, 조정기간(일반 10일, 공익 15일) 내에 조정안이 수락되면 분쟁이 해결되지만 결렬될 경우에는 쟁의 행위에 돌입할 수 있다.

### 나. 관계 법령

#### 1) 「교원의노동조합및운영등에관한법률시행령」제6조(노동쟁의의 조정 등)

① 노동관계 당사자는 동법 제9조 또는 동법 제10조의 규정에 의한 조정 또는 중재를 신청하는 때에는 노동부령이 정하는 바에 따라 중앙노동위원

10) 「노동위원회법」제14조

회에 이를 신청하여야 한다.

② 제1항의 규정에 의한 신청을 받은 중앙노동위원회는 그 신청내용이 동법 제9조 또는 동법 제10조의 규정에 의한 조정 또는 중재의 대상이 아니라고 인정하는 경우에는 신청인에게 그 사유와 조정 또는 중재 외의 다른 해결 방법을 알려주어야 한다.

③ 중앙노동위원회는 동법 제9조 또는 동법 제10조의 규정에 의하여 노동쟁의 조정 또는 중재를 하게 된 경우에는 지체 없이 이를 서면으로 관계당사자에게 각각 통보하고, 동법 제11조의 규정에 의한 교원노동관계조정위원회를 구성하여야 한다.

### 2) 「교원의노동조합및운영등에관한법률시행규칙」 제2조(조정 등의 신청)

① 「교원의노동조합및운영등에관한법률시행령」제6조의 규정에 의하여 노동쟁의의 조정 또는 중재를 신청하고자 하는 자는 별지 서식의 노동쟁의 조정·중재 신청서에 다음 각호의 사항을 기재한 서류를 첨부하여 중앙노동위원회에 제출하여야 한다.

1. 단체교섭 경위
2. 당사자간 의견의 불일치사항 및 이에 대한 당사자의 주장내용
3. 기타 당사자의 주장내용과 관련되는 사항으로서 조정 또는 중재에 참고가 될 수 있는 사항

② 중앙노동위원회는 제1항의 규정에 의한 신청을 받은 경우와 조정 또는 중재를 종료한 경우에는 그 내용을 노동부장관 또는 관할지방노동관서의 장에게 지체 없이 통보하여야 한다.

### 3) 「노동조합및노동관계조정법」 제47조(자주적 조정의 노력)

이 장의 규정은 당사자가 직접 노사협의 또는 단체교섭에 의하여 근로조건 기타 근로관계에 관한 사항을 정하거나 노동관계에 관한 주장의 불일치를 조정하고 이에 필요한 노력을 하는 것을 방해하지 아니한다.

#### 4) 「노동조합및노동관계조정법」 제48조(당사자의 책무)

노동관계 당사자는 단체협약에 노동관계의 적정화를 위한 노사협의 기타 단체교섭의 절차와 방식을 규정하고 노동쟁의가 발생한 때에는 이를 자주적으로 해결하도록 노력하여야 한다.

#### 5) 「노동조합및노동관계조정법」 제49조(국가 등의 책무)

국가 및 지방자치단체는 노동관계 당사자간에 노동관계에 관한 주장이 일치하지 아니할 경우에 노동관계 당사자가 이를 자주적으로 조정할 수 있도록 조력함으로써 쟁의행위를 가능한 한 예방하고, 노동쟁의의 신속 공정한 해결에 노력하여야 한다.

#### 6) 「노동조합및노동관계조정법」 제50조(신속한 처리)

이 법에 의하여 노동관계의 조정을 할 경우에는 노동관계 당사자와 노동위원회 기타 관계기관은 사건을 신속히 처리하도록 노력하여야 한다.

#### 7) 「노동위원회법」 제15조(회의의 구성 등)

⑤ 교원노동관계조정위원회는 교원노조법이 정하는 바에 따라 설치 · 구성하며, 동법의 규정에 의한 조정 · 중재 기타 이와 관련된 사항을 처리한다.

### 다. 판례

#### 1) 쟁의행위의 정당성 여부[대판 2001.6.26, 2000도 2871. 99노 534]

구 「노동쟁의조정법」에서는 냉각기간제도를 두어 쟁의행위를 할 수 없는 기간을 정하였으나 1997년 노조법 제45조 제2항에서는 조정전치주의를 택하여 조정기간 또는 중재기간을 종료하지 않으면 쟁의행위를 할 수 없음을 정하였으므로 조정기간은 중요한 의미를 가진다. 다만 노조의 쟁의목적이 정당하고 파업돌입에 필요한 다른 요건을 갖추었다면 그 파업은 적법한 것이며 조정기간 중 내려진 중앙노동위원회의 행정지도를 어겼다는 이유만으로 불법파업이 되는 것은 아니다.

#### 2) 중재재정에 대한 불복사유[대판 1997.12.26, 96누 10669]

중재재정에 대한 불복은 중재재정이 위법이거나 월권에 의한 것이라고 인정되는 경우에 한하므로, 중재재정이 단순히 노사 어느 일방에게 불리하여 부당하거나 불합리한 내용이라는 사유만으로는 불복이 허용되지 아니한다.

### 라. 외국의 사례

미국이나 영국의 조정제도는 노사당사자들의 자율적이고 원만한 교섭을 지원하는 데 중점을 두는 반면, 우리나라의 경우는 교섭과정에 대한 지원이 아니라 교섭이 결렬된 경우에 조정 및 중재를 제공하고 있다. 미국과 영국의 분쟁조정제도를 우리나라의 제도와 비교해볼 때, 공적조정분야에 있어 중요한 차이점은 우리나라의 경우 사후적 조정에만 국한해 있는 데 비해 미국과 영국에서는 사후적 조정에서 사전적 · 예방적 조정으로 중심을 옮기고 있는 추세를 보이고 있다는 점이다. 미국, 캐나다, 영국 등에서는 교섭이 결렬되고 난 다음이나 교섭 결렬 직전에 개입해오던 전통적 분쟁조정이 미흡함을 인식하고, 교섭기간 중에 개입하여 교육 · 자문 · 조정을 지원하는 예방적 조정을 확대하고 있는 실정이다.[11]

11) 원창희, 예방적조정제도의 도입방안, 조정과 심판 제16호, 2004. pp. 3-20.

**| 표 7 | 미국, 영국, 한국의 분쟁조정제도**[12)]

| | | 미 국 | 영 국 | 한 국 |
|---|---|---|---|---|
| 담당기구 | | FMCS | ACAS | 노동위원회 |
| 분쟁해결방법 | 알선 | - 자발적인 조정, 조정 제안은 권고적 | - 가장 선호하는 해결 방안, 자발적 교섭 매개 | (알선 부재) |
| | 조정 | - 60일 이전 교섭통지<br>- 조정자에 의한 조정과 권고안 제시 | - 알선 실패시 분쟁의 조정 개입, 조정안은 비강제적 | - 교섭결렬시 조정신청 의무, 조정위원회조정 /사적조정허용 (10,15일간 조정) |
| | 중재 | (이익중재 부재) | - 중재안 제시<br>- 강제적 수용 | - 노사쌍방신청, 중재(15일 이내), 재심신청(10일 이내), 행정소송제기(15일 이내) |
| 예방적 조정 | | - IBB, RBO, PIC, LMC | - 일부자문, 일부조정 | (예방적 조정 부재) |

위 도표 중 교원노조의 경우는 사적조정이 허용되지 않고 조정기간이 30일이며, 교섭결렬시 당사자 일방 또는 쌍방이 조정 신청할 수 있다.

## 마. 현황

현행 노사관계법은 사후적 조정에 국한하고 있으므로 조정의 실효성이 떨어진다. 미국이나 영국의 경우 조정성립률이 70% 이상이나 우리나라의 경우는 50%에 미치지 못하고 있다. 노사관계법 및 제도 선진화의 쟁점으로 부각되고 있는 방안으로 '다양한 조정서비스 제공을 통한 효과적 분쟁해결 도모'를 위해 간이조정(알선) 도입 및 예방적 조정제도 구축이 주장되고 있다. [13)]

최근 중앙노동위원회에 접수된 조정건수와 조정성립률은 다음 표와 같다.[14)]

12) 자료: 원창희, 조정과 심판 제16호, 예방적 조정제도의 도입방안, p. 15.

13) 정종수, 노사관계법 · 제도 선진화 방안 쟁점, 노동 39(8) 통권366호, 한국산업훈련협회, 2005. 8, p. 35.

14) 해당 표에서 보듯이 그간 교원노동관계 조정건수는 한 건도 없었다.

**| 표 8 | 중앙노동위원회의 조정 통계**[15)]

| 년도 | 접수 건수 | 교원노동관계 조정접수 건수 | 조정 성립 | 조 정 불성립 | 행정 지도 | 취하 | 조정 성립률(%) |
|---|---|---|---|---|---|---|---|
| 2003년 | 96 | 0 | 41 | 43 | 7 | 4 | 48.8 |
| 2004년 | 77 | 0 | 27 | 39 | 7 | 4 | 40.9 |
| 2005년 | 80 | 0 | 23 | 50 | 1 | 2 | 31.5 |

15) 자료: http://www.nirc.go.kr 중앙노동위원회

# 제10조

# 중재의 개시

## 1. 조문

중앙노동위원회는 다음 각 호의 1에 해당하는 때에는 중재를 행한다.

1. 제6조의 규정에 의한 단체교섭이 결렬되어 관계 당사자 쌍방이 함께 중재를 신청한 경우
2. 중앙노동위원회가 제시한 조정안을 당사자 일방 또는 쌍방이 거부한 경우
3. 중앙노동위원회 위원장이 직권 또는 노동부장관의 요청에 의하여 중재에 회부한다는 결정을 한 경우

## 2. 입법 취지 및 해설

### 가. 입법 취지

본 조문은 교원노조의 쟁의행위가 금지되고 있는 동법 제8조의 입법취지를 고려하여 노동쟁의를 해결하기 위하여 중앙노동위원회에서 중재를 행하는 요건을 명시하였다.

### 나. 해설

중재는 관계당사자 쌍방의 중재 신청이 있을 때 그 절차가 개시되는 '임의중재'와 중앙노동위원회가 제시한 조정안을 당사자 일방 또는 쌍방이 거부한 경우와 중앙노동위원회위원장이 직권 또는 노동부장관의 요청에 의하여 중재에 회부결정하는 '강제중재'를 규정하고 있다.[1)]

---

1) 박재윤 외, 2004년 판 교원노조법 해설, 한국문화사, 2004. p. 99.

## 3. 참고 내용

### 가. 주요 개념

#### 1) 중재의 의의

중재는 공익위원으로 구성된 중재위원회에서 양당사자에 대하여 구속력 있는 중재재정을 하는 절차로 관계당사자 쌍방의 수용으로 성립되는 조정과는 달리 중재위원회의 일방적 중재에 의하여 성립되기 때문에 노사의 자주적 해결의 원칙과는 거리가 먼 조정제도이다.[2)]

#### 2) 중재의 개시 요건[3)]

관계 당사자가 쌍방의 중재 신청이 있을 때 그 절차가 개시되는 '임의중재'와 중앙노동위원회가 제시한 조정안을 당사자 일방 또는 쌍방이 거부한 경우와 중앙노동위원회위원장이 직권 또는 노동부장관의 요청에 의하여 중재에 회부 결정하는 강제중재를 규정하고 있다.

교원 노사관계에서 발생한 노동재의의 조정 · 중재는 전국, 시 · 도단위 모두 중앙노동위원회가 관장한다.

#### 3) 중재의 효력

중재제도는 조정과 달리 노사의 당사자를 구속하는 법률상 효력이 있는 처분으로서 노동쟁의 조정절차의 한 유형이며 확정된 중재재정의 내용은 단체협약과 동일한 효력을 가지며, 중재는 당사자의 의사에 관계없이 구속력을 갖는다. 불복

2) 위의 책. p. 99.
3) 박재윤 외, 앞의 책. p. 99.

수단으로 중앙노동위원회에 재심을 신청할 수 있고 이에 불복할 경우 중재재정서를 송달받은 날로부터 15일 이내에 행정소송을 제기할 수 있다.

#### 4) 분쟁의 조정 · 중재와 부당노동행위 구제 제도 비교[4)]

| 분쟁의 조정 · 중재 | 구 분 | 부당노동행위 구제 |
|---|---|---|
| ○ 교원노조법 제9조~제12조 | 법적근거 | ○ 일반노조법 제81조 ~ 제86조 |
| ○ 조정신청, 중재신청<br>(중노위 교원노동관계조정위원회) | 구제수단 | ○ 구제신청(지방노동위원회)<br>○ 재심청구(중앙노동위원회) |
| ○ 노동쟁의의 발생<br>(단체교섭 결렬 시)<br>※ 집단적 노사관계 분쟁 | 신청사유 | ○ 부당노동행위로 인한 권리 침해<br>(예 : 정당한 노조활동을 이유로 한 면직, 전근, 배치전환, 차별적 승급 · 강등을 비롯한 사회 · 경제적 불이익, 단체교섭의 거부 · 해태 등) |
| ○ 조정 : 노사당사자 일방 또는 쌍방<br>○ 중재 : 노사당사자 쌍방, 중노위위원장 직권 또는 노동부장관의 요청 | 신청권자 | ○ 노동조합 또는 그 조합원인 교사 |
| ○ 신청기간<br>- 조정 : 단체교섭 결렬 이후<br>- 중재개시<br>• 단체교섭 결렬로 관계당사자 쌍방이 신청<br>• 중노위가 제시한 조정안을 당사자 일방 또는 쌍방이 거부한 경우<br>• 중노위위원장 직권 또는 노동부장관의 요청으로 중재회부 결정<br>○ 결정기간<br>조정은 신청일로부터 30일 이내, 중재는 기간 미규정 | 기간 | ○ 신청기간<br>- 구제신청 : 부당노동행위가 있은 날 또는 그 종료일로부터 3개월 이내<br>- 재심신청 : 지방노동위원회의 결정서 송달을 받은 날부터 10일 이내<br>○ 결정기간 : 지체없이 처리 |

4) 광주광역시교육청, 교직단체 업무편람, 2005. p. 33.

| 분쟁의 조정 · 중재 | 구 분 | 부당노동행위 구제 |
|---|---|---|
| ○ 조 정 : 조정안 제시 · 권고<br>○ 중재 : 재정명령 | 결정의 종류 | ○ 구제신청 결정 : 기각, 구제명령<br>○ 중노위 재심판정 : 지노위 처분 인정, 취소 또는 변경 |
| ○ 조정 : 조정안 제시 · 권고(수락여부는 당사자 자율)<br>○ 중재 : 중재안은 노사당사자를 구속, 단체협약의 내용과 동일한 효력 | 결정의 효력 | ○ 사용자에 대한 이행 강제 불응시 3년 이하 징역 또는 3천만원 이하 벌금 |
| ○ 중재재정서 송달을 받은 날로부터 15일 이내 행정소송 제기(관계당사자 모두 가능) | 불복시 구제수단 | ○ 재심판정서의 송달을 받은 날로부터 15일 이내 행정소송 제기(관계당사자 모두 가능) |

## 나. 관계 법령

### 1) 「교원의노동조합설립및운영등에관한법률」 제9조(노동쟁의의 조정신청 등)

① 제6조의 규정에 의한 단체교섭이 결렬된 경우에는 당사자 일방 또는 쌍방은 중앙노동위원회에 조정을 신청할 수 있다.

② 제1항의 규정에 의하여 당사자 일방 또는 쌍방이 조정을 신청한 경우에는 중앙노동위원회는 지체없이 조정을 개시하여야 하며 당사자 쌍방은 이에 성실히 임하여야 한다.

③ 조정은 제1항의 규정에 의한 신청이 있는 날부터 30일 이내에 종료하여야 한다.

### 2) 「교원의노동조합설립및운영등에관한법률시행령」 제6조(노동쟁의의 조정 등)

① 노동관계 당사자는 법 제9조 또는 법 제10조의 규정에 의한 조정 또는 중재를 신청하는 때에는 노동부령이 정하는 바에 따라 중앙노동위원회에 이를 신청하여야 한다.

② 제1항의 규정에 의한 신청을 받은 중앙노동위원회는 그 신청내용이 법 제9조 또는 법 제10조의 규정에 의한 조정 또는 중재의 대상이 아니라고 인정하는 경우에는 신청인에게 그 사유와 조정 또는 중재 외의 다른 해결방법을 알려주어야 한다.

③ 중앙노동위원회는 법 제9조 또는 법 제10조의 규정에 의하여 노동쟁의 조정 또는 중재를 하게 된 경우에는 지체없이 이를 서면으로 관계당사자에게 각각 통보하고, 법 제11조의 규정에 의한 교원노동관계조정위원회를 구성하여야 한다.

#### 3) 「교원의 노동조합설립및운영등에관한법률시행규칙」 제2조(조정 등의 신청)

① 「교원의 노동조합설립 운영등에관한법률시행령」 제6조의 규정에 의하여 노동쟁의의 조정 또는 중재를 신청하고자 하는 자는 별지 서식의 노동쟁의조정 · 중재신청서에 다음 각 호의 사항을 기재한 서류를 첨부하여 중앙노동위원회에 제출하여야 한다.

1. 단체교섭 경위
2. 당사자간 의견의 불일치사항 및 이에 대한 당사자의 주장 내용
3. 기타 당사자의 주장내용과 관련되는 사항으로서 조정 또는 중재에 참고가 될 수 있는 사항

② 중앙노동위원회는 제1항의 규정에 의한 신청을 받은 경우와 조정 또는 중재를 종료한 경우에는 그 내용을 노동부장관 또는 관할지방노동관서의 장에게 지체없이 통보하여야 한다.

### 다. 판례

#### 1) 중재제정제도 헌법 위반[대판 90.5.15. 90도357]

중재제정제도는 「헌법」 제33조 1항에 의하여 보장된 단체행동권을 제한하

는 상당한 대상조치라고 아니 볼 수 없으나 결국 「노동쟁의조정법」 제30조 제3호, 제31조의 규정은 「헌법」 제37조 2항에 의한 합헌성을 부정하기 어렵다.

### 2) 중재제정제도 헌법 위반[대판 90.5.25. 90도485]

노동쟁의가 중재에 회부된 때에는 그 날부터 15일간은 쟁의행위를 할 수 없다고 규정하고 있는 「노동쟁의조정법」 제31조가 근로자 단체행동권의 본질적 내용을 침해하는 규정이라고 보기 어려우므로 이 사건의 위헌제청신청은 이유 없다.

## 라. 현황

중재 신청의 현황을 알아보기 위하여 1999년부터 2003년까지 중앙노동위원회에 중재를 신청하여 처리된 중재 및 중재재심 처리건수를 정리하면 <표 9>와 같다.

**▌표 9▌ 중재 사건 추이**[5]

<table>
<tr><th colspan="3">구 분</th><th>1999</th><th>2000</th><th>2001</th><th>2002</th><th>2003</th></tr>
<tr><td rowspan="12">중<br>재</td><td colspan="2">중재신청건수</td><td>222</td><td>69</td><td>33</td><td>46</td><td>14</td></tr>
<tr><td rowspan="5">중재처리<br>(건)</td><td>계</td><td>220</td><td>66</td><td>33</td><td>46</td><td>13</td></tr>
<tr><td>중재재정</td><td>54</td><td>21</td><td>11</td><td>15</td><td>6</td></tr>
<tr><td>(비 율,%)</td><td>(24.5)</td><td>(31.8)</td><td>(33.3)</td><td>(32.6)</td><td>(46.2)</td></tr>
<tr><td>행정지도</td><td>0</td><td>2</td><td>0</td><td>2</td><td>1</td></tr>
<tr><td>취하철회</td><td>166</td><td>43</td><td>22</td><td>29</td><td>6</td></tr>
<tr><td colspan="2">중재재심신청건수</td><td>38</td><td>11</td><td>18</td><td>10</td><td>9</td></tr>
<tr><td rowspan="5">중재재심<br>처 리<br>(건)</td><td>계</td><td>36</td><td>11</td><td>16</td><td>7</td><td>7</td></tr>
<tr><td>인 정</td><td>1</td><td>2</td><td>12</td><td>0</td><td>4</td></tr>
<tr><td>기 각</td><td>16</td><td>6</td><td>2</td><td>4</td><td>1</td></tr>
<tr><td>각 하</td><td>1</td><td>0</td><td>1</td><td>2</td><td>0</td></tr>
<tr><td>취 하</td><td>14</td><td>3</td><td>1</td><td>1</td><td>2</td></tr>
</table>

5) 중앙노동위원회, 노동쟁의 조정사건 분석, 2004. p. 2.

전체적으로는 중재 및 중재재심 신청건수가 줄어들고 있다는 것과 신청한 중재신청을 철회하는 경우도 많다는 것을 알 수 있다.

그러나 위 표의 중재신청건수 중 교원노조와 관련된 중재 신청은 한 건도 없었다.

# 제11조

# 교원노동관계 조정위원회의 구성

## 1. 조문

① 교원의 노동쟁의를 조정·중재하기 위하여 중앙노동위원회에 교원노동관계조정위원회(이하 "위원회"라 한다)를 둔다.
② 제1항의 규정에 의한 위원회는 중앙노동위원회 위원장이 지명하는 조정담당 공익위원 3인으로 구성한다. 다만, 관계당사자의 합의로 중앙노동위원회의 조정담당 공익위원이 아닌 자를 추천하는 경우에는 그 추천된 자를 지명하여야 한다.
③ 위원회의 위원장은 위원회의 위원 중에서 호선한다.

## 2. 입법 취지 및 해설

### 가. 입법 취지

교원노조법에서는 교원노조의 특수성을 고려하여 단체행동권(쟁의행위)을 인정하지 않으므로, 본조는 노동쟁의를 해결하기 위하여 별도의 조정·중재제도를 마련하였다.

### 나. 해설

쟁의행위 금지에 따른 문제점을 보완하여 교원노조의 노동쟁의조정과 중재를 전담하기 위하여 중앙노동위원회의 특별조정위원회로서 비상설 형태로 설치되는 교원노동관계조정위원회의 구성원을 규정하여 분쟁 조정의 전문성을 확보

하고, 지방노동위원회를 거치지 않고 중앙노동위원회에서 관장하도록 하여 분쟁을 조기 해결하고자 한다.[1)]

"교원 노동쟁의 조정 · 중재를 전담하기 위하여 중앙노동위원회에 특별위원회인 교원노동관계조정위를 설치한다."는 교원노조의 분쟁조정의 전문성, 분쟁의 조기해결을 위하여 지방노동위원회를 거치지 않고 중앙노동위원회에서 관장하도록 하기 위한 것이다.

"동 위원회의 위원은 중앙노동위원회위원장이 지명하는 조정담당 공익위원 3인으로 구성하되"는 노사관계 당사자의 합의로 중앙노동위원회의 조정담당 공익위원이 아닌 자를 추천하는 경우에는 그 추천된 자를 지명하여야 한다.[2)]

## 3. 참고 내용

### 가. 주요 개념

#### 1) 교원노동관계조정위원회

노동위원회는 부당노동행위를 판정하고 노동쟁의를 조정하는 등 독립적 권한을 행사하는 노동부장관 소속의 행정규제위원회로서, 중앙노동위원회 · 지방노동위원회 및 특별노동위원회로 구분할 수 있다. 특별노동위원회는 특정한 사항을 관장하기 위하여 필요한 경우에 당해 특정 사항을 관장하는 중앙행정기관의 장 소속하에 두는 것으로, 현행 특별노동위원회로는 선원노동위원회(선원법)가 있다.

교원노동관계조정위원회는 중앙노동위원회에 특별위원회로 설치되는 중앙노동위원회의 비상설 특별조정위원회이며, 특별노동위원회가 아니다.

1) 서울특별시교육청, 교직단체업무편람, 2003. 1. p. 134.

2) 교육부 교원정책과, 『교원의노동조합설립및운영등에관한법률』 해설, 1999.

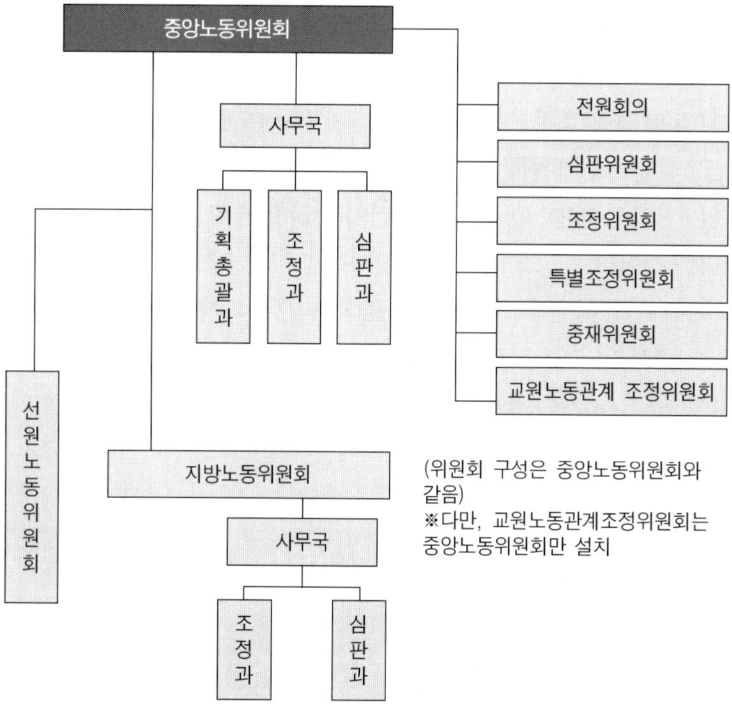


**┃그림 3┃노동위원회 기구표**

**┃표 10┃ 전원회의 및 부문별위원회의 종류, 구성 및 소관업무 중 교원노동관계조정위원회[3)]**

| 명　칭 | 구　성 | 소관업무 | 의사 및 의결정족수 |
|---|---|---|---|
| 교원노동관계 조정위원회 (노위법제15조제5항, 교노법제11조제1항, 노위규칙제6조제4항) | 중노위위원장이 지명하는 조정담당 공익위원3인<br>※ 다만, 당사자의 합의로 중노위 조정담당공익위원이 아닌 자를 추천한 경우 그 추천된 자를 지명 | • 교원의 노동쟁의 조정 및 중재 | - 구성위원 전원출석<br>- 출석위원 과반수 찬성 |

3) 중앙노동위원회, 노동위원회 업무편람, 2004.

### 2) 공익위원

노동위원회에서 공익을 대표하는 위원으로, 노사를 포함하는 공중의 이익, 공공의 복지를 대표하므로 중립성을 유지해야 함. 공익위원은 당해 노동위원회의 위원장 · 노동조합 및 사용자단체가 추천한 자 중에서 근로자위원과 사용자위원의 투표로 선출하되, 중앙노동위원회의 공익위원은 대통령이 위촉함. 공익위원은 심판담당 공익위원과 조정담당 공익위원으로 구분하여 위촉한다. 임기는 3년이고 연임할 수 있으며, 보궐위원의 임기는 전임자의 잔임기간이다.[4]

**❙표 11❙ 공익위원의 자격기준(노동위원회법 제8조)[5]**

| 구분 | 중앙노동위원회 |
|---|---|
| 공통요건 | 노동문제에 관한 지식과 경험이 있는 자로 다음 각호의 1에 해당자 |
| 조정담당 | • 공인된 대학에서 부교수(조교수) 이상으로 5년 이상 재직한 자<br>• 판사 · 검사 · 군법무관 · 변호사 또는 공인노무사의 직에 10년(5년) 이상 재직한 자<br>• 노동관계업무에 10년(5년) 이상 종사한 자로서 2급(3급) 또는 2급(3급) 상당 이상의 공무원으로 재직한 자<br>• 노동관계업무에 15년 이상 종사한 자로서 4급 또는 4급 상당 이상의 공무원으로 재직한 자<br>• 기타 노동관계업무에 15년(10년) 이상 종사한 자 또는 사회적 덕망이 있는 자로서 조정담당공익위원으로 적합하다고 인정되는 자 |

**• 공익위원의 추천 및 위촉**[6]

당해 노동위원회위원장, 노동조합 및 사용자단체가 각각 추천한 자 중에서 근로자위원과 사용자위원의 투표로 선출하되, 중앙노동위원회의 경우에는 대통령이, 지방노동위원회의 경우에는 중앙노동위원회위원장이 각각 위촉한다.[7]

공익위원을 추천시 심판담당공익위원과 조정담당공익위원으로 구분하여 추

4) 노동위원회법 제6조 참조

5) 노동위원회 업무편람 참조

6) 중앙노동위원회, 노동위원회 업무편람, 2004.

7) 노동위원회법 제6조제4항

천하되, 위촉될 공익위원수의 범위 안에서 추천한다.[8] 단, 기타 고령 등으로 업무수행에 애로가 예상되는 경우에는 제외

공익위원 추천시 노 · 사단체와 사전협의 하여 위원추천을 둘러싼 갈등을 최소화 하도록 노력한다.[9]

## 나. 관계 법령

### 1) 노동위원회법 제6조(노동위원회의 구성 등)

① 노동위원회는 근로자를 대표하는 위원(이하 "근로자위원"이라 한다)과 사용자를 대표하는 위원(이하 "사용자위원"이라 한다) 및 공익을 대표하는 위원(이하 "공익위원"이라 한다)으로 구성한다.

② 노동위원회의 위원의 수는 근로자위원 · 사용자위원 및 공익위원 각 10인 이상 30인 이하의 범위 안에서 각 노동위원회의 업무량을 감안하여 대통령령으로 정한다. 이 경우 근로자위원과 사용자위원은 동수로 한다.<개정 1999.4.15>

③ 근로자위원은 노동조합이 추천한 자중에서 위촉하고 사용자위원은 사용자단체가 추천한 자중에서 위촉하되, 중앙노동위원회의 경우에는 대통령이, 지방노동위원회의 경우에는 중앙노동위원회위원장이 각각 위촉한다.

④ 공익위원은 당해 노동위원회위원장 · 노동조합 및 사용자단체가 각각 추천한 자중에서 근로자위원과 사용자위원의 투표로 선출하되, 중앙노동위원회의 공익위원은 대통령이, 지방노동위원회의 공익위원은 중앙노동위원회위원장이 각각 위촉한다.

⑤ 공익위원은 심판사건을 담당하는 심판담당공익위원과 조정사건을 담당하는 조정담당공익위원으로 구분하여 위촉한다.

---

8) 노동위원회법시행령 제6조제1항

9) 공익위원은 공익을 대표하는 위원(노동위원회법 제6조제1항)으로 중립적인 업무수행 의무(노동위원회법 제8조제3항)가 있는 바, 노 · 사 한쪽에 장기간 근무하여 공정성에 문제가 있는 경력자가 위법하게 추천 · 선출되지 않도록 유의(예 : 노 · 사 단체에만 근무한 자 등)

### 2) 노동위원회법 제7조(위원의 임기 등)

① 노동위원회 위원의 임기는 3년으로 하되, 연임할 수 있다.

### 3) 노동위원회법 제8조(공익위원의 자격기준 등)

① 중앙노동위원회의 공익위원은 다음의 구분에 따라 다음 각목의 1에 해당하는 자로서 노동문제에 관한 지식과 경험이 있는 자중에서 위촉한다.

2. 조정담당공익위원

가. 공인된 대학에서 부교수이상으로 5년 이상 재직한 자

나. 판사 · 검사 · 군법무관 · 변호사 또는 공인노무사의 직에 10년 이상 재직한 자

다. 노동관계업무에 10년 이상 종사한 자로서 2급 또는 2급 상당 이상의 공무원으로 재직한 자

라. 기타 노동관계업무에 15년 이상 종사한 자 또는 사회적 덕망이 있는 자로서 조정담당공익위원으로 적합하다고 인정되는 자

③ 공익위원은 업무수행에 있어서 중립성을 유지하여야 한다.

### 4) 노동위원회법 제15조(회의의 구성 등)

① 노동위원회에는 전원회의 외에 그 권한에 속하는 업무를 부문별로 처리하기 위하여 다른 법률에 특별한 규정이 있는 경우를 제외하고는 심판위원회 · 조정위원회 · 특별조정위원회 · 중재위원회 및 교원노동관계조정위원회(이하 "부문별위원회"라 한다)를 둔다.<개정 1999.4.15>

⑤ 교원노동관계조정위원회는 교원의노동조합설립및운영등에관한법률이 정하는 바에 따라 설치 · 구성하며, 동법의 규정에 의한 조정 · 중재 기타 이와 관련된 사항을 처리한다.<신설 1999.4.15>

### 5) 교원의노동조합설립및운영등에관한법률시행령 제7조(수당 등의 지급)

법 제11조제2항 단서의 규정에 의하여 교원노동관계조정위원회의 위원으로 지명된 자에 대하여는 그 직무의 집행을 위하여 예산의 범위 안에서 노동위원회의 위원에 준하는 수당과 여비를 지급할 수 있다.

### 6) 노동위원회규칙 제6조(조정위원회 등의 처리사항)

④ 교원노동관계조정위원회는 교원노조법 제9조 내지 제12조 및 제14조의 규정에 의한 교원의 노동쟁의 조정·중재 및 조정안·중재안의 해석 또는 이행방법에 대한 견해의 제시에 관한 사항을 처리한다.

### 7) 노동위원회규칙 제51조(교원노동관계조정)

① 교원의 노동쟁의 조정신청이 있는 경우 위원장은 교원노조법 제11조제2항 단서의 취지에 따라 지체없이 관계당사자에게 조정담당공익위원이 아닌 자를 합의로 추천할 수 있음을 알려주어야 한다. 이 경우 관계당사자의 합의로 추천하여 지명된 위원을 조정담당공익위원으로 본다.

## 다. 질의 회신[10)]

| 질의 | 단체교섭이 결렬되어 노동쟁의가 발생한 경우 조정이나 중재 신청을 받는 기관 |
|---|---|

중앙노동위원회에 두는 특별위원회인「교원노동관계조정위원회」에 조정이나 중재를 신청하면 된다. 확정된 조정·중재의 내용은 단체 협약과 동일한 효력을 가지게 되며, 불복할 때에는 행정소송을 제기할 수 있다. 교원노조의 노동쟁의에 관한 한 지방노동위원회는 관할이 아니다.

10) 교육부, 교원노조제도의 올바른 이해, 1999. pp. 36-37.

| 질의 | 사립학교 법인측으로부터 교원노조에서 탈퇴할 것을 권고 받았으나 불응하여 징계 등 인사상 불이익을 당한 경우 구제 방법 |
|---|---|

교원징계재심위원회에 재심청구를 할 수 있고, 관할 지방노동위원회에 부당노동행위 구제신청을 할 수도 있다. 교원은 교원징계재심위원회나 노동위원회의 판정에 불복할 경우 행정소송을 제기할 수도 있다. 교원징계재심위원회의 결정은 처분권자를 기속하여 처분권자가 이에 불복할 수 없으며, 노동위원회에 구제를 신청한 때에는 교원징계재심위원회에 재심을 청구할 수 없다.

## 라. 외국의 사례

### 1) 미국의 사례

각주 및 지방정부에서도 공무원, 경찰, 소방관, 교원 중 일부 또는 전체에 대하여 단체교섭권 또는 협의권한이 인정되나 임금은 유사한 민간기업의 임금률을 기준으로 별도의 임금위원회 또는 행정절차에 의하여 결정한다.[11)]

## 마. 현황

1999년 4월 15일 노동위원회법이 개정되어 「교원의노동조합설립및운영 등에관한법률」에 의한 교원노동관계조정위원회 설치근거를 마련함과 아울러, 최근 증가된 사건의 신속한 처리를 위해 노사공익위원 각 7～20인에서 각 10～30인으로 위원의 정원을 조정하였다.

11) 대표성 분쟁의 해결을 위하여 공공노사관계위원회를 설치한 주도 있다.

# 제12조

# 중재재정의 확정 등

## 1. 조문

① 관계당사자는 중앙노동위원회의 중재재정이 위법하거나 월권에 의한 것이라고 인정하는 경우에는 행정소송법 제20조의 규정에 불구하고 그 중재재정서의 송달을 받은 날부터 15일 이내에 중앙노동위원회 위원장을 피고로 하여 행정소송을 제기할 수 있다.
② 제1항의 기간 내에 행정소송을 제기하지 아니한 때에는 그 중재재정은 확정된다.
③ 제2항의 규정에 의하여 중재재정이 확정된 때에는 관계당사자는 이에 따라야 한다.
④ 중앙노동위원회의 중재재정은 제1항의 규정에 의한 행정소송의 제기에 의하여 그 효력이 정지되지 아니한다.
⑤ 제2항의 규정에 의하여 확정된 중재재정의 내용은 단체협약과 동일한 효력을 가진다.

## 2. 입법 취지 및 해설[1)]

### 가. 입법 취지

본 조문은 중재재정의 확정절차 및 확정된 중재재정의 효력을 명확히 함으로써 중재재정에 대한 다툼을 방지하기 위한 것이다.

1) 박재윤 외, 2004년 판 교원노조법 해설, 한국문화사, 2004. p. 99.

## 나. 해설

제1항은 중앙노동위원회의 중재재정에 대한 행정소송의 조건을 해당 중재재정이 위법하거나 월권에 의한 경우로 한정하고, 행정소송의 제소기간도 행정소송법의 기간보다 짧게 함으로써 중앙노동위원회의 중재에 대한 사법적 다툼을 기타의 행정행위에 대한 다툼보다 어렵게 하고 있다. 특히, 중재재정에 대한 불복은 중재재정이 '위법하거나 월권에 의한 것'이라고 인정되는 경우에 한함으로써 중재재정이 단순히 노사 어느 일방에게 불리하여 부당하거나 불합리하다는 사유만으로는 불복이 허용되지 아니하도록 하고자 하는 것이다.

제2항은 전항에 의한 행정소송이 없는 경우에 그 중재재정이 확정되게 함으로써 제3항과 제5항이 규정하고 있는 관계당사자의 이행의무 및 단체협약과의 동일 효력이 발생하도록 규정하고 있다. 즉, 중재는 조정과 달리 그 중재안의 수락여부가 당사자의 의사에 맡겨지는 것이 아니라, 관계당사자들의 의사에 관계없이 구속력을 가지며 노사는 이를 당연히 수용하여야 함을 명시하고 있는 것이다.

제4항은 중재재정과 관련된 행정소송이 제기된다 하더라도 그 판결이 있기까지는 그 효력은 정지되지 아니하며, 당사자는 이에 따라야 함을 명시하는 것이다.

# 3. 참고 내용

## 가. 주요 개념

### 1) 조정

조정은 조정위원회가 관계당사자의 의견을 들어 조정안을 작성하고 노사에 대해 그것의 수락을 권고하는 제도이다. 단체교섭이 결렬된 경우에는 당사자의 일방 또는 쌍방은 중앙노동위원회에 조정을 신청할 수 있다.[2] 중앙노동위원회는 관계당사자의 일방이 노동재의의 조정을 신청한 때에는 지체 없이 조정을 개시하여야 하며 관계당사자 쌍방은 이에 성실히 임하여야 한다.[3]

### 2) 중재

중재는 조정과는 달리 노사 당사자를 법률적으로 구속하는 효력이 있는 처분으로서 조정제도의 한 유형이다. 교원의 노동관계에서 발생하는 노동쟁의는 일체의 쟁의행위가 금지되는 점을 감안하여 어떠한 경우에도 강제중재에 회부하지 아니하고, 노사 당사자에게 각종 조정서비스를 제공하여 자주적인 해결에 도달할 수 있도록 조력함이 바람직하다.

### 3) 중재재정

노동법상 중재위원회가 내리는 결정으로써 단체협약과 같은 효력이 있다.[4] 노동위원회의 위원장이 지명하는 3명으로 구성되는 중재위원회는 노동관계 당사자로부터 중재신청이 있을 때와 단체협약에 의해 어느 한쪽이 중재신청을 하였을 때, 공익사업에서는 행정관청의 요구 또는 노동위원회의 직권에 의해 중재회부의 결정이 있을 때 그 사건을 조정하여 재정하며, 반드시 서면으로 작성하고 효력발생일을 명시하여야 한다. 중앙노동위원회의 재심결정이나 중재재정이 위헌·월권에 의한 것이라 인정될 때 당사자는 재심결정서 또는 중재재정서를 받은 날로부터 15일 이내에 행정소송을 제기할 수 있으며[5] 이 경우에도 중재재정은 판결이 있기까지 여전히 효력을 가진다.

2) 교원노조법 제9조 제1항
3) 교원노조법 제9조 제2항
4) 본조 제5항, 일반노조법 제61조제2항, 제70조
5) 일반사업장의 경우 행정소송을 제기하기 전 지방노동위원회나 특별노동위원회의 중재재정이 위헌·월권에 의한 것으로 인정될 때 당사자는 중재재정서를 받은 날로부터 10일 이내에 중앙노동위원회에 재심신청을 할 수 있음

### 4) 중재재정서

중재위원회의 판단을 뜻하는 중재재정의 내용을 담은 중재위원회의 공식문건으로 여기에는 반드시 효력발생 기일이 명시되어야 한다.6)

### 5) 행정소송

행정청의 위법한 처분 그 밖에 공권력의 행사・불행사 등으로 인한 국민의 권리 또는 이익의 침해를 구제하고, 공법상의 권리관계 또는 법적용에 관한 다툼을 적정하게 해결하기 위하여 행정소송절차를 통하여 행하는 소송을 말한다.

### 6) 월권

자기 권한 밖의 일을 한다는 뜻으로 남의 직권을 침범하는 것을 말한다.

### 7) 송달

당사자가 기타의 소송관계인에 대하여 소송에 관한 서류의 내용을 알리기 위하여 법정형식에 따라서 그 서류를 교부하는 재판기관의 행위를 말한다.

## 나. 관계 법령

### 1) 「행정소송법」제20조(제소기간)

① 취소소송은 처분 등이 있음을 안 날부터 90일 이내에 제기하여야 한다. 다만, 제18조 제1항 단서7)에 규정한 경우와 그 밖에 행정심판청구를 할 수

6) 일반노조법 제68조제1항

7) 제18조 (행정심판과의 관계) ①취소소송은 법령의 규정에 의하여 당해 처분에 대한 행정심

있는 경우 또는 행정청이 행정심판청구를 할 수 있다고 잘못 알린 경우에 행정심판청구가 있은 때의 기간은 재결서의 정본을 송달받은 날부터 기산한다.

② 취소소송은 처분 등이 있은 날부터 1년(제1항 단서의 경우는 재결이 있은 날부터 1년)을 경과하면 이를 제기하지 못한다. 다만, 정당한 사유가 있는 때에는 그러하지 아니하다.

③ 제1항의 규정에 의한 기간은 불변기간으로 한다. [전문개정 1994.7.27]

### 2) 「노동조합및노동관계조정법」 제68조(중재재정)

① 중재재정은 서면으로 작성하여 이를 행하며 그 서면에는 효력발생 기일을 명시하여야 한다.

② 제1항의 규정에 의한 중재재정의 해석 또는 이행방법에 관하여 관계 당사자간에 의견의 불일치가 있는 때에는 당해 중재위원회의 해석에 따르며 그 해석은 중재재정과 동일한 효력을 가진다.

### 3) 「노동조합및노동관계조정법시행령」 제29조(중재재정서의 송달)

① 노동위원회는 법 제68조제1항의 규정에 의하여 중재를 한 때에는 지체없이 그 중재재정서를 관계당사자에게 각각 송달하여야 한다.

② 중앙노동위원회는 법 제69조제1항의 규정에 의하여 지방노동위원회 또는 특별노동위원회가 행한 중재재정을 재심한 때에는 지체없이 그 재심결정서를 관계당사자와 관계노동위원회에 각각 송달하여야 한다.

---

판을 제기할 수 있는 경우에도 이를 거치지 아니하고 제기할 수 있다. 다만, 다른 법률에 당해 처분에 대한 행정심판의 재결을 거치지 아니하면 취소소송을 제기할 수 없다는 규정이 있는 때에는 그러하지 아니하다.<개정 1994.7.27>

#### 4) 「노동조합및노동관계조정법시행령」제30조(중재재정의 해석요청)

① 노동관계당사자는 법 제68조제1항의 규정에 의한 중재재정의 해석 또는 이행방법에 관하여 당사자간에 의견의 불일치가 있는 경우에는 당해 중재위원회에 그 해석 또는 이행방법에 관한 명확한 견해의 제시를 요청할 수 있다.

② 제1항의 규정에 의한 견해제시의 요청은 당해 중재재정의 내용과 당사자의 의견 등을 기재한 서면으로 하여야 한다.

### 다. 판례

#### 1) 중재재심결정취소(대법원. 2003.7.25, 2001두4818)

중재절차는 원칙적으로 노동쟁의가 발생한 경우에 노동쟁의의 대상이 된 사항에 대하여 행하여지는 것이고, 「노동조합및노동관계조정법」 제2조제5호에서는 노동쟁의를 '노동조합과 사용자 또는 사용자 단체 간에 임금 · 근로시간 · 복지 · 해고 기타 대우 등 근로조건의 결정에 관한 주장의 불일치로 인하여 발생한 분쟁상태'라고 규정하고 있으므로 근로조건 이외의 사항에 관한 노동관계 당사자 사이의 주장의 불일치로 인한 분쟁상태는 근로조건의 결정에 관한 분쟁이 아니어서 현행법상의 노동쟁의라고 할 수 없고, 특별한 사정이 없는 한 이러한 사항은 중재재정의 대상으로 할 수 없다.

근로조건 이외의 사항인 근무시간 중 조합활동, 조합전임자, 시설 편의제공, 출장취급 등을 중재재정의 대상으로 할 수 없다고 한 사례.

중재절차는 노동쟁의의 자주적 해결과 신속한 처리를 위한 광의의 노동쟁의 조정절차의 일부분이므로 노사관계 당사자 쌍방이 합의하여 단체협약의 대상이 될 수 있는 사항에 대하여 중재를 해 줄 것을 신청한 경우이거나 이와 동일시할 수 있는 사정이 있는 경우에는 근로조건 이외의 사항에 대하여도 중재재정을 할 수 있다고 봄이 상당하다.

### 2) 퇴직금 등(대법원. 2000.6.9, 98다13747)

단체협약은 노동조합이 사용자 또는 사용자단체와 근로조건 기타 노사관계에서 발생하는 사항에 관하여 체결하는 협정으로서, 노동조합이 사용자 측과 기존의 임금, 근로시간, 퇴직금 등 근로조건을 결정하는 기준에 관하여 소급적으로 동의하거나 이를 승인하는 내용의 단체협약을 체결한 경우에 그 동의나 승인의 효력은 단체협약이 시행된 이후에 그 사업체에 종사하며 그 협약의 적용을 받게 될 노동조합원이나 근로자들에 대해서만 생기고, 단체협약 체결 이전에 이미 퇴직한 근로자에게는 위와 같은 효력이 생길 여지가 없고, 근로조건이 근로자에게 유리하게 변경된 경우라 하더라도 다를 바 없으며 중재재정은 단체협약과 동일한 효력을 갖는 것으로 위와 같은 법리가 그대로 적용된다.

단체협약이 실효되었다고 하더라도 임금, 퇴직금이나 노동시간, 그 밖에 개별적인 노동조건에 관한 부분은 그 단체협약의 적용을 받고 있던 근로자의 근로계약의 내용이 되어 그것을 변경하는 새로운 단체협약, 취업규칙이 체결, 작성되거나 또는 개별적인 근로자의 동의를 얻지 아니하는 한 개별적인 근로자의 근로계약의 내용으로서 여전히 남아 있어 사용자와 근로자를 규율한다고 할 것이므로, 새로운 단체협약이 늦게 체결됨에 따라 근로자가 기존 단체협약의 임금에 관한 부분을 1년 넘게 적용받는 결과가 된다고 하여 임금에 관한 단체협약의 유효기간을 1년으로 정하고 있는 구 노동조합법 제35조에 위반된 것이라고 할 수 없다.

# 제13조

# 노동위원회에 대한 구제제소

## 1. 조문

노동조합 및 노동관계 조정법 제81조 제1호 및 제5호의 규정에 의한 행위로 인하여 교원이 해고 기타 불이익을 받은 것을 이유로 당해 교원 또는 노동조합이 동법 제82조 제2항의 규정에 의하여 노동위원회에 그 구제를 제소한 경우에는 교원 지위향상을 위한 특별법 제9조의 규정에 불구하고 교원징계 재심위원회에 재심을 청구할 수 없다.

## 2. 입법 취지 및 해설

본조는 교원이 부당노동행위(노동조합 및 노동관계 조정법 제81조 제1호 및 제5호의 규정에 의한 행위)로 인하여 해고 기타 불이익을 받은 경우 이에 대한 구제방법을 명백히 함과 아울러 동일한 사안에 대하여 중복적인 구제 절차 즉, 노동위원회의 구제 신청과 교원징계 재심위원회의 재심 청구가 진행되지 않도록 하기 위함이다.

## 3. 참고 내용

### 가. 주요개념

#### 1) 노동위원회

동법 제11조제1항 규정에 의한 중앙노동위원회의 교원 노동관계 조정위원회를 말한다.

가) 노동조합 및 노동관계 조정법 제81조제1호 및 제5호의 규정에 의한 행위(부당노동행위)

본조에서 규정하고 있는 사용자의 부당노동행위의 유형으로는 ①불이익 취급 ②불공정 고용계약 ③단체교섭의 거부 · 해태 ④지배 · 개입 등이 있다.

① 불이익 취급 : 교원의 노조 가입 · 결성, 기타 정당한 조합업무를 위한 행동을 이유로 해고 또는 불이익을 주는 행위
② 불공정 고용계약 : 특정 노조 가입 · 미가입, 탈퇴를 고용조건으로 하는 행위
③ 단체교섭의 거부 · 해태 : 정당한 이유 없이 단체교섭 또는 단체협약 체결을 거부 · 해태하는 행위
④ 지배 · 개입 : 노조의 조직 · 운영에 지배 · 개입하거나, 노조전임자에게 급여 지원 또는 노동조합의 운영비를 협조하는 행위

나) 부당 노동행위의 성립요건

- 부당 노동행위의 주체 : 사용자 즉 교육인적자원부장관, 시 · 도교육감 또는 사립학교를 설립 · 경영하는 자 또는 이들을 위하여 행동하는 자를 의미하므로, 교장, 교감 등도 사용자적 지위에 서게 된다.
- 부당 노동행위의 의사 : 부당 노동행위의 의사가 있어야 부당 노동행위가 성립한다. 다만, 그 의사는 고의 · 과실의 차원이 아니고, 객관적 · 외형적 사실로부터 추정되는 의사만으로도 충분하다.[1)]

다) 부당 노동행위의 구제제도

- 부당 노동행위 구제제도는 헌법상 보장된 노동기본권을 보호하기 위해 설정된 제도로서 사용자의 부당한 권리 침해 행위를 방지하고 근로자 또는 노동조합을 보호함으로써 공정한 규칙에 의해 노사관계 질서를 형성 · 정립하기 위한 제도이다. 즉 사용자에 의한 노동기본권의 침해에 대하여 노

1) 서울특별시교육청, 교직단체업무편람, 2003.1. p. 21.

동조합의 자주적 방위가 어려운 경우 국가기관의 개입에 의하여 사용자의 행위를 배제하기 위한 것이다.

부당 노동행위는 사용자의 부당노동행위 의사가 있어야 성립하며, 민법상의 불법행위와 같이 손해배상을 위주로 하는 제도가 아니므로 단결권 침해 등의 우려가 있는 행위에 대하여도 구제 명령이 가능하다.

라) 부당 노동행위에 대한 구제[2)]

– 행정절차에 의한 구제 : 원상회복주의와 과벌주의 동시 채택

(1) 구제신청(일반노조법 제82조 적용)

- 사용자의 부당노동행위로 인하여 그 권리를 침해당한 교원 또는 교원노동조합은 중앙노동위원회나 교원징계 재심위원회에 그 구제를 신청할 수 있다.
- 구제신청은 부당 노동행위가 있은 날(계속하는 행위는 그 종료일)부터 3월 이내에 하여야 한다.
- 노동위원회에 구제를 신청한 경우, 교원징계재심위원회에는 재심을 청구할 수 없다(교원노조법 제13조).
- 중앙노동위원회의 판정에 불복하는 경우 행정소송을 제기할 수 있다. 이 경우 확정판결 전이라도 중앙노동위원회의 신청에 의하여 관할 법원이 중앙노동위원회의 구제명령의 전부 또는 일부의 이행을 명할 수 있다.
- 중앙노동위원회의 결정은 소송당사자 모두 불복할 수 있으나, 교원징계 재심위원회의 결정에 임면권자는 불복할 수 없다.

(2) 처벌요구(일반노조법 제90조)

- 부당 노동행위에 대하여는 피해자의 의사에 관계없이 처벌할 수 있으며, 피해당사자는 부당 노동행위의 구제신청과 별도로 사용자의 처벌을 요구할 수도 있다

2) 교육부, 교원노조제도의 올바른 이해, 1999.7. pp. 40-41.

– 민사절차에 의한 구제

(1) 해고무효 확인소송 : 부당노동행위로 해고당한 경우법원에 해고무효 확인소송을 제기하여 권리구제를 받을 수 있다.

(2) 손해배상청구 : 사용자가 중앙노동위원회의 구제명령을 거부하거나, 형사처벌을 받고도 피해 당사자의 권리회복조치를 취하지 아니하는 때에는 피해당사자는 사용자의 불법행위로 인한 손해배상을 관할법원에 청구하여 이행판결을 받을 수도 있다.

### 2) 해고

사용자가 근로자와의 근로계약(고용계약)을 일방적으로 해약하는 것을 말한다. 이는 민법상의 고용계약의 해약(해지 · 민법 제658조~제663조)과 법률상의 성질은 같다. 다만, 민법상으로는 기간의 약정이 없는 때에는 사용자는 1개월간의 예고만 하면 언제든지 해약을 할 수 있으므로 이는 실제 문제로서 근로자에게 가혹한 것이므로, 노동관계법에서는 이를 별도로 해고라 하며 그 해고의 사유를 제한하고 있다. 구체적으로 근로기준법 제30조 제1항은 사용자는 근로자에 대하여 정당한 이유 없이 해고, 휴직, 정직, 전직, 감봉 기타 징벌을 하지 못하도록 하고 있으며, 제2항은 사용자는 근로자가 업무상 부상 또는 질병의 요양을 위하여 휴업한 기간과 그 후 30일간 또는 산전, 산후의 여성이 이 법의 규정에 의하여 휴업한 기간과 그 후 30일간은 해고하지 못하도록 하고 있다. 또한, 동법 제31조는 사용자가 경영상 이유에 의하여 근로자를 해고하고자 하는 경우에는 긴박한 경영상의 필요가 있어야 하는 등 경영상 이유에 의한 해고 역시 제한하고 있다.

### 3) 기타 불이익

신분상 불이익뿐만 아니라 경제적 · 정신적 불이익을 모두 포함하는 광의의 개념으로 보아야 한다. 구체적으로 해고 · 퇴직의 강요 · 전근 및 배치전환 · 출근정지 · 휴직명령 · 대기명령 · 복직거부 등의 신분적 불이익 대우, 차별적 승급 및 강등 · 각종 수당의 차별적 지급 · 수입 감소조치 등의 경제적 불이익 대우, 취업

거부, 정직, 시말서 요구, 견책, 복리후생 시설의 차별 대우 등의 정신적 불이익 대우, 노동조합 활동방해 · 조합 임원 또는 대의원 선출기반 박탈 · 승진 등의 노동조합 활동상의 불이익 대우를 모두 포함한다.[3)]

#### 4) 교원징계재심위원회

각급학교 교원의 징계처분 및 기타 그 의사에 반하는 불리한 처분에 대한 재심을 함으로써 교원의 신분보장을 강화하여 그 지위를 향상시키고 교육발전을 도모하고자 교원 지위향상을 위한특별법 제7조 이하에 근거하여 설립한 교육인적자원부 직속기관이다.

### 나. 관계 법령

#### 1) 노동조합 및 노동관계 조정법 제81조(부당노동행위) 사용자는 다음 각호의 1에 해당하는 행위(이하 "부당노동행위"라 한다)를 할 수 없다.

1. 근로자가 노동조합에 가입 또는 가입하려고 하였거나 노동조합을 조직하려고 하였거나 기타 노동조합의 업무를 위한 정당한 행위를 한 것을 이유로 그 근로자를 해고하거나 그 근로자에게 불이익을 주는 행위
2. 근로자가 어느 노동조합에 가입하지 아니할 것 또는 탈퇴할 것을 고용조건으로 하거나 특정한 노동조합의 조합원이 될 것을 고용조건으로 하는 행위. 다만, 노동조합이 당해 사업장에 종사하는 근로자의 3분의 2이상을 대표하고 있을 때에는 근로자가 그 노동조합의 조합원이 될 것을 고용조건으로 하는 단체협약의 체결은 예외로 하며, 이 경우 사용자는 근로자가 당해 노동조합에서 제명된 것을 이유로 신분상 불이익한 행위를 할 수 없다.
3. 노동조합의 대표자 또는 노동조합으로부터 위임을 받은 자와의 단체협약체결 기타의 단체교섭을 정당한 이유 없이 거부하거나 해태하는 행위

---

3) 사단법인 한국사립중고등학교법인협의회, 교원노동조합업무편람, 2003, p. 62.

4. 근로자가 노동조합을 조직 또는 운영하는 것을 지배하거나 이에 개입하는 행위와 노동조합의 전임자에게 급여를 지원하거나 노동조합의 운영비를 원조하는 행위. 다만, 근로자가 근로시간 중에 사용자와 협의 또는 교섭하는 것을 사용자가 허용함은 무방하며, 또한 근로자의 후생자금 또는 경제상의 불행 기타 재액의 방지와 구제 등을 위한 기금의 기부와 최소한의 규모의 노동조합사무소의 제공은 예외로 한다.
5. 근로자가 정당한 단체행위에 참가한 것을 이유로 하거나 또는 노동위원회에 대하여 사용자가 이 조의 규정에 위반한 것을 신고하거나 그에 관한 증언을 하거나 기타 행정관청에 증거를 제출한 것을 이유로 그 근로자를 해고하거나 그 근로자에게 불이익을 주는 행위

### 2) 노동조합 및 노동관계 조정법 제82조(구제신청)

① 사용자의 부당노동행위로 인하여 그 권리를 침해당한 근로자 또는 노동조합은 노동위원회에 그 구제를 신청할 수 있다.
② 제1항의 규정에 의한 구제의 신청은 부당노동행위가 있은 날(계속하는 행위는 그 종료일)부터 3월 이내에 이를 행하여야 한다.

### 3) 교원지위 향상을 위한 특별법 제9조(재심의 청구 등)

① 교원이 징계처분 기타 그 의사에 반하는 불리한 처분에 대하여 불복이 있을 때에는 그 처분이 있은 것을 안 날부터 30일 이내에 재심위원회에 재심을 청구할 수 있다. 이 경우에 재심청구인은 변호사를 대리인으로 선임할 수 있다.
② 본인의 의사에 반하여 파면 또는 해임이나 면직처분을 하였을 때에는 그 처분에 대한 재심위원회의 최종결정이 있을 때까지 후임자의 보충발령을 하지 못한다. 그러나 제1항의 기간 내에 재심청구를 하지 아니한 때에는 그 기간 경과 후에 후임자의 보충발령을 할 수 있다.

#### 4) 근로기준법 제33조(정당한 이유 없는 해고 등의 구제신청)

① 사용자가 근로자에 대하여 정당한 이유 없이 해고 · 휴직 · 정직 · 전직 · 감봉 기타 징벌을 한 때에는 당해 근로자는 노동위원회에 그 구제를 신청할 수 있다.

② 제1항의 규정에 의한 구제신청과 심사절차 등에 관하여는 노동조합 및 노동관계조정법 제82조 내지 제86조의 규정을 준용한다. 다만, 제85조제5항을 제외한다.

### 다. 판례

#### 1) 사립학교 교원에 대한 학교법인의 해임처분(대법원 1993.2.12. 선고 92누13707)

사립학교 교원은 학교법인 또는 사립학교 경영자에 의하여 임면되는 것으로서 사립학교 교원과 학교법인의 관계를 공법상의 권력관계라고는 볼 수 없으므로 사립학교 교원에 대한 학교법인의 해임처분을 취소소송의 대상이 되는 행정청의 처분으로 볼 수 없고, 따라서 학교법인을 상대로 한 불복은 행정소송에 의할 수 없고 민사소송절차에 의할 것이다. 또한, 사립학교 교원에 대한 해임처분에 대한 구제방법으로 학교법인을 상대로 한 민사소송 이외 교원지위 향상을 위한 특별법 제7조 내지 10조에 따라 교육부 내에 설치된 교원징계재심위원회에 재심청구를 하고 교원징계재심위원회의 결정에 불복하여 행정소송을 제기하는 방법도 있으나, 이 경우에도 행정소송의 대상이 되는 행정처분은 교원징계재심위원회의 결정이지 학교법인의 해임처분이 행정처분으로 의제되는 것이 아니며 또한 교원징계재심위원회의 결정을 이에 대한 행정심판으로서의 재결에 해당되는 것으로 볼 수는 없다.

### 2) 부당 노동행위의 판단(대법원 1998.12.23. 선고 97누18035 판결)

사용자가 근로자의 정당한 노동조합활동을 실질적인 이유로 삼으면서도 표면적으로는 업무상 필요성을 들어 배치 전환한 것으로 인정되는 경우에는 부당노동행위라고 보아야 할 것이고, 배치전환이 부당노동행위에 해당되는지 여부는, 배치전환의 동기, 목적, 배치전환에 관한 업무상의 필요성이나 합리성의 존부, 전보에 따른 근로자의 생활상의 불이익과의 비교형량, 배치전환의 시기, 사용자와 노동조합과의 관계, 배치전환을 하기에까지 이른 과정이나 사용자가 취한 절차, 그 밖에 배치전환 당시의 외형적 객관적인 사정에 의하여 추정되는 부당노동행위 의사의 존재 유무 등을 종합적으로 검토하여 판단하여야 한다.

### 3) 노동조합업무를 위한 정당한 행위의 판단(대법원 1994.8.26. 선고 94누3940)

근로자의 노동조합업무를 위한 정당한 행위를 실질적인 해고사유로 한 것인지의 여부는 사용자측이 내세우는 해고사유와 근로자가 한 노동조합업무를 위한 정당한 행위의 내용, 징계해고를 한 시기, 회사와 노동조합과의 관계, 동종의 사례에 있어서 조합원과 비조합원에 대한 제재의 불균형 여부, 기타 부당노동행위 의사의 존재를 추정할 수 있는 제반 사정을 비교 검토하여 종합적으로 판단하여야 한다.

## 라. 질의 회신

| 질의 | 부당노동행위 구제신청을 한 해임 교사의 노조활동 가능 여부에 대한 질의 회시 |
|---|---|

중앙노동위원회의 재심판정이 있을 때까지는 조합원 자격이 인정된다.[4)]

---

4) 교육부, 교원노조제도의 올바른 이해, 1999 p. 44.

# 제14조

# 다른 법률과의 관계

## 1. 조문[1]

① 교원에 적용할 노동조합 및 노동관계조정에 관하여 이 법에서 정하지 아니한 사항에 대하여는 제2항에서 정하는 경우를 제외하고는 노동조합및노동관계조정법이 정하는 바에 따른다. 이 경우 동법 제3조 중 "단체교섭 또는 쟁의행위로"는 "단체교섭으로"로, 동법 제4조 중 "단체교섭 · 쟁의행위"는 "단체교섭"으로, 동법 제10조제1항 본문 중 "연합단체인 노동조합과 2이상의 특별시 · 광역시 · 도에 걸치는 단위노동조합은 노동부장관에게, 그 외의 노동조합은 특별시장 · 광역시장 · 도지사에게"는 "노동부장관에게"로, 동법 제12조제1항 중 "노동부장관 또는 특별시장 · 광역시장 · 도지사(이하 "행정관청"이라 한다)는"은 "노동부장관은"으로, 동법 제58조 · 제60조제1항 내지 제4항 및 제61조제3항 중 "조정위원회 또는 단독조정인"은 "교원노동관계조정위원회"로, 동법 제59조 중 "조정위원회의 위원장 또는 단독조정인"은 "교원노동관계조정위원회 위원장"으로, 동법 제61조 제1항 중 "조정위원 전원 또는 단독조정인"은 "교원노동관계조정위원회 위원 전원"으로, 동법 제66조제1항 · 제67조 및 제68조 제2항 중 "중재위원회"는 "교원노동관계조정위원회"로, 동법 제81조제3호중 "노동조합의 대표자 또는 노동조합으로부터 위임을 받은 자"는 "노동조합의 대표자"로, 동법 제90조 중 "제44조제2항, 제69조제4항, 제77조 또는 제81조"는 "제81조"로, 동법 제92조제1호중 "제31조제1항의 규정에 의하여 체결된 단체협약 또는 제36조제1항의 규정에 의한 결정에 위반한 자"는 "제31조제1항의 규정에 의하여 체결된 단체협약에 위반한 자"로, 동법 제94조 중 "제88조 내지 제93조"는 "제89조제2호, 제90조, 제92조, 제93조"로, 동법 중 "근로자"는 "교원"으로, 동법 중 "사용자"는 "교육인적자원부장관, 시 · 도 교육감, 사립학교를 설립 · 경영하는 자 또는 교원

1) 제14조(다른 법률과의 관계)는 박재윤 외(2004), 「교원노조법 해설」의 내용을 저자의 양해 아래 약간의 수정을 거쳐 실은 것임을 밝힌다.

에 관한 사항에 대하여 교육인적자원부장관, 시·도 교육감, 사립학교를 설립·경영하는 자를 위하여 행동하는 자"로, 동법중 "행정관청"은 "노동부장관"으로 본다.

② 노동조합및노동관계조정법 제2조제4호 라목 단서, 제24조, 제29조제2항·제3항, 제36조 내지 제46조, 제51조 내지 제57조, 제60조제5항, 제62조 내지 제65조, 제66조제2항, 제69조 내지 제80조, 제81조제2호 단서, 제88조, 제89조제1호, 제91조, 제96조 제1항 제3호 및 부칙(법률 제5310호) 제5조제1항·제2항의 규정은 노동조합에 대하여는 이를 적용하지 아니한다.

③ 공직선거및선거부정방지법 제87조 단서의 규정은 노동조합에 대하여는 이를 적용하지 아니한다.

## 2. 입법 취지 및 해설

### 가. 입법 취지

본 조는 교원노조법과 타 법률과의 관계를 밝혀주는 조항이다. 동조 제1항 및 제2항은 교원의 노동조합설립 및 운영과 관련하여 일반노조법의 개별 조항에 대한 적용에 있어 유의점 또는 적용을 배제하는 조항을 구체적으로 열거하여 명시하고 있다. 즉 교원노조법에서 규정하지 아니한 사항에 대해서는 일반노조법에서 규정하는 사항을 원칙적으로 적용하고자 한다. 다만, 일반노조법 규정을 그대로 적용하기 곤란한 조항에 대해서는 동 조항의 일부를 수정하여 적용한다. 제3항은 일반 노조의 정치활동을 허용하는 근거 조항인 「공직선거및선거부정방지법」제87조 단서의 적용을 배제함으로써 교육의 정치적 중립성과 학습권을 보호하기 위하여 교원노조의 정치활동을 할 수 없음을 다시금 명백히 하고자 하는 것이다.

## 나. 해설

### 1) 1항

①은 "교원에 적용할 노동조합 및 노동관계조정에 관하여 이 법에서 정하지 아니한 사항에 대하여는 제2항에서 정하는 경우를 제외하고는 일반노조법이 정하는 바에 따른다"고 명시함으로써, 교원노조법이 일반노조법에 대한 특별법적 지위를 가짐을 간접적으로 밝히고 있다. 즉, 교원노조법에서 별도로 규정되지 않는 교원의 노동조합 및 노동관계조정에 관한 사항들은 일반노조법의 적용을 받게 됨을 규정하고 있는 것이다.

한편, 동항 후단은 일반노조법을 적용함에 있어 교원노조법에서 특례로 규정한 조항들과의 상충 및 충돌이 예견되는 조항들에 대하여 다음과 같이 구체적인 해석 방법을 적시하고 있다.[2)]

**• 쟁의행위의 배제**

교원노조법 제8조는 교원노조와 그 조합원에 대해서는 일반노조와 달리 파업·태업 기타 업무의 정상적인 운영을 저해하는 일체의 쟁의행위를 금하고 있는 바, 일반노조법을 적용함에 있어서도 쟁의행위와 관련된 부분은 배제된다. 구체적으로 교원노조법 제14조제1항은 일반노조법 제3조와 제4조에 있어서의 쟁의행위와 관련되어서는 그 적용을 배제하도록 명시하고 있다. 따라서 일반노조법 제3조와 제4조의 내용은 아래와 같이 변경 적용된다.

> 제3조 (손해배상 청구의 제한) 교원인적자원부장관, 시·도교육감, 사립학교를 설립·경영하는 자 또는 교원에 관한 사항에 대하여 교원인적자원부장관, 시·도교육감, 사립학교를 설립·경영하는 자를 위하여 행동하는 자(원 : 사용자)는 이 법에 의한 단체교섭(원 : 단체교섭 또는 쟁의행위)으로 인하여 손해를 입은 경우에 노동조합 또는 교원(원 : 근로자)에 대하여 그 배상을 청구할 수 없다.

---

2) 이하 밑줄 친 부분은 일반노조법을 교원노조에 적용할 경우에 바뀌는 부분을 표시한 것임.

제4조 (정당행위) 형법 제20조의 규정은 노동조합이 단체교섭(원 : 단체교섭 · 쟁의행위) 기타의 행위로서 제1조의 목적을 달성하기 위하여 한 정당한 행위에 대하여 적용된다. 다만, 어떠한 경우에도 폭력이나 파괴행위는 정당한 행위로 해석되어서는 아니된다.[3)]

이와 같은 일반노조법 제3조와 제4조의 변경 적용에 따라 교원노조 및 그 조합원의 단체교섭과 관련된 사유로는 사용자가 손해배상을 청구할 수 없으며, 형법상 정당행위에 해당되어 형사 소추의 대상이 되지 아니한다.

**• 설립 교부증 부여 기관 특례**

교원노조법 제4조는 교원노조의 설립과 관련하여 그 설립 단위를 전국 또는 특별시 · 광역시 · 도 단위로 한정하면서, 설립신고서 제출 기관을 노동부장관으로 한정하고 있다. 즉, 교원노조 설립과 관련된 기타의 사항은 모두 일반노조법의 내용을 그대로 따름에도 불구하고, 그 설립신고서 제출 기관 및 신고증 교부기관은 다른 노동조합과 달리 모두 노동부장관으로 일원화하도록 하고 있다. 구체적인 해당 조문의 변경 적용은 아래와 같다.[4)]

제10조 (설립의 신고) ①노동조합을 설립하고자 하는 자는 다음 각호의 사항을 기재한 신고서에 제11조의 규정에 의한 규약을 첨부하여 노동부장관에게(원 : 연합단체인 노동조합과 2이상의 특별시 · 광역시 · 도에 걸치는 단위노동조합은 노동부장관에게, 그 외의 노동조합은 특별시장 · 광역시장 · 도지사에게) 제출하여야 한다.

1. 명칭

---

3) 형법 제20조 (정당행위) 법령에 의한 행위 또는 업무로 인한 행위 기타 사회상규에 위배되지 아니하는 행위는 벌하지 아니한다.

4) 일반노조법 제11조(규약): 노동조합은 그 조직의 자주적 · 민주적 운영을 보장하기 위하여 당해 노동조합의 규약에 다음 각호의 사항을 기재하여야 한다.
1. 명칭, 2. 목적과 사업, 3. 주된 사무소의 소재지, 4. 조합원에 관한 사항(연합단체인 노동조합에 있어서는 그 구성단체에 관한 사항), 5. 소속된 연합단체가 있는 경우에는 그 명칭, 6. 대의원회를 두는 경우에는 대의원회에 관한 사항, 7. 회의에 관한 사항, 8. 대표자와 임원에 관한 사항, 9. 조합비 기타 회계에 관한 사항, 10. 규약변경에 관한 사항, 11. 해산에 관한 사항, 12. 쟁의에 관한 사항, 13. 대표자와 임원의 규약위반에 대한 탄핵에 관한 사항, 14. 임원 및 대의원의 선거절차에 관한 사항, 15. 규율과 통제에 관한 사항

2. 주된 사무소의 소재지
3. 조합원수
4. 임원의 성명과 주소
5. 소속된 연합단체가 있는 경우에는 그 명칭
6. 연합단체인 노동조합에 있어서는 그 구성노동단체의 명칭, 조합원수, 주된 사무소의 소재지 및 임원의 성명 · 주소

제12조 (신고증의 교부) ①노동부장관(원 : 노동부장관 또는 특별시장 · 광역시장 · 도지사(이하 "행정관청"이라 한다)은 제10조제1항의 규정에 의한 설립신고서를 접수한 때에는 제2항 전단 및 제3항의 경우를 제외하고는 3일 이내에 신고증을 교부하여야 한다.

일반노조법 제10조 내지 제12조의 적용에 따라 교원노조를 설립하고자 하는 자는 제10조의 각호를 기재한 설립신고서에 제11조의 규약을 첨부하여 노동부장관에게 제출하여야 하며, 노동부장관은 설립신고서를 받은 날로부터 3일 이내에 신고자에게 신고증을 교부하여야 한다. 한편, 설립신고서에 있어 제10조 각호 중 제1호 내지 제4호의 사항은 절대적 필요사항으로서 이중 하나라도 누락되면 신고서의 미비로 신고서 반려 사유가 되며, 제5호와 제6호는 상대적 필요사항으로서 소속된 연합단체가 있는 경우에 한하여 기재한다.

한편, 제11조의 규약은 노동조합 내의 자치법규로서 해당 노동조합의 운영에 있어 중요한 법원이 되며, 그 효력은 노동조합 내부에 한하고 외부와의 관계에서는 미치지 아니한다. 다만, 자치법규도 상위법령을 위반할 수 없으며, 노동부장관은 신고증 교부 이전에 규약의 상위법령 저촉 여부를 검토하여야 한다. 한편, 노동부장관은 설립신고서 필요사항의 누락 또는 오류가 없고 첨부된 규약이 상위법령에 저촉되지 않을 경우에는 신고증 교부를 거부할 수 없다.

**· 교원노동관계조정위원회에 관한 특례**

일반노조법 제55조는 노동쟁의 조정을 위한 별도의 조정위원회를 노동위원회에 설치하도록 하고 있으며, 제57조는 관계 당사자 쌍방의 동의 하에 단독조정인에 의한 조정도 가능하도록 하고 있다. 그러나 교원노조법 제11조는 교원의 노동쟁의에 대한 조정 · 중재기관과 관련하여 중앙노동위원회에 교원노동관계조정

위원회를 별도로 설치하도록 규정하고 있으며, 제14조 제2항에서 단독조정인 제도를 배제하고 있는데 특별법 우선 원칙에 의하여 교원의 노동관계에 대한 조정 및 중재는 교원노조법 제11조에 근거한 별도의 교원노동관계조정위원회에서 수행하게 됨을 밝히고 있다. 구체적인 해당 조문의 변경 적용은 아래와 같다.

제58조 (주장의 확인 등) 교원노동관계조정위원회(원 : 조정위원회 또는 단독조정인)는 기일을 정하여 관계 당사자 쌍방을 출석하게 하여 주장의 요점을 확인하여야 한다.

제59조 (출석금지) 교원노동관계조정위원회위원장(원 : 조정위원회의 위원장 또는 단독조정인)은 관계 당사자와 참고인 외의 자의 출석을 금할 수 있다.

제60조 (조정안의 작성) ①교원노동관계조정위원회(원 : 조정위원회 또는 단독조정인)는 조정안을 작성하여 이를 관계 당사자에게 제시하고 그 수락을 권고하는 동시에 그 조정안에 이유를 붙여 공표할 수 있으며, 필요한 때에는 신문 또는 방송에 보도 등 협조를 요청할 수 있다.
②교원노동관계조정위원회(원 : 조정위원회 또는 단독조정인)는 관계 당사자가 수락을 거부하여 더 이상 조정이 이루어질 여지가 없다고 판단되는 경우에는 조정의 종료를 결정하고 이를 관계 당사자 쌍방에 통보하여야 한다.
③제1항의 규정에 의한 조정안이 관계 당사자의 쌍방에 의하여 수락된 후 그 해석 또는 이행방법에 관하여 관계 당사자간에 의견의 불일치가 있는 때에는 관계 당사자는 당해 교원노동관계조정위원회(원 : 조정위원회 또는 단독조정인)에게 그 해석 또는 이행방법에 관한 명확한 견해의 제시를 요청하여야 한다.
④교원노동관계조정위원회(원 : 조정위원회 또는 단독조정인)는 제3항의 규정에 의한 요청을 받은 때에는 그 요청을 받은 날부터 7일 이내에 명확한 견해를 제시하여야 한다.
⑤(교원노조법 제14조제2항에 의하여 조항 배제)

제61조 (조정의 효력) ①제60조제1항의 규정에 의한 조정안이 관계 당사자에 의하여 수락된 때에는 교원노동관계조정위원회 위원 전원(원 : 조정위원 전원 또는 단독조정인)은 조정서를 작성하고 관계 당사자와 함께 서명날인하여야 한다.
②조정서의 내용은 단체협약과 동일한 효력을 가진다.
③제60조제4항의 규정에 의하여 교원노동관계조정위원회(원 : 조정위원회 또는 단독조정인)가 제시한 해석 또는 이행방법에 관한 견해는 중재재정과 동일한 효력을 가진다.

한편, 일반노조법 제64조는 노동쟁의의 중재와 관련하여 노동위원회에 중재위원회를 두도록 하고 있다. 그러나 전술한 것과 같이 교원노조법 제11조는 교원의 노동쟁의에 대한 조정 · 중재기관으로 중앙노동위원회에 교원노동관계조정위원회를 별도로 설치하도록 규정하고 있는 바, 일반노조법상 중재위원회는 교원노조법 제11조에 의한 교원노동관계조정위원회로 갈음된다.

제66조 (주장의 확인 등) ①교원노동관계조정위원회(원 : 중재위원회)는 기일을 정하여 관계 당사자 쌍방 또는 일방을 중재위원회에 출석하게 하여 주장의 요점을 확인하여야 한다.
②(교원노조법 제14조제2항에 의하여 조항 배제).

제67조 (출석금지) 교원노동관계조정위원회(원 : 중재위원회)의 위원장은 관계 당사자와 참고인외의 자의 회의출석을 금할 수 있다.

제68조 (중재재정) ①중재재정은 서면으로 작성하여 이를 행하며 그 서면에는 효력발생 기일을 명시하여야 한다.
②제1항의 규정에 의한 중재재정의 해석 또는 이행방법에 관하여 관계 당사자간에 의견의 불일치가 있는 때에는 당해 교원노동관계조정위원회(원 : 중재위원회)의 해석에 따르며 그 해석은 중재재정과 동일한 효력을 가진다.

**• 부당노동행위 금지 및 벌칙 규정의 제한 적용**

일반노조법 제81조(부당노동행위)의 적용에 따라 각호에 해당되는 사용자의 행위는 부당노동행위가 되며, 이와 같은 행위는 동법 제90조에 의하여 2년 이하의 징역 또는 2천만원 이하의 벌금에 처해지게 된다. 그런데, 동 규정에 의한 부당노동행위가 되기 위해서는 첫째, 사용자가 부당노동행위의 주체이어야 하며, 둘째, 부당노동행위 의사가 있어야 하는 두 가지 요건이 충족되어야 할 것이다. 구체적인 해당 조문의 변경 적용은 아래와 같다.

제81조 (부당노동행위) 교육인적자원부장관, 시 · 도교육감 또는 사립학교를 설립 · 경영하는 자 또는 이들을 위하여 행동하는 자(원 : 사용자)는 다음 각호의 1에 해당하는 행위(이하 "부당노동행위"라 한다)를 할 수 없다.
1. 교원(원 : 근로자)이 노동조합에 가입 또는 가입하려고 하였거나 노동조합을

조직하려고 하였거나 기타 노동조합의 업무를 위한 정당한 행위를 한 것을 이유로 그 교원(원 : 근로자)을 해고하거나 그 교원(원 : 근로자)에게 불이익을 주는 행위

2. 교원(원 : 근로자)이 어느 노동조합에 가입하지 아니할 것 또는 탈퇴할 것을 고용조건으로 하거나 특정한 노동조합의 조합원이 될 것을 고용조건으로 하는 행위(이하 단서는 교원노조법 제14조 제2항에 의하여 적용배제됨).
3. 노동조합의 대표자(원 : 노동조합의 대표자 또는 노동조합으로부터 위임을 받은 자)와의 단체협약체결 기타의 단체교섭을 정당한 이유없이 거부하거나 해태하는 행위
4. 교원(원 : 근로자)이 노동조합을 조직 또는 운영하는 것을 지배하거나 이에 개입하는 행위와 노동조합의 전임자에게 급여를 지원하거나 노동조합의 운영비를 원조하는 행위. 다만, 교원(원 : 근로자)이 근로시간 중에 교육인적자원부장관, 시・도교육감 또는 사립학교를 설립・경영하는 자 또는 이들을 위하여 행동하는 자(원 : 사용자)와 협의 또는 교섭하는 것을 교육인적자원부장관, 시・도교육감 또는 사립학교를 설립・경영하는 자 또는 이들을 위하여 행동하는 자(원 : 사용자)가 허용함은 무방하며, 또한 교원(원 : 근로자)의 후생자금 또는 경제상의 불행 기타 재액의 방지와 구제 등을 위한 기금의 기부와 최소한의 규모의 노동조합사무소의 제공은 예외로 한다.
5. 교원(원 : 근로자)이 정당한 단체행위에 참가한 것을 이유로 하거나 또는 노동위원회에 대하여 교육인적자원부장관, 시・도교육감 또는 사립학교를 설립・경영하는 자 또는 이들을 위하여 행동하는 자(원 : 사용자)가 이 조의 규정에 위반한 것을 신고하거나 그에 관한 증언을 하거나 기타 노동부장관(원 : 행정관청)에게 증거를 제출한 것을 이유로 그 교원(원 : 근로자)을 해고하거나 그 교원(원 : 근로자)에게 불이익을 주는 행위

제90조 (벌칙) 제81조(원 : 제44조제2항, 제69조제4항, 제77조 또는 제81조)의 규정에 위반한 자는 2년 이하의 징역 또는 2천만원이하의 벌금에 처한다.

한편, 교원노조법 제14조제1항은 일반노조법 "제92조제1호 중 '제31조제1항의 규정에 의하여 체결된 단체협약 또는 제36조제1항의 규정에 의한 결정에 위반한 자'는 '제31조제1항의 규정에 의하여 체결된 단체협약에 위반한 자'로 본다"고 하고 있다. 이는 교원노조법 제14조제2항에서 일반노조법 제36조(지역적 구속력)의 적용을 배제함을 명시하고자 하는 것이다.

제92조 (벌칙) 다음 각호의 1에 해당하는 자는 1천만원 이하의 벌금에 처한다.

1. 제31조제1항의 규정에 의하여 체결된 단체협약에 위반한 자(원 : 제31조제1항의 규정에 의하여 체결된 단체협약 또는 제36조제1항의 규정에 의한 결정에 위반한 자)
2. 제61조제1항의 규정에 의한 조정서의 내용 또는 제68조제1항의 규정에 의한 중재재정서의 내용을 준수하지 아니한 자

**• 양벌규정의 제한적 적용**

일반적으로 양벌규정이라 함은 "위법행위에 대하여 행위자를 처벌하는 외에 그 업무의 주체인 법인 또는 개인도 함께 처벌하는 규정"을 말한다. 일반노조법은 이러한 양벌규정을 제94조에 규정하고 있다. 그런데, 교원노조와 관련해서는 일반노조법 규정의 일부가 적용 배제되므로, 양벌규정의 적용을 받는 행위도 그만큼 축소된다. 따라서 교원노조와 관련된 양벌규정의 적용을 받는 행위는 제89조 제2호, 제90조, 제92조, 제93조로 한정된다.[5)]

제94조 (양벌규정) 법인 또는 단체의 대표자, 법인 · 단체 또는 개인의 대리인 · 사용인 기타의 종업원이 그 법인 · 단체 또는 개인의 업무에 관하여 제89조제2호, 제90조, 제92조, 제93조(원 : 제88조 내지 제93조)의 위반행위를 한 때에는 행위자를 벌하는 외에 그 법인 · 단체 또는 개인에 대하여도 각 해당 조의 벌금형을 과한다.

---

5) 제89조 (벌칙) 다음 각호의 1에 해당하는 자는 3년 이하의 징역 또는 3천만원 이하의 벌금에 처한다.

1. (교원노조법 제14조에 의하여 적용 배제함)
2. 제85조제3항의 규정에 의하여 확정되거나 행정소송을 제기하여 확정된 구제명령에 위반한 자

제90조 (벌칙) 제81조(원 : 제44조제2항, 제69조제4항, 제77조 또는 제81조)의 규정에 위반한 자는 2년 이하의 징역 또는 2천만원 이하의 벌금에 처한다.

제92조 (벌칙) 다음 각호의 1에 해당하는 자는 1천만원 이하의 벌금에 처한다.

1. 제31조제1항의 규정에 의하여 체결된 단체협약에 위반한 자(원 : 제31조제1항의 규정에 의하여 체결된 단체협약 또는 제36조제1항의 규정에 의한 결정에 위반한 자)
2. 제61조제1항의 규정에 의한 조정서의 내용 또는 제68조제1항의 규정에 의한 중재재정서의 내용을 준수하지 아니한 자

제93조 (벌칙) 다음 각호의 1에 해당하는 자는 500만원 이하의 벌금에 처한다.

1. 제7조제3항의 규정에 위반한 자
2. 제21조제1항 · 제2항 또는 제31조제3항의 규정에 의한 명령에 위반한 자

• 용어의 조정

일반노조법에 사용된 '근로자', '사용자', '행정관청'이라는 용어는 교원노조법 상의 용어와 다소 상이하다. 따라서 노조법 상의 용어와 통일을 기하기 위하여 '근로자'는 교원노조법 제2조에 규정된 '교원'으로, '사용자'는 교원노조법 제6조 제1항 및 노조법 제2조의 사용자의 정의를 고려하여 '교육인적자원부장관, 시 · 도 교육감, 사립학교를 설립 · 경영하는 자 또는 교원에 관한 사항에 대하여 교육인적자원부장관, 시 · 도 교육감, 사립학교를 설립 · 경영하는 자를 위하여 행동하는 자'로, '행정청'은 교원노조 설립 신고 대상 및 교부증 발급 기관을 노동부장관으로 한정하고 있는 교원노조법 제4조에 따라 '노동부장관'으로 본다.

### 2) 2항

②는 교원노조법 제14조제2항은 교원노조의 설립 및 운영과 관련하여 일반노조법의 일부 조항을 배제하는 규정이다. 즉, 특별법인 교원노조법의 동항에서 규정된 노조법의 조문들은 교원노조의 설립 및 운영에 있어서는 그 적용이 배제된다.[6]

• 용어 정의의 재조정(제2조 제4호 라목 단서)

일반노조법 제2조 제4호 라목 단서인 "다만, 해고된 자가 노동위원회에 부당노동행위의 구제신청을 한 경우에는 중앙노동위원회의 재심판정이 있을 때까지는 근로자가 아닌 자로 해석하여서는 아니된다"는 규정은 교원노조법의 적용을 받는 교원을 정의하고 있는 제2조 단서 조항 "다만, 해고된 자로서 노조법 제82조 제1항의 규정에 의하여 노동위원회에 부당노동행위의 구제신청을 한 자의 경우에는 중앙노동위원회의 재심판정이 있을 때까지 이를 교원으로 본다"와 중복됨에 따라 이를 적용 배제한다.

6) 이하 밑줄 친 부분은 일반노조법을 교원노조에 적용할 경우에 바뀌는 부분을 표시한 것임.

제2조 (정의) 이 법에서 사용하는 용어의 정의는 다음과 같다.

1. "근로자"라 함은 직업의 종류를 불문하고 임금·급료 기타 이에 준하는 수입에 의하여 생활하는 자를 말한다.
2. "사용자"라 함은 사업주, 사업의 경영담당자 또는 그 사업의 근로자에 관한 사항에 대하여 사업주를 위하여 행동하는 자를 말한다.
3. "사용자단체"라 함은 노동관계에 관하여 그 구성원인 사용자에 대하여 조정 또는 규제할 수 있는 권한을 가진 사용자의 단체를 말한다.
4. "노동조합"이라 함은 근로자가 주체가 되어 자주적으로 단결하여 근로조건의 유지·개선 기타 근로자의 경제적·사회적 지위의 향상을 도모함을 목적으로 조직하는 단체 또는 그 연합단체를 말한다. 다만, 다음 각목의 1에 해당하는 경우에는 노동조합으로 보지 아니한다.
   가. 사용자 또는 항상 그의 이익을 대표하여 행동하는 자의 참가를 허용하는 경우
   나. 경비의 주된 부분을 사용자로부터 원조받는 경우
   다. 공제·수양 기타 복리사업만을 목적으로 하는 경우
   라. 근로자가 아닌 자의 가입을 허용하는 경우. 다만, 해고된 자가 노동위원회에 부당노동행위의 구제신청을 한 경우에는 중앙노동위원회의 재심판정이 있을 때까지는 근로자가 아닌 자로 해석하여서는 아니된다.
   마. 주로 정치운동을 목적으로 하는 경우
5. "노동쟁의"라 함은 노동조합과 사용자 또는 사용자단체(이하 "노동관계 당사자"라 한다)간에 임금·근로시간·복지·해고 기타 대우 등 근로조건의 결정에 관한 주장의 불일치로 인하여 발생한 분쟁상태를 말한다. 이 경우 주장의 불일치라 함은 당사자간에 합의를 위한 노력을 계속하여도 더 이상 자주적 교섭에 의한 합의의 여지가 없는 경우를 말한다.
6. "쟁의행위"라 함은 파업·태업·직장폐쇄 기타 노동관계 당사자가 그 주장을 관철할 목적으로 행하는 행위와 이에 대항하는 행위로서 업무의 정상적인 운영을 저해하는 행위를 말한다.

**• 노동조합의 전임자(제24조) 규정의 적용 배제**

노동조합의 전임자에 대한 규정을 하고 있는 노조법 제24조는 특별법인 교원노조법 제5조(노동조합 전임자의 지위)에 의하여 그 적용이 배제된다.

제24조 (노동조합의 전임자) ①근로자는 단체협약으로 정하거나 사용자의 동의가 있는 경우에는 근로계약 소정의 근로를 제공하지 아니하고 노동조합의 업무에

만 종사할 수 있다.
②제1항의 규정에 의하여 노동조합의 업무에만 종사하는 자(이하 "전임자"라 한다)는 그 전임기간 동안 사용자로부터 어떠한 급여도 지급받아서는 아니된다.

**• 권한의 위임(제29조 제2항 및 제3항) 규정의 적용 배제**

노조법 제29조는 노동조합과 사용자 또는 사용자단체로부터 교섭 또는 단체협약의 체결에 관한 권한을 위임받은 자가 그 위임받은 범위 안에서 권한을 행사할 수 있도록 하고 있다. 그러나 교원노조법은 제6조 제2항에서 교섭위원을 당해 노동조합을 대표하는 자와 그 조합원으로 한정하고 있으며, 제14조 제2항에서 노조법 제29조제2항의 위임규정을 명문으로 배제하도록 하고 있는바, 노조법 상 '노동조합으로부터 위임을 받은 자'와 관련된 규정은 교원노조와 관련되어서는 배제된다.

제29조 (교섭 및 체결권한) ①노동조합의 대표자는 그 노동조합 또는 조합원을 위하여 사용자나 사용자단체와 교섭하고 단체협약을 체결할 권한을 가진다.
②노동조합과 사용자 또는 사용자단체로부터 교섭 또는 단체협약의 체결에 관한 권한을 위임받은 자는 그 노동조합과 사용자 또는 사용자단체를 위하여 위임받은 범위 안에서 그 권한을 행사할 수 있다.
③노동조합과 사용자 또는 사용자단체는 제2항의 규정에 의하여 교섭 또는 단체협약의 체결에 관한 권한을 위임한 때에는 그 사실을 상대방에게 통보하여야 한다.

**• 지역적 구속력(제36조) 규정의 적용 배제**

노조법은 단체협약의 효력과 관련하여 일반적 구속력을 규정하는 제35조와 지역적 구속력을 규정하는 제36조를 두고 있다. 그러나 교원노조의 단체협약과 관련하여서는 교원노조법 제14조 제2항에 의하여 아래의 지역적 구속력은 적용이 배제된다. 이는 동일 지역의 교원이라고 하더라도, 개별 교원이 근무하는 학교의 설립 형태가 국 · 공 · 사립으로 구분됨에 따른 것으로 보인다. 한편, 일반적 구속력을 규정하고 있는 노조법 제35조에 대해서는 배제가 명시되어 있지 않은바, 교원의 경우에도 그대로 준용된다 할 것이다.

제36조 (지역적 구속력) ①하나의 지역에 있어서 종업하는 동종의 근로자 3분의 2이상이 하나의 단체협약의 적용을 받게 된 때에는 행정관청은 당해 단체협약의 당사자의 쌍방 또는 일방의 신청에 의하거나 그 직권으로 노동위원회의 의결을 얻어 당해 지역에서 종업하는 다른 동종의 근로자와 그 사용자에 대하여도 당해 단체협약을 적용한다는 결정을 할 수 있다.
②행정관청이 제1항의 규정에 의한 결정을 한 때에는 지체없이 이를 공고하여야 한다.

**• 쟁의행위(제37조~제46조) 규정의 적용 배제**

교원노조법 제8조는 교원노조의 쟁의행위를 금지하고 있는바, 일반노조법상 쟁의행위를 규정하고 있는 제37조 내지 제46조는 적용이 배제된다.

제4장 쟁의행위

제37조 (쟁의행위의 기본원칙)
제38조 (노동조합의 지도와 책임)
제39조 (근로자의 구속제한)
제40조 (노동관계의 지원)
제41조 (쟁의행위의 제한과 금지)
제42조 (폭력행위 등의 금지)
제43조 (사용자의 채용제한)
제44조 (쟁의행위 기간 중의 임금지급 요구의 금지)
제45조 (조정의 전치)
제46조 (직장폐쇄의 요건)

**• 우선적 취급(제51조) 규정의 적용 배제**

일반노조법 제51조는 공익사업 등에 있어서의 노동쟁의에 대한 우선적 취급을 규정하고 있다. 이와 관련하여 교육사업은 공익사업 등에 해당되며, 특별법인 교원노조법이 별도로 규정되어 있으므로, 제51조를 굳이 교원노조법과 연계할 실익이 없어 이 조항을 배제하고 있다.

제51조 (공익사업 등의 우선적 취급) 국가・지방자치단체・국공영기업체・방위

산업체 및 공익사업에 있어서의 노동쟁의의 조정은 우선적으로 취급하고 신속히 처리하여야 한다.

• **사적 조정 및 중재(제52조) 규정의 적용 배제**

일반노조법 제52조는 동법에서 규정하고 있는 조정 및 중재와 다른 당사자 쌍방의 합의 또는 단체협약에 의한 사적인 조정 · 중재를 허용하고 있다. 그러나 교원노조의 경우에는 교육사업의 공익성 등의 특수성을 고려하여, 교원노조법 제14조 제2항에 의하여 노조법 제52조의 적용을 배제하고 있다. 따라서 교원노조와 관련된 조정 및 중재는 교원노조법 및 동법이 적용을 배제하고 있지 않은 일반노조법의 일부 조항에 의해서만 가능하다.

제52조 (사적 조정 · 중재) ①제2절 및 제3절의 규정은 노동관계 당사자가 쌍방의 합의 또는 단체협약이 정하는 바에 따라 각각 다른 조정 또는 중재방법에 의하여 노동쟁의를 해결하는 것을 방해하지 아니한다.
②노동관계 당사자는 제1항의 규정에 의하여 노동쟁의를 해결하기로 한 때에는 이를 노동위원회에 신고하여야 한다.
③제1항의 규정에 의하여 노동쟁의를 해결하기로 한 때에는 다음 각호의 규정이 적용된다.
1. 조정에 의하여 해결하기로 한 때에는 제45조제2항 및 제54조의 규정. 이 경우 조정기간은 조정을 개시한 날부터 기산한다.
2. 중재에 의하여 해결하기로 한 때에는 제63조의 규정. 이 경우 쟁의행위의 금지기간은 중재를 개시한 날부터 기산한다.
④제1항의 규정에 의하여 조정 또는 중재가 이루어진 경우에 그 내용은 단체협약과 동일한 효력을 가진다.

• **조정관련 규정 중 일부(제53조 내지 제57조, 제60조 제5항) 규정의 적용 배제**

일반노조법 제53조 내지 제61조는 노동위원회에 의한 노동쟁의에 대한 조정을 규정하고 있다. 그러나, 특별법인 교원노조법은 제9조에서 노동쟁의의 조정에 관하여 그리고, 제11조에서 교원노동관계조정위원회의 구성에 관하여 별도로 규정하고 있는 바, 특별법 우선의 원칙에 의해 이와 충돌되는 노조법 제53조 내지 제56조 규정은 그 적용이 배제된다. 또한, 노조법 제57조는 단독조정 제도를 규정하고 있으나, 교원노조의 노동쟁의와 관련하여서는 단독조정 제도는 인정되지 않으며, 반드시 교원노조법 제11조에 근거하여 구성된 교원노동관계조정위원회의 조정만이 인정된다고 할 것이다.

> 제53조 (조정의 개시) 노동위원회는 관계 당사자의 일방이 노동쟁의의 조정을 신청한 때에는 지체없이 조정을 개시하여야 하며 관계 당사자 쌍방은 이에 성실히 임하여야 한다.
>
> 제54조 (조정기간) ①조정은 제53조의 규정에 의한 조정의 신청이 있은 날부터 일반사업에 있어서는 10일, 공익사업에 있어서는 15일 이내에 종료하여야 한다.
> ②제1항의 규정에 의한 조정기간은 관계 당사자간의 합의로 일반사업에 있어서는 10일, 공익사업에 있어서는 15일 이내에서 연장할 수 있다.
>
> 제55조 (조정위원회의 구성) ①노동쟁의의 조정을 위하여 노동위원회에 조정위원회를 둔다.
> ②제1항의 규정에 의한 조정위원회는 조정위원 3인으로 구성한다.
> ③제2항의 규정에 의한 조정위원은 당해 노동위원회의 위원중에서 사용자를 대표하는 자, 근로자를 대표하는 자 및 공익을 대표하는 자 각 1인을 그 노동위원회의 위원장이 지명하되, 근로자를 대표하는 조정위원은 사용자가, 사용자를 대표하는 조정위원은 노동조합이 각각 추천하는 노동위원회의 위원 중에서 지명하여야 한다. 다만, 조정위원회의 회의 3일 전까지 관계 당사자가 추천하는 위원의 명단제출이 없을 때에는 당해 위원을 위원장이 따로 지명할 수 있다.
>
> 제56조 (조정위원회의 위원장) ①조정위원회에 위원장을 둔다.
> ②위원장은 공익을 대표하는 조정위원이 된다.
>
> 제57조 (단독조정) ①노동위원회는 관계 당사자 쌍방의 신청이 있거나 관계 당사자 쌍방의 동의를 얻은 경우에는 조정위원회에 갈음하여 단독조정인에게 조정을 행하게 할 수 있다.
> ②제1항의 규정에 의한 단독조정인은 당해 노동위원회의 위원중에서 관계 당사자의 쌍방의 합의로 선정된 자를 그 노동위원회의 위원장이 지명한다.

한편, 노조법 제60조 제5항은 쌍방이 수락한 조정안이 해석 또는 이행방법에 관한 다툼이 있어 해당 조정위원회 또는 단독조정인에게 그에 대한 명확한 견해를 요청한 경우에는 동조 제4항에서 규정한 7일 이내의 기간 동안에는 쟁의행위를 할 수 없도록 규정하고 있다. 그러나 교원노조와 관련하여서는 쟁의행위 자체가 허용되지 않기 때문에 동항은 배제된다.

제60조 (조정안의 작성) ①교원노동관계조정위원회(원: 조정위원회 또는 단독조정인)은 조정안을 작성하여 이를 관계 당사자에게 제시하고 그 수락을 권고하는 동시에 그 조정안에 이유를 붙여 공표할 수 있으며, 필요한 때에는 신문 또는 방송에 보도 등 협조를 요청할 수 있다.
②교원노동관계조정위원회(원: 조정위원회 또는 단독조정인)는 관계 당사자가 수락을 거부하여 더 이상 조정이 이루어질 여지가 없다고 판단되는 경우에는 조정의 종료를 결정하고 이를 관계 당사자 쌍방에 통보하여야 한다.
③제1항의 규정에 의한 조정안이 관계 당사자의 쌍방에 의하여 수락된 후 그 해석 또는 이행방법에 관하여 관계 당사자간에 의견의 불일치가 있는 때에는 관계 당사자는 당해 교원노동관계조정위원회(원: 조정위원회 또는 단독조정인)에게 그 해석 또는 이행방법에 관한 명확한 견해의 제시를 요청하여야 한다.
④교원노동관계조정위원회(원: 조정위원회 또는 단독조정인)는 제3항의 규정에 의한 요청을 받은 때에는 그 요청을 받은 날부터 7일 이내에 명확한 견해를 제시하여야 한다.
⑤제3항 및 제4항의 해석 또는 이행방법에 관한 견해가 제시될 때까지는 관계 당사자는 당해 조정안의 해석 또는 이행에 관하여 쟁의행위를 할 수 없다.

**• 중재 관련 규정 중 일부(제62조 내지 제65조, 제66조 제2항) 규정의 적용 배제**

일반노조법 제62조 내지 제67조는 노동위원회에 의한 중재에 관한 사항을 정하고 있다. 그러나, 특별법인 교원노조법은 제10조에서 별도로 교원노조와 관련된 중재에 관하여 규정하고 있으며, 제11조에서 교원노동관계조정위원회의 구성에 관하여 별도로 규정하고 있는 바, 특별법 우선의 원칙에 의해 이와 충돌되는 일반노조법 제62조 내지 제65조 규정은 그 적용이 배제된다. 또한, 일반 중재위원회와 교원노동관계조정위원회 구성의 차이에 따라, 제66조 제2항(사용자 또는 근로자 대표 위원의 의견 진술권)도 배제된다.

제62조 (중재의 개시) 노동위원회는 다음 각호의 1에 해당하는 때에는 중재를 행한다.
1. 관계 당사자의 쌍방이 함께 중재를 신청한 때
2. 관계 당사자의 일방이 단체협약에 의하여 중재를 신청한 때
3. 제71조제2항의 규정에 의한 필수공익사업에 있어서 노동위원회 위원장이 특별조정위원회의 권고에 의하여 중재에 회부한다는 결정을 한 때

제63조 (중재시의 쟁의행위의 금지) 노동쟁의가 중재에 회부된 때에는 그 날부터

15일간은 쟁의행위를 할 수 없다.

제64조 (중재위원회의 구성) ①노동쟁의의 중재 또는 재심을 위하여 노동위원회에 중재위원회를 둔다.

②제1항의 규정에 의한 중재위원회는 중재위원 3인으로 구성한다.

③제2항의 중재위원은 당해 노동위원회의 공익을 대표하는 위원중에서 관계 당사자의 합의로 선정한 자에 대하여 그 노동위원회의 위원장이 지명한다. 다만, 관계 당사자간에 합의가 성립되지 아니한 경우에는 노동위원회의 공익을 대표하는 위원중에서 지명한다.

제65조 (중재위원회의 위원장) ①중재위원회에 위원장을 둔다.

②위원장은 중재위원중에서 호선한다.

제66조 (주장의 확인 등) ①중재위원회는 기일을 정하여 관계 당사자 쌍방 또는 일방을 중재위원회에 출석하게 하여 주장의 요점을 확인하여야 한다.

②관계 당사자가 지명한 노동위원회의 사용자를 대표하는 위원 또는 근로자를 대표하는 위원은 중재위원회의 동의를 얻어 그 회의에 출석하여 의견을 진술할 수 있다.

• **중재재정(제69조, 제70조) 규정의 적용 배제**

일반노조법 제69조와 제70조는 각각 중재재정 등의 확정과 중재재정 등의 효력에 관하여 규정하고 있다. 그러나, 특별법인 교원노조법은 제12조에서 별도로 교원노조와 관련된 중재재정에 관하여 규정하고 있는 바, 특별법 우선의 원칙에 의해 전술한 제69조와 제70조는 그 적용이 배제된다.

제69조 (중재재정 등의 확정) ①관계 당사자는 지방노동위원회 또는 특별노동위원회의 중재재정이 위법이거나 월권에 의한 것이라고 인정하는 경우에는 그 중재재정서의 송달을 받은 날부터 10일 이내에 중앙노동위원회에 그 재심을 신청할 수 있다.

②관계 당사자는 중앙노동위원회의 중재재정이나 제1항의 규정에 의한 재심결정이 위법이거나 월권에 의한 것이라고 인정하는 경우에는 행정소송법 제20조의 규정에 불구하고 그 중재재정서 또는 재심결정서의 송달을 받은 날부터 15일 이내에 행정소송을 제기할 수 있다.

③제1항 및 제2항에 규정된 기간 내에 재심을 신청하지 아니하거나 행정소송을 제기하지 아니한 때에는 그 중재재정 또는 재심결정은 확정된다.

④제3항의 규정에 의하여 중재재정이나 재심결정이 확정된 때에는 관계 당사자

는 이에 따라야 한다.

제70조 (중재재정 등의 효력) ①노동위원회의 중재재정 또는 재심결정은 제69조 제1항 및 제2항의 규정에 의한 중앙노동위원회에의 재심신청 또는 행정소송의 제기에 의하여 그 효력이 정지되지 아니한다.

②제69조제3항의 규정에 의하여 확정된 중재재정 또는 재심결정의 내용은 단체협약과 동일한 효력을 가진다.

**• 공익사업 등의 조정에 관한 특칙(제71조 내지 제75조) 규정의 적용 배제**

일반노조법은 제71조 내지 제75조에서 운수, 수도, 전기 등 공중의 일상생활과 밀접한 관련이 있거나 국민경제에 미치는 영향이 큰 사업에 대한 특례를 규정하고 있다. 교육사업도 성질상은 이에 해당한다고 할 것이나, 별도의 교원노조법이 제정되어 있으므로 이들 조항의 적용은 배제된다.

제4절 공익사업 등의 조정에 관한 특칙

제71조 (공익사업의 범위 등)
제72조 (특별조정위원회의 구성)
제73조 (특별조정위원회의 위원장)
제74조 (중재회부의 권고)
제75조 (중재회부의 결정)

**• 긴급조정(제76조 내지 제80조) 규정의 적용 배제**

일반노조법은 제76조 내지 제80조에 공익사업 및 국민경제 · 국민의 일상생활을 위태롭게 할 위험이 현저히 큰 경우와 관련하여 노동부장관의 긴급조정에 대한 규정을 두고 있다. 그러나 교원노조와 관련해서는 교육의 특수성 등을 감안하여 명문으로 이에 대한 적용을 배제함으로써 관계 당사자간의 원활한 조정을 강조하고 있다.

제5절 긴급조정

제76조 (긴급조정의 결정) ①노동부장관은 쟁의행위가 공익사업에 관한 것이거나 그 규모가 크거나 그 성질이 특별한 것으로서 현저히 국민경제를 해하거나 국민

의 일상생활을 위태롭게 할 위험이 현존하는 때에는 긴급조정의 결정을 할 수 있다.

②노동부장관은 긴급조정의 결정을 하고자 할 때에는 미리 중앙노동위원회 위원장의 의견을 들어야 한다.

③노동부장관은 제1항 및 제2항의 규정에 의하여 긴급조정을 결정한 때에는 지체없이 그 이유를 붙여 이를 공표함과 동시에 중앙노동위원회와 관계 당사자에게 각각 통고하여야 한다.

제77조 (긴급조정시의 쟁의행위 중지) 관계 당사자는 제76조제3항의 규정에 의한 긴급조정의 결정이 공표된 때에는 즉시 쟁의행위를 중지하여야 하며, 공표일부터 30일이 경과하지 아니하면 쟁의행위를 재개할 수 없다.

제78조 (중앙노동위원회의 조정) 중앙노동위원회는 제76조제3항의 규정에 의한 통고를 받은 때에는 지체없이 조정을 개시하여야 한다.

제79조 (중앙노동위원회의 중재회부 결정권) ①중앙노동위원회의 위원장은 제78조의 규정에 의한 조정이 성립될 가망이 없다고 인정한 경우에는 공익위원의 의견을 들어 그 사건을 중재에 회부할 것인가의 여부를 결정하여야 한다.

②제1항의 규정에 의한 결정은 제76조제3항의 규정에 의한 통고를 받은 날부터 15일 이내에 하여야 한다.

제80조 (중앙노동위원회의 중재) 중앙노동위원회는 당해 관계 당사자의 일방 또는 쌍방으로부터 중재신청이 있거나 제79조의 규정에 의한 중재회부의 결정을 한 때에는 지체없이 중재를 행하여야 한다.

**• 부당노동행위(제81조제2호 단서) 규정의 적용 배제**

일반노조법 제81조는 사용자에 의한 부당노동행위의 구체적인 예를 규정하고 있다. 이와 관련하여 제2호는 노조에 대한 가입 또는 탈퇴를 고용조건으로 하는 것을 금지하면서, 노동조합이 당해 사업장에 종사하는 근로자의 3분의 2이상을 대표하고 있을 때에는 근로자가 그 노동조합의 조합원이 될 것을 고용조건으로 하는 단체협약의 체결이 가능하도록 하고 있다. 그러나 교원노조법 제14조 제2항은 이의 적용을 배제하고 있는바, 교원의 고용과 관련하여서는 이러한 경우에도 특정 노동조합에 대한 가입 또는 탈퇴를 고용조건으로 할 수 없다.

제81조 (부당노동행위) 사용자는 다음 각호의 1에 해당하는 행위(이하 "부당노동행위"라 한다)를 할 수 없다.

1. 근로자가 노동조합에 가입 또는 가입하려고 하였거나 노동조합을 조직하려

고 하였거나 기타 노동조합의 업무를 위한 정당한 행위를 한 것을 이유로 그 근로자를 해고하거나 그 근로자에게 불이익을 주는 행위

2. 근로자가 어느 노동조합에 가입하지 아니할 것 또는 탈퇴할 것을 고용조건으로 하거나 특정한 노동조합의 조합원이 될 것을 고용조건으로 하는 행위. 다만, 노동조합이 당해 사업장에 종사하는 근로자의 3분의 2이상을 대표하고 있을 때에는 근로자가 그 노동조합의 조합원이 될 것을 고용조건으로 하는 단체협약의 체결은 예외로 하며, 이 경우 사용자는 근로자가 당해 노동조합에서 제명된 것을 이유로 신분상 불이익한 행위를 할 수 없다.
3. 노동조합의 대표자 또는 노동조합으로부터 위임을 받은 자와의 단체협약체결 기타의 단체교섭을 정당한 이유없이 거부하거나 해태하는 행위
4. 근로자가 노동조합을 조직 또는 운영하는 것을 지배하거나 이에 개입하는 행위와 노동조합의 전임자에게 급여를 지원하거나 노동조합의 운영비를 원조하는 행위. 다만, 근로자가 근로시간 중에 사용자와 협의 또는 교섭하는 것을 사용자가 허용함은 무방하며, 또한 근로자의 후생자금 또는 경제상의 불행 기타 재액의 방지와 구제 등을 위한 기금의 기부와 최소한의 규모의 노동조합사무소의 제공은 예외로 한다.
5. 근로자가 정당한 단체행위에 참가한 것을 이유로 하거나 또는 노동위원회에 대하여 사용자가 이 조의 규정에 위반한 것을 신고하거나 그에 관한 증언을 하거나 기타 행정관청에 증거를 제출한 것을 이유로 그 근로자를 해고하거나 그 근로자에게 불이익을 주는 행위

**• 벌칙 관련 규정 중 일부(제88조, 제89조 제1호, 제91조, 제96조 제1항 제3호) 규정의 적용 배제**

일반노조법 제88조 내지 제96조는 동법 위반에 대한 벌칙을 규정하고 있다. 그러나, 교원 노동조합과 관련하여서는 쟁의행위가 원칙적으로 금지되기 때문에, 쟁의행위와 관련된 동법의 벌칙 조항의 적용은 실익이 없다. 따라서 교원노조법 제14조 제2항은 이들 조항에 대한 적용 배제를 명시하고 있다.

제88조 (벌칙) 제41조제2항의 규정에 위반한 자는 5년 이하의 징역 또는 5천만원 이하의 벌금에 처한다.
제89조 (벌칙) 다음 각호의 1에 해당하는 자는 3년 이하의 징역 또는 3천만원 이하의 벌금에 처한다.
1. 제37조제2항, 제38조제1항, 제40조제2항 또는 제42조제1항의 규정에 위반

한 자

2. 제85조제3항의 규정에 의하여 확정되거나 행정소송을 제기하여 확정된 구제명령에 위반한 자

제91조 (벌칙) 다음 각호의 1에 해당하는 자는 1년 이하의 징역 또는 1천만원 이하의 벌금에 처한다.

1. 제38조제2항, 제41조제1항, 제42조제2항, 제43조, 제45조제2항 본문, 제46조제1항 또는 제63조의 규정에 위반한 자
2. 제42조제3항의 규정에 의한 명령에 위반한 자

제96조 (과태료) ①다음 각호의 1에 해당하는 자는 500만원 이하의 과태료에 처한다.

1. 제14조의 규정에 의한 서류를 비치 또는 보존하지 아니한 자
2. 제27조의 규정에 의한 보고를 하지 아니하거나 허위의 보고를 한 자
3. 제46조제2항의 규정에 의한 신고를 하지 아니한 자

②제13조, 제28조제2항 또는 제31조제2항의 규정에 의한 신고 또는 통보를 하지 아니한 자는 300만원 이하의 과태료에 처한다.

③제1항 및 제2항의 규정에 의한 과태료는 대통령령이 정하는 바에 의하여 행정관청이 부과·징수한다.

④제3항의 규정에 의한 과태료의 처분에 불복이 있는 자는 그 처분의 고지를 받은 날부터 30일 이내에 행정관청에게 이의를 제기할 수 있다.

⑤제3항의 규정에 의한 과태료의 처분을 받은 자가 제4항의 규정에 의하여 이의를 제기한 때에는 행정관청은 지체없이 관할법원에 그 사실을 통보하여야 하며, 그 통보를 받은 관할법원은 비송사건절차법에 의한 과태료의 재판을 한다.

⑥제4항의 규정에 의한 기간 내에 이의를 제기하지 아니하고 과태료를 납부하지 아니한 때에는 국세체납처분의 예에 의하여 이를 징수한다.

**• 복수노조 금지(부칙 제5조 제1항, 제2항) 규정의 적용 배제**

일반노조법 부칙 제5조는 노동조합 조직을 자유로이 할 수 있도록 규정하고 있으나 부칙 제5조가 2006년 12월 31일까지 이를 유보하고 있기 때문에, 일반 사업장의 경우에는 2006년까지 동일 사업장에 내한 복수노소가 실실석으로는 금지되어 있다. 그러나 교원노조법 제14조 제2항은 노조법 부칙 제5조 제1항과 제2항의 적용을 배제하고 있기 때문에, 교원노조의 경우에는 2007년 이전이라도 2이상이 설립되어 활동할 수 있다.

제5조 (노동조합 설립에 관한 경과조치) ①하나의 사업 또는 사업장에 노동조합이 조직되어 있는 경우에는 제5조의 규정에 불구하고 2006년 12월 31일까지는 그 노동조합과 조직대상을 같이 하는 새로운 노동조합을 설립할 수 없다.
②행정관청은 설립하고자 하는 노동조합이 제1항의 규정에 위반한 경우에는 그 설립신고서를 반려하여야 한다.
③노동부장관은 2006년 12월 31일까지 제1항의 기한이 경과된 후에 적용될 교섭창구 단일화를 위한 단체교섭의 방법 · 절차 기타 필요한 사항을 강구하여야 한다.

### 3) 3항

③은 선거운동허용과 관련된 규정이다.[7)]

• 선거운동허용(공직선거및선거부정방지법 제87조 단서)규정의 적용 배제

공직선거및선거부정방지법 제87조는 단체들이 선거기간 중에 그 명의 또는 그 대표의 명의로 특정 정당이나 후보자를 지지 · 반대하거나 지지 · 반대할 것을 권유하는 행위를 할 수 없도록 규정하고 있음에도 불구하고, 단서 조항을 통하여 노조법 상의 노동조합의 경우에는 이를 허용하고 있다. 그러나 교원노조의 경우에는 헌법 제31조 제4항 및 교육기본법 제14조 제3항의 교육 및 교원의 정치적 중립성에 근거한 교원노조법 제3조의 교원노조의 정치활동 금지 규정이 우선 적용된다 할 것이며, 교원노조법 제14조 제3항은 이를 명확히 하고 있다. 이는 교원의 정치적 중립성과 학습권을 보호하기 위한 조치로 판단된다.[8)]

---

7) 공직선거및선거부정방지법 제81조 (단체의 후보자 등 초청 대담 · 토론회) ①다음 각호의 1에 해당하지 아니하는 단체는 후보자(비례대표국회의원후보자를 제외한다. 이하 이 조에서 같다)와 대담자 또는 토론자(대통령선거 및 시 · 도지사선거의 경우에 한하며, 정당 또는 후보자가 선거운동을 할 수 있는 자중에서 선거사무소 또는 선거연락소마다 지명한 1인을 말한다. 이하 이 조에서 같다) 1인 또는 수인을 초청하여 소속정당의 정강 · 정책이나 후보자의 정견 기타사항을 알아보기 위한 대담 · 토론회를 이 법이 정하는 바에 따라 옥내에서 개최할 수 있다. 다만, 제10조제1항제6호의 노동조합과 단체는 그러하지 아니하다.
1. 국가 · 지방자치단체 또는 제53조(공무원 등의 입후보)제1항제4호 내지 제6호에 규정된 정부투자기관 등
2. 향민회 · 종친회 · 동창회 · 산악회 등 동호인회, 계모임 등 개인간의 사적 모임
3. 제10조(사회단체 등의 공명선거추진활동)제1항제1호 내지 제5호에 규정된 단체

8) 국회 환경노동위원회, 교원의노동조합설립및운영등에관한법률안심사보고서, 1998. 12, p. 9.

제87조 (단체의 선거운동금지) 단체는 사단·재단 기타 명칭의 여하를 불문하고 선거기간중에 그 명의 또는 그 대표의 명의로 특정 정당이나 후보자를 지지·반대하거나 지지·반대할 것을 권유하는 행위를 할 수 없다. 다만, 노동조합및노동관계조정법 제2조(정의)의 규정에 의한 노동조합과 제81조(단체의 후보자 등 초청 대담·토론회)제1항제1호 내지 제3호에 규정된 단체가 아닌 단체는 그러하지 아니하다.

# 벌 칙 제15조

## 1. 조문

① 제8조의 규정에 위반한 자는 5년 이하의 징역 또는 5천만원 이하의 벌금에 처한다.

② 제12조 제3항의 규정에 위반한 자는 2년 이하의 징역 또는 2천만원 이하의 벌금에 처한다.

## 2. 입법 취지 및 해설

### 가. 입법 취지

본조는 노동조합과 그 조합원의 쟁의행위 금지 및 확정된 중재재정을 불이행하는 경우의 벌칙을 규정하고자 한 것이다.

### 나. 해설

제8조는 "노동조합과 그 조합원은 파업・태업 기타 업무의 정상적인 운영을 저해하는 일체의 쟁의행위를 하여서는 아니 된다."고 명시하고 있으며 이것은 교사가 집단적으로 파업이나 태업을 할 경우 학생들이 수업권에 영향을 미치므로 이를 금지하였다.[1)]

제12조는 중재재정의 확정에 관한 조문으로 "①관계 당사자는 중앙노동위원회의 중재재정이 위법하거나 월권에 의한 것이라고 인정하는 경우에는 행정소송

1) 국회 환경노동위원회(1998). 앞의 책. p. 9.

법 제20조의 규정에 불구하고 그 중재재정서의 송달을 받은 날부터 15일 이내에 중앙노동위원회 위원장을 피고로 하여 행정소송을 제기할 수 있다. ②제1항의 기간 내에 행정소송을 제기하지 아니한 때에는 그 중재재정은 확정된다. ③제2항의 규정에 의하여 중재재정이 확정된 때에는 관계당사자는 이에 따라야 한다."고 명시하고 있는데 이것은 중재재정의 확정절차 및 확정된 중재재정의 효력을 명확히 함으로써 중재재정에 대한 다툼을 방지하고자 한 것이다.

## 3. 참고 내용

### 가. 주요 개념

#### 1) 일체의 쟁의행위의 금지

교원노조법에서는 교원 노동조합과 교원에게 일체의 쟁의행위를 금지(동법 제8조)토록하고 있으며, 이를 위반한 자에 대해서는 벌칙규정(동법 제15조)도 마련하고 있고, 노동조합법상의 쟁의행위에 대한 민사면책규정과 형법상의 정당행위 해당규정의 적용도 제외하고 있다.

#### 2) 중앙노동위원회

중앙노동위원회는 노동위원회법에 근거 노동부장관 소속하에 설치되며, 노동관계의 판정 및 조정업무를 신속 · 공정하게 수행할 것을 목적으로 하는 합의체 행정관청으로서, 독립성을 지닌 준사법적 기관이다.

노동위원회는 관할 및 업무에 따라 중앙노동위원회, 지방노동위원회(12개소), 특별노동위원회(선원노동위원회)로 구분되며, 전원회의 외에 그 권한에 속하는 업무를 부문별로 처리하기 위하여 부문별 위원회(심판위원회, 조정위원회, 특별조정위원회, 중재위원회 및 교원노동관계조정위원회)를 두어 사건을 처리한다. 또한 위원회의 사무 처리를 지원하기 위해 사무국을 둔다(노동위원회법 제14조).

### 3) 노동쟁의 조정법제[2)]

교원 노동조합의 단체교섭을 둘러싸고 현실적으로 노동관계 당사자의 이해와 주장이 첨예하게 대립됨으로 노동쟁의가 발생하게 되는 것은 필연적이다. 문제는 이러한 노동쟁의의 발생 자체에 있는 것이 아니라 발생된 노동쟁의를 신속·공정하게 조정할 수 있는 조정제도의 구비 여부에 있다. 특히, 일체의 쟁의행위를 금지하는 교원 노동조합에서는 더욱 그러하다 할 것이다.

노동관계 당사자의 근로조건 등에 관한 주장의 불일치로 인한 분쟁상태가 야기된 경우에 외부의 제3자가 양자의 주장을 조정하여 노동쟁의를 해결하기 위해 노력하는 절차를 '노동쟁의의 조정'이라고 한다.

#### 가) 조정

조정은 조정위원회가 관계당사자의 의견을 들어 조정안을 작성하고 노사에 대해 그것의 수락을 권고하는 제도이다. 단체교섭이 결렬된 경우에는 당사자 일방 또는 쌍방은 중앙노동위원회에 조정을 신청할 수 있다[3)]. 중앙노동위원회는 관계당사자의 일방이 노동쟁의의 조정을 신청한 때에는 지체 없이 조정을 개시하여야 하며 관계당사자 쌍방은 이를 성실히 임하여야 한다[4)].

교원노조법은 쟁의행위를 금지하는 대신에 특수한 조정절차를 규정하고 있다. 우선 일반 사업장에서 허용되는 사적조정이 허용되지 아니 한다[5)]. 둘째, 조정신청은 지방노동위원회가 아니라 중앙노동위원회에 한다. 단체교섭이 결렬될 경우 당사자 일방 또는 쌍방은 중앙노동위원회에 주정을 신청할 수 있으며, 이때 중앙노동위원회는 내부에 설치한 교원노동관계조정위원회에서 지체 없이 조정을

---

2) 정영수, 교원노동조합에 관한 연구, 광운대학교 교육대학원 석사학위논문, 2000, pp. 72-76.

3) 「교원의노동조합설립및운영등에관한법률」 제9조 제1항

4) 「교원의노동조합설립및운영등에관한법률」 제9조 제2항

5) 「교원의노동조합설립및운영등에관한법률」 제14조 제2항, 「노동조합및노동관계조정법」 제52조

개시하여야 한다. 셋째, 조정은 신청이 있는 날로부터 30일 이내에 종료하도록 하고 있다[6]. 일반 사업과 공익사업의 경우 10일과 15일인 데 비하여[7] 30일로 연장한 것은 교원노조의 쟁의행위가 금지되고 있는 입법취지를 고려하여 충분한 논의를 통해 조정이 이루어질 수 있도록 하기 위함이다.[8]

### 나) 중재

중재는 조정과는 달리 노사 당사자를 법률적으로 구속하는 효력이 있는 처분으로서 조정제도의 한 유형이다. 교원의 노동관계에서 발생되는 노동쟁의는 일체의 쟁의행위가 금지되는 점을 감안하여 어떠한 경우에도 강제중재에 회부하지 아니하고, 노사 당사자에게 각종 조정서비스를 제공하여 자주적인 해결에 도달할 수 있도록 조력함이 바람직하다.

그런데 교원노조법에 의하면 첫째, 단체교섭이 결렬되어 관계 당사자 쌍방이 함께 중재를 신청한 경우, 둘째, 중앙노동위원회가 제시한 조정안을 당사자 일방 또는 쌍방이 거부한 경우, 셋째, 중앙노동위원회 위원장이 직권 또는 노동부장관의 요청에 의하여 중재에 회부한다는 결정을 한 경우에는 중재가 개시 된다[9].

그러나 현행법상 강제중재[10]는 단체협약체결을 강제하는 효과를 갖고 있는데, 교원노조법이 중재를 당사자의 의사에 관계없이 개시하도록 하고 있는 점(특히 그 개시를 중앙노동위원회 위원장 직권에 맡긴 점), 구 노동쟁의조정법 제30조 제3호가 "공익사업에 있어서 노동위원회가 그 직권 또는 행정관청의 요구에 의하여 중재에 회부한다는 결정을 한 때"라고 규정하고 있던 것을 행정관청의 부당한

---

6) 「교원의노동조합설립및운영등에관한법률」 제9조 제3항

7) 「노동조합및노동관계조정법」 제54조

8) 국회환경노동위원회(1998). 앞의 책. p. 7.

9) 「교원의노동조합설립및운영등에관한법률」 제10조

10) 현행 노동조합법상 강제중재는 필수공익사업의 경우에 한정하여 특별조정위원회의 권고에 의해 공익위원의 의견을 들어 노동위원회 위원장이 결정하도록 되어 있다(노동조합법 제75조). 중재에 회부된 때에는 그 날로부터 15일 간은 쟁의행위를 하지 못하고(노동조합법 제63조), 중재에 회부되어 중재재정이 확정된 경우는 일반 사업에 대한 중재재정의 효력과 완전히 동일하여 단체협약과 동일한 효력을 가지므로(노동조합법 제70조 제2항), 일단 중재재정이 내려지면 쟁의행위를 할 수 없게 되어 필수공익사업에 종사하는 근로자의 단체협약체결권과 쟁의권을 매우 제한하게 된다.

간섭을 배제하기 위해 현행 노동조합법이 "행정관청의 요구에 의하여" 부분을 삭제하였으므로(동법 제62조 제3호), 교원노조법 제10조 제3호의 "노동부장관의 요청에 의하여" 부분은 행정관청의 부당한 간섭의 위험이 있다는 점 등을 고려할 때, 교원노조법 제10조 제3호는 결국 교원의 단체교섭권 및 단체협약체결권을 근원적으로 제약하는 결과를 가져온다. 이는 기본권 제한의 과잉금지원칙에도 반한다.

이러한 점에서 교원의 쟁의권을 전면적으로 금지하는 법제 하에서 강제중재는 문제해결을 오히려 왜곡시키고 장기적으로 자생력 있는 노사관계의 발전을 저해할 수 있다는 비판이 제기되고 있다. 따라서 강제중재보다는 당사자 간의 자주적인 해결을 조장해 나가는 방식이 더 타당하다 할 것이다.

한편 중재재정의 내용은 단체협약의 내용과 동일한 효력을 가지며, 노동관계당사자는 이를 의무적으로 수용하여야 한다. 다만 관계당사자는 중재재정이 위법하거나 월권에 의한 것이라고 인정하는 경우에는 그 중재재정서의 송달을 받은 날로부터 15일 이내에 행정소송을 제기할 수 있다[11].

### 다) 교원노동관계조정위원회

교원노조법은 교원의 노동쟁의 조정 · 중재를 전담하기 위하여 중앙노동위원회에 특별위원회인 교원노동관계조정위원회를 설치하도록 규정하고 있다(동법 제11조 제1항). 동 위원회의 위원은 3인으로 구성하며, 노사관계 당사자의 합의로 중앙노동위원회의 조정담당공익위원이 아닌 자를 추천하는 경우에는 그 추천된 자를 지명하여야 한다(동법 제11조 제2항).

따라서 교원관련 조사 분쟁 중 첫째, 부당노동행위 사건의 경우에는 일반 부당노동행위 사건과 구분 없이 노동조합법 규정에 따라 지방노동위원회의 초심과 중앙노동위원회의 재심을 거치되 별도의 위원회는 두지 않는 반면, 둘째, 노동쟁의 사건의 경우에는 중앙노동위원회에 별도의 위원회를 설치토록 하여 분쟁해결 절차를 이원화하고 있다.

교원의 노동쟁의를 조정 · 중재하기 위하여 중앙노동위원회에만 교원노동관계조정위원회를 설치토록 한 것[12]은 교원관련 분쟁의 특수성을 감안할 때 쟁의조

11) 「교원의노동조합설립및운영등에관한법률」 제12조

12) 이렇게 되면 이에 대해 지역단위 노동쟁의에 대한 조정을 중앙노동위원회가 처리하게 되어

정에 전문성을 발휘할 수 있도록 하고 교원노조의 조직과 교섭을 전국 또는 시·도 단위로 제한되어 있는 점 등을 고려한 것으로 보인다.

그러나 교원관련 노동쟁의의 특수성을 고려하면서도 교원노동관계조정위원회의 구성원을 조정담당 공익위원 3인만으로 구성하는 것은 문제가 있다. 교원의 노동관계는 교육과 근로가 병존하는 영역이므로 교육전문가의 참여가 반드시 보장되어야 한다고 본다. 다만 관계당사자의 합의로 중앙노동위원회의 조정담당이 아닌 자를 추천하는 경우에는 그 추천된 자를 지명하여야 하므로 교육전문가의 참여가 보장될 수 있으나, 관계당사자의 합의가 관건이 될 것이다.

### 나. 관계법령

#### 1) 「교원의노동조합설립및운영등에관한법률」 제8조(쟁의행위의 금지)

노동조합과 그 조합원은 파업·태업 기타 업무의 정상적인 운영을 저해하는 일체의 쟁의행위는 하여서는 아니 된다.

#### 2) 「교원의노동조합설립및운영등에관한법률」 제12조(중재재정의 확정 등)

① 관계 당사자는 중앙노동위원회의 중재재정이 위법하거나 월권에 의한 것이라고 인정하는 경우에는 행정소송법 제20조의 규정에 불구하고 그 중재재정서의 송달을 받은 날부터 15일 이내에 중앙노동위원회 위원장을 피고로 하여 행정소송을 제기할 수 있다.

② 제1항의 기간 내에 행정소송을 제기하지 아니한 때에는 그 중재재정은 확정된다.

---

노동쟁의를 조정함에 있어서 그 지방의 특성을 살릴 수 없게 되므로, 이러한 골격을 유지하더라도 지방노동위원회도 관할 내 조정사건을 담당하고, 중앙노동위원회는 전국단위의 노동쟁의 및 중재재심 사건만을 관할하는 것이 바람직할 것이라는 견해도 있다(박길상, 공무원·교원의 노동관계법에 관한 연구, 한양대 박사학위논문, 1999. 2, p. 263.)

③ 제2항의 규정에 의하여 중재재정이 확정된 때에는 관계 당사자는 이에 따라야 한다.

④ 중앙노동위원회의 중재재정은 제1항의 규정에 의한 행정소송의 제기에 의하여 그 효력이 정지되지 아니한다.

⑤ 제2항의 규정에 의하여 확정된 중재재정의 내용은 단체협약과 동일한 효력을 가진다.

### 3) 「노동조합및노동관계조정법」 제41조(쟁의행위의 제한과 금지)

방위산업에 관한 특별조치법에 의하여 지정된 주요방위산업체에 종사하는 근로자 중 전력, 용수 및 주로 방산물자를 생산하는 업무에 종사하는 자는 쟁의행위를 할 수 없으며 주로 방산물자를 생산하는 업무에 종사하는 자의 범위는 대통령령으로 정한다.

### 4) 「노동조합및노동관계조정법」 제69조(중재재정 등의 확정)

관계당사자는 지방노동위원회 또는 특별노동위원회의 중재재정이 위법이거나 월권에 의한 것이라고 인정하는 경우에는 그 중재재정서의 송달을 받은 날부터 10일 이내에 중앙노동위원회에 그 재심을 신청할 수 있다.

관계당사자는 중앙노동위원회의 중재재정이나 제1항의 규정에 의한 재심결정이 위법이거나 월권에 의한 것이라고 인정하는 경우에는 행정소송법 제20조의 규정에 불구하고 그 중재재정서 또는 재심결정서의 송달을 받은 날부터 15일 이내에 행정소송을 제기할 수 있다.

제1항 및 제2항에 규정된 기간 내에 재심을 신청하지 아니하거나 행정수송을 제기하지 아니한 때에는 그 중재재정 또는 재심결정은 확정된다.

제3항의 규정에 의하여 중재재정이나 재심결정이 확정된 때에는 관계당사자는 이에 따라야 한다.

#### 5) 「노동조합및노동관계조정법」제88조(벌칙)

제41조 제2항의 규정에 위반한 자는 5년 이하의 징역 또는 5천만원 이하의 벌금에 처한다.

#### 6) 「노동조합및노동관계조정법」제90조(벌칙)

제44조 제2항, 제69조 제4항, 제77조 또는 제81조의 규정에 위반한 자는 2년 이하의 징역 또는 2천만원 이하의 벌금에 처한다.

### 다. 판례

#### 1) 구 「노동조합및노동관계조정법」제40조 제2항 등 위헌소원(2004.12.16. 2002헌바57 전원재판부)

적법한 단체교섭 또는 쟁의행위에 대하여도 간여하는 것을 금지하고 이를 위반하였을 경우 형사처벌을 하는 것은, 국가의 기본권 보장의무 및 죄형법정주의의 위반 및 표현의 자유 등의 침해인 점에 비추어 위헌이라고 할 것이다. 그렇다면 이 사건 법률조항이 합헌성을 유지하기 위해서는 그 적용범위를 좁혀 적법한 단체교섭 또는 쟁의행위에 노동조합과 사용자 및 구 노동조합 및 노동관계조정법 제40조 제1항이 정하는 자 외 제3자가 간여한 경우에는 이 사건 법률조항이 적용되지 않는 것으로 한정적으로 해석할 수밖에 없다.

따라서 이 사건 법률조항이 합헌이라고 보는 다수의견에 찬성할 수 없고 위와 같이 한정적으로 해석하는 한 합헌이라고 보아야 할 것이다.

#### 2) 기소유예처분취소(2004.7.15. 2003헌마878 전원재판부)

가. 「교원의노동조합설립및운영등에관한법률」제8조는 "노동조합과 그 조합

원은 파업 · 태업 기타 업무의 정상적인 운영을 저해하는 일체의 쟁의행위를 하여서는 아니 된다"고 규정할 뿐, 쟁의행위를 따로 정의하고 있지 않다. 다만 교원노조법은 이 법에 정하지 않은 사항에 대하여는 「노동조합및노동관계조정법」이 정하는 바에 따른다고 규정하고 있다(교원노조법 제14조 제1항). 따라서 「교원의노동조합설립및운영등에관한법률」 제8조의 '쟁의행위'의 개념은 「노동조합및노동관계조정법」의 규정에 따라 정의된다고 할 것이다.

한편, 「노동조합및노동관계조정법」제2조 제6호의 "쟁의행위"라 함은 파업 · 태업 · 직장폐쇄 기타 노동관계 당사자가 그 주장을 관철할 목적으로 행하는 행위로서 여기에서 그 주장이라 함은 같은 법 제2조 제5호에 규정된 임금 · 근로시간 · 복지 · 해고 기타 대우 등 근로조건의 결정에 관한 노동관계 당사자 간의 주장을 의미한다고 볼 것이므로, 위와 같은 근로조건의 유지 또는 향상을 주된 목적으로 하지 않는 쟁의행위는 일반노조법의 규제대상인 쟁의행위에 해당하지 않는다고 할 것이다.

나. 전교조 조합원들이 다수 조합원들과 함께 집단 연가서를 제출한 후 수업을 하지 않고 무단결근 내지 무단 조퇴를 한 채 교육인적자원부가 추진하고 있는 교육행정정보시스템(NEIS) 반대집회에 참석하는 등의 쟁의행위는 NEIS의 시행을 저지하기 위한 목적으로 이루어진 것인 바, 청구인들의 행위는 직접적으로는 물론 간접적으로도 근로조건의 결정에 관한 주장을 관철할 목적으로 한 쟁의행위라고 볼 수 없어 노동조합 및 노동관계조정법의 적용대상인 쟁의행위에 해당하지 않는다고 할 것이다.

### 3) 「근로기준법」 제110조 위헌소원(2005.3.31. 2003헌바12 전원재판부)

가. 이 사건 법률조항은 정당한 사유 없이 근로자를 해고한 사용자를 5년 이하의 징역 또는 3,000만 원 이하의 벌금에 처하는 것으로 그 수범자를 제재하는 처벌조항이다. 그런데 근로자의 해고에 관하여 법문 상 요건이 되고 있는 '정당한 이유'에 대하여는 오랜 기간 그것의 의미에 대한 학문적 연구가 진행되어 그 성과가 쌓여있고 다수의 행정해석과 관련 판례들이 풍부하게 집적되어 왔다. 그리하여 이러한 경험과 사례의 축적에 의하여 이제는 그 의미 내용의 전체적 윤곽이 형성되고

구체적 사안들에서 특히 법률전문가들에게는 무엇이 여기에 해당하고 무엇이 해당되지 않는 것을 판단하기에 그다지 어려움을 느끼지 아니할 정도에까지 이르렀다고 할 것이다. 따라서 이 사건 법률조항은 비록 법문 상으로는 '정당한 이유'라는 일반 추상적 용어를 사용하고 있으나 일반인이라도 법률전문가의 도움을 받아 무엇이 금지되는 것인지 여부에 관하여 예측하는 것이 가능한 정도라고 할 것이어서 수범자인 사용자가 해고에 관하여 자신의 행위를 결정해 나가기에 충분한 기준이 될 정도의 의미내용을 가지고 있다. 그렇다면 이 사건 법률조항이 형사처벌의 대상이 되는 해고의 기준을 일반추상적 개념인 '정당한 이유'의 유무에 두고 있기는 하지만, 그 의미에 대하여 법적 자문을 고려한 예견가능성이 있고, 집행자의 자의가 배제될 정도로 의미가 확립되어 있으며, 입법 기술적으로도 개선가능성이 있다는 특별한 사정이 보이지 아니하므로 헌법상 명확성의 원칙에 반하지 아니한다.

나. 고용의 유지는 근로자들의 경제적 생활의 기반이 되므로 사용자에 의하여 일방적으로 노동관계를 종식시키는 해고는 근로자의 생활에 중대한 타격을 주게 된다. 우리나라와 같이 실업에 대비한 직업소개제도나 실업보험제도 등의 사회안전망이 제대로 완비되지 못한 사회에서는 근로자의 생존권을 보장하기 위하여 부당해고를 사전에 방지할 수 있는 예방적 기능의 제도화가 절실히 요구된다. 부당해고에 대하여 처벌규정을 두는 것은 이와 같은 예방적 기능의 실현에 특히 그 효과가 크다고 할 것이다. 그리고 부당해고의 여부를 둘러싼 분쟁이 빈발하고 있으며 노동시장의 유연성이 부족하여 일단 해고된 근로자는 재취업이 제대로 이루어지지 아니하는 우리나라의 노동현실을 볼 때, 부당해고를 근로자의 생존권을 위협하는 사회적 해악으로서 처벌의 대상으로 할 것이 현실적으로 요구되고 있다. 또한 이 사건 법률조항은 서로 관련된 다른 처벌조항들과 그 법정형을 비교하여 보아도 특별히 자의적인 입법이라고 판단할 만큼의 형벌체계상의 현저한 불균형이 발견되지 않으며, 그 법정형의 상한이 징역 5년으로 설정되어 있으나 법정형의 하한은 별도로 정하여져 있지 않으므로 구체적 사건에서 법원 및 법집행당국은 이를 사안에 맞게 탄력적으로 형량하고 집행해나가는데 불합리할 정도로 장애를 주지 아니하므로 이 점에서 형량이 가혹한 것도 없다. 그렇다면 이 사건 법률조항은 자의적이고 불균형한 처벌로서 형벌체계의 정당성을 해친다고 볼 하등의 근거가 없으며, 과잉금지의 원칙에 위배되지 않는다.

#### 4) 구 노동조합법 제46조의 3 위헌제청(전원재판부 1998.3.26. 96헌가20)

구 노동조합법(1986.12.31. 법률 제3925호로 최종 개정되었다가 1996.12.31. 법률 제5244호로 공포된 노동조합 및 노동관계조정법의 시행으로 폐지된 것) 제46조의 3은 그 구성요건을 "단체협약에…… 위반한 자"라고만 규정함으로써 범죄구성요건의 외피만 설정하였을 뿐 구성요건의 실질적 내용을 직접 규정하지 아니하고 모두 단체협약에 위임하고 있어 죄형법정주의의 기본적 요청인 '법률주의'에 위배되고, 그 구성요건도 지나치게 애매하고 광범위하여 죄형법정주의의 명확성의 원칙에 위배된다.

전교조에 가입하여 노동조합 및 집단행동을 한 교사 35명 전원이 전교조 탈퇴서를 피고에 제출함에 있어서 위 33명에 대해서는 문교부의 지침(전교조 탈퇴한 자는 주동자, 단순가입자를 불문하고 동일하게 구제한다)대로 위 탈퇴를 인정하여 경고에 그쳤음에 비해, 원고의 전교조 탈퇴는 인정하지 않고 교사로서의 신분을 박탈하는 면직처분을 한 것은 특정 개인에게 부당한 차별적 불이익을 주는 것으로, 평등의 원칙에 위반하는 위법한 것으로 무효이다.

# 부 칙

## 1. 조문

① (시행일) 이 법은 1999년 7월 1일부터 시행한다.

② (유효기간) 제6조제3항의 규정은 2006년 12월 31일까지 그 효력을 가진다.

## 2. 입법 취지 및 해설[1]

노사정의 합의에 따라 1999년 7월부터 교원의 노동조합 결성권이 보장되도록 1998년 정기국회에서 관련 법률의 제정을 추진하였다. 그리고, 2001년 3월 28일 개정된 「노동조합및노동관계조정법」의 부칙 제5조제3항의 규정에 의하여 교섭 창구 단일화 규정이 적용되는 2007년 1월 1일부터 실효됨을 규정한 것이다.[2]

1) 박재윤 외, 교원노조법 해설, 한국문화사, 2004. p. 158.

2) 2007년 1월 1일 이후 교섭 창구 단일화 방법에 관한 확정된 정부안은 '06.08.24, 현재로는 없고(노동부 노동조합과 담당자와 전화로 확인), 이와 관련하여 노사정위원회에서 "복수노조 교섭체계합리화 관련 논의자료"에 그동안의 논의 내용들을 종합하여 정리되어 있다(노사정위원회 홈페이지 자료실에 탑재되어 있음).

## 3. 참고 내용

### 가. 관계 법령

#### 1) 「교원의노동조합설립및운영등에관한법률」제6조(교섭 및 체결 권한 등)

③ 조직대상을 같이하는 2이상의 노동조합이 설립되어 있는 경우에는 노동조합은 교섭창구를 단일화하여 단체교섭을 요구하여야 한다.

#### 2) 「노동조합및노동관계조정법」부칙 제5조(노동조합 설립에 관한 경과조치)

① (적용배제)
② (적용배제)
③ 노동부장관은 2006년 12월 31일까지 제1항의 기한이 경과된 후에 적용될 교섭창구 단일화를 위한 단체교섭의 방법 · 절차 기타 필요한 사항을 강구하여야 한다.

# 참고문헌

강인수, 교원의 노동기본권에 관한 비교 연구, 교육법학연구 제2호, 대한교육법학회, 1989.
______, 일본의 교직단체 활동방향과 단체교섭 방식, 교원교육연구 제3권 제1호, 한국교원교육연구회, 1990.
경기도교육청, 교직단체 업무편람, 경기도교육청, 2003.
___________, 교직단체업부편람, 2004.
고전, 교사의 법적 지위에 관한 연구, 연세대학교 박사학위논문, 1996.
____, 교원노조 법제화의 의의와 쟁점, 교육행정학연구 제17권, 제3호, 1999.
광주광역시교육청, 교직단체 업무편람, 2005.1.
교육법전편찬회, 교육법전, 교학사, 2004.
교육인적자원부, 교원노조제도의 올바른 이해, 1999.7.
_____________, 교직단체와 단체교섭 · 협의자료집, 2003.12.
국회사무처, 제183회국회 환경노동위원회회의록 제2호, 1997.
_________, 제199회 국회 환경노동위원회 회의록, 1998.12.29.
_________, 제250회(정기회) 국회 환경노동위원회 회의록 제12호, 2004.11.29.
국회환경노동위원회, 교원의노동조합설립및운영등에관한법률안 검토보고서(1998) 및 심사보고서(1998).
________________, 교원의노동조합설립및운영등에관한법률안 심사보고서, 1998.12.
________________, 교원의노동조합설립및운영등에관한법률중개정법률안(신계륜의원 대표 발의, 2002. 9. 24) 검토보고서, 2003. 11.
________________, 교원의노동조합설립및운영등에관한법률중개정법률안(이호웅 의원 대표 발의, 2002. 12. 4) 검토보고서, 2003. 11.
________________, 교원의노동조합설립및운영등에관한법률중개정법률안(정몽준 의원 대표 발의, 2003. 12. 16)
________________, 교원의노동조합설립및운영에관한법률안 검토보고서, 1998.12.
________________, 교원의노조법중개정법률안 검토보고서, 2003.11.
________________, 노동조합 및 노동관계조정법 중 개정 법률안 검토보고서, 2004.11.
권순원, 미국 노동조합의 조직운영과 노사관계, 국제노동브리프 vol.2 no.5, 한국노동 연구원, 2004. 9 · 10.
권오성, 노조전임자와 무노동무임금의 원칙, JURIST 통권400호, 2004.
김남수, 근로자 쟁의행위의 정당성, 강남대학교[논문집] 제35집.
______, 김명수의 노동법전, 서울: 갤러리, 2003.
김수복, 노동법, 서울: (주)중앙경제, 2004.5.
______, 노동법, 중앙경제사, 1998.
김영철 외, 한국의 교원단체 발전방안 연구, 연구보고 RR 97-18, 한국교육개발원, 1997.
김유성, 노동법Ⅱ-집단적 노사관계법, 법문사, 1997.
김인재, 교수노조 건설의 법적 문제, "교수노조 건설의 타당성", 민교협 교수 노조연구팀 토론회자료, 2000.7.5.

김증한 외, 법률학 사전, 서울: 법문사, 1984.
김천수 · 정기종, 노사협상의 전략과 쟁점, 서울: (주)중앙경제, 2004.7.
김현준, 영국교원과 교원 단체의 정치참여, 새교육 8월호, 2001.
김형배, 노동법, 서울 : 박영사, 1994.
______, 노동법, 서울 : 박영사, 1999.
노동부, 2003년 노동조합 조직현황 분석, 2004.12.
______, 노동조합 업무편람, 2002.12.
______, ILO 결사의 자유위원회 권고안, 노동부보도자료, 1998.11.
노사관계개혁위원회, 공무원 · 교원의 노동권, 노동관계법 쟁점자료 96-11, 1996.7.
노사정위원회, 노동쟁의 조정제도 및 쟁의문화 개선을 위한 논의자료, 2003.
__________, 노사관계 법 제도 선진화 방안, 상무위원회 토론자료. 2003.1.
박경문 · 최승욱, 신노사관계론, 서울: 무역경영사, 2002.8.
박경서, 노동법Ⅱ-실무 집단적 노사관계법, 한솜미디어, 2002.
______, 노조전임제도에 관한 법리와 급여지급 금지에 관한 소고, 노동법률 통권144호, 2003.
박근석, 교원노조의 효율적인 단체교섭에 관한 연구, 고려대학교노동대학원 석사학위논문, 2004.
박길상, 공무원, 교원의 노동관계법에 관한 연구, 한양대 박사학위논문, 1999.
박덕규, 선진국의 교원노조, 민성사, 1991.
박덕규 · 박영숙, "교원의 법적 지위에 관한 연구", 한국교육개발원, 1989.
박상신, 교원노조의 단체교섭에 관한 연구, 고려대학교 석사학사논문, 2002.
박영도, 『입법학 용어해설집』, 한국법제연구원 연구보고 02-01, 2002.
박재윤 외, 2004년 판 교원노조법 해설, 서울 : 한국문화사, 2004.
박재윤, 교원과 정치참여-미국의 사례, 새교육, 통권 561호, 2001. 7월호.
박제성, 프랑스의 노동조합전임자, 국제노동브리프 vol.2 no.5, 2004.9.10.
박태주 외, 공공부문의 단체교섭 구조에 관한 연구, 산업연구원 정책연구자료, 2002.
박홍규, 노동단체법 제2판, 서울: 삼영사, 2002.
박희동, 2005 단체교섭의 전망과 과제, 초등교육 제24호, 2005.4.
사립중 · 고등학교법인연합회, 사학회보 제105호, 제113호, 제115호, 2003.9.30.
서울대학교 법학연구소, 법학통론, 서울: 서울대학교 출판부, 1987.
서울특별시교육청, 2001 단체협약 해설 및 이행계획, 2002.5.
______________, 교직단체 업무 편람, 2005.1.
______________, 교직단체업무편람, 2003.1.
서정화 외, 미국 교원단체의 발전동향에 관한 연구, 정책연구 제102집, 한국교원단체총연합회, 1999.11.
신준식, 호주 노동조합 전임자제도의 형성과 현황, 국제노동브리프 vol.2 no.5, 한국노동연구원, 2004. 9 · 10.
신현직, 교육법과 교육기본권, 서울: 청년사, 2003.

오문환, 노조전임자 제도의 입법론적 검토 1 : 노조전임자 제도의 의의와 법적 해석론, 노동관리 144, 2000.
_____, 노조전임자 제도의 입법론적 검토 2, 노동관리 145, 2002.
오택주, 교원의 노동기본권에 관한 연구, 인하대학교교육대학원 석사학위논문, 2002.
원창희, 예방적 조정제도의 도입방안, 조정과 심판 제16호, 서울: 중앙노동위원회, 2003.12.
유성재, 근로3권의 유기적 관련성, 교직단체전담반협의회 회의자료(서울특별시교육청), 2004.
윤광희 외, 일본과 미국의 교직단체에 관한 연구, 교육부 정책연구 과제, 2000.
윤성천, 복수노조 체제와 교섭창구단일화 방안 : 복수노조의 시행과 교섭구조, 노사정위원회, 1999.
이병태, 최신 노동법, 중앙경제, 2005.
이부영, 노동조합 및 노동관계조정법 중 개정 법률안, 2002.10.
이상규, 노조전임자임금지급문제에 대한 검토, 국회보 408, 국회사무처, 2000.10.
이상윤, 노동법(제3판), 서울 : 법문사, 2000.
_____, 노동법, 서울 : 법문사, 2004.3.
_____, 노동법, 서울 : 법문사, 2005.
이승길, 노사정 합의 개정노조법의 내용과 의미 : 전임자 급여금지 및 복수노조 문제 등 관련법안을 중심으로, 경영계 273, 2001.
이일권, 교원노조법의 문제점과 개정방안, 한국노총중앙연구원 노동연구원 신서 8, 2000.
_____, 교원노조법의 쟁점에 대한 비판적 고찰 : 교원의 노동기본권을 중심으로, 한국교육행정학 21(4), 2003.
이재일, 교원의 근로기본권에 관한 연구, 군산대학교교육대학원 석사학위논문, 2001.
이정 편역, 고용사회와 노동법 - 스게노카즈오 지음, 서울: 박영사, 2001.
이차영, 교원노조의 단체협약권:쟁점과 과제, 교육법학연구 제11호, 1999.
이철수, 교원의 단결권 , 2001.
_____, 단체교섭의 근로자측 주체에 관한 비교법적 연구, 서울대학교박사학위논문, 1992.
장은숙, 독일의 노조와 종업원평의회 전임자제도, 국제노동브리프 vol.2 no.5, 한국노동연구원, 2004. 9 · 10.
전문환, 단체협약 이행에 따른 학교갈등, 초등교육 제24호, 2005.4.
정기오 · 김태기, 학교를 위한 협상론, 한국교원대학교 출판부, 2001.
정순임, 교원노조 합법화와 교원의 근로기본권, 국회사무처법제예산실, 1998.3.
정영수, 교원 노동조합에 관한 연구, 광운대학교 석사학위논문, 2000.
정운호, 노동조합의 전임자제도에 관한 연구, 고려대 노동대학원 석사학위논문, 2001.
정인섭, 노조전임자 급여지급 금지론의 문제점, 노동법학 제21호, 한국노동법학회, 2005. 12.
정종수, 노사관계법 · 제도 선진화 방안 쟁점, 월간노동 39(8), 한국산업훈련협회, 2005.8.
_____, 사립학교 교원의 노동기본권 보장에 관한 연구, 2002.
_____, 사립학교교원의 노동기본권 보장에 관한 연구, 마산대학교 석사학위논문, 2002.12.
정현욱, 노동조합의 전임자제도, 서울대 석사학위논문. 1998.

중앙노동위원회, 노동위원회규칙(제16호), 2002. 4. 23.
____________, 노동위원회업무편람, 2004.
____________, 노동쟁의 조정사건 분석. 2004.1.
표시열, 교육정책과 법, 서울: 박영사, 2002.
한경식, 현행 교원노조법의 문제점과 개선방향, 토론회 자료집, 1999.
한국교원교육학회, 한국교원교육연구, 제18권 제3호, 2001.12.25.
한국교원단체총연합회, 미국 교원단체의 발전동향에 관한 연구, 서울 : 애드버킷, 1999.
한국노동교육원, 공공부문 노사관계 교육-서울시 교육청-, 서울: 범신사, 2005.
한국노동연구원, 노동조합및 노동관계조정법 실무해설, 2003.
한국사립중고등학교법인법의회, 교원노동조합업무편람, 2003.
허종렬, "교육에 관한 국가의 권한과 그 한계", 성균관대 법학박사학위논문, 1993.
헌법재판소, 헌법재판소판례집 3권, 1991.
현암사, 도해 법률용어사전, 서울: 현암사, 1993.
홍훈기, 노조전임자의 대우, 노동법률 통권134호, 2002.
川島千裕 · 成川秀明, 일본 노조의 전임자, 국제노동브리프 vol.2 no.5, 한국노동연구원, 2004.9.10.
J. Hoffmann, "Zur Meinungsfreiheit des Lehrers," RdJB 1984, SS
교육인적자원부 http://www.moe.go.kr
노동부 http://www.molab.go.kr
대법원 http://glaw.scout.go.kr
미국교원연맹 http://www.aft.org
민주노총 http://www.nodong.org
법제처 http://www.moleg.go.kr
법제연구원 http://www.klri.re.kr
서울시교육청 http://www.sen.go.kr
영국교직원노조 http://www.teachersunion.org.uk/hompage.asp?NodeID=42710
영국전국교장연합회 http://www.naht.org.uk/about/index.asp
일교조 http://www.jtu-net.or.jp
자유교원조합 http://www.kltu.net
전국교직원노동조합 http://www.eduhope.net
전미교육협회 http://www.nea.org/index.html
전일본교직원조합 http://www.zenkyo.org
중앙노동위원회 http://www.nlrc.go.kr
한국교원노동조합 http://www.kute.or.kr
한국교총 http://www.kfta.or.kr
한국노동연구원 http://www.kli.re.kr
헌법재판소, http://www.ccourt.go.kr

# 부 록

교원의노동조합설립및운영등에관한법률
[일부개정 2005.1.27 법률 7354호]

교원의노동조합설립및운영등에관한법률시행령
[일부개정 2005.7.27 대통령령 18966호]

교원의노동조합설립및운영등에관한법률시행규칙
[제정 1999.6.26 노동부령 152호]

노동조합및노동관계조정법
[일부개정 2006.1.2 법률 제7845호]

근로기준법
[일부개정 2005.5.31 법률 7566호]

노동위원회법
[일부개정 2005.12.29 법률 7796호]

노사정위원회의설치및운영등에관한법률
[제정 1999.5.24 법률 제5990호]

공무원의노동조합설립및운영등에관한법률
[제정 2005.1.27 법률 제7380호]

# 교원의노동조합설립및운영등에관한법률

[일부개정 2005.1.27 법률 7354호]

**제1조 (목적)** 이 법은 국가공무원법 제66조제1항 및 사립학교법 제55조의 규정에 불구하고 노동조합및노동관계조정법 제5조 단서의 규정에 의하여 교원의 노동조합 설립에 관한 사항을 정하고 교원에 적용할 노동조합및노동관계조정법에 대한 특례를 규정함을 목적으로 한다.

**제2조 (정의)** 이 법에서 "교원"이라 함은 초·중등교육법 제19조제1항에서 규정하고 있는 교원을 말한다. 다만, 해고된 자로서 노동조합및노동관계조정법 제82조제1항의 규정에 의하여 노동위원회에 부당노동행위의 구제신청을 한 자의 경우에는 중앙노동위원회의 재심판정이 있을 때까지 이를 교원으로 본다.

**제3조 (정치활동의 금지)** 교원의 노동조합(이하 "노동조합"이라 한다)은 일체의 정치활동을 하여서는 아니된다.

**제4조 (노동조합의 설립)** ①교원은 특별시·광역시·도(이하 "시·도"라 한다)단위 또는 전국단위에 한하여 노동조합을 설립할 수 있다.

②노동조합을 설립하고자 하는 자는 노동부장관에게 설립신고서를 제출하여야 한다.

**제5조 (노동조합 전임자의 지위)** ①교원은 임용권자의 허가가 있는 경우에는 노동조합의 업무에만 종사할 수 있다.

②제1항의 규정에 의하여 허가를 받아 노동조합의 업무에만 종사하는 자(이하 "전임자"라 한다)는 당해 기간중 교육공무원법 제44조 및 사립학교법 제59조의 규정에 의한 휴직명령을 받은 것으로 본다.

③전임자는 그 전임기간중 봉급을 받지 못한다.

④전임자는 그 전임기간중 전임자임을 이유로 승급 기타 신분상의 불이익을 받지 아니한다.

**제6조 (교섭 및 체결권한 등)** ①노동조합의 대표자는 그 노동조합 또는 조합원의 임금·근무조건·후생복지 등 경제적·사회적 지위향상에 관한 사항에 대하여 교육인적자원부장관, 시·도 교육감 또는 사립학교를 설립·경영하는 자와 교섭하고 단체협약을 체결할 권한을 가진다. 이 경우 사립학교의 경우에는 사립학교를 설립·경영하는 자가 전국 또는 시·도단위로 연합하여 교섭에 응하여야 한다. <개정 2001.1.29>

②제1항의 경우에 노동조합의 교섭위원은 당해 노동조합을 대표하는 자와 그 조합원으로 구성하여야 한다.

③조직대상을 같이하는 2이상의 노동조합이 설립되어 있는 경우에는 노동조합은 교섭창구를 단일화하여 단체교섭을 요구하여야 한다.[유효기간 2006.12.31]

④제1항의 규정에 의한 단체교섭을 하거나 단체협약을 체결하는 경우에는 관계 당사자는 국민여론 및 학부모의 의견을 수렴하여 성실히 교섭하고 단체협약을 체결하여야 하며, 그 권한을 남용하여서는 아니된다.

⑤제1항의 규정에 의한 단체교섭의 절차 등에 관하여 필요한 사항은 대통령령으로 정한다.

**제7조 (단체협약의 효력)** ①제6조제1항의 규정에 의하여 체결된 단체협약의 내용중 법령·조례 및 예산에 의하여 규정되는 내용과 법령 또는 조례에 의한 위임을 받아 규정되는 내용은 단체협약으로서의 효력을 가지지 아니한다.

②교육인적자원부장관, 시·도 교육감 및 사립학교를 설립·경영하는 자는 제1항의 규정에 의하여 단체협약으로서의 효력을 가지지 아니하는 내용에 대하여는 그 내용이 이행될 수 있도록 성실히 노력하여야 한다. <개정 2001.1.29>

**제8조 (쟁의행위의 금지)** 노동조합과 그 조합원은 파업·태업 기타 업무의 정상적인 운영을 저해하는 일체의 쟁의행위를 하여서는 아니된다.

**제9조 (노동쟁의의 조정신청 등)** ①제6조의 규정에 의한 단체교섭이 결렬된 경우에는 당사자 일방 또는 쌍방은 중앙노동위원회에 조정을 신청할 수 있다.

②제1항의 규정에 의하여 당사자 일방 또는 쌍방이 조정을 신청한 경우에는 중앙노동위원회는 지체없이 조정을 개시하여야 하며 당사자 쌍방은 이에 성실히 임하여야 한다.

③조정은 제1항의 규정에 의한 신청이 있는 날부터 30일 이내에 종료하여야 한다.

**제10조 (중재의 개시)** 중앙노동위원회는 다음 각호의 1에 해당하는 때에는 중재를 행한다.

1. 제6조의 규정에 의한 단체교섭이 결렬되어 관계 당사자 쌍방이 함께 중재를 신청한 경우
2. 중앙노동위원회가 제시한 조정안을 당사자 일방 또는 쌍방이 거부한 경우
3. 중앙노동위원회 위원장이 직권 또는 노동부장관의 요청에 의하여 중재에 회부한다는 결정을 한 경우

**제11조 (교원노동관계조정위원회의 구성)** ①교원의 노동쟁의를 조정·중재하기 위하여 중앙노동위원회에 교원노동관계조정위원회(이하 "위원회"라 한다)를 둔다.

②제1항의 규정에 의한 위원회는 중앙노동위원회 위원장이 지명하는 조정담당 공익위원 3인으로 구성한다. 다만, 관계당사자의 합의로 중앙노동위원회의 조정담당 공익위원

이 아닌 자를 추천하는 경우에는 그 추천된 자를 지명하여야 한다.

③위원회의 위원장은 위원회의 위원중에서 호선한다.

**제12조 (중재재정의 확정 등)** ①관계당사자는 중앙노동위원회의 중재재정이 위법하거나 월권에 의한 것이라고 인정하는 경우에는 행정소송법 제20조의 규정에 불구하고 그 중재재정서의 송달을 받은 날부터 15일 이내에 중앙노동위원회 위원장을 피고로 하여 행정소송을 제기할 수 있다.

②제1항의 기간 내에 행정소송을 제기하지 아니한 때에는 그 중재재정은 확정된다.

③제2항의 규정에 의하여 중재재정이 확정된 때에는 관계당사자는 이에 따라야 한다.

④중앙노동위원회의 중재재정은 제1항의 규정에 의한 행정소송의 제기에 의하여 그 효력이 정지되지 아니한다.

⑤제2항의 규정에 의하여 확정된 중재재정의 내용은 단체협약과 동일한 효력을 가진다.

**제13조 (교원소청심사청구와의 관계<개정 2005.1.27>)** 노동조합및노동관계조정법 제81조제1호 및 제5호의 규정에 의한 행위로 인하여 교원이 해고 기타 불이익을 받은 것을 이유로 당해 교원 또는 노동조합이 동법 제82조제1항의 규정에 의하여 노동위원회에 그 구제를 신청한 경우에는 교원지위향상을위한특별법 제9조의 규정에 불구하고 교원소청심사위원회에 소청심사를 청구할 수 없다. <개정 2005.1.27>

**제14조 (다른 법률과의 관계)** ①교원에 적용할 노동조합 및 노동관계조정에 관하여 이 법에서 정하지 아니한 사항에 대하여는 제2항에서 정하는 경우를 제외하고는 노동조합및노동관계조정법이 정하는 바에 따른다. 이 경우 동법 제3조중 "단체교섭 또는 쟁의행위로"는 "단체교섭으로"로, 동법 제4조중 "단체교섭 · 쟁의행위"는 "단체교섭"으로, 동법 제10조제1항 본문중 "연합단체인 노동조합과 2이상의 특별시 · 광역시 · 도에 걸치는 단위노동조합은 노동부장관에게, 그 외의 노동조합은 특별시장 · 광역시장 · 도지사에게"는 "노동부장관에게"로, 동법 제12조제1항중 "노동부장관 또는 특별시장 · 광역시장 · 도지사(이하 "행정관청"이라 한다)는"은 "노동부장관은"으로, 동법 제58조 · 제60조제1항 내지 제4항 및 제61조제3항중 "조정위원회 또는 단독조정인"은 "교원노동관계조정위원회"로, 동법 제59조중 "조정위원회의 위원장 또는 단독조정인"은 "교원노동관계조정위원회 위원장"으로, 동법 제61조제1항중 "조정위원 전원 또는 단독조정인"은 "교원노동관계조정위원회 위원 전원"으로, 동법 제66조제1항 · 제67조 및 제68조제2항중 "중재위원회"는 "교원노동관계조정위원회"로, 동법 제81조제3호중 "노동조합의 대표자 또는 노동조합으로부터 위임을 받은 자"는 "노동조합의 대표자"로, 동법 제90조중 "제44조제2항, 제69조제4항, 제77조 또는 제81조"는 "제81조"로, 동법 제92조제1호중 "제31조제1항의 규정에 의하여 체결된 단체협약 또는 제36조제1항의 규정에 의한 결정에 위반한 자"는 "제31조제1항의 규정에 의하여 체결된 단체협약에 위반한 자"로, 동법

제94조중 "제88조 내지 제93조"는 "제89조제2호, 제90조, 제92조, 제93조"로, 동법중 "근로자"는 "교원"으로, 동법중 "사용자"는 "교육인적자원부장관, 시 · 도 교육감, 사립학교를 설립 · 경영하는 자 또는 교원에 관한 사항에 대하여 교육인적자원부장관, 시 · 도 교육감, 사립학교를 설립 · 경영하는 자를 위하여 행동하는 자"로, 동법중 "행정관청"은 "노동부장관"으로 본다. <개정 2001.1.29>

②노동조합및노동관계조정법 제2조제4호 라목 단서, 제24조, 제29조제2항 · 제3항, 제36조 내지 제46조, 제51조 내지 제57조, 제60조제5항, 제62조 내지 제65조, 제66조제2항, 제69조 내지 제80조, 제81조제2호 단서, 제88조, 제89조제1호, 제91조, 제96조제1항제3호 및 부칙(법률 제5310호) 제5조제1항 · 제2항의 규정은 노동조합에 대하여는 이를 적용하지 아니한다.

③공직선거및선거부정방지법 제87조 단서의 규정은 노동조합에 대하여는 이를 적용하지 아니한다.

**제15조 (벌칙)** ①제8조의 규정에 위반한 자는 5년 이하의 징역 또는 5천만원 이하의 벌금에 처한다.

②제12조제3항의 규정에 위반한 자는 2년 이하의 징역 또는 2천만원 이하의 벌금에 처한다.

### 부칙 〈제5727호,1999.1.29〉

①(시행일) 이 법은 1999년 7월 1일부터 시행한다.

②(유효기간) 제6조제3항의 규정은 2006년 12월 31일까지 그 효력을 가진다.<개정 2001.3.28>

### 부칙(정부조직법) 〈제6400호,2001.1.29〉

**제1조 (시행일)** 이 법은 공포한 날부터 시행한다. <단서 생략>

**제2조** 생략

**제3조 (다른 법률의 개정)** ①내지 ④생략

⑤교원의노동조합설립및운영등에관한법률중 다음과 같이 개정한다.

제6조제1항 전단, 제7조제2항 및 제14조제1항 후단중 "교육부장관"을 각각 "교육인적자원부장관"으로 한다.

⑥내지 <79>생략

**제4조** 생략

**부칙(노동조합및노동관계조정법) 〈제6456호,2001.3.28〉**

①(시행일) 이 법은 공포한 날부터 시행한다. <단서 생략>

②(다른 법률의 개정) 법률 제5727호 교원의노동조합설립및운영등에관한법률 부칙 제2항 중 "2001년"을 "2006년"으로 한다.

**부칙(교원지위향상을위한특별법) 〈제7354호,2005.1.27〉**

**제1조 (시행일)** 이 법은 공포한 날부터 시행한다.

**제2조** 생략

**제3조 (다른 법률의 개정)** ①교원의노동조합설립및운영등에관한법률중 다음과 같이 개정한다.

제13조의 제목중 "교원징계 재심청구"를 "교원소청심사청구"로 하고, 동조중 "교원징계재심위원회에 재심을"을 "교원소청심사위원회에 소청심사를"로 한다.

②및 ③생략

**제4조** 생략

# 교원의노동조합설립및운영등에관한법률시행령

[일부개정 2005.7.27 대통령령 18966호]

**제1조 (목적)** 이 영은 교원의노동조합설립및운영등에관한법률에서 위임된 사항과 그 시행에 관하여 필요한 사항을 규정함을 목적으로 한다.

**제2조 (산하조직의 신고)** 교원의 노동조합(이하 "노동조합"이라 한다)중 2이상의 특별시 · 광역시 · 도(이하 "시 · 도"라 한다)에 걸치는 단위노동조합은 시 · 도단위의 지부 · 분회 등에 한하여 교원의노동조합설립및운영등에관한법률(이하 "법"이라 한다) 제4조제2항의 규정에 의한 노동조합의 설립신고를 할 수 있다.

**제3조 (교섭절차)** ①노동조합의 대표자는 법 제6조제1항의 규정에 따라 상대방(사립학교를 설립 · 경영하는 자의 경우 이들을 구성원으로 하는 단체가 있는 때에는 그 단체의 대표자. 이하 이 항에서 같다)과 단체교섭을 하고자 하는 때에는 교섭개시 예정일 30일 전까지 상대방에게 서면으로 통보하여야 한다. 이 경우 조직대상을 같이 하는 2 이상의 노동조합이 설립되어 있는 때에는 노동조합의 대표자는 연명으로 상대방에게 통보하여야 한다. <개정 2002.12.31>

②사립학교를 설립 · 경영하는 자가 제1항의 규정에 의하여 교섭통보를 받은 때에는 전국 또는 시 · 도 단위로 교섭단을 구성하여야 한다.

③제1항의 규정에 의하여 교섭통보가 있는 때에는 노동관계 당사자는 그 소속원 중에서 지명한 자로 하여금 교섭개시 예정일 전까지 교섭내용 · 교섭위원수 · 교섭일시 및 장소 기타 교섭에 필요한 사항에 관하여 협의를 하도록 한다.

④노동관계 당사자는 교섭개시 예정일 전까지 교섭위원을 선임하여야 한다. <개정 2002.12.31> [유효기간 2001.12.31]

⑤제4항의 경우에 조직대상을 같이 하는 2 이상의 노동조합이 설립되어 있는 때에는 합의에 의하여 교섭위원을 선임하되, 합의하지 못하는 때에는 노동조합의 조합원수에 비례하여 교섭위원을 선임한다. <신설 2002.12.31>

**제4조 (국민여론 등 의견수렴)** ①노동관계 당사자는 법 제6조제4항의 규정에 의하여 국민여론 및 학부모의 의견을 수렴하는 때에는 여론조사를 하거나 공청회 등을 개최할 수 있다.

②제1항의 규정에 의한 여론조사 및 공청회 개최 등은 노동관계 당사자가 이를 공동으

로 실시할 수 있다.

**제5조 (단체협약의 이행통보)** 교육인적자원부장관, 시 · 도 교육감 및 사립학교를 설립 · 경영하는 자는 법 제7조제1항의 규정에 의하여 단체협약으로서의 효력을 가지지 아니하는 단체협약 내용에 대한 이행결과를 다음 교섭시까지 상대방에게 서면으로 통보하여야 한다. 이 경우 사립학교를 설립 · 경영하는 자를 구성원으로 하는 단체가 있는 경우에는 그 단체의 대표자가 상대방에게 서면으로 통보하여야 한다. <개정 2001.1.29>

**제6조 (노동쟁의의 조정 등)** ①노동관계 당사자는 법 제9조 또는 법 제10조의 규정에 의한 조정 또는 중재를 신청하는 때에는 노동부령이 정하는 바에 따라 중앙노동위원회에 이를 신청하여야 한다.

②제1항의 규정에 의한 신청을 받은 중앙노동위원회는 그 신청내용이 법 제9조 또는 법 제10조의 규정에 의한 조정 또는 중재의 대상이 아니라고 인정하는 경우에는 신청인에게 그 사유와 조정 또는 중재외의 다른 해결방법을 알려주어야 한다.

③중앙노동위원회는 법 제9조 또는 법 제10조의 규정에 의하여 노동쟁의 조정 또는 중재를 하게 된 경우에는 지체없이 이를 서면으로 관계당사자에게 각각 통보하고, 법 제11조의 규정에 의한 교원노동관계조정위원회를 구성하여야 한다.

**제7조 (수당 등의 지급)** 법 제11조제2항 단서의 규정에 의하여 교원 노동관계조정위원회의 위원으로 지명된 자에 대하여는 그 직무의 집행을 위하여 예산의 범위 안에서 노동위원회의 위원에 준하는 수당과 여비를 지급할 수 있다.

**제8조 (구제신청 접수의 통보)** 노동위원회가 법 제13조의 규정에 의하여 구제신청서를 접수한 때에는 그 사실을 지체없이 교원소청심사위원회에 통보하여야 한다. <개정 2005.7.27>

**제9조 (다른 시행령과의 관계)** ①교원에 적용할 노동조합 및 노동관계조정에 관하여 이 영에서 정하지 아니한 사항에 관하여는 제2항에서 정하는 경우를 제외하고는 노동조합및노동관계조정법시행령이 정하는 바에 따른다. 이 경우 동법시행령 제9조제1항 본문중 "노동부장관 또는 특별시장 · 광역시장 · 도지사(이하 "행정관청"이라 한다)는"은 "노동부장관은"으로, 동법시행령 제9조제3항 및 제13조제4항중 "당해 사업 또는 사업장의 사용자나 사용자단체에"는 각각 "교육인적자원부장관, 시 · 도 교육감 또는 사립학교를 설립 · 경영하는 자(이들을 구성원으로 하는 단체가 있는 때에는 그 단체의 대표자)에게"로, 동법시행령 제10조제2항중 "다른 행정관청의 관할구역으로"는 "다른 지방노동관서의 관할구역으로"로, "새로운 소재지를 관할하는 행정관청"은 "노동부장관"으로, 동법시행령 제11조제2항중 "제1항제3호 및 제4호"는 "제1항제3호"로, "당해 사업 또는 사업장의 사용자나 사용자단체에도"는 "교육인적자원부장관, 시 · 도 교육감 또는 사립학교를 설립 · 경영하는 자(이들을 구성원으로 하는 단체가 있는 때에는 그 단체의

대표자)에게도"로, 동법시행령 제29조제1항중 "노동위원회"는 "중앙노동위원회"로, 동법시행령 제30조제1항중 "중재위원회"는 "교원노동관계조정위원회"로, 동법시행령중 "근로자"는 각각 "교원"으로, "사용자"는 각각 "교육인적자원부장관, 시 · 도 교육감, 사립학교를 설립 · 경영하는 자 또는 교원에 관한 사항에 대하여 교육인적자원부장관, 시 · 도 교육감, 사립학교를 설립 · 경영하는 자를 위하여 행동하는 자"로, "행정관청"은 각각 "노동부장관"으로 본다. <개정 2001.1.29>

②노동조합및노동관계조정법시행령 제7조, 제8조제3항, 제11조제1항제4호, 제14조, 제17조 내지 제26조, 제28조, 제29조제2항, 제31조, 제32조 및 제33조제1항제10호 내지 제13호 · 제17호 · 제18호의 규정은 노동조합에 관하여는 이를 적용하지 아니한다.

### 부칙 〈제16389호,1999.6.8〉

①이 영은 1999년 7월 1일부터 시행한다.

②(유효기간) 제3조제1항 후단 및 동조제4항 후단의 규정은 2001년 12월 31일까지 효력을 가진다.

### 부칙(교육인적자원부와그소속기관직제) 〈제17115호,2001.1.29〉

**제1조 (시행일)** 이 영은 공포한 날부터 시행한다.

**제2조 내지 제4조** 생략

**제5조 (다른 법령의 개정)** ①내지 <137>생략

<138>교원의노동조합설립및운영등에관한법률시행령중 다음과 같이 개정한다.

제5조 전단 및 제9조제1항 후단중 "교육부장관"을 각각 "교육인적자원부장관"으로 한다.

<139>내지 <152>생략

### 부칙 〈제17873호,2002.12.31〉

①(시행일) 이 영은 공포한 날부터 시행한다.

②(유효기간) 제3조제1항 후단 및 동조제5항의 개정규정은 2006년 12월 31일까지 효력을 가진다.

## 부칙(교원소청에 관한 규정) 〈제18966호,2005.7.27〉

**제1조 (시행일)** 이 영은 공포한 날부터 시행한다.

**제2조 (다른 법령의 개정)** ①내지 ⑤생략

⑥교원의노동조합설립및운영등에관한법률시행령 일부를 다음과 같이 개정한다.

제8조중 "교원징계재심위원회"를 "교원소청심사위원회"로 한다.

⑦내지 ⑨생략

**제3조** 생략

# 교원의노동조합설립및운영등에관한법률시행규칙

[제정 1999.6.26 노동부령 152호]

**제1조 (목적)** 이 규칙은 교원의노동조합설립및운영등에관한법률 및 동법시행령에서 위임된 사항과 그 시행에 관하여 필요한 사항을 규정함을 목적으로 한다.

**제2조 (조정 등의 신청)** ①교원의노동조합설립및운영등에관한법률시행령 제6조의 규정에 의하여 노동쟁의의 조정 또는 중재를 신청하고자 하는 자는 별지 서식의<생략:서식> 노동쟁의조정・중재신청서에 다음 각호의 사항을 기재한 서류를 첨부하여 중앙노동위원회에 제출하여야 한다.

1. 단체교섭 경위
2. 당사자간 의견의 불일치사항 및 이에 대한 당사자의 주장내용
3. 기타 당사자의 주장내용과 관련되는 사항으로서 조정 또는 중재에 참고가 될 수 있는 사항

②중앙노동위원회는 제1항의 규정에 의한 신청을 받은 경우와 조정 또는 중재를 종료한 경우에는 그 내용을 노동부장관 또는 관할지방노동관서의 장에게 지체없이 통보하여야 한다.

**제3조 (다른 시행규칙과의 관계)** ①교원에 적용할 노동조합 및 노동관계조정에 관하여 이 규칙에서 정하지 아니한 사항에 관하여는 제2항에서 정하는 경우를 제외하고는 노동조합및노동관계조정법시행규칙이 정하는 바에 따른다. 이 경우 동법시행규칙 제2조 본문중 "노동부장관, 지방노동관서의 장 또는 특별시장・광역시장・도지사"는 "노동부장관 또는 지방노동관서의 장"으로, 동조제4호중 "근로자로"는 "교원으로"로, 동법시행규칙 제5조중 "행정관청"은 "지방노동관서의 장"으로, 동법시행규칙 제7조제2항중 "행정관청(노동부장관을 제외한다)"은 "지방노동관서의 장"으로, 동법시행규칙 서식중 "노동부(지방노동관서), 시・도"는 각각 "노동부(지방노동관서)"로, "노동부장관(지방노동관서의 장, 시・도지사)"은 각각 "노동부장관(지방노동관서의 장)"으로 본다.

②노동조합및노동관계조정법시행규칙 제11조의2 내지 제15조 및 제16조제6호 내지 제9호・제13호・제14호의 규정은 교원의 노동조합에 관하여는 이를 적용하지 아니한다.

**부칙 〈제152호,1999.6.26〉**

이 규칙은 1999년 7월 1일부터 시행한다.

# 노동조합및노동관계조정법

[일부개정 2006.1.2 법률 제7845호]

## 제1장 총칙

**제1조 (목적)** 이 법은 헌법에 의한 근로자의 단결권·단체교섭권 및 단체행동권을 보장하여 근로조건의 유지·개선과 근로자의 경제적·사회적 지위의 향상을 도모하고, 노동관계를 공정하게 조정하여 노동쟁의를 예방·해결함으로써 산업평화의 유지와 국민경제의 발전에 이바지함을 목적으로 한다.

**제2조 (정의)** 이 법에서 사용하는 용어의 정의는 다음과 같다.

1. "근로자"라 함은 직업의 종류를 불문하고 임금·급료 기타 이에 준하는 수입에 의하여 생활하는 자를 말한다.
2. "사용자"라 함은 사업주, 사업의 경영담당자 또는 그 사업의 근로자에 관한 사항에 대하여 사업주를 위하여 행동하는 자를 말한다.
3. "사용자단체"라 함은 노동관계에 관하여 그 구성원인 사용자에 대하여 조정 또는 규제할 수 있는 권한을 가진 사용자의 단체를 말한다.
4. "노동조합"이라 함은 근로자가 주체가 되어 자주적으로 단결하여 근로조건의 유지·개선 기타 근로자의 경제적·사회적 지위의 향상을 도모함을 목적으로 조직하는 단체 또는 그 연합단체를 말한다. 다만, 다음 각목의 1에 해당하는 경우에는 노동조합으로 보지 아니한다.
   가. 사용자 또는 항상 그의 이익을 대표하여 행동하는 자의 참가를 허용하는 경우
   나. 경비의 주된 부분을 사용자로부터 원조받는 경우
   다. 공제·수양 기타 복리사업만을 목적으로 하는 경우
   라. 근로자가 아닌 자의 가입을 허용하는 경우. 다만, 해고된 자가 노동위원회에 부당노동행위의 구제신청을 한 경우에는 중앙노동위원회의 재심판정이 있을 때까지는 근로자가 아닌 자로 해석하여서는 아니된다.
   마. 주로 정치운동을 목적으로 하는 경우
5. "노동쟁의"라 함은 노동조합과 사용자 또는 사용자단체(이하 "노동관계 당사자"라 한다)간에 임금·근로시간·복지·해고 기타 대우 등 근로조건의 결정에 관한 주장

의 불일치로 인하여 발생한 분쟁상태를 말한다. 이 경우 주장의 불일치라 함은 당사자간에 합의를 위한 노력을 계속하여도 더 이상 자주적 교섭에 의한 합의의 여지가 없는 경우를 말한다.

6. "쟁의행위"라 함은 파업 · 태업 · 직장폐쇄 기타 노동관계 당사자가 그 주장을 관철할 목적으로 행하는 행위와 이에 대항하는 행위로서 업무의 정상적인 운영을 저해하는 행위를 말한다.

**제3조 (손해배상 청구의 제한)** 사용자는 이 법에 의한 단체교섭 또는 쟁의행위로 인하여 손해를 입은 경우에 노동조합 또는 근로자에 대하여 그 배상을 청구할 수 없다.

**제4조 (정당행위)** 형법 제20조의 규정은 노동조합이 단체교섭 · 쟁의행위 기타의 행위로서 제1조의 목적을 달성하기 위하여 한 정당한 행위에 대하여 적용된다. 다만, 어떠한 경우에도 폭력이나 파괴행위는 정당한 행위로 해석되어서는 아니된다.

## 제2장 노동조합

### 제1절 통칙

**제5조 (노동조합의 조직 · 가입)** 근로자는 자유로이 노동조합을 조직하거나 이에 가입할 수 있다. 다만, 공무원과 교원에 대하여는 따로 법률로 정한다.

**제6조 (법인격의 취득)** ①노동조합은 그 규약이 정하는 바에 의하여 법인으로 할 수 있다.

②노동조합은 당해 노동조합을 법인으로 하고자 할 경우에는 대통령령이 정하는 바에 의하여 등기를 하여야 한다.

③법인인 노동조합에 대하여는 이 법에 규정된 것을 제외하고는 민법중 사단법인에 관한 규정을 적용한다.

**제7조 (노동조합의 보호요건)** ①이 법에 의하여 설립된 노동조합이 아니면 노동위원회에 노동쟁의의 조정 및 부당노동행위의 구제를 신청할 수 없다.

②제1항의 규정은 제81조제1호 · 제2호 및 제5호의 규정에 의한 근로자의 보호를 부인하는 취지로 해석되어서는 아니된다.

③이 법에 의하여 설립된 노동조합이 아니면 노동조합이라는 명칭을 사용할 수 없다.

**제8조 (조세의 면제)** 노동조합에 대하여는 그 사업체를 제외하고는 세법이 정하는 바에 따라 조세를 부과하지 아니한다.

**제9조 (차별대우의 금지)** 노동조합의 조합원은 어떠한 경우에도 인종 · 종교 · 성별 · 정당 또는 신분에 의하여 차별대우를 받지 아니한다.

## 제2절 노동조합의 설립

**제10조 (설립의 신고)** ①노동조합을 설립하고자 하는 자는 다음 각호의 사항을 기재한 신고서에 제11조의 규정에 의한 규약을 첨부하여 연합단체인 노동조합과 2이상의 특별시·광역시·도에 걸치는 단위노동조합은 노동부장관에게, 그 외의 노동조합은 특별시장·광역시장·도지사에게 제출하여야 한다. <개정 1998.2.20>

1. 명칭
2. 주된 사무소의 소재지
3. 조합원수
4. 임원의 성명과 주소
5. 소속된 연합단체가 있는 경우에는 그 명칭
6. 연합단체인 노동조합에 있어서는 그 구성노동단체의 명칭, 조합원수, 주된 사무소의 소재지 및 임원의 성명·주소

②제1항의 규정에 의한 연합단체인 노동조합은 동종산업의 단위노동조합을 구성원으로 하는 산업별 연합단체와 산업별 연합단체 또는 전국규모의 산업별 단위노동조합을 구성원으로 하는 총연합단체를 말한다.

**제11조 (규약)** 노동조합은 그 조직의 자주적·민주적 운영을 보장하기 위하여 당해 노동조합의 규약에 다음 각호의 사항을 기재하여야 한다.

1. 명칭
2. 목적과 사업
3. 주된 사무소의 소재지
4. 조합원에 관한 사항(연합단체인 노동조합에 있어서는 그 구성단체에 관한 사항)
5. 소속된 연합단체가 있는 경우에는 그 명칭
6. 대의원회를 두는 경우에는 대의원회에 관한 사항
7. 회의에 관한 사항
8. 대표자와 임원에 관한 사항
9. 조합비 기타 회계에 관한 사항
10. 규약변경에 관한 사항
11. 해산에 관한 사항
12. 쟁의에 관한 사항
13. 대표자와 임원의 규약위반에 대한 탄핵에 관한 사항
14. 임원 및 대의원의 선거절차에 관한 사항
15. 규율과 통제에 관한 사항

**제12조 (신고증의 교부)** ①노동부장관 또는 특별시장·광역시장·도지사(이하 "행정관청"이라 한다)는 제10조제1항의 규정에 의한 설립신고서를 접수한 때에는 제2항 전단 및 제3항의 경우를 제외하고는 3일 이내에 신고증을 교부하여야 한다. <개정 1998.2.20>

②행정관청은 설립신고서 또는 규약이 기재사항의 누락 등으로 보완이 필요한 경우에는 대통령령이 정하는 바에 따라 20일 이내의 기간을 정하여 보완을 요구하여야 한다. 이 경우 보완된 설립신고서 또는 규약을 접수한 때에는 3일 이내에 신고증을 교부하여야 한다. <개정 1998.2.20>

③행정관청은 설립하고자 하는 노동조합이 다음 각호의 1에 해당하는 경우에는 설립신고서를 반려하여야 한다. <개정 1998.2.20>

1. 제2조제4호 각목의 1에 해당하는 경우
2. 제2항의 규정에 의하여 보완을 요구하였음에도 불구하고 그 기간 내에 보완을 하지 아니하는 경우

④노동조합이 신고증을 교부받은 경우에는 설립신고서가 접수된 때에 설립된 것으로 본다.

**제13조 (변경사항의 신고 등)** ①노동조합은 제10조제1항의 규정에 의하여 설립신고된 사항중 다음 각호의 1에 해당하는 사항에 변경이 있는 때에는 그 날부터 30일 이내에 행정관청에게 변경신고를 하여야 한다. <개정 1998.2.20, 2001.3.28>

1. 명칭
2. 주된 사무소의 소재지
3. 대표자의 성명
4. 소속된 연합단체의 명칭

②노동조합은 매년 1월 31일까지 다음 각호의 사항을 행정관청에게 통보하여야 한다. 다만, 제1항의 규정에 의하여 전년도에 변경신고 된 사항은 그러하지 아니하다. <개정 1998.2.20, 2001.3.28>

1. 전년도에 규약의 변경이 있는 경우에는 변경된 규약내용
2. 전년도에 임원의 변경이 있는 경우에는 변경된 임원의 성명
3. 전년도 12월 31일 현재의 조합원수(연합단체인 노동조합에 있어서는 구성단체별 조합원수)

### 제3절 노동조합의 관리

**제14조 (서류비치 등)** ①노동조합은 조합설립일부터 30일 이내에 다음 각호의 서류를

작성하여 그 주된 사무소에 비치하여야 한다.

1. 조합원 명부(연합단체인 노동조합에 있어서는 그 구성단체의 명칭)
2. 규약
3. 임원의 성명 · 주소록
4. 회의록
5. 재정에 관한 장부와 서류

②제1항제4호 및 제5호의 서류는 3연간 보존하여야 한다.

**제15조 (총회의 개최)** ①노동조합은 매년 1회 이상 총회를 개최하여야 한다.

②노동조합의 대표자는 총회의 의장이 된다.

**제16조 (총회의 의결사항)** ①다음 각호의 사항은 총회의 의결을 거쳐야 한다.

1. 규약의 제정과 변경에 관한 사항
2. 임원의 선거와 해임에 관한 사항
3. 단체협약에 관한 사항
4. 예산 · 결산에 관한 사항
5. 기금의 설치 · 관리 또는 처분에 관한 사항
6. 연합단체의 설립 · 가입 또는 탈퇴에 관한 사항
7. 합병 · 분할 또는 해산에 관한 사항
8. 조직형태의 변경에 관한 사항
9. 기타 중요한 사항

②총회는 재적조합원 과반수의 출석과 출석조합원 과반수의 찬성으로 의결한다. 다만, 규약의 제정 · 변경, 임원의 해임, 합병 · 분할 · 해산 및 조직형태의 변경에 관한 사항은 재적조합원 과반수의 출석과 출석조합원 3분의 2 이상의 찬성이 있어야 한다.

③임원의 선거에 있어서 출석조합원 과반수의 찬성을 얻은 자가 없는 경우에는 제2항 본문의 규정에 불구하고 규약이 정하는 바에 따라 결선투표를 실시하여 다수의 찬성을 얻은 자를 임원으로 선출할 수 있다.

④규약의 제정 · 변경과 임원의 선거 · 해임에 관한 사항은 조합원의 직접 · 비밀 · 무기명투표에 의하여야 한다.

**제17조 (대의원회)** ①노동조합은 규약으로 총회에 갈음할 대의원회를 둘 수 있다.

②대의원은 조합원의 직접 · 비밀 · 무기명투표에 의하여 선출되어야 한다.

③대의원의 임기는 규약으로 정하되 3년을 초과할 수 없다.

④대의원회를 둔 때에는 총회에 관한 규정은 대의원회에 이를 준용한다.

**제18조 (임시총회 등의 소집)** ①노동조합의 대표자는 필요하다고 인정할 때에는 임시총회 또는 임시대의원회를 소집할 수 있다.

②노동조합의 대표자는 조합원 또는 대의원의 3분의 1 이상(연합단체인 노동조합에 있어서는 그 구성단체의 3분의 1 이상)이 회의에 부의할 사항을 제시하고 회의의 소집을 요구한 때에는 지체없이 임시총회 또는 임시대의원회를 소집하여야 한다.

③행정관청은 노동조합의 대표자가 제2항의 규정에 의한 회의의 소집을 고의로 기피하거나 이를 해태하여 조합원 또는 대의원의 3분의 1 이상이 소집권자의 지명을 요구한 때에는 15일 이내에 노동위원회의 의결을 요청하고 노동위원회의 의결이 있는 때에는 지체없이 회의의 소집권자를 지명하여야 한다. <개정 1998.2.20>

④행정관청은 노동조합에 총회 또는 대의원회의 소집권자가 없는 경우에 조합원 또는 대의원의 3분의 1 이상이 회의에 부의할 사항을 제시하고 소집권자의 지명을 요구한 때에는 15일 이내에 회의의 소집권자를 지명하여야 한다. <개정 1998.2.20>

**제19조 (소집의 절차)** 총회 또는 대의원회는 회의개최일 7일 전까지 그 회의에 부의할 사항을 공고하고 규약에 정한 방법에 의하여 소집하여야 한다. 다만, 노동조합이 동일한 사업장내의 근로자로 구성된 경우에는 그 규약으로 공고기간을 단축할 수 있다.

**제20조 (표결권의 특례)** 노동조합이 특정 조합원에 관한 사항을 의결할 경우에는 그 조합원은 표결권이 없다.

**제21조 (규약 및 결의처분의 시정)** ①행정관청은 노동조합의 규약이 노동관계법령에 위반한 경우에는 노동위원회의 의결을 얻어 그 시정을 명할 수 있다. <개정 1998.2.20>

②행정관청은 노동조합의 결의 또는 처분이 노동관계법령 또는 규약에 위반된다고 인정할 경우에는 노동위원회의 의결을 얻어 그 시정을 명할 수 있다. 다만, 규약위반시의 시정명령은 이해관계인의 신청이 있는 경우에 한한다. <개정 1998.2.20>

③제1항 또는 제2항의 규정에 의하여 시정명령을 받은 노동조합은 30일 이내에 이를 이행하여야 한다. 다만, 정당한 사유가 있는 경우에는 그 기간을 연장할 수 있다.

**제22조 (조합원의 권리와 의무)** 노동조합의 조합원은 균등하게 그 노동조합의 모든 문제에 참여할 권리와 의무를 가진다. 다만, 노동조합은 그 규약으로 조합비를 납부하지 아니하는 조합원의 권리를 제한할 수 있다.

**제23조 (임원의 선거 등)** ①노동조합의 임원은 그 조합원 중에서 선출되어야 한다.

②임원의 임기는 규약으로 정하되 3년을 초과할 수 없다.

**제24조 (노동조합의 전임자)** ①근로자는 단체협약으로 정하거나 사용자의 동의가 있는 경우에는 근로계약 소정의 근로를 제공하지 아니하고 노동조합의 업무에만 종사할 수 있다.

②제1항의 규정에 의하여 노동조합의 업무에만 종사하는 자(이하 "전임자"라 한다)는 그 전임기간동안 사용자로부터 어떠한 급여도 지급받아서는 아니된다.

**제25조 (회계감사)** ①노동조합의 대표자는 그 회계감사원으로 하여금 6월에 1회 이상 당해 노동조합의 모든 재원 및 용도, 주요한 기부자의 성명, 현재의 경리 상황 등에 대한 회

계감사를 실시하게 하고 그 내용과 감사결과를 전체 조합원에게 공개하여야 한다.

②노동조합의 회계감사원은 필요하다고 인정할 경우에는 당해 노동조합의 회계감사를 실시하고 그 결과를 공개할 수 있다.

**제26조 (운영상황의 공개)** 노동조합의 대표자는 회계연도마다 결산결과와 운영상황을 공표하여야 하며 조합원의 요구가 있을 때에는 이를 열람하게 하여야 한다.

**제27조 (자료의 제출)** 노동조합은 행정관청이 요구하는 경우에는 결산결과와 운영상황을 보고하여야 한다. <개정 1998.2.20>

### 제4절 노동조합의 해산

**제28조 (해산사유)** ①노동조합은 다음 각호의 1에 해당하는 경우에는 해산한다. <개정 1998.2.20>

1. 규약에서 정한 해산사유가 발생한 경우
2. 합병 또는 분할로 소멸한 경우
3. 총회 또는 대의원회의 해산결의가 있는 경우
4. 노동조합의 임원이 없고 노동조합으로서의 활동을 1년 이상 하지 아니한 것으로 인정되는 경우로서 행정관청이 노동위원회의 의결을 얻은 경우

②제1항제1호 내지 제3호의 사유로 노동조합이 해산한 때에는 그 대표자는 해산한 날부터 15일 이내에 행정관청에게 이를 신고하여야 한다. <개정 1998.2.20>

## 제3장 단체교섭 및 단체협약

**제29조 (교섭 및 체결권한)** ①노동조합의 대표자는 그 노동조합 또는 조합원을 위하여 사용자나 사용자단체와 교섭하고 단체협약을 체결할 권한을 가진다.

②노동조합과 사용자 또는 사용자단체로부터 교섭 또는 단체협약의 체결에 관한 권한을 위임받은 자는 그 노동조합과 사용자 또는 사용자단체를 위하여 위임받은 범위 안에서 그 권한을 행사할 수 있다.

③노동조합과 사용자 또는 사용자단체는 제2항의 규정에 의하여 교섭 또는 단체협약의 체결에 관한 권한을 위임한 때에는 그 사실을 상대방에게 통보하여야 한다.

**제30조 (교섭 등의 원칙)** ①노동조합과 사용자 또는 사용자단체는 신의에 따라 성실히 교섭하고 단체협약을 체결하여야 하며 그 권한을 남용하여서는 아니된다.

②노동조합과 사용자 또는 사용자단체는 정당한 이유없이 교섭 또는 단체협약의 체결을 거부하거나 해태하여서는 아니된다.

**제31조 (단체협약의 작성)** ①단체협약은 서면으로 작성하여 당사자 쌍방이 서명날인하여야 한다.

②단체협약의 당사자는 단체협약의 체결일부터 15일 이내에 이를 행정관청에게 신고하여야 한다. <개정 1998.2.20>

③행정관청은 단체협약중 위법한 내용이 있는 경우에는 노동위원회의 의결을 얻어 그 시정을 명할 수 있다. <개정 1998.2.20>

**제32조 (단체협약의 유효기간)** ①단체협약에는 2년을 초과하는 유효기간을 정할 수 없다.

②단체협약에 그 유효기간을 정하지 아니한 경우 또는 제1항의 기간을 초과하는 유효기간을 정한 경우에 그 유효기간은 2년으로 한다.

③단체협약의 유효기간이 만료되는 때를 전후하여 당사자 쌍방이 새로운 단체협약을 체결하고자 단체교섭을 계속하였음에도 불구하고 새로운 단체협약이 체결되지 아니한 경우에는 별도의 약정이 있는 경우를 제외하고는 종전의 단체협약은 그 효력만료일부터 3월까지 계속 효력을 갖는다. 다만, 단체협약에 그 유효기간이 경과한 후에도 새로운 단체협약이 체결되지 아니한 때에는 새로운 단체협약이 체결될 때까지 종전 단체협약의 효력을 존속시킨다는 취지의 별도의 약정이 있는 경우에는 그에 따르되, 당사자 일방은 해지하고자 하는 날의 6월전까지 상대방에게 통고함으로써 종전의 단체협약을 해지할 수 있다. <개정 1998.2.20>

**제33조 (기준의 효력)** ①단체협약에 정한 근로조건 기타 근로자의 대우에 관한 기준에 위반하는 취업규칙 또는 근로계약의 부분은 무효로 한다.

②근로계약에 규정되지 아니한 사항 또는 제1항의 규정에 의하여 무효로 된 부분은 단체협약에 정한 기준에 의한다.

**제34조 (단체협약의 해석)** ①단체협약의 해석 또는 이행방법에 관하여 관계 당사자간에 의견의 불일치가 있는 때에는 당사자 쌍방 또는 단체협약에 정하는 바에 의하여 어느 일방이 노동위원회에 그 해석 또는 이행방법에 관한 견해의 제시를 요청할 수 있다.

②노동위원회는 제1항의 규정에 의한 요청을 받은 때에는 그 날부터 30일 이내에 명확한 견해를 제시하여야 한다.

③제2항의 규정에 의하여 노동위원회가 제시한 해석 또는 이행방법에 관한 견해는 중재재정과 동일한 효력을 가진다.

**제35조 (일반적 구속력)** 하나의 사업 또는 사업장에 상시 사용되는 동종의 근로자 반수 이상이 하나의 단체협약의 적용을 받게 된 때에는 당해 사업 또는 사업장에 사용되는 다른 동종의 근로자에 대하여도 당해 단체협약이 적용된다.

**제36조 (지역적 구속력)** ①하나의 지역에 있어서 종업하는 동종의 근로자 3분의 2 이상이 하나의 단체협약의 적용을 받게 된 때에는 행정관청은 당해 단체협약의 당사자의 쌍

방 또는 일방의 신청에 의하거나 그 직권으로 노동위원회의 의결을 얻어 당해 지역에서 종업하는 다른 동종의 근로자와 그 사용자에 대하여도 당해 단체협약을 적용한다는 결정을 할 수 있다. <개정 1998.2.20>

②행정관청이 제1항의 규정에 의한 결정을 한 때에는 지체없이 이를 공고하여야 한다. <개정 1998.2.20>

## 제4장 쟁의행위

**제37조 (쟁의행위의 기본원칙)** ①쟁의행위는 그 목적·방법 및 절차에 있어서 법령 기타 사회질서에 위반되어서는 아니된다.

②조합원은 노동조합에 의하여 주도되지 아니한 쟁의행위를 하여서는 아니된다.

**제38조 (노동조합의 지도와 책임)** ①쟁의행위는 그 쟁의행위와 관계없는 자 또는 근로를 제공하고자 하는 자의 출입·조업 기타 정상적인 업무를 방해하는 방법으로 행하여져서는 아니되며 쟁의행위의 참가를 호소하거나 설득하는 행위로서 폭행·협박을 사용하여서는 아니된다.

②작업시설의 손상이나 원료·제품의 변질 또는 부패를 방지하기 위한 작업은 쟁의행위 기간중에도 정상적으로 수행되어야 한다.

③노동조합은 쟁의행위가 적법하게 수행될 수 있도록 지도·관리·통제할 책임이 있다.

**제39조 (근로자의 구속제한)** 근로자는 쟁의행위 기간중에는 현행범 외에는 이 법 위반을 이유로 구속되지 아니한다.

**제40조 (노동관계의 지원)** ①노동조합과 사용자는 단체교섭 또는 쟁의행위와 관련하여 다음 각호의 자로부터 지원을 받을 수 있다. <개정 1998.2.20>

1. 당해 노동조합이 가입한 산업별 연합단체 또는 총연합단체
2. 당해 사용자가 가입한 사용자단체
3. 당해 노동조합 또는 당해 사용자가 지원을 받기 위하여 행정관청에게 신고한 자
4. 기타 법령에 의하여 정당한 권한을 가진 자

②제1항 각호외의 자는 단체교섭 또는 쟁의행위에 간여하거나 이를 조종·선동하여서는 아니된다.

**제41조 (쟁의행위의 제한과 금지)** ①노동조합의 쟁의행위는 그 조합원의 직접·비밀·무기명투표에 의한 조합원 과반수의 찬성으로 결정하지 아니하면 이를 행할 수 없다.

②「방위사업법」에 의하여 지정된 주요방위산업체에 종사하는 근로자중 전력, 용수 및 주로 방산물자를 생산하는 업무에 종사하는 자는 쟁의행위를 할 수 없으며 주로 방산물자를 생산하는 업무에 종사하는 자의 범위는 대통령령으로 정한다. <개정 2006.1.2>

**제42조 (폭력행위 등의 금지)** ①쟁의행위는 폭력이나 파괴행위 또는 생산 기타 주요업무에 관련되는 시설과 이에 준하는 시설로서 대통령령이 정하는 시설을 점거하는 형태로 이를 행할 수 없다.

②사업장의 안전보호시설에 대하여 정상적인 유지・운영을 정지・폐지 또는 방해하는 행위는 쟁의행위로서 이를 행할 수 없다.

③행정관청은 쟁의행위가 제2항의 행위에 해당한다고 인정하는 경우에는 노동위원회의 의결을 얻어 그 행위의 중지를 명하여야 한다. 다만, 사태가 급박하여 노동위원회의 의결을 얻을 시간적 여유가 없을 때에는 그 의결을 얻지 아니하고 즉시 그 행위의 중지를 명할 수 있다. <개정 1998.2.20>

④제3항 단서의 경우에 행정관청은 지체없이 노동위원회의 사후승인을 얻어야 하며 그 승인을 얻지 못한 때에는 그 명령은 그때부터 효력을 상실한다. <개정 1998.2.20>

**제43조 (사용자의 채용제한)** ①사용자는 쟁의행위 기간중 그 쟁의행위로 중단된 업무의 수행을 위하여 당해 사업과 관계없는 자를 채용 또는 대체할 수 없다.

②사용자는 쟁의행위기간중 그 쟁의행위로 중단된 업무를 도급 또는 하도급 줄 수 없다.

**제44조 (쟁의행위 기간중의 임금지급 요구의 금지)** ①사용자는 쟁의행위에 참가하여 근로를 제공하지 아니한 근로자에 대하여는 그 기간중의 임금을 지급할 의무가 없다.

②노동조합은 쟁의행위 기간에 대한 임금의 지급을 요구하여 이를 관철할 목적으로 쟁의행위를 하여서는 아니된다.

**제45조 (조정의 전치)** ①노동관계 당사자는 노동쟁의가 발생한 때에는 어느 일방이 이를 상대방에게 서면으로 통보하여야 한다.

②쟁의행위는 제5장제2절 내지 제4절의 규정에 의한 조정절차를 거치지 아니하면 이를 행할 수 없다. 다만, 제54조의 규정에 의한 기간 내에 조정이 종료되지 아니하거나 제63조의 규정에 의한 기간 내에 중재재정이 이루어지지 아니한 경우에는 그러하지 아니하다.

**제46조 (직장폐쇄의 요건)** ①사용자는 노동조합이 쟁의행위를 개시한 이후에만 직장폐쇄를 할 수 있다.

②사용자는 제1항의 규정에 의한 직장폐쇄를 할 경우에는 미리 행정관청 및 노동위원회에 각각 신고하여야 한다. <개정 1998.2.20>

## 제5장 노동쟁의의 조정

### 제1절 통칙

**제47조 (자주적 조정의 노력)** 이 장의 규정은 노동관계 당사자가 직접 노사협의 또는 단

체교섭에 의하여 근로조건 기타 노동관계에 관한 사항을 정하거나 노동관계에 관한 주장의 불일치를 조정하고 이에 필요한 노력을 하는 것을 방해하지 아니한다.

**제48조 (당사자의 책무)** 노동관계 당사자는 단체협약에 노동관계의 적정화를 위한 노사협의 기타 단체교섭의 절차와 방식을 규정하고 노동쟁의가 발생한 때에는 이를 자주적으로 해결하도록 노력하여야 한다.

**제49조 (국가 등의 책무)** 국가 및 지방자치단체는 노동관계 당사자간에 노동관계에 관한 주장이 일치하지 아니할 경우에 노동관계 당사자가 이를 자주적으로 조정할 수 있도록 조력함으로써 쟁의행위를 가능한 한 예방하고 노동쟁의의 신속·공정한 해결에 노력하여야 한다.

**제50조 (신속한 처리)** 이 법에 의하여 노동관계의 조정을 할 경우에는 노동관계 당사자와 노동위원회 기타 관계기관은 사건을 신속히 처리하도록 노력하여야 한다.

**제51조 (공익사업 등의 우선적 취급)** 국가·지방자치단체·국공영기업체·방위산업체 및 공익사업에 있어서의 노동쟁의의 조정은 우선적으로 취급하고 신속히 처리하여야 한다.

**제52조 (사적 조정·중재)** ①제2절 및 제3절의 규정은 노동관계 당사자가 쌍방의 합의 또는 단체협약이 정하는 바에 따라 각각 다른 조정 또는 중재방법에 의하여 노동쟁의를 해결하는 것을 방해하지 아니한다.

②노동관계 당사자는 제1항의 규정에 의하여 노동쟁의를 해결하기로 한 때에는 이를 노동위원회에 신고하여야 한다.

③제1항의 규정에 의하여 노동쟁의를 해결하기로 한 때에는 다음 각호의 규정이 적용된다.

1. 조정에 의하여 해결하기로 한 때에는 제45조제2항 및 제54조의 규정. 이 경우 조정기간은 조정을 개시한 날부터 기산한다.
2. 중재에 의하여 해결하기로 한 때에는 제63조의 규정. 이 경우 쟁의행위의 금지기간은 중재를 개시한 날부터 기산한다.

④제1항의 규정에 의하여 조정 또는 중재가 이루어진 경우에 그 내용은 단체협약과 동일한 효력을 가진다.

### 제2절 조정

**제53조 (조정의 개시)** 노동위원회는 관계 당사자의 일방이 노동쟁의의 조정을 신청한 때에는 지체없이 조정을 개시하여야 하며 관계 당사자 쌍방은 이에 성실히 임하여야 한다.

**제54조 (조정기간)** ①조정은 제53조의 규정에 의한 조정의 신청이 있은 날부터 일반사업에 있어서는 10일, 공익사업에 있어서는 15일 이내에 종료하여야 한다.

②제1항의 규정에 의한 조정기간은 관계 당사자간의 합의로 일반사업에 있어서는 10일, 공익사업에 있어서는 15일 이내에서 연장할 수 있다.

**제55조 (조정위원회의 구성)** ①노동쟁의의 조정을 위하여 노동위원회에 조정위원회를 둔다.

②제1항의 규정에 의한 조정위원회는 조정위원 3인으로 구성한다.

③제2항의 규정에 의한 조정위원은 당해 노동위원회의 위원중에서 사용자를 대표하는 자, 근로자를 대표하는 자 및 공익을 대표하는 자 각 1인을 그 노동위원회의 위원장이 지명하되, 근로자를 대표하는 조정위원은 사용자가, 사용자를 대표하는 조정위원은 노동조합이 각각 추천하는 노동위원회의 위원중에서 지명하여야 한다. 다만, 조정위원회의 회의 3일전까지 관계 당사자가 추천하는 위원의 명단제출이 없을 때에는 당해 위원을 위원장이 따로 지명할 수 있다.

**제56조 (조정위원회의 위원장)** ①조정위원회에 위원장을 둔다.

②위원장은 공익을 대표하는 조정위원이 된다.

**제57조 (단독조정)** ①노동위원회는 관계 당사자 쌍방의 신청이 있거나 관계 당사자 쌍방의 동의를 얻은 경우에는 조정위원회에 갈음하여 단독조정인에게 조정을 행하게 할 수 있다.

②제1항의 규정에 의한 단독조정인은 당해 노동위원회의 위원중에서 관계 당사자의 쌍방의 합의로 선정된 자를 그 노동위원회의 위원장이 지명한다.

**제58조 (주장의 확인 등)** 조정위원회 또는 단독조정인은 기일을 정하여 관계 당사자 쌍방을 출석하게 하여 주장의 요점을 확인하여야 한다.

**제59조 (출석금지)** 조정위원회의 위원장 또는 단독조정인은 관계 당사자와 참고인 외의 자의 출석을 금할 수 있다.

**제60조 (조정안의 작성)** ①조정위원회 또는 단독조정인은 조정안을 작성하여 이를 관계 당사자에게 제시하고 그 수락을 권고하는 동시에 그 조정안에 이유를 붙여 공표할 수 있으며, 필요한 때에는 신문 또는 방송에 보도 등 협조를 요청할 수 있다.

②조정위원회 또는 단독조정인은 관계 당사자가 수락을 거부하여 더 이상 조정이 이루어질 여지가 없다고 판단되는 경우에는 조정의 종료를 결정하고 이를 관계 당사자 쌍방에 통보하여야 한다.

③제1항의 규정에 의한 조정안이 관계 당사자의 쌍방에 의하여 수락된 후 그 해석 또는 이행방법에 관하여 관계 당사자간에 의견의 불일치가 있는 때에는 관계 당사자는 당해 조정위원회 또는 단독조정인에게 그 해석 또는 이행방법에 관한 명확한 견해의 제시를 요청하여야 한다.

④조정위원회 또는 단독조정인은 제3항의 규정에 의한 요청을 받은 때에는 그 요청을

받은 날부터 7일 이내에 명확한 견해를 제시하여야 한다.

⑤제3항 및 제4항의 해석 또는 이행방법에 관한 견해가 제시될 때까지는 관계 당사자는 당해 조정안의 해석 또는 이행에 관하여 쟁의행위를 할 수 없다.

**제61조 (조정의 효력)** ①제60조제1항의 규정에 의한 조정안이 관계 당사자에 의하여 수락된 때에는 조정위원 전원 또는 단독조정인은 조정서를 작성하고 관계 당사자와 함께 서명날인하여야 한다.

②조정서의 내용은 단체협약과 동일한 효력을 가진다.

③제60조제4항의 규정에 의하여 조정위원회 또는 단독조정인이 제시한 해석 또는 이행방법에 관한 견해는 중재재정과 동일한 효력을 가진다.

### 제3절 중재

**제62조 (중재의 개시)** 노동위원회는 다음 각호의 1에 해당하는 때에는 중재를 행한다.

1. 관계 당사자의 쌍방이 함께 중재를 신청한 때
2. 관계 당사자의 일방이 단체협약에 의하여 중재를 신청한 때
3. 제71조제2항의 규정에 의한 필수공익사업에 있어서 노동위원회 위원장이 특별조정위원회의 권고에 의하여 중재에 회부한다는 결정을 한 때

**제63조 (중재시의 쟁의행위의 금지)** 노동쟁의가 중재에 회부된 때에는 그 날부터 15일간은 쟁의행위를 할 수 없다.

**제64조 (중재위원회의 구성)** ①노동쟁의의 중재 또는 재심을 위하여 노동위원회에 중재위원회를 둔다.

②제1항의 규정에 의한 중재위원회는 중재위원 3인으로 구성한다.

③제2항의 중재위원은 당해 노동위원회의 공익을 대표하는 위원중에서 관계 당사자의 합의로 선정한 자에 대하여 그 노동위원회의 위원장이 지명한다. 다만, 관계 당사자간에 합의가 성립되지 아니한 경우에는 노동위원회의 공익을 대표하는 위원중에서 지명한다.

**제65조 (중재위원회의 위원장)** ①중재위원회에 위원장을 둔다.

②위원장은 중재위원중에서 호선한다.

**제66조 (주장의 확인 등)** ①중재위원회는 기일을 정하여 관계 당사자 쌍방 또는 일방을 중재위원회에 출석하게 하여 주장의 요점을 확인하여야 한다.

②관계 당사자가 지명한 노동위원회의 사용자를 대표하는 위원 또는 근로자를 대표하는 위원은 중재위원회의 동의를 얻어 그 회의에 출석하여 의견을 진술할 수 있다.

**제67조 (출석금지)** 중재위원회의 위원장은 관계 당사자와 참고인외의 자의 회의출석을 금할 수 있다.

**제68조 (중재재정)** ①중재재정은 서면으로 작성하여 이를 행하며 그 서면에는 효력발생 기일을 명시하여야 한다.

②제1항의 규정에 의한 중재재정의 해석 또는 이행방법에 관하여 관계 당사자간에 의견의 불일치가 있는 때에는 당해 중재위원회의 해석에 따르며 그 해석은 중재재정과 동일한 효력을 가진다.

**제69조 (중재재정 등의 확정)** ①관계 당사자는 지방노동위원회 또는 특별노동위원회의 중재재정이 위법이거나 월권에 의한 것이라고 인정하는 경우에는 그 중재재정서의 송달을 받은 날부터 10일 이내에 중앙노동위원회에 그 재심을 신청할 수 있다.

②관계 당사자는 중앙노동위원회의 중재재정이나 제1항의 규정에 의한 재심결정이 위법이거나 월권에 의한 것이라고 인정하는 경우에는 행정소송법 제20조의 규정에 불구하고 그 중재재정서 또는 재심결정서의 송달을 받은 날부터 15일 이내에 행정소송을 제기할 수 있다.

③제1항 및 제2항에 규정된 기간 내에 재심을 신청하지 아니하거나 행정소송을 제기하지 아니한 때에는 그 중재재정 또는 재심결정은 확정된다.

④제3항의 규정에 의하여 중재재정이나 재심결정이 확정된 때에는 관계 당사자는 이에 따라야 한다.

**제70조 (중재재정 등의 효력)** ①노동위원회의 중재재정 또는 재심결정은 제69조제1항 및 제2항의 규정에 의한 중앙노동위원회에의 재심신청 또는 행정소송의 제기에 의하여 그 효력이 정지되지 아니한다.

②제69조제3항의 규정에 의하여 확정된 중재재정 또는 재심결정의 내용은 단체협약과 동일한 효력을 가진다.

### 제4절 공익사업 등의 조정에 관한 특칙

**제71조 (공익사업의 범위 등)** ①이 법에서 "공익사업"이라 함은 공중의 일상생활과 밀접한 관련이 있거나 국민경제에 미치는 영향이 큰 사업으로서 다음 각호의 사업을 말한다.

1. 정기노선여객운수사업
2. 수도 · 전기 · 가스 · 석유정제 및 석유공급사업
3. 공중위생 및 의료사업
4. 은행 및 조폐사업
5. 방송 및 통신사업

②이 법에서 "필수공익사업"이라 함은 제1항의 공익사업으로서 그 업무의 정지 또는 폐지가 공중의 일상생활을 현저히 위태롭게 하거나 국민경제를 현저히 저해하고 그 업무

의 대체가 용이하지 아니한 다음 각호의 사업을 말한다.

1. 철도(도시철도를 포함한다) 및 시내버스(특별시 · 광역시에 한한다) 운송사업[적용 시내버스 운송사업에 관한 규정은 2000.12.31까지]
2. 수도 · 전기 · 가스 · 석유정제 및 석유공급사업
3. 병원사업
4. 은행사업[적용 은행사업(한국은행법에 의한 한국은행은 제외한다)에 관한 규정은 2000.12.31까지]
5. 통신사업

**제72조 (특별조정위원회의 구성)** ①공익사업의 노동쟁의의 조정을 위하여 노동위원회에 특별조정위원회를 둔다.

②제1항의 규정에 의한 특별조정위원회는 특별조정위원 3인으로 구성한다.

③제2항의 규정에 의한 특별조정위원은 그 노동위원회의 공익을 대표하는 위원중에서 노동조합과 사용자가 순차적으로 배제하고 남은 3인 내지 5인중에서 노동위원회의 위원장이 지명한다. 다만, 관계 당사자가 합의로 당해 노동위원회의 위원이 아닌 자를 추천하는 경우에는 그 추천된 자를 지명한다.

**제73조 (특별조정위원회의 위원장)** ①특별조정위원회에 위원장을 둔다.

②위원장은 공익을 대표하는 노동위원회의 위원인 특별조정위원중에서 호선하고, 당해 노동위원회의 위원이 아닌 자만으로 구성된 경우에는 그중에서 호선한다. 다만, 공익을 대표하는 위원인 특별조정위원이 1인인 경우에는 당해 위원이 위원장이 된다.

**제74조 (중재회부의 권고)** ①특별조정위원회는 필수공익사업에 있어서 조정이 성립될 가망이 없다고 인정한 경우에는 결정에 의하여 그 사건의 중재회부를 당해 노동위원회에 권고할 수 있다.

②제1항의 규정에 의한 권고는 제54조의 규정에 의한 조정기간이 만료되기 전에 하여야 한다.

**제75조 (중재회부의 결정)** 노동위원회의 위원장은 제74조제1항의 규정에 의한 권고가 있는 경우에는 공익위원의 의견을 들어 그 사건을 중재에 회부할 것인가의 여부를 결정하여야 한다.

### 제5절 긴급조정

**제76조 (긴급조정의 결정)** ①노동부장관은 쟁의행위가 공익사업에 관한 것이거나 그 규모가 크거나 그 성질이 특별한 것으로서 현저히 국민경제를 해하거나 국민의 일상생활을 위태롭게 할 위험이 현존하는 때에는 긴급조정의 결정을 할 수 있다.

②노동부장관은 긴급조정의 결정을 하고자 할 때에는 미리 중앙노동위원회 위원장의 의견을 들어야 한다.

③노동부장관은 제1항 및 제2항의 규정에 의하여 긴급조정을 결정한 때에는 지체없이 그 이유를 붙여 이를 공표함과 동시에 중앙노동위원회와 관계 당사자에게 각각 통고하여야 한다.

**제77조 (긴급조정시의 쟁의행위 중지)** 관계 당사자는 제76조제3항의 규정에 의한 긴급조정의 결정이 공표된 때에는 즉시 쟁의행위를 중지하여야 하며, 공표일부터 30일이 경과하지 아니하면 쟁의행위를 재개할 수 없다.

**제78조 (중앙노동위원회의 조정)** 중앙노동위원회는 제76조제3항의 규정에 의한 통고를 받은 때에는 지체없이 조정을 개시하여야 한다.

**제79조 (중앙노동위원회의 중재회부 결정권)** ①중앙노동위원회의 위원장은 제78조의 규정에 의한 조정이 성립될 가망이 없다고 인정한 경우에는 공익위원의 의견을 들어 그 사건을 중재에 회부할 것인가의 여부를 결정하여야 한다.

②제1항의 규정에 의한 결정은 제76조제3항의 규정에 의한 통고를 받은 날부터 15일 이내에 하여야 한다.

**제80조 (중앙노동위원회의 중재)** 중앙노동위원회는 당해 관계 당사자의 일방 또는 쌍방으로부터 중재신청이 있거나 제79조의 규정에 의한 중재회부의 결정을 한 때에는 지체없이 중재를 행하여야 한다.

## 제6장 부당노동행위

**제81조 (부당노동행위)** 사용자는 다음 각호의 1에 해당하는 행위(이하 "부당노동행위"라 한다)를 할 수 없다.

1. 근로자가 노동조합에 가입 또는 가입하려고 하였거나 노동조합을 조직하려고 하였거나 기타 노동조합의 업무를 위한 정당한 행위를 한 것을 이유로 그 근로자를 해고하거나 그 근로자에게 불이익을 주는 행위
2. 근로자가 어느 노동조합에 가입하지 아니할 것 또는 탈퇴할 것을 고용조건으로 하거나 특정한 노동조합의 조합원이 될 것을 고용조건으로 하는 행위. 다만, 노동조합이 당해 사업장에 종사하는 근로자의 3분의 2 이상을 대표하고 있을 때에는 근로자가 그 노동조합의 조합원이 될 것을 고용조건으로 하는 단체협약의 체결은 예외로 하며, 이 경우 사용자는 근로자가 당해 노동조합에서 제명된 것을 이유로 신분상 불이익한 행위를 할 수 없다.
3. 노동조합의 대표자 또는 노동조합으로부터 위임을 받은 자와의 단체협약체결 기타의

단체교섭을 정당한 이유없이 거부하거나 해태하는 행위

4. 근로자가 노동조합을 조직 또는 운영하는 것을 지배하거나 이에 개입하는 행위와 노동조합의 전임자에게 급여를 지원하거나 노동조합의 운영비를 원조하는 행위. 다만, 근로자가 근로시간중에 사용자와 협의 또는 교섭하는 것을 사용자가 허용함은 무방하며, 또한 근로자의 후생자금 또는 경제상의 불행 기타 재액의 방지와 구제 등을 위한 기금의 기부와 최소한의 규모의 노동조합사무소의 제공은 예외로 한다.
5. 근로자가 정당한 단체행위에 참가한 것을 이유로 하거나 또는 노동위원회에 대하여 사용자가 이 조의 규정에 위반한 것을 신고하거나 그에 관한 증언을 하거나 기타 행정관청에 증거를 제출한 것을 이유로 그 근로자를 해고하거나 그 근로자에게 불이익을 주는 행위

**第82조 (구제신청)** ①사용자의 부당노동행위로 인하여 그 권리를 침해당한 근로자 또는 노동조합은 노동위원회에 그 구제를 신청할 수 있다.

②제1항의 규정에 의한 구제의 신청은 부당노동행위가 있은 날(계속하는 행위는 그 종료일)부터 3월 이내에 이를 행하여야 한다.

**第83조 (조사 등)** ①노동위원회는 제82조의 규정에 의한 구제신청을 받은 때에는 지체없이 필요한 조사와 관계 당사자의 심문을 하여야 한다.

②노동위원회는 제1항의 규정에 의한 심문을 할 때에는 관계 당사자의 신청에 의하거나 그 직권으로 증인을 출석하게 하여 필요한 사항을 질문할 수 있다.

③노동위원회는 제1항의 규정에 의한 심문을 함에 있어서는 관계 당사자에 대하여 증거의 제출과 증인에 대한 반대심문을 할 수 있는 충분한 기회를 주어야 한다.

④제1항의 규정에 의한 노동위원회의 조사와 심문에 관한 절차는 중앙노동위원회가 따로 정하는 바에 의한다.

**第84조 (구제명령)** ①노동위원회는 제83조의 규정에 의한 심문을 종료하고 부당노동행위가 성립한다고 판정한 때에는 사용자에게 구제명령을 발하여야 하며, 부당노동행위가 성립되지 아니한다고 판정한 때에는 그 구제신청을 기각하는 결정을 하여야 한다.

②제1항의 규정에 의한 판정·명령 및 결정은 서면으로 하되, 이를 당해 사용자와 신청인에게 각각 교부하여야 한다.

③관계 당사자는 제1항의 규정에 의한 명령이 있을 때에는 이에 따라야 한다.

**第85조 (구제명령의 확정)** ①지방노동위원회 또는 특별노동위원회의 구제명령 또는 기각결정에 불복이 있는 관계 당사자는 그 명령서 또는 결정서의 송달을 받은 날부터 10일 이내에 중앙노동위원회에 그 재심을 신청할 수 있다.

②제1항의 규정에 의한 중앙노동위원회의 재심판정에 대하여 관계 당사자는 그 재심판정서의 송달을 받은 날부터 15일 이내에 행정소송법이 정하는 바에 의하여 소를 제기할

수 있다.

③제1항 및 제2항에 규정된 기간 내에 재심을 신청하지 아니하거나 행정소송을 제기하지 아니한 때에는 그 구제명령 · 기각결정 또는 재심판정은 확정된다.

④제3항의 규정에 의하여 기각결정 또는 재심판정이 확정된 때에는 관계 당사자는 이에 따라야 한다.

⑤사용자가 제2항의 규정에 의하여 행정소송을 제기한 경우에 관할법원은 중앙노동위원회의 신청에 의하여 결정으로써, 판결이 확정될 때까지 중앙노동위원회의 구제명령의 전부 또는 일부를 이행하도록 명할 수 있으며, 당사자의 신청에 의하여 또는 직권으로 그 결정을 취소할 수 있다.

**제86조 (구제명령 등의 효력)** 노동위원회의 구제명령 · 기각결정 또는 재심판정은 제85조의 규정에 의한 중앙노동위원회에의 재심신청이나 행정소송의 제기에 의하여 그 효력이 정지되지 아니한다.

## 제7장 보칙

**제87조 (권한의 위임)** 이 법에 의한 노동부장관의 권한은 대통령령이 정하는 바에 따라 그 일부를 지방노동관서의 장에게 위임할 수 있다.

## 제8장 벌칙

**제88조 (벌칙)** 제41조제2항의 규정에 위반한 자는 5년 이하의 징역 또는 5천만원 이하의 벌금에 처한다.

**제89조 (벌칙)** 다음 각호의 1에 해당하는 자는 3년 이하의 징역 또는 3천만원 이하의 벌금에 처한다.

1. 제37조제2항, 제38조제1항, 제40조제2항 또는 제42조제1항의 규정에 위반한 자
2. 제85조제3항의 규정에 의하여 확정되거나 행정소송을 제기하여 확정된 구제명령에 위반한 자

**제90조 (벌칙)** 제44조제2항, 제69조제4항, 제77조 또는 제81조의 규정에 위반한 자는 2년 이하의 징역 또는 2천만원 이하의 벌금에 처한다.

**제91조 (벌칙)** 다음 각호의 1에 해당하는 자는 1년 이하의 징역 또는 1천만원 이하의 벌금에 처한다.

1. 제38조제2항, 제41조제1항, 제42조제2항, 제43조, 제45조제2항 본문, 제46조제1항 또는 제63조의 규정에 위반한 자

2. 제42조제3항의 규정에 의한 명령에 위반한 자

**제92조 (벌칙)** 다음 각호의 1에 해당하는 자는 1천만원 이하의 벌금에 처한다. <개정 2001.3.28>

1. 제31조제1항의 규정에 의하여 체결된 단체협약의 내용 중 다음 각목의 1에 해당하는 사항을 위반한 자
   가. 임금 · 복리후생비, 퇴직금에 관한 사항
   나. 근로 및 휴게시간, 휴일, 휴가에 관한 사항
   다. 징계 및 해고의 사유와 중요한 절차에 관한 사항
   라. 안전보건 및 재해부조에 관한 사항
   마. 시설 · 편의제공 및 근무시간 중 회의참석에 관한 사항
   바. 쟁의행위에 관한 사항
2. 제61조제1항의 규정에 의한 조정서의 내용 또는 제68조제1항의 규정에 의한 중재재정서의 내용을 준수하지 아니한 자

**제93조 (벌칙)** 다음 각호의 1에 해당하는 자는 500만원 이하의 벌금에 처한다.

1. 제7조제3항의 규정에 위반한 자
2. 제21조제1항 · 제2항 또는 제31조제3항의 규정에 의한 명령에 위반한 자

**제94조 (양벌규정)** 법인 또는 단체의 대표자, 법인 · 단체 또는 개인의 대리인 · 사용인 기타의 종업원이 그 법인 · 단체 또는 개인의 업무에 관하여 제88조 내지 제93조의 위반행위를 한 때에는 행위자를 벌하는 외에 그 법인 · 단체 또는 개인에 대하여도 각 해당조의 벌금형을 과한다.

**제95조 (과태료)** 제85조제5항의 규정에 의한 법원의 명령에 위반한 자는 500만원 이하의 금액(당해 명령이 작위를 명하는 것일 때에는 그 명령의 불이행 일수 1일에 50만원 이하의 비율로 산정한 금액)의 과태료에 처한다.

**제96조 (과태료)** ①다음 각호의 1에 해당하는 자는 500만원 이하의 과태료에 처한다.

1. 제14조의 규정에 의한 서류를 비치 또는 보존하지 아니한 자
2. 제27조의 규정에 의한 보고를 하지 아니하거나 허위의 보고를 한 자
3. 제46조제2항의 규정에 의한 신고를 하지 아니한 자

②제13조, 제28조제2항 또는 제31조제2항의 규정에 의한 신고 또는 통보를 하지 아니한 자는 300만원 이하의 과태료에 처한다.

③제1항 및 제2항의 규정에 의한 과태료는 대통령령이 정하는 바에 의하여 행정관청이 부과 · 징수한다. <개정 1998.2.20>

④제3항의 규정에 의한 과태료의 처분에 불복이 있는 자는 그 처분의 고지를 받은 날부터 30일 이내에 행정관청에게 이의를 제기할 수 있다. <개정 1998.2.20>

⑤제3항의 규정에 의한 과태료의 처분을 받은 자가 제4항의 규정에 의하여 이의를 제기한 때에는 행정관청은 지체없이 관할법원에 그 사실을 통보하여야 하며, 그 통보를 받은 관할법원은 비송사건절차법에 의한 과태료의 재판을 한다. <개정 1998.2.20>

⑥제4항의 규정에 의한 기간 내에 이의를 제기하지 아니하고 과태료를 납부하지 아니한 때에는 국세체납처분의 예에 의하여 이를 징수한다.

## 부칙 〈제5310호, 1997.3.13〉

**제1조 (시행일)** 이 법은 공포한 날부터 시행한다.

**제2조 (적용시한)** 제71조제2항의 규정중 제1호의 시내버스 운송사업에 관한 규정 및 제4호의 은행사업(한국은행법에 의한 한국은행은 제외한다)에 관한 규정은 2000년 12월 31일까지 적용한다.

**제3조 (노동조합에 관한 경과조치)** 이 법 시행당시 종전의 규정에 의하여 설립신고증을 교부받은 노동조합은 이 법에 의하여 설립된 노동조합으로 본다.

**제4조 (해고자에 관한 경과조치)** 이 법 시행당시 해고의 효력을 다투고 있는 자는 제2조제4호 라목 단서의 규정에 불구하고 근로자가 아닌 자로 해석하여서는 아니된다.

**제5조 (노동조합 설립에 관한 경과조치)** ①하나의 사업 또는 사업장에 노동조합이 조직되어 있는 경우에는 제5조의 규정에 불구하고 2006년 12월 31일까지는 그 노동조합과 조직대상을 같이 하는 새로운 노동조합을 설립할 수 없다. <개정 2001.3.28>

②행정관청은 설립하고자 하는 노동조합이 제1항의 규정에 위반한 경우에는 그 설립신고서를 반려하여야 한다. <개정 1998.2.20>

③노동부장관은 2006년 12월 31일까지 제1항의 기한이 경과된 후에 적용될 교섭창구 단일화를 위한 단체교섭의 방법·절차 기타 필요한 사항을 강구하여야 한다. <개정 2001.3.28>

**제6조 (노동조합 전임자에 관한 적용의 특례<개정 2001.3.28>)** ①제24조제2항 및 제81조제4호의 규정(노동조합의 전임자에 대한 급여지원에 관한 규정에 한한다)은 이를 2006년 12월 31일까지 적용하지 아니한다. <개정 2001.3.28>

②노동조합과 사용자는 전임자에 대한 급여지원 규모를 노사협의에 의하여 점진적으로 축소하도록 노력하되, 이 경우 그 재원을 노동조합의 재정자립에 사용하도록 한다. <개정 2001.3.28>

**제7조 (단체협약의 효력에 관한 경과조치)** 이 법 시행당시 종전의 규정에 의하여 체결한 단체협약은 이 법에 의하여 행한 것으로 본다.

**제8조 (노동쟁의의 조정에 관한 경과조치)** ①이 법 시행당시 종전의 규정에 의하여 신

청한 사적조정 · 중재는 이 법에 의한 사적조정 · 중재를 신청한 것으로 본다.

②이 법 시행당시 종전의 규정에 의하여 노동위원회에 신청한 조정 · 중재는 이 법에 의한 조정 · 중재를 신청한 것으로 본다. 이 경우 조정기간을 산정함에 있어서는 제54조의 규정에도 불구하고 종전의 규정에 의한다.

③이 법 시행당시 종전의 규정에 의하여 조정이 종료된 노동쟁의는 제45조의 규정을 적용함에 있어서 조정을 거친 것으로 본다.

**제9조 (노동조합업무 등에 관한 경과조치)** ①이 법 시행당시 종전의 규정에 의하여 근로자, 노동조합 또는 사용자가 노동부장관, 행정관청 또는 노동위원회에 행한 신고, 신청, 요구 등은 각각 이 법에 의하여 행한 것으로 본다.

②이 법 시행당시 종전의 규정에 의하여 노동부장관 또는 행정관청이 노동위원회에 행한 요청 등은 각각 이 법에 의하여 행한 것으로 본다.

③이 법 시행당시 종전의 규정에 의하여 노동부장관 또는 행정관청이 행한 명령, 지명, 결정 등은 각각 이 법에 의하여 행한 것으로 본다.

**제10조 (벌칙에 관한 경과조치)** 이 법 시행전의 행위에 대한 벌칙의 적용에 있어서는 종전의 규정에 의한다.

**제11조 (다른 법률과의 관계)** 이 법 시행당시 다른 법령에서 종전의 노동조합및노동관계조정법 또는 그 규정을 인용한 것은 이 법중 그에 해당하는 규정이 있는 경우에는 이 법 또는 이 법의 해당 조항을 인용한 것으로 본다.

### 부칙 〈제5511호, 1998.2.20〉

**제1조 (시행일)** 이 법은 1998년 5월 1일부터 시행한다.

**제2조 (일방해지에 관한 경과조치)** 이 법 시행당시 종전의 제32조제3항의 규정에 의하여 단체협약을 일방해지한 경우에는 종전의 규정에 의한다.

**제3조 (권한변경에 따른 경과조치)** ①이 법 시행당시 종전의 규정에 의하여 노동부장관이 행한 신고증의 교부 · 명령 기타의 행위(연합단체인 노동조합과 2 이상의 특별시 · 광역시 · 도에 걸치는 단위노동조합 외의 노동조합에 관한 사항에 한한다)는 이 법에 의한 특별시장 · 광역시장 · 도지사가 행한 행위로 본다.

②이 법 시행당시 종전의 규정에 의하여 노동부장관에 대하여 행한 신고 · 신청 기타의 행위(연합단체인 노동조합과 2 이상의 특별시 · 광역시 · 도에 걸치는 단위노동조합 외의 노동조합에 관한 사항에 한한다)는 이 법에 의한 특별시장 · 광역시장 · 도지사에 대하여 행한 행위로 본다.

## 부칙 〈제6456호, 2001.3.28〉

①(시행일) 이 법은 공포한 날부터 시행한다. 다만, 제13조의 개정규정은 공포후 6월이 경과한 날부터 시행한다.

②(다른 법률의 개정) 법률 제5727호 교원의노동조합설립및운영등에관한법률 부칙 제2항중 "2001년"을 "2006년"으로 한다.

## 부칙(방위사업법) 〈제7845호, 2006.1.2〉

**제1조 (시행일)** 이 법은 공포한 날부터 시행한다. <단서 생략>

**제2조 내지 제14조** 생략

**제15조 (다른 법률의 개정)** ①및 ②생략

③노동조합및노동관계조정법 일부를 다음과 같이 개정한다.

제41조제2항중 "방위산업에관한특별조치법"을 "「방위사업법」"으로 한다.

④내지 ⑦생략

**제16조** 생략

# 근로기준법

[일부개정 2005.5.31 법률 7566호]

## 제1장 총칙

**제1조 (목적)** 이 법은 헌법에 의하여 근로조건의 기준을 정함으로써 근로자의 기본적 생활을 보장, 향상시키며 균형 있는 국민경제의 발전을 도모함을 목적으로 한다.

**제2조 (근로조건의 기준)** 이 법에서 정하는 근로조건은 최저기준이므로 근로관계당사자는 이 기준을 이유로 근로조건을 저하시킬 수 없다.

**제3조 (근로조건의 결정)** 근로조건은 근로자와 사용자가 동등한 지위에서 자유의사에 의하여 결정하여야 한다.

**제4조 (근로조건의 준수)** 근로자와 사용자는 단체협약, 취업규칙과 근로계약을 준수하여야 하며 각자가 성실하게 이행할 의무가 있다.

**제5조 (균등처우)** 사용자는 근로자에 대하여 남녀의 차별적 대우를 하지 못하며 국적, 신앙 또는 사회적 신분을 이유로 근로조건에 대한 차별적 처우를 하지 못한다.

**제6조 (강제근로의 금지)** 사용자는 폭행, 협박, 감금 기타 정신상 또는 신체상의 자유를 부당하게 구속하는 수단으로써 근로자의 자유의사에 반하는 근로를 강요하지 못한다.

**제7조 (폭행의 금지)** 사용자는 사고발생 기타 어떠한 이유로도 근로자에게 폭행, 구타행위를 하지 못한다.

**제8조 (중간착취의 배제)** 누구든지 법률에 의하지 아니하고는 영리로 타인의 취업에 개입하거나 중간인으로서 이익을 취득하지 못한다.

**제9조 (공민권행사의 보장)** 사용자는 근로자가 근로시간 중에 선거권 기타 공민권의 행사 또는 공의 직무를 집행하기 위하여 필요한 시간을 청구하는 경우에는 거부하지 못한다. 다만, 그 권리행사 또는 공의 직무를 집행함에 지장이 없는 한 청구한 시각을 변경할 수 있다.

**제10조 (적용범위)** ①이 법은 상시 5인 이상의 근로자를 사용하는 모든 사업 또는 사업장에 적용한다. 다만, 동거의 친족만을 사용하는 사업 또는 사업장과 가사사용인에 대해서는 적용하지 아니한다.

②상시 4인 이하의 근로자를 사용하는 사업 또는 사업장에 대하여는 대통령령이 정하는 바에 따라 이 법의 일부규정을 적용할 수 있다.

**제11조 (적용범위)** 이 법과 이 법에 의하여 발하는 대통령령은 국가, 특별시 · 광역시 · 도, 시 · 군 · 구, 읍 · 면 · 동 기타 이에 준하는 것에 대하여도 적용된다.

**제12조 (보고, 출석의 의무)** 사용자 또는 근로자는 이 법의 시행에 관하여 노동부장관 · 노동위원회 또는 근로감독관의 요구가 있는 경우에는 지체없이 필요한 사항에 대하여 보고 또는 출석하여야 한다.

**제13조 (법령요지 등의 게시)** ①사용자는 이 법과 이 법에 의하여 발하는 대통령령의 요지와 취업규칙을 상시 각 사업장에 게시 또는 비치하여 근로자에게 주지시켜야 한다.

②사용자는 제1항의 명령 중 기숙사에 관한 규정과 기숙사규칙을 기숙사에 게시 또는 비치하여 기숙하는 근로자에게 주지시켜야 한다.

**제14조 (근로자의 정의)** 이 법에서 "근로자"라 함은 직업의 종류를 불문하고 사업 또는 사업장에 임금을 목적으로 근로를 제공하는 자를 말한다.

**제15조 (사용자의 정의)** 이 법에서 "사용자"라 함은 사업주 또는 사업경영담당자 기타 근로자에 관한 사항에 대하여 사업주를 위하여 행위하는 자를 말한다.

**제16조 (근로의 정의)** 이 법에서 "근로"라 함은 정신노동과 육체노동을 말한다.

**제17조 (근로계약의 정의)** 이 법에서 "근로계약"이라 함은 근로자가 사용자에게 근로를 제공하고 사용자는 이에 대하여 임금을 지급함을 목적으로 체결된 계약을 말한다.

**제18조 (임금의 정의)** 이 법에서 "임금"이라 함은 사용자가 근로의 대상으로 근로자에게 임금, 봉급 기타 어떠한 명칭으로든지 지급하는 일체의 금품을 말한다.

**제19조 (평균임금의 정의)** ①이 법에서 "평균임금"이라 함은 이를 산정하여야 할 사유가 발생한 날 이전 3월간에 그 근로자에 대하여 지급된 임금의 총액을 그 기간의 총일수로 나눈 금액을 말한다. 취업 후 3월 미만도 이에 준한다.

②제1항의 규정에 의하여 산출된 금액이 당해 근로자의 통상임금보다 저액일 경우에는 그 통상임금액을 평균임금으로 한다.

**제20조 (소정근로시간의 정의)** 이 법에서 "소정근로시간"이라 함은 제49조, 제67조 본문 또는 산업안전보건법 제46조의 규정에 의한 근로시간의 범위 안에서 근로자와 사용자간에 정한 근로시간을 말한다.

**제21조 (단시간근로자의 정의)** 이 법에서 "단시간근로자"라 함은 1주간의 소정근로시간이 당해 사업장의 동종 업무에 종사하는 통상근로자의 1주간의 소정근로시간에 비하여 짧은 근로자를 말한다.

## 제2장 근로계약

**제22조 (이 법 위반의 근로계약)** ①이 법에 정한 기준에 미치지 못하는 근로조건을 정

한 근로계약은 그 부분에 한하여 무효로 한다.

②제1항의 규정에 의하여 무효로 된 부분은 이 법에 정한 기준에 의한다.

**제23조 (계약기간)** 근로계약은 기간의 정함이 없는 것과 일정한 사업완료에 필요한 기간을 정한 것을 제외하고는 그 기간은 1년을 초과하지 못한다.

**제24조 (근로조건의 명시)** 사용자는 근로계약 체결시에 근로자에 대하여 임금, 근로시간 기타의 근로조건을 명시하여야 한다. 이 경우 임금의 구성항목, 계산방법 및 지불방법에 관한 사항에 대하여는 대통령령으로 정하는 방법에 따라 명시하여야 한다.

**제25조 (단시간근로자의 근로조건)** ①단시간근로자의 근로조건은 당해 사업장의 동종업무에 종사하는 통상근로자의 근로시간을 기준으로 산정한 비율에 따라 결정되어야 한다.

②제1항의 규정에 의하여 근로조건을 결정함에 있어서 기준이 되는 사항 기타 필요한 사항은 대통령령으로 정한다.

③1주간의 소정근로시간이 현저히 짧은 단시간근로자로서 대통령령이 정하는 자에 대하여는 이 법의 일부규정을 대통령령이 정하는 바에 따라 적용하지 아니할 수 있다.

**제26조 (근로조건의 위반)** ①제24조의 규정에 의하여 명시된 근로조건이 사실과 다를 경우에는 근로자는 근로조건 위반을 이유로 손해의 배상을 청구할 수 있으며 또는 즉시 근로계약을 해제할 수 있다.

②제1항의 규정에 의하여 근로자가 손해배상을 청구할 경우에는 노동위원회에 신청할 수 있으며 근로계약이 해제되었을 경우에는 사용자는 취업을 목적으로 거주를 변경하는 근로자에게 귀향여비를 지급하여야 한다.

**제27조 (위약예정의 금지)** 사용자는 근로계약 불이행에 대한 위약금 또는 손해배상액을 예정하는 계약을 체결하지 못한다.

**제28조 (전차금상쇄의 금지)** 사용자는 전차금 기타 근로할 것을 조건으로 하는 전대채권과 임금을 상쇄하지 못한다.

**제29조 (강제저금의 금지)** ①사용자는 근로계약에 부수하여 강제저축 또는 저축금의 관리를 규정하는 계약을 체결하지 못한다.

②사용자가 근로자의 위탁으로 저축을 관리하는 경우에는 다음 각호의 사항을 준수하여야 한다. <개정 1999.2.8>

1. 저축의 종류 · 기간 및 금융기관을 근로자가 결정하고, 근로자 본인의 이름으로 저축할 것
2. 근로자가 저축증서 등 관련자료의 열람 또는 반환을 요구할 때에는 즉시 이에 따를 것

**제30조 (해고 등의 제한)** ①사용자는 근로자에 대하여 정당한 이유없이 해고, 휴직, 정직, 전직, 감봉 기타 징벌을 하지 못한다.

②사용자는 근로자가 업무상 부상 또는 질병의 요양을 위하여 휴업한 기간과 그 후 30일간 또는 산전·산후의 여성이 이 법의 규정에 의하여 휴업한 기간과 그 후 30일간은 해고하지 못한다. 다만, 사용자가 제87조에 규정된 일시보상을 행하였을 경우 또는 사업을 계속할 수 없게 된 경우에는 그러하지 아니하다. <개정 1999.2.8, 2001.8.14>

③삭제 <1999.2.8>

**제31조 (경영상 이유에 의한 해고의 제한)** ①사용자는 경영상 이유에 의하여 근로자를 해고하고자 하는 경우에는 긴박한 경영상의 필요가 있어야 한다. 이 경우 경영악화를 방지하기 위한 사업의 양도·인수·합병은 긴박한 경영상의 필요가 있는 것으로 본다.

②제1항의 경우에 사용자는 해고를 피하기 위한 노력을 다하여야하며 합리적이고 공정한 해고의 기준을 정하고 이에 따라 그 대상자를 선정하여야 한다. 이 경우 남녀의 성을 이유로 차별하여서는 아니된다.

③사용자는 제2항의 규정에 의한 해고를 피하기 위한 방법 및 해고의 기준 등에 관하여 당해 사업 또는 사업장에 근로자의 과반수로 조직된 노동조합이 있는 경우에는 그 노동조합(근로자의 과반수로 조직된 노동조합이 없는 경우에는 근로자의 과반수를 대표하는 자를 말한다. 이하 "근로자대표"라 한다)에 대하여 해고를 하고자 하는 날의 60일전까지 통보하고 성실하게 협의하여야 한다.

④사용자는 제1항의 규정에 의하여 대통령령이 정하는 일정규모이상의 인원을 해고하고자 할 때에는 대통령령이 정하는 바에 따라 노동부장관에게 신고하여야 한다.

⑤사용자가 제1항 내지 제3항의 규정에 의한 요건을 갖추어 근로자를 해고한 때에는 제30조제1항의 규정에 의한 정당한 이유가 있는 해고를 한 것으로 본다.

[전문개정 1998.2.20]

**제31조의2 (우선 재고용등)** ①제31조의 규정에 의하여 근로자를 해고한 사용자는 근로자를 해고한 날부터 2년 이내에 근로자를 채용하고자 할 때에는 제31조의 규정에 의하여 해고된 근로자가 원하는 경우 해고전의 직책 등을 감안하여 그 근로자를 우선적으로 고용하도록 노력하여야 한다.

②정부는 제31조의 규정에 의하여 해고된 근로자에 대하여 생계안정, 재취업, 직업훈련 등 필요한 조치를 우선적으로 취하여야 한다.

[본조신설 1998.2.20]

**제32조 (해고의 예고)** ①사용자는 근로자를 해고(경영상 이유에 의한 해고를 포함한다)하고자 할 때에는 적어도 30일 전에 그 예고를 하여야 하며 30일 전에 예고를 하지 아니한 때에는 30일분 이상의 통상임금을 지급하여야 한다. 다만, 천재·사변 기타 부득이한 사유로 사업계속이 불가능한 경우 또는 근로자가 고의로 사업에 막대한 지장을 초래하거나 재산상 손해를 끼친 경우로서 노동부령이 정하는 사유에 해당하는 경우에는 그

러하지 아니하다. <개정 1999.2.8>

②삭제 <1999.2.8>

**제33조 (정당한 이유없는 해고 등의 구제신청)** ①사용자가 근로자에 대하여 정당한 이유없이 해고·휴직·정직·전직·감봉 기타 징벌을 한 때에는 당해 근로자는 노동위원회에 그 구제를 신청할 수 있다.

②제1항의 규정에 의한 구제신청과 심사절차 등에 관하여는 노동조합 및 노동관계조정법 제82조 내지 제86조의 규정을 준용한다. 다만, 제85조제5항을 제외한다.

**제34조 (퇴직급여제도)** 사용자가 퇴직하는 근로자에게 지급하는 퇴직급여제도에 관하여는 근로자퇴직급여보장법이 정하는 바에 따른다.

[전문개정 2005.1.27]

**제35조 (예고해고의 적용예외)** 제32조의 규정은 다음 각호의 1에 해당하는 근로자에게는 적용하지 아니한다.

1. 일용근로자로서 3월을 계속근무하지 아니한 자
2. 2월 이내의 기간을 정하여 사용된 자
3. 월급근로자로서 6월이 되지 못한 자
4. 계절적 업무에 6월 이내의 기간을 정하여 사용된 자
5. 수습사용중의 근로자

**제36조 (금품청산)** 사용자는 근로자가 사망 또는 퇴직한 경우에는 그 지급사유가 발생한 때로부터 14일 이내에 임금·보상금 기타 일체의 금품을 지급하여야 한다. 다만, 특별한 사정이 있을 경우에는 당사자간의 합의에 의하여 기일을 연장할 수 있다.

**제36조의2 (미지급 임금에 대한 지연이자)** ①사용자는 제36조의 규정에 의하여 지급하여야 하는 임금 및 퇴직금의 전부 또는 일부를 그 지급사유가 발생한 날부터 14일 이내에 지급하지 아니하는 경우 그 다음 날부터 지급하는 날까지의 지연일수에 대하여 연 100분의 40 이내의 범위에서 「은행법」에 의한 금융기관이 적용하는 연체금리 등 경제 여건을 감안하여 대통령령이 정하는 이율에 의한 지연이자를 지급하여야 한다.

②제1항의 규정은 사용자가 천재·사변 그 밖의 대통령령이 정하는 사유에 의하여 임금지급을 지연하는 경우 그 사유가 존속하는 기간에 대하여는 적용하지 아니한다.

[본조신설 2005.3.31]

**제37조 (임금채권 우선변제)** ①임금·재해보상금 기타 근로관계로 인한 채권은 사용자의 총재산에 대하여 질권 또는 저당권에 의하여 담보된 채권을 제외하고는 조세·공과금 및 다른 채권에 우선하여 변제되어야 한다. 다만, 질권 또는 저당권에 우선하는 조세·공과금에 대하여는 그러하지 아니하다. <개정 2005.1.27>

②제1항의 규정에 불구하고 다음 각호의 1에 해당하는 채권은 사용자의 총재산에 대하

여 질권 또는 저당권에 의하여 담보된 채권, 조세·공과금 및 다른 채권에 우선하여 변제되어야 한다. <개정 1997.12.24>

1. 최종 3월분의 임금
2. 삭제 <2005.1.27>
3. 재해보상금

③제2항제2호의 퇴직금은 계속근로연수 1년에 대하여 30일분의 평균임금으로 계산한 금액으로 한다. <신설 1997.12.24>

[94헌바19,95헌바34,97헌가11(병합) 1997.8.21

1. 구 근로기준법(1953. 5. 10. 법률 제286호로 제정되고 1989. 3. 29. 법률 제4099호로 개정되어 1997. 3. 13. 법률 제5305호로 폐지된 것) 제30조의2제2항 및 근로기준법(1997. 3. 13. 법률 제5309호로 제정된 것) 제37조제2항 중 각 "퇴직금"부분은 헌법에 합치되지 아니한다.
2. 위 법률조항 중 각 "퇴직금" 부분은 입법자가 1997. 12. 31.까지 개정하지 아니하면 1998. 1. 1. 그 효력을 상실한다. 법원 기타 국가기관 및 지방자치단체는 입법자가 개정할 때까지 위 법률조항 중 각 "퇴직금" 부분의 적용을 중지하여야 한다.]

**제38조 (사용증명서)** ①사용자는 근로자가 퇴직 후라도 사용기간, 업무종류, 지위와 임금 기타 필요한 사항에 관한 증명서를 청구한 때에는 사실대로 기입하여 즉시 교부하여야 한다.

②제1항의 증명서에는 근로자가 요구한 사항만을 기입하여야 한다.

**제39조 (취업방해의 금지)** 누구든지 근로자의 취업을 방해할 목적으로 비밀기호 또는 명부를 작성·사용하거나 통신을 하여서는 아니 된다.

**제40조 (근로자의 명부)** ①사용자는 각 사업장별로 근로자명부를 작성하고 근로자의 성명, 생년월일, 이력 기타 대통령령이 정한 사항을 기입하여야 한다.

②제1항의 규정에 의하여 기입할 사항에 변경이 있는 경우에는 지체없이 정정 하여야 한다.

**제41조 (계약서류의 보존)** 사용자는 근로자명부와 대통령령이 정하는 근로계약에 관한 중요한 서류를 3년간 보존하여야 한다.

## 제3장 임금

**제42조 (임금지불)** ①임금은 통화로 직접 근로자에게 그 전액을 지급하여야 한다. 다만, 법령 또는 단체협약에 특별한 규정이 있는 경우에는 임금의 일부를 공제하거나 또는 통화이외의 것으로 지급할 수 있다.

②임금은 매월 1회 이상 일정한 기일을 정하여 지급하여야 한다. 다만, 임시로 지급하는 임금, 수당 기타 이에 준하는 것 또는 대통령령이 정하는 임금에 대하여는 그러하지 아니하다.

**제43조 (도급사업에 대한 임금지급)** ①사업이 수차의 도급에 의하여 행하여지는 경우에 하수급인이 직상수급인의 귀책사유로 근로자에게 임금을 지급하지 못한 때에는 그 직상수급인은 당해 수급인과 연대하여 책임을 진다.

②제1항의 직상수급인의 귀책사유의 범위는 대통령령으로 정한다.

**제44조 (비상시 지불)** 사용자는 근로자가 출산, 질병, 재해 기타 대통령령이 정한 비상한 경우의 비용에 충당하기 위하여 청구하는 경우에는 지급기일전이라도 기왕의 근로에 대한 임금을 지급하여야 한다.

**제45조 (휴업수당)** ①사용자의 귀책사유로 인하여 휴업하는 경우에는 사용자는 휴업기간중 당해 근로자에 대하여 평균임금의 100분의 70이상의 수당을 지급하여야 한다. 다만, 평균임금의 100분의 70에 상당하는 금액이 통상임금을 초과하는 경우에는 통상임금을 휴업수당으로 지급할 수 있다.

②제1항의 규정에 불구하고 부득이한 사유로 사업계속이 불가능하여 노동위원회의 승인을 얻은 경우에는 제1항의 기준에 미달하는 휴업수당을 지급할 수 있다.

**제46조 (도급근로자)** 사용자는 도급 기타 이에 준하는 제도로 사용하는 근로자에 대하여는 근로시간에 따라 일정액 의 임금을 보장하여야 한다.

**제47조 (임금대장)** 사용자는 각 사업장별로 임금대장을 작성하고 임금과 가족수당 계산의 기초가 되는 사항, 임금액 기타 대통령령이 정하는 사항을 임금지급시마다 기입하여야 한다.

**제48조 (임금의 시효)** 이 법 규정에 의한 임금채권은 3년간 행사하지 아니하는 때에는 시효로 인하여 소멸한다.

## 제4장 근로시간과 휴식

**제49조 (근로시간)** ①1주간의 근로시간은 휴게시간을 제하고 40시간을 초과할 수 없다. <개정 2003.9.15>

②1일의 근로시간은 휴게시간을 제하고 8시간을 초과할 수 없다.

**제50조 (탄력적 근로시간제)** ①사용자는 취업규칙(취업규칙에 준하는 것을 포함한다)에서 정하는 바에 의하여 2주간 이내의 일정한 단위기간을 평균하여 1주간의 근로시간이 제49조제1항의 근로시간을 초과하지 아니하는 범위 안에서 특정주에 제49조제1항의 근로시간을, 특정일에 제49조제2항의 근로시간을 초과하여 근로하게 할 수 있다. 다만, 특정주의 근로시간은 48시간을 초과할 수 없다.

②사용자는 근로자대표와의 서면합의에 의하여 다음 각호의 사항을 정한 때에는 3월 이내의 단위기간을 평균하여 1주간의 근로시간이 제49조제1항의 근로시간을 초과하지 아니하는 범위 안에서 특정주에 제49조제1항의 근로시간을, 특정일에 제49조제2항의 근로시간을 초과하여 근로하게 할 수 있다. 다만, 특정주의 근로시간은 52시간을, 특정일의 근로시간은 12시간을 초과할 수 없다. <개정 2003.9.15>

1. 대상근로자의 범위
2. 단위기간(3월 이내의 일정한 기간으로 정하여야 한다)
3. 단위기간에 있어서의 근로일 및 당해 근로일별 근로시간
4. 기타 대통령령이 정하는 사항

③제1항 및 제2항의 규정은 15세 이상 18세 미만의 근로자와 임신중인 여성근로자에 대하여는 이를 적용하지 아니한다. <개정 2001.8.14>

④사용자는 제1항 및 제2항의 규정에 의하여 당해 근로자를 근로시킬 경우에는 기존의 임금수준이 저하되지 아니하도록 임금보전 방안을 강구하여야 한다.

⑤삭제 <1999.2.8>

**제51조 (선택적 근로시간제)** 사용자는 취업규칙(취업규칙에 준하는 것을 포함한다)에 의하여 시업 및 종업시각을 근로자의 결정에 맡기기로 한 근로자에 대하여 근로자대표와의 서면합의에 의하여 다음 각호의 사항을 정한 때에는 1월 이내의 정산기간을 평균하여 1주간의 근로시간이 제49조제1항의 근로시간을 초과하지 아니하는 범위 안에서 1주간에 제49조제1항의 근로시간을, 1일에 제49조제2항의 근로시간을 초과하여 근로하게 할 수 있다.

1. 대상근로자의 범위(15세 이상 18세 미만의 근로자를 제외한다)
2. 정산기간(1월 이내의 일정한 기간으로 정하여야 한다)
3. 정산기간에 있어서의 총 근로시간
4. 반드시 근로하여야 할 시간대를 정하는 경우에는 그 개시 및 종료시각
5. 근로자가 그의 결정에 의하여 근로할 수 있는 시간대를 정하는 경우에는 그 개시 및 종료시각
6. 기타 대통령령이 정하는 사항

**제52조 (연장근로의 제한)** ①당사자간의 합의가 있는 경우에는 1주간에 12시간을 한도로 제49조의 근로시간을 연장할 수 있다.

②당사자간의 합의가 있는 경우에는 1주간에 12시간을 한도로 제50조의 근로시간을 연장할 수 있으며 제51조제2호의 정산기간을 평균하여 1주간에 12시간을 초과하지 아니하는 범위 안에서 제51조의 근로시간을 연장할 수 있다.

③사용자는 특별한 사정이 있는 경우에는 노동부장관의 인가와 근로자의 동의를 얻어

제1항과 제2항의 근로시간을 연장할 수 있다. 다만, 사태가 급박하여 노동부장관의 인가를 받을 시간이 없는 경우에는 사후에 지체없이 승인을 얻어야 한다.

④노동부장관은 제3항의 규정에 의한 근로시간의 연장이 부적당하다고 인정할 경우에는 그 후 연장시간에 상당하는 휴게 또는 휴일을 줄 것을 명할 수 있다.

**제53조 (휴게)** ①사용자는 근로시간이 4시간인 경우에는 30분 이상, 8시간인 경우에는 1시간 이상의 휴게시간을 근로시간 도중에 주어야 한다.

②휴게시간은 근로자가 자유로 이용할 수 있다.

**제54조 (휴일)** 사용자는 근로자에 대하여 1주일에 평균 1회 이상의 유급휴일을 주어야 한다.

**제55조 (연장 · 야간 및 휴일근로)** 사용자는 연장근로(제52조 · 제58조 및 제67조 단서의 규정에 의하여 연장된 시간의 근로)와 야간근로(하오 10시부터 상오 6시까지 사이의 근로) 또는 휴일근로에 대하여는 통상임금의 100분의 50이상을 가산하여 지급하여야 한다.

**제55조의2 (보상휴가제)** 사용자는 근로자대표와의 서면합의에 따라 제55조의 규정에 의한 연장근로 · 야간근로 및 휴일근로에 대하여 임금을 지급하는 것에 갈음하여 휴가를 부여할 수 있다.

[본조신설 2003.9.15]

**제56조 (근로시간 계산의 특례)** ①근로자가 출장 기타의 사유로 근로시간의 전부 또는 일부를 사업장 밖에서 근로하여 근로시간을 산정하기 어려운 때에는 소정근로시간을 근로한 것으로 본다. 다만, 당해 업무를 수행하기 위하여 통상적으로 소정근로시간을 초과하여 근로할 필요가 있는 경우에는 그 업무의 수행에 통상 필요한 시간을 근로한 것으로 본다.

②제1항 단서의 규정에 불구하고 당해 업무에 관하여 근로자대표와의 서면합의가 있는 때에는 그 합의에서 정하는 시간을 그 업무의 수행에 통상 필요한 시간으로 본다.

③업무의 성질에 비추어 업무 수행방법을 근로자의 재량에 위임할 필요가 있는 업무로서 대통령령이 정하는 업무는 사용자가 근로자대표와 서면합의로 정한 시간을 근로한 것으로 본다. 이 경우 당해 서면합의에는 다음 각호의 사항을 명시하여야 한다.

1. 대상업무
2. 사용자가 업무의 수행수단 및 시간배분 등에 관하여 근로자에게 구체적인 지시를 하지 아니한다는 내용
3. 근로시간의 산정은 당해 서면합의로 정하는 바에 따른다는 내용

④삭제 <1999.2.8>

⑤제1항 및 제3항의 시행에 필요한 사항은 대통령령으로 정한다.

**제57조** 삭제 <2003.9.15>

**제58조 (근로시간 및 휴게시간의 특례)** ①다음 각호의 1에 해당하는 사업에 대하여 사용자는 근로자대표와 서면합의를 한 때에는 제52조제1항의 규정에 의한 주 12시간을 초과하여 연장근로하게 하거나 제53조의 규정에 의한 휴게시간을 변경할 수 있다.

1. 운수업, 물품판매 및 보관업, 금융보험업
2. 영화제작 및 흥행업, 통신업, 교육연구 및 조사사업, 광고업
3. 의료 및 위생사업, 접객업, 소각 및 청소업, 이용업
4. 기타 공중의 편의 또는 업무의 특성상 필요한 경우로서 대통령령이 정하는 사업

②삭제 <1999.2.8>

**제59조 (연차유급휴가)** ①사용자는 1년간 8할 이상 출근한 근로자에 대하여는 15일의 유급휴가를 주어야 한다.

②사용자는 계속근로연수가 1년 미만인 근로자에 대하여는 1월간 개근시 1일의 유급휴가를 주어야 한다.

③사용자는 근로자의 최초 1년간의 근로에 대하여 유급휴가를 주는 경우에는 제2항의 규정에 의한 휴가를 포함하여 15일로 하고, 근로자가 제2항의 규정에 의한 휴가를 이미 사용한 경우에는 그 사용한 휴가일수를 15일에서 공제한다.

④사용자는 3년 이상 계속 근로한 근로자에 대하여는 제1항의 규정에 의한 휴가에 최초 1년을 초과하는 계속근로연수 매 2년에 대하여 1일을 가산한 유급휴가를 주어야 한다. 이 경우 가산휴가를 포함한 총 휴가일수는 25일을 한도로 한다.

⑤사용자는 제1항 내지 제4항의 규정에 의한 휴가는 근로자의 청구가 있는 시기에 주어야 하며, 그 기간에 대하여는 취업규칙이나 그 밖의 정하는 바에 의한 통상임금 또는 평균임금을 지급하여야 한다. 다만, 근로자가 청구한 시기에 휴가를 주는 것이 사업운영에 막대한 지장이 있는 경우에는 그 시기를 변경할 수 있다.

⑥제1항 내지 제3항의 규정을 적용함에 있어서 다음 각 호의 어느 하나에 해당하는 기간은 출근한 것으로 본다. <개정 2005.5.31>

1. 근로자가 업무상의 부상 또는 질병으로 휴업한 기간
2. 임신 중의 여성이 제72조제1항 또는 제2항의 규정에 의한 보호휴가로 휴업한 기간

⑦제1항 내지 제4항의 규정에 의한 휴가는 1년간 행사하지 아니한 때에는 소멸된다. 다만, 사용자의 귀책사유로 사용하지 못한 경우에는 그러하지 아니하다.

[전문개정 2003.9.15]

**제59조의2 (연차유급휴가의 사용촉진)** 사용자가 제59조제1항 · 제3항 및 제4항의 규정에 의한 유급휴가의 사용을 촉진하기 위하여 다음 각호의 조치를 하였음에도 불구하고 근로자가 휴가를 사용하지 아니하여 제59조제7항 본문의 규정에 따라 소멸된 경우에는 사용자는 그 미사용휴가에 대하여 보상할 의무가 없으며, 제59조제7항 단서의 규정에

의한 사용자의 귀책사유에 해당하지 아니하는 것으로 본다.

1. 제59조제7항 본문의 규정에 의한 기간이 끝나기 3월전을 기준으로 10일 이내에 사용자가 근로자별로 미사용휴가일수를 알려 주고, 근로자가 그 사용시기를 정하여 사용자에게 통보하도록 서면으로 촉구할 것
2. 제1호의 규정에 의한 촉구에 불구하고 근로자가 촉구를 받은 때부터 10일 이내에 미사용휴가의 전부 또는 일부의 사용시기를 정하여 사용자에게 통보하지 아니한 경우에는 제59조제7항 본문의 규정에 의한 기간이 끝나기 2월전까지 사용자가 미사용휴가의 사용시기를 정하여 근로자에게 서면으로 통보할 것

[본조신설 2003.9.15]

**제60조 (유급휴가의 대체)** 사용자는 근로자대표와의 서면합의에 의하여 제59조의 규정에 의한 연차유급휴가일에 갈음하여 특정 근로일에 근로자를 휴무시킬 수 있다. <개정 2003.9.15>

**제61조 (적용의 제외)** 이 장과 제5장에서 정한 근로시간, 휴게와 휴일에 관한 규정은 다음 각호의 1에 해당하는 근로자에 대하여는 적용하지 아니한다.

1. 토지의 경작 · 개간, 식물의 재식 · 재배 · 채취사업 기타의 농림사업
2. 동물의 사육, 수산동식물의 채포 · 양식사업, 기타의 축산, 양잠, 수산사업
3. 감시 또는 단속적으로 근로에 종사하는 자로서 사용자가 노동부장관의 승인을 얻은 자
4. 대통령령이 정한 업무에 종사하는 근로자

## 제5장 여성과 소년 〈개정 2001.8.14〉

**제62조 (최저연령과 취직인허증)** ①15세 미만인 자(「초 · 중등교육법」에 의한 중학교에 재학 중인 18세 미만인 자를 포함한다)는 근로자로 사용하지 못한다. 다만, 대통령령이 정하는 기준에 따라 노동부장관이 발급한 취직인허증을 소지한 자는 그러하지 아니하다. <개정 2001.8.14, 2005.3.31>

②제1항의 취직인허증은 본인의 신청에 의하여 의무교육에 지장이 없는 한 직종을 지정하여서만 발행할 수 있다.

**제63조 (사용금지)** ①사용자는 임신중이거나 산후 1년이 경과되지 아니한 여성(이하 "임산부"라 한다)과 18세 미만자를 도덕상 또는 보건상 유해 · 위험한 사업에 사용하지 못한다.

②사용자는 임산부가 아닌 18세 이상의 여성을 제1항의 규정에 의한 보건상 유해 · 위험한 사업 중 임신 또는 출산에 관한 기능에 유해 · 위험한 사업에 사용하지 못한다.

③제1항 및 제2항의 규정에 의한 금지직종은 대통령령으로 정한다.

[전문개정 2001.8.14]

**제64조 (연소자증명서)** 사용자는 18세 미만인 자에 대하여는 그 연령을 증명하는 호적증명서와 친권자 또는 후견인의 동의서를 사업장에 비치하여야 한다.

**제65조 (근로계약)** ①친권자 또는 후견인은 미성년자의 근로계약을 대리할 수 없다.

②친권자, 후견인 또는 노동부장관은 근로계약이 미성년자에게 불리하다고 인정하는 경우에는 향후 이를 해지할 수 있다.

**제66조 (임금청구)** 미성년자는 독자적으로 임금을 청구할 수 있다.

**제67조 (근로시간)** 15세 이상 18세 미만인 자의 근로시간은 1일에 7시간, 1주일에 40시간을 초과하지 못한다. 다만, 당사자간의 합의에 의하여 1일에 1시간, 1주일에 6시간을 한도로 연장할 수 있다. <개정 2003.9.15>

**제68조 (야업(야업) 및 휴일근로의 제한)** ①사용자는 18세 이상의 여성을 오후 10시부터 오전 6시까지의 사이 및 휴일에 근로시키고자 하는 경우에는 당해 근로자의 동의를 얻어야 한다.

②사용자는 임산부와 18세 미만자를 오후 10시부터 오전 6시까지의 사이 및 휴일에 근로시키지 못한다. 다만, 다음 각호의 1의 경우로서 노동부장관의 인가를 얻은 경우에는 그러하지 아니하다.

1. 18세 미만자의 동의가 있는 경우
2. 산후1년이 경과되지 아니한 여성의 동의가 있는 경우
3. 임신중의 여성이 명시적으로 청구하는 경우

③사용자는 제2항의 경우 노동부장관의 인가를 얻기 이전에 근로자의 건강 및 모성보호를 위하여 그 시행여부와 방법 등에 관하여 당해 사업 또는 사업장의 근로자대표와 성실하게 협의하여야 한다.

[전문개정 2001.8.14]

**제69조 (시간외근로)** 사용자는 산후 1년이 경과되지 아니한 여성에 대하여는 단체협약이 있는 경우라도 1일에 2시간, 1주일에 6시간, 1년에 150시간을 초과하는 시간외의 근로를 시키지 못한다. <개정 2001.8.14>

**제70조 (갱내근로 금지)** 사용자는 여성과 18세 미만인 자를 갱내에서 근로시키지 못한다. 다만, 보건 · 의료, 보도 · 취재 등 대통령령이 정하는 업무를 수행하기 위하여 일시적으로 필요한 경우에는 그러하지 아니하다. <개정 2001.8.14>

**제71조 (생리휴가)** 사용자는 여성인 근로자가 청구하는 때에는 월 1일의 생리휴가를 주어야 한다.

[전문개정 2003.9.15]

**제72조 (임산부의 보호)** ①사용자는 임신 중의 여성에 대하여 산전후를 통하여 90일의

보호휴가를 주어야 한다. 이 경우 휴가기간의 배치는 산후에 45일 이상이 되어야 한다.
②사용자는 임신 중인 여성이 임신 16주 이후 유산 또는 사산한 경우로서 당해 근로자가 청구하는 때에는 대통령령이 정하는 바에 따라 보호휴가를 주어야 한다. 다만, 인공임신중절수술(「모자보건법」제14조제1항의 규정에 의한 경우는 제외한다)에 의한 유산의 경우는 그러하지 아니하다.
③제1항 및 제2항의 규정에 의한 휴가 중 최초 60일은 유급으로 한다. 다만, 「남녀고용평등법」 제18조의 규정에 따라 산전후휴가급여 등이 지급된 때에는 그 금액의 한도 안에서 지급의 책임을 면한다.
④사용자는 임신 중의 여성근로자에 대하여 시간외근로를 하게 하여서는 아니된다. 당해 근로자의 요구가 있는 경우에는 경이한 종류의 근로로 전환하게 하여야 한다.
[전문개정 2005.5.31]

**第73조 (육아시간)** 생후 1년 미만의 유아를 가진 여성근로자의 청구가 있는 경우에는 1일 2회 각각 30분이상의 유급수유시간을 주어야 한다. <개정 2001.8.14>

**第74조** 삭제 <1999.2.8>

**第75조** 삭제 <1999.2.8>

## 제6장 안전과 보건

**第76조 (안전과 보건)** 근로자의 안전과 보건에 관하여는 산업안전보건법이 정하는 바에 의한다.

## 제7장 기능습득

**第77조 (기능습득자의 폐단 제외)** 사용자는 양성공, 수습 기타 명칭 여하를 불문하고 기능의 습득을 목적으로 하는 근로자를 혹사하거나 가사 기타 기능습득에 관계없는 업무에 종사시키지 못한다.

**第78조** 삭제 <1999.2.8>

**第79조** 삭제 <1999.2.8>

**第80조** 삭제 <1999.2.8>

## 제8장 재해보상

**第81조 (요양보상)** ①근로자가 업무상 부상 또는 질병에 걸린 경우에는 사용자는 그 비용으로 필요한 요양을 행하거나 또는 필요한 요양비를 부담하여야 한다.

②제1항에 규정한 업무상 질병과 요양의 범위는 대통령령으로 정한다.

**제82조 (휴업보상)** 제81조의 규정에 의하여 요양 중에 있는 근로자에 대하여는 사용자는 근로자의 요양중 평균임금의 100분의 60의 휴업보상을 행하여야 한다.

**제83조 (장해보상)** 근로자가 업무상 부상 또는 질병에 걸려 완치 후 신체에 장해가 있는 경우에는 사용자는 그 장해정도에 따라 평균임금에 별표에 <생략:별표> 정한 일수를 곱하여 얻은 금액의 장해보상을 행하여야 한다.

**제84조 (휴업보상, 장해보상의 예외)** 근로자가 중대한 과실로 인하여 업무상 부상 또는 질병에 걸리고 또한 사용자가 그 과실에 대하여 노동위원회의 인정을 받은 경우에는 휴업보상 또는 장해보상을 행하지 아니하여도 된다.

**제85조 (유족보상)** 근로자가 업무상 사망한 경우에는 사용자는 그 유족에 대하여 평균임금의 1,000일분의 유족보상을 행하여야 한다.

**제86조 (장의비)** 근로자가 업무상 사망한 경우에는 사용자는 평균임금의 90일분의 장의비를 지급하여야 한다.

**제87조 (일시보상)** 제81조의 규정에 의하여 보상을 받는 근로자가 요양개시 후 2년을 경과하여도 부상 또는 질병이 완치되지 아니하는 경우에는 평균임금의 1,340일분의 일시보상을 행하여 그 후의 이 법에 의한 모든 보상책임을 면할 수 있다.

**제88조 (분할보상)** 사용자는 지급능력이 있는 것을 증명하고 보상을 받은 자의 동의를 얻은 경우에는 제83조, 제85조 또는 제87조의 규정에 의한 보상금을 1년간에 걸쳐 분할보상할 수 있다.

**제89조 (보상청구권)** 보상을 받을 권리는 퇴직으로 인하여 변경되지 아니하며 양도 또는 압류하지 못한다.

**제90조 (다른 손해배상과의 관계)** 보상을 받게 될 자가 동일한 사유에 대하여 민법 기타 법령에 의하여 이 법의 재해보상에 상당한 금품을 받을 경우에는 그 가액의 한도 내에서 사용자는 보상의 책임을 면한다.

**제91조 (노동부장관의 심사와 중재)** ①업무상의 부상, 질병 또는 사망의 인정, 요양의 방법, 보상금액의 결정 기타 보상의 실시에 관하여 이의가 있는 자는 노동부장관에게 심사 또는 사건의 중재를 청구할 수 있다.

②제1항의 청구가 있는 경우에는 노동부장관은 1월 이내에 심사 또는 중재를 하여야 한다.

③노동부장관은 필요에 의하여 직권으로 심사 또는 사건의 중재를 할 수 있다.

④노동부장관은 심사 또는 중재를 위하여 필요하다고 인정하는 경우에는 의사에게 진단 또는 검안을 시킬 수 있다.

⑤제1항의 규정에 의한 심사 또는 중재의 청구와 제2항의 규정에 의한 심사 또는 중재

의 개시는 시효의 중단에 관하여는 이를 재판상의 청구로 본다.

**제92조 (노동위원회의 심사와 중재)** ①제91조제2항의 기간 내에 심사 또는 중재를 하지 아니하거나 심사와 중재의 결과에 불복이 있는 자는 노동위원회의 심사 또는 중재를 청구할 수 있다.

②제1항의 청구가 있는 경우에는 노동위원회는 1월 이내에 심사 또는 중재를 하여야 한다.

**제93조 (도급사업에 대한 예외)** ①사업이 수차의 도급에 의하여 행하여지는 경우에는 재해보상에 대하여는 원수급인을 사용자로 본다.

②제1항의 경우에 원수급인이 서면상 계약으로 하수급인에게 보상을 담당하게 하는 경우에는 그 수급인도 또한 사용자로 본다. 다만, 2인 이상의 하수급인에게 동일한 사업에 대하여 중복하여 보상을 담당하게 하지 못한다.

③제2항의 경우에 원수급인이 보상의 청구를 받은 경우에는 보상을 담당한 하수급인에게 우선 최고할 것을 청구할 수 있다. 다만, 그 하수급인이 파산의 선고를 받거나 또는 행방이 알려지지 아니하는 경우에는 그러하지 아니하다.

**제94조 (서류의 보존)** 사용자는 재해보상에 관한 중요한 서류를 2년간 보존하여야 한다.

**제95조 (시효)** 이 법의 규정에 의한 재해보상청구권은 3년간 행사하지 아니하는 경우에는 시효로 인하여 소멸한다.

## 제9장 취업규칙

**제96조 (취업규칙의 작성 · 신고)** 상시 10인 이상의 근로자를 사용하는 사용자는 다음의 사항에 관한 취업규칙을 작성하여 노동부장관에게 신고하여야 한다. 이를 변경하는 경우에 있어서도 또한 같다. <개정 2005.1.27, 2005.3.31>

1. 시업 · 종업의 시각, 휴게시간, 휴일, 휴가 및 교대근로에 관한 사항
2. 임금의 결정 · 계산 · 지급방법, 임금의 산정기간 · 지급시기 및 승급에 관한 사항
3. 가족수당의 계산 · 지급방법에 관한 사항
4. 퇴직에 관한 사항
5. 근로자퇴직급여보장법 제8조의 규정에 의한 퇴직금, 상여 및 최저임금에 관한 사항
6. 근로자의 식비, 작업용품 등 부담에 관한 사항
7. 근로자를 위한 교육시설에 관한 사항

7의2. 산전후휴가 · 육아휴직 등 여성근로자의 모성보호에 관한 사항

8. 안전과 보건에 관한 사항
9. 업무상과 업무외의 재해부조에 관한 사항
10. 표창과 제재에 관한 사항

11. 기타 당해 사업 또는 사업장의 근로자 전체에 적용될 사항

**제97조 (규칙의 작성, 변경의 절차)** ①사용자는 취업규칙의 작성 또는 변경에 관하여 당해 사업 또는 사업장에 근로자의 과반수로 조직된 노동조합이 있는 경우에는 그 노동조합, 근로자의 과반수로 조직된 노동조합이 없는 경우에는 근로자의 과반수의 의견을 들어야 한다. 다만, 취업규칙을 근로자에게 불이익하게 변경하는 경우에는 그 동의를 얻어야 한다.

②사용자는 제96조의 규정에 의하여 취업규칙을 신고할 때에는 제1항의 의견을 기입한 서면을 첨부하여야 한다.

**제98조 (제재규정의 제한)** 취업규칙에서 근로자에 대하여 감급의 제재를 정할 경우에는 그 감액은 1회의 액이 평균임금의 1일분의 2분의 1을, 총액이 1임금지급기에 있어서의 임금총액의 10분의 1을 초과하지 못한다.

**제99조 (단체협약 준수)** ①취업규칙은 법령 또는 당해 사업 또는 사업장에 대하여 적용되는 단체협약에 반할 수 없다.

②노동부장관은 법령 또는 단체협약에 저촉되는 취업규칙의 변경을 명할 수 있다.

**제100조 (위반의 효력)** 취업규칙에 정한 기준에 미달하는 근로조건을 정한 근로계약은 그 부분에 관하여는 무효로 한다. 이 경우에 있어서 무효로 된 부분은 취업규칙에 정한 기준에 의한다.

## 제10장 기숙사

**제101조 (기숙사 생활의 보장)** ①사용자는 사업 또는 사업장의 부속기숙사에 기숙하는 근로자의 사생활의 자유를 침해하지 못한다.

②사용자는 기숙사 생활의 자치에 필요한 임원선거에 간섭하지 못한다.

**제102조 (규칙의 작성, 변경)** ①부속기숙사에 근로자를 기숙시키는 사용자는 다음의 사항에 관하여 기숙사규칙을 작성하여야 한다. <개정 1999.2.8>

1. 기침, 취침, 외출과 외박에 관한 사항
2. 행사에 관한 사항
3. 식사에 관한 사항
4. 안전과 보건에 관한 사항
5. 건설물과 설비의 관리에 관한 사항
6. 기타 기숙사에 기숙하는 근로자 전체에 적용될 사항

②사용자는 제1항의 규칙의 작성 또는 변경에 관하여 기숙사에 기숙하는 근로자의 과반수를 대표하는 자의 동의를 얻어야 한다.

③삭제 <1999.2.8>

④사용자와 기숙사에 기숙하는 근로자는 기숙사규칙을 준수하여야 한다.

**제103조 (설비와 안전위생)** ①사용자는 부속기숙사에 대하여 근로자의 건강, 풍기와 생명의 유지에 필요한 조치를 강구하여야 한다.

②제1항의 규정에 의하여 강구하여야 할 조치의 기준은 대통령령으로 정한다.

## 제11장 근로감독관등

**제104조 (감독기관)** ①근로조건의 기준을 확보하기 위하여 노동부 및 그 소속기관에 근로감독관을 둔다.

②근로감독관의 자격, 임면과 직무배치에 관한 사항은 대통령령으로 정한다.

**제105조 (근로감독관의 권한)** ①근로감독관은 사업장, 기숙사 기타 부속건물에 임검하고 장부와 서류의 제출을 요구할 수 있으며 사용자와 근로자에 대하여 심문할 수 있다.

②의사인 근로감독관 또는 근로감독관의 위촉을 받은 의사는 취업을 금지하여야 할 질병에 걸릴 의심이 있는 근로자에 대하여 검진할 수 있다.

③제1항 및 제2항의 경우에 근로감독관 또는 그 위촉을 받은 의사는 그 신분증명서와 노동부장관의 임검 또는 검진지령서를 제시하여야 한다.

④제3항의 임검 또는 검진지령서에는 그 시일, 장소 및 범위를 명기하여야 한다.

⑤근로감독관은 이 법 기타 노동관계법령 위반의 죄에 관하여 사법경찰관리의 직무를 행할자와그직무범위에관한법률이 정하는 바에 의하여 사법경찰관의 직무를 행한다.

**제106조 (근로감독관의 의무)** 근로감독관은 직무상 알게 된 비밀을 엄수하여야 한다. 근로감독관을 그만 둔 때에도 또한 같다.

**제107조 (감독기관에 대한 신고)** ①사업 또는 사업장에서 이 법 또는 이 법에 의하여 발하는 대통령령에 위반한 사실이 있는 경우에는 근로자는 그 사실을 노동부장관 또는 근로감독관에게 통고할 수 있다.

②사용자는 제1항의 통고를 이유로 근로자에 대하여 해고 기타 불리한 처우를 하지 못한다.

**제108조 (사법경찰권 행사자의 제한)** 이 법 기타 노동관계법령에 의한 임검, 서류의 제출, 심문 등 수사는 검사와 근로감독관이 전행한다. 다만, 근로감독관의 직무에 관한 범죄의 수사에 한하여는 그러하지 아니하다.

**제109조 (권한의 위임)** 이 법에 의한 노동부장관의 권한은 대통령령이 정하는 바에 의하여 그 일부를 지방노동관서의 장에게 위임할 수 있다.

## 제12장 벌칙

**제110조 (벌칙)** 제6조, 제7조, 제8조, 제30조제1항 · 제2항 또는 제39조의 규정에 위반한 자는 5년 이하의 징역 또는 3,000만원 이하의 벌금에 처한다.

**제111조 (벌칙)** 근로감독관이 이 법에 위반된 사실을 고의로 묵과한 때에는 3년 이하의 징역 또는 5년 이하의 자격정지에 처한다.

**제112조 (벌칙)** ①제36조, 제42조, 제43조, 제45조, 제55조, 제63조 또는 제70조의 규정에 위반한 자는 3년 이하의 징역 또는 2,000만원 이하의 벌금에 처한다.

②제36조, 제42조, 제43조, 제45조 또는 제55조의 규정을 위반한 자에 대하여는 피해자의 명시한 의사에 반하여 공소를 제기할 수 없다. <신설 2005.3.31>

**제113조 (벌칙)** 다음 각호의 1에 해당하는 자는 2년 이하의 징역 또는 1,000만원 이하의 벌금에 처한다. <개정 1999.2.8, 2001.8.14, 2003.9.15>

1. 제9조, 제29조제1항, 제32조, 제34조제1항 · 제2항, 제49조, 제52조제1항 · 제2항 · 제3항 본문, 제53조, 제54조, 제59조제1항 · 제2항 · 제4항 및 제5항, 제62조, 제67조, 제68조제1항 · 제2항, 제69조, 제72조, 제73조, 제81조, 제82조, 제83조, 제85조, 제86조 및 제107조제2항의 규정에 위반한 자
2. 제52조제4항의 규정에 의한 명령에 위반한 자
3. 삭제 <1999.2.8>

**제114조 (벌칙)** 제44조의 규정에 위반한 자는 1,000만원 이하의 벌금에 처한다.

**제115조 (벌칙)** 다음 각호의 1에 해당하는 자는 500만원 이하의 벌금에 처한다. <개정 1999.2.8, 2001.8.14>

1. 제5조, 제13조, 제23조, 제24조, 제27조, 제28조, 제29조제2항, 제38조, 제40조, 제41조, 제46조, 제47조, 제52조제3항 단서, 제64조, 제65조, 제68조제3항, 제71조, 제77조, 제94조, 제96조, 제97조, 제98조, 제101조제2항, 제102조, 제103조 및 제106조의 규정에 위반한 자
2. 삭제 <1999.2.8>
3. 제99조제2항의 규정에 의한 명령에 위반한 자
4. 제105조의 규정에 의한 근로감독관 또는 그 위촉을 받은 의사의 임검 또는 검진을 거절, 방해 또는 기피하고 그 심문에 대하여 진술을 하지 아니하거나 허위진술을 하며 장부 · 서류의 제출을 하지 아니하거나 또는 허위장부 · 서류를 제출한 자
5. 제12조의 규정에 의한 노동부장관, 노동위원회 또는 근로감독관의 요구가 있을 경우에 보고 또는 출석을 하지 않거나 허위의 보고를 한 자

**제116조 (양벌규정)** 이 법의 위반행위를 한 자가 당해 사업의 근로자에 관한 사항에 대하

여 사업주를 위하여 행위한 대리인, 사용인 기타의 종업자인 경우에는 사업주에 대하여도 각 본조의 벌금형을 과한다. 다만, 사업주(사업주가 법인인 경우에는 그 대표자, 사업주가 영업에 관하여 성년자와 동일의 능력을 갖지 아니하는 미성년자 또는 금치산자인 경우에는 그 법정대리인을 사업주로 한다. 이하 이 조에 있어서 같다)가 위반방지에 필요한 조치를 한 경우에는 그러하지 아니하다. 사업주가 위반의 계획을 알고 그 방지에 필요한 조치를 하지 아니하는 경우, 위반행위를 알고 그 시정에 필요한 조치를 하지 아니하는 경우 또는 위반을 교사한 경우에는 사업주도 행위자로서 처벌한다.

### 부칙 〈제5309호,1997.3.13〉

**제1조 (시행일)** 이 법은 공포한 날부터 시행한다. <개정 1998.2.20>

**제2조 (보고 등의 요구에 관한 경과조치)** 이 법 시행당시 종전의 규정에 의하여 노동부장관, 노동위원회 및 근로감독관이 사용자 또는 근로자에 대하여 행한 보고, 출석 및 장부와 서류의 제출요구는 이 법에 의하여 행한 보고, 출석 및 장부와 서류의 제출요구로 본다.

**제3조 (근로계약 등에 관한 경과조치)** 이 법 시행당시 종전의 규정에 의하여 체약되거나 작성된 근로계약, 취업규칙 및 기숙사규칙은 이 법에 의하여 체결되거나 작성된 근로계약, 취업규칙 및 기숙사규칙으로 본다.

**제4조 (해고의 예고에 관한 경과조치)** 이 법 시행당시 종전의 규정에 의하여 행한 해고의 예고는 이 법에 의한 해고의 예고로 본다.

**제5조 (퇴직금제도에 관한 경과조치)** 이 법 시행당시 종전의 규정에 의하여 설정된 퇴직금제도와 미리 정산하여 지급된 퇴직금은 이 법에 의하여 설정되거나 지급된 것으로 본다.

**제6조 (휴일 등에 관한 경과조치)** 이 법 시행당시 종전의 규정에 의하여 사용자가 근로자에 준 휴일 및 휴가는 이 법에 의하여 준 휴일 및 휴가로 본다.

**제7조 (재해보상 등에 관한 경과조치)** 이 법 시행당시 종전의 규정에 의하여 행한 재해보상은 이 법에 의하여 행한 것으로 본다.

**제8조 (서면합의의 효력에 관한 경과조치)** 이 법 시행당시 종전의 규정에 의한 사용자와 근로자대표간의 서면합의 또는 사용자와 근로자간의 합의는 이 법에 의한 서면합의 또는 합의로 본다.

**제9조 (동의의 효력에 관한 경과조치)** 이 법 시행당시 종전의 규정에 의하여 사용자가 노동조합, 근로자의 과반수, 근로자, 보상을 받을 자 및 기숙사에 기숙하는 근로자의 과반수를 대표하는 자등의 동의를 얻은 경우에는 이 법에 의하여 동의를 얻은 것으로 본다.

**제10조 (청구 등의 효력에 관한 경과조치)** 이 법 시행당시 종전의 규정에 의하여 근로자가 노동부장관, 노동위원회 및 사용자에게 행한 청구 또는 신청 등과 사용자가 노동부장관 및 노동위원회에 행한 청구 또는 신청 등은 이 법에 의하여 행한 청구 또는 신청 등으로 본다.

**제11조 (신고의 효력에 관한 경과조치)** 이 법 시행당시 종전의 규정에 의하여 사용자가 노동부장관에 행한 신고는 이 법에 의하여 행한 신고로 본다.

**제12조 (인가 등의 효력에 관한 경과조치)** 이 법 시행당시 종전의 규정에 의하여 노동부장관 및 노동위원회가 행한 인가, 인정, 승인, 명령, 심사, 중재 및 인가의 취소 등의 행위는 이 법에 의하여 행한 인가, 인정, 승인, 명령, 심사, 중재 및 인가의 취소 등의 행위로 본다.제13조 (취직인허증 등의 효력에 관한 경과조치) ①이 법 시행당시 종전의 규정에 의하여 노동부장관이 발행한 취직인허증, 신분증명서, 임검지령서 및 검진지령서는 이 법에 의하여 발행한 취직인허증, 신분증명서, 임검지령서 및 검진지령서로 본다.

②이 법 시행당시 취업중인 13세 이상 15세 미만의 근로자가 이 법 시행 후 3월 이내에 노동부장관에게 취직인허를 신청하는 경우에는 노동부장관은 취직인허증을 발행하여야 한다.

**제14조 (벌칙에 관한 경과조치)** 이 법 시행 전의 행위에 대한 벌칙의 적용에 있어서는 종전의 규정에 의한다.

**제15조 (다른 법령과의 관계)** 이 법 시행당시 다른 법령에서 종전의 근로기준법 또는 그 규정을 인용한 경우 이 법중 그에 해당하는 규정이 있는 때에는 종전의 규정에 갈음하여 이 법 또는 이 법의 해당 규정을 인용한 것으로 본다.

### 부칙 〈제5473호,1997.12.24〉

**제1조 (시행일)** 이 법은 공포한 날부터 시행한다.

**제2조 (임금채권 우선변제에 대한 경과조치)** ①제37조제2항제2호의 개정규정에 불구하고 이 법 시행 전에 퇴직한 근로자의 경우에는 1989년 3월 29일 이후의 계속근로년수에 대한 퇴직금을 우선변제의 대상으로 한다.

②제37조제2항제2호의 개정규정에 불구하고 이 법 시행 전에 채용된 근로자로서 이 법 시행 후 퇴직하는 근로자의 경우에는 1989년 3월 29일 이후부터 이 법 시행 전까지의 계속근로년수에 대한 퇴직금에 이 법 시행 후의 계속근로년수에 대하여 발생하는 최종 3연간의 퇴직금을 합산한 금액을 우선변제의 대상으로 한다.

③제1항 및 제2항의 규정에 의하여 우선변제의 대상이 되는 퇴직금은 계속근로년수 1년에 대하여 30일분의 평균임금으로 계산한 금액으로 한다.

④제1항 및 제2항의 규정에 의하여 우선변제의 대상이 되는 퇴직금은 250일분의 평균임금을 초과할 수 없다.

**부칙 〈제5510호,1998.2.20〉**

이 법은 공포한 날부터 시행한다.

**부칙 〈제5885호,1999.2.8〉**

①(시행일) 이 법은 공포한 날부터 시행한다.
②(벌칙에 관한 경과조치) 이 법 시행 전의 행위에 대한 벌칙의 적용에 있어서는 종전의 규정에 의한다.

**부칙 〈제6507호,2001.8.14〉**

①(시행일) 이 법은 2001년 11월 1일부터 시행한다.
②(산전후휴가 확대에 관한 적용례) 제72조제1항의 개정규정은 2001년 11월 1일 이후 출산하는 근로자부터 적용한다.

**부칙 〈제6974호,2003.9.15〉**

**제1조 (시행일)** 이 법의 시행일은 다음 각호와 같다.

1. 금융・보험업, 정부투자기관관리기본법 제2조의 규정에 의한 정부투자기관, 지방공기업법 제49조 및 동법 제76조의 규정에 의한 지방공사 및 지방공단, 국가・지방자치단체 또는 정부투자기관이 자본금의 2분의 1 이상을 출자하거나 기본재산의 2분의 1 이상을 출연한 기관・단체와 그 기관・단체가 자본금의 2분의 1 이상을 출자하거나 기본재산의 2분의 1 이상을 출연한 기관・단체 및 상시 1,000인 이상의 근로자를 사용하는 사업 또는 사업장 : 2004년 7월 1일
2. 상시 300인 이상 1,000인 미만의 근로자를 사용하는 사업 또는 사업장 : 2005년 7월 1일
3. 상시 100인 이상 300인 미만의 근로자를 사용하는 사업 또는 사업장 : 2006년 7월 1일
4. 상시 50인 이상 100인 미만의 근로자를 사용하는 사업 또는 사업장 : 2007년 7월 1일
5. 상시 20인 이상 50인 미만의 근로자를 사용하는 사업 또는 사업장 : 2008년 7월 1일
6. 상시 20인 미만의 근로자를 사용하는 사업 또는 사업장, 국가 및 지방자치단체의 기관

: 2011년을 초과하지 아니하는 기간 이내에서 대통령령이 정하는 날

**제2조 (개정규정의 적용에 관한 특례)** 사용자가 부칙 제1조의 규정에 의한 시행일전에 근로자의 과반수로 조직된 노동조합이 있는 경우에는 그 노동조합, 근로자의 과반수로 조직된 노동조합이 없는 경우에는 근로자의 과반수의 동의를 얻어 노동부령이 정하는 바에 따라 노동부장관에게 신고한 경우에는 부칙 제1조의 규정에 의한 시행일전이라도 이를 적용할 수 있다.

**제3조 (연장근로에 관한 특례)** ①부칙 제1조 각호의 시행일(부칙 제2조의 규정에 의하여 노동부장관에게 신고한 경우에는 적용일을 말한다. 이하 같다)부터 3년간은 제52조제1항 및 제58조제1항의 규정을 적용함에 있어 "12시간"을 각각 "16시간"으로 본다.

②제1항의 규정을 적용함에 있어서 최초의 4시간에 대하여는 제55조의 규정중 "100분의 50"을 "100분의 25"로 본다.

**제4조 (임금보전 및 단체협약의 변경 등)** ①사용자는 이 법 시행으로 인하여 기존의 임금수준 및 시간당 통상임금이 저하되지 아니하도록 하여야 한다.

②근로자 · 노동조합 및 사용자는 이 법 시행과 관련하여 단체협약 유효기간의 만료여부를 불문하고 가능한 빠른 시일 이내에 단체협약, 취업규칙 등에 임금보전방안 및 이 법 개정사항이 반영되도록 하여야 한다.

③제1항 및 제2항을 적용함에 있어 임금항목 또는 임금 조정방법은 단체협약, 취업규칙 등을 통하여 근로자 · 노동조합 및 사용자가 자율적으로 정한다.

**제5조 (월차 및 연차 유급휴가에 관한 경과조치)** 이 법 시행일전에 발생한 월차유급휴가 및 연차유급휴가에 대하여는 종전의 규정에 의한다.

**제6조 (벌칙에 관한 경과조치)** 이 법 시행일전의 행위에 대한 벌칙의 적용에 있어서는 종전의 규정에 의한다.

## 부칙(근로자퇴직급여보장법) 〈제7379호,2005.1.27〉

**제1조 (시행일)** 이 법은 2005년 12월 1일부터 시행한다. <단서 생략>

**제2조 내지 제5조** 생략

**제6조 (다른 법률의 개정)** ①근로기준법중 다음과 같이 개정한다.

제34조를 다음과 같이 한다.

제34조 (퇴직급여제도) 사용자가 퇴직하는 근로자에게 지급하는 퇴직급여제도에 관하여는 근로자퇴직급여보장법이 정하는 바에 따른다.

제37조제1항 본문중 "임금 · 퇴직금"을 "임금"으로 한다.

제37조제2항제2호를 삭제한다.

제96조제5호중 "퇴직금, 상여"를 "근로자퇴직급여보장법 제8조의 규정에 의한 퇴직금, 상여"로 한다.

②및 ③생략

**제7조** 생략

**부칙 〈제7465호,2005.3.31〉**

①(시행일) 이 법은 2005년 7월 1일부터 시행한다.

②(지연이자에 관한 적용례) 제36조의2의 개정규정은 이 법 시행 후 최초로 지급사유가 발생하는 경우부터 적용한다.

**부칙 〈제7566호,2005.5.31〉**

①(시행일) 이 법은 2006년 1월 1일부터 시행한다.

②(유산 또는 사산에 따른 보호휴가 등에 관한 적용례) 제72조제2항 및 제3항의 개정규정은 이 법 시행 후 최초로 출산·유산 또는 사산하는 여성근로자부터 적용한다.

# 노동위원회법

[일부개정 2005.12.29 법률 7796호]

## 제1장 총칙

**제1조 (목적)** 이 법은 노동관계에 있어서 판정 및 조정업무의 신속 · 공정한 수행을 위하여 노동위원회를 설치하고 그 운영에 관한 사항을 규정함으로써 노동관계의 안정과 발전에 이바지함을 목적으로 한다.

**제2조 (노동위원회의 구분 · 소속등)** ①노동위원회는 중앙노동위원회 · 지방노동위원회 및 특별노동위원회로 구분한다.

②중앙노동위원회 및 지방노동위원회는 노동부장관 소속하에 두며, 지방노동위원회의 명칭 · 위치 및 관할구역은 대통령령으로 정한다.

③특별노동위원회는 특정한 사항을 관장하기 위하여 필요한 경우에 당해 특정사항을 관장하는 중앙행정기관의 장 소속하에 둔다.

**제3조 (노동위원회의 관장)** ①중앙노동위원회는 다음 각호의 사건을 관장한다.

1. 지방노동위원회 및 특별노동위원회의 처분에 대한 재심사건
2. 2이상의 지방노동위원회의 관할구역에 걸친 노동쟁의의 조정사건
3. 다른 법률에 의하여 그 권한에 속하는 것으로 규정된 사건

②지방노동위원회는 당해 관할구역에서 발생하는 사건을 관장하되, 2이상의 관할구역에 걸친 사건(제1항제2호의 조정사건을 제외한다)은 주된 사업장의 소재지를 관할하는 지방노동위원회에서 관장한다.

③특별노동위원회는 관계법률이 정하는 바에 따라 그 설치목적으로 규정된 특정사항에 관한 사건을 관장한다.

④중앙노동위원회위원장은 효율적인 노동쟁의의 조정을 위하여 필요하다고 인정하는 경우에는 제1항제2호의 규정에 불구하고 지방노동위원회를 지정하여 당해 사건을 처리하게 할 수 있다.

⑤중앙노동위원회위원장은 제2항의 규정에 의한 주된 사업장을 정하기 어렵거나 주된 사업장의 소재지를 관할하는 지방노동위원회에서 처리하기 곤란한 사정이 있는 경우에는 직권으로 또는 관계당사자나 지방노동위원회위원장의 신청에 따라 지방노동위원회

를 지정하여 당해 사건을 처리하게 할 수 있다.

**제4조 (노동위원회의 지위 등)** ①노동위원회는 그 권한에 속하는 업무를 독립적으로 수행한다.

②중앙노동위원회위원장은 중앙노동위원회 및 지방노동위원회의 예산・인사・교육훈련 기타 행정사무를 총괄하며, 소속공무원을 지휘・감독한다.

③중앙노동위원회위원장은 행정사무의 지휘・감독권의 일부를 대통령령이 정하는 바에 의하여 지방노동위원회위원장에게 위임할 수 있다.

**제5조 (특별노동위원회의 조직 등)** ①특별노동위원회에 대하여는 제6조제3항 내지 제6항, 제9조제2항 및 제4항의 규정을 적용하지 아니한다.

②다음 각호의 1에 해당하는 사항에 대하여는 당해 특별노동위원회의 설치근거가 되는 법률에서 달리 정할 수 있다.

1. 제6조제2항의 규정에 의한 근로자위원・사용자위원 및 공익위원의 수
2. 제11조의 규정에 의한 상임위원

③특별노동위원회에 대하여는 제15조제3항 및 제4항의 규정을 적용함에 있어서 심판담당공익위원 및 조정담당공익위원은 이를 공익위원으로 본다.

## 제2장 조직

**제6조 (노동위원회의 구성 등)** ①노동위원회는 근로자를 대표하는 위원(이하 "근로자위원"이라 한다)과 사용자를 대표하는 위원(이하 "사용자위원"이라 한다) 및 공익을 대표하는 위원(이하 "공익위원"이라 한다)으로 구성한다.

②노동위원회의 위원의 수는 근로자위원・사용자위원 및 공익위원 각 10인 이상 30인 이하의 범위 안에서 각 노동위원회의 업무량을 감안하여 대통령령으로 정한다. 이 경우 근로자위원과 사용자위원은 동수로 한다.<개정 1999.4.15>

③근로자위원은 노동조합이 추천한 자중에서 위촉하고 사용자위원은 사용자단체가 추천한 자중에서 위촉하되, 중앙노동위원회의 경우에는 대통령이, 지방노동위원회의 경우에는 중앙노동위원회위원장이 각각 위촉한다.

④공익위원은 당해 노동위원회위원장・노동조합 및 사용자단체가 각각 추천한 자중에서 근로자위원과 사용자위원의 투표로 선출하되, 중앙노동위원회의 공익위원은 대통령이, 지방노동위원회의 공익위원은 중앙노동위원회위원장이 각각 위촉한다.

⑤공익위원은 심판사건을 담당하는 심판담당공익위원과 조정사건을 담당하는 조정담당공익위원으로 구분하여 위촉한다.

⑥노동위원회 위원의 추천절차, 공익위원의 선출방법 기타 위원의 위촉에 관하여 필요

한 사항은 대통령령으로 정한다.

**제7조 (위원의 임기 등)** ①노동위원회 위원의 임기는 3년으로 하되, 연임할 수 있다.

②위원이 궐위된 경우 보궐위원의 임기는 전임자의 잔임기간으로 한다.

③위원은 그 임기가 만료된 경우 후임자가 위촉될 때까지 계속 그 직무를 집행한다.

④위원의 처우에 관하여는 대통령령으로 정한다.

**제8조 (공익위원의 자격기준 등)** ①중앙노동위원회의 공익위원은 다음의 구분에 따라 다음 각목의 1에 해당하는 자로서 노동문제에 관한 지식과 경험이 있는 자중에서 위촉한다.<개정 2005.12.29>

1. 심판담당공익위원
   가. 법학 · 경영학 · 경제학 등 노동문제와 관련된 학문을 전공한 자로서 공인된 대학에서 부교수이상으로 5년 이상 재직한 자
   나. 판사 · 검사 · 군법무관 · 변호사 또는 공인노무사의 직에 10년 이상 재직한 자
   다. 노동관계업무에 10년 이상 종사한 자로서 2급 또는 2급상당 이상의 공무원이나 고위공무원단에 속하는 공무원으로 재직한 자
   라. 기타 노동관계업무에 15년 이상 종사하여 전문적 지식과 경험을 갖춘 자로서 심판담당공익위원으로 적합하다고 인정되는 자
2. 조정담당공익위원
   가. 공인된 대학에서 부교수 이상으로 5년 이상 재직한 자
   나. 판사 · 검사 · 군법무관 · 변호사 또는 공인노무사의 직에 10년 이상 재직한 자
   다. 노동관계업무에 10년 이상 종사한 자로서 2급 또는 2급상당 이상의 공무원이나 고위공무원단에 속하는 공무원으로 재직한 자
   라. 기타 노동관계업무에 15년 이상 종사한 자 또는 사회적 덕망이 있는 자로서 조정담당공익위원으로 적합하다고 인정되는 자

②지방노동위원회의 공익위원은 다음의 구분에 따라 다음 각목의 1에 해당하는 자로서 노동문제에 관한 지식과 경험이 있는 자중에서 위촉한다.<개정 2005.12.29>

1. 심판담당공익위원
   가. 법학 · 경영학 · 경제학 등 노동문제와 관련된 학문을 전공한 자로서 공인된 대학에서 조교수 이상으로 5년 이상 재직한 자
   나. 판사 · 검사 · 군법무관 · 변호사 또는 공인노무사의 직에 5년 이상 재직한 자
   다. 노동관계업무에 5년 이상 종사한 자로서 3급 또는 3급상당 이상의 공무원이나 고위공무원에 속하는 공무원으로 재직한 자
   라. 노동관계업무에 15년 이상 종사한 자로서 4급 또는 4급상당 이상의 공무원으로 재직한 자

마. 기타 노동관계업무에 10년 이상 종사하여 전문적 지식과 경험을 갖춘 자로서 심판담당공익위원으로 적합하다고 인정되는 자

2. 조정담당공익위원

가. 공인된 대학에서 조교수이상으로 5년 이상 재직한 자

나. 판사 · 검사 · 군법무관 · 변호사 또는 공인노무사의 직에 5년 이상 재직한 자

다. 노동관계업무에 5년 이상 종사한 자로서 3급 또는 3급상당 이상의 공무원이나 고위공무원단에 속하는 공무원으로 재직한 자

라. 노동관계업무에 15년 이상 종사한 자로서 4급 또는 4급상당 이상의 공무원으로 재직한 자

마. 기타 노동관계업무에 10년 이상 종사한 자 또는 사회적 덕망이 있는 자로서 조정담당공익위원으로 적합하다고 인정되는 자

③공익위원은 업무수행에 있어서 중립성을 유지하여야 한다.

**제9조 (위원장)** ①노동위원회에 위원장 1인을 둔다.

②중앙노동위원회위원장은 중앙노동위원회의 공익위원 자격을 가진 자중에서 노동부장관의 제청으로, 지방노동위원회위원장은 당해 노동위원회의 상임위원중에서 중앙노동위원회위원장의 추천과 노동부장관의 제청으로 대통령이 각각 임명한다.

③중앙노동위원회위원장은 정무직으로 한다.

④노동위원회위원장(이하 "위원장"이라 한다)은 공익위원이 되며, 심판사건과 조정사건을 담당할 수 있다.

**제10조 (위원장의 직무)** ①위원장은 당해 노동위원회를 대표하며 회무를 통리한다.

②위원장이 부득이한 사유로 직무를 수행할 수 없는 때에는 공익위원중에서 대통령령이 정하는 바에 의하여 선임된 자가 그 직무를 대행한다.

**제11조 (상임위원)** ①노동위원회에 상임위원을 두며 상임위원은 당해 노동위원회의 공익위원 자격을 가진 자중에서 중앙노동위원회위원장의 추천과 노동부장관의 제청으로 대통령이 임명한다.

②상임위원은 공익위원이 되며, 심판사건과 조정사건을 담당할 수 있다.

③각 노동위원회에 두는 상임위원의 수 및 계급 등은 대통령령으로 정한다.

**제12조 (결격사유)** 국가공무원법 제33조의 규정에 해당하는 자는 노동위원회 위원에 위촉될 수 없다.

**제13조 (위원의 신분보장)** ①노동위원회 위원은 다음 각호의 1에 해당하는 경우를 제외하고는 그 의사에 반하여 면직 또는 해촉되지 아니한다.

1. 금고이상의 형을 선고받은 경우

2. 장기간의 심신쇠약으로 직무를 수행할 수 없게 된 경우

3. 직무와 관련된 비위사실이 있거나 노동위원회 위원직을 유지하기에 적합하지 아니하다고 인정되는 비위사실이 있는 경우

②노동위원회 위원이 제1항제1호에 해당하게 된 경우에는 당연히 면직 또는 해촉되며, 제2호 또는 제3호에 해당하게 된 경우에는 당해 노동위원회의 의결을 거쳐 면직 또는 해촉된다.

**제14조 (사무국)** ①노동위원회에 사무국을 둔다.

②사무국의 조직·운영에 관하여 필요한 사항은 대통령령으로 정한다.

## 제3장 회의

**제15조 (회의의 구성 등)** ①노동위원회에는 전원회의 외에 그 권한에 속하는 업무를 부문별로 처리하기 위하여 다른 법률에 특별한 규정이 있는 경우를 제외하고는 심판위원회·조정위원회·특별조정위원회·중재위원회(중재위원회)·교원노동관계조정위원회(교원노동관계조정위원회) 및 공무원노동관계조정위원회(공무원노동관계조정위원회)(이하 "부문별위원회"라 한다)를 둔다. <개정 1999.4.15, 2005.1.27>

②전원회의는 당해 노동위원회 소속위원 전원으로 구성하며 다음 각호의 사항을 처리한다.

1. 노동위원회의 운영 등 일반적인 사항의 결정
2. 제22조제2항의 규정에 의한 근로조건의 개선에 관한 권고
3. 제24조 및 제25조의 규정에 의한 지시 및 규칙의 제정(중앙노동위원회에 한한다)

③심판위원회는 심판담당공익위원(위원장 또는 상임위원을 포함한다)중 위원장이 지명하는 3인으로 구성하며 노동조합및노동관계조정법·근로기준법·근로자참여및협력증진에관한법률 기타 법령의 규정에 의하여 노동위원회의 판정·의결·승인·인정 등을 받도록 규정된 사항을 처리한다.

④조정위원회·특별조정위원회 및 중재위원회는 노동조합및노동관계조정법이 정하는 바에 따라 구성하며 동법의 규정에 의한 조정·중재 기타 이와 관련된 사항을 각각 처리한다. 이 경우 공익위원은 조정담당공익위원(위원장 또는 상임위원을 포함한다)중에서 선정한다.

⑤교원노동관계조정위원회는 교원의노동조합설립및운영등에관한법률이 정하는 바에 따라 설치·구성하며, 동법의 규정에 의한 조정·중재 기타 이와 관련된 사항을 처리한다. <신설 1999.4.15>

⑥공무원노동관계조정위원회는 공무원의노동조합설립및운영등에관한법률이 정하는 바에 따라 설치·구성하며, 동법의 규정에 의한 조정·중재 그 밖에 이와 관련된 사항을 처리한다. <신설 2005.1.27>

**제16조 (회의의 소집)** ①위원장은 전원회의의 의장이 되며 부문별위원회위원장은 다른 법률에 특별한 규정이 있는 경우를 제외하고는 부문별위원회 위원중에서 호선하고 당해 부문별위원회의 의장이 된다.

②위원장 또는 부문별위원회위원장은 제15조제1항의 규정에 의한 전원회의 또는 부문별위원회를 각각 소집한다. 다만, 위원장은 필요하다고 인정하는 경우에는 부문별위원회를 소집할 수 있다.<개정 1999.4.15>

③위원장 또는 부문별위원회위원장은 전원회의 또는 부문별위원회를 구성하는 위원 과반수가 회의의 소집을 요구한 때에는 이에 응하여야 한다.

**제17조 (의결)** 전원회의는 재적위원 과반수의 출석으로 개의하고 출석위원 과반수의 찬성으로 의결하며, 부문별위원회의 회의는 구성위원 전원의 출석으로 개의하고 출석위원 과반수의 찬성으로 의결한다. 이 경우 회의에 참여한 위원은 그 의결사항에 서명・날인하여야 한다.

**제18조 (보고 및 의견청취)** ①위원장 또는 부문별위원회위원장은 소관회의에 부의된 사항에 관하여 구성위원 또는 담당공무원 등으로 하여금 회의에 보고하도록 할 수 있다.

②심판위원회는 의결하기 전에 당해 노동위원회의 근로자위원 및 사용자위원 각 1인 이상의 의견을 들어야 한다. 다만, 근로자위원 또는 사용자위원이 출석요구를 받고 정당한 이유없이 출석하지 아니하는 경우에는 그러하지 아니하다.

**제19조 (회의의 공개)** 노동위원회의 회의는 공개한다. 다만, 당해 회의의 결의에 의하여 공개하지 아니할 수 있다.

**제20조 (회의의 질서유지)** 위원장 또는 부문별위원회위원장은 소관회의의 공정한 진행을 방해하거나 질서를 문란하게 하는 자에 대하여는 퇴장을 명할 수 있다.

**제21조 (위원의 제척・기피 등)** ①위원은 자기와 직접 이해관계가 있는 사항에 대하여는 심의・의결 또는 조정에 관여할 수 없다.

②당사자는 심의・의결 또는 조정의 공정을 기대하기 어려운 위원이 있을 경우에는 위원장에게 그 사유를 적어 기피신청을 할 수 있다.

③위원장은 제2항의 기피신청이 이유 있다고 인정되는 경우에는 그 위원을 교체하여야 한다.

④위원장은 사건이 접수되는 즉시 제2항의 규정에 의한 기피신청을 할 수 있음을 사건 당사자에게 알려야 한다.

## 제4장 권한

**제22조 (협조요청 등)** ①노동위원회는 그 사무집행을 위하여 필요하다고 인정할 때에는

관계행정기관에 협조를 요청할 수 있으며 협조를 요청받은 관계행정기관은 특별한 사유가 없는 한 이에 응하여야 한다.

②노동위원회는 관계행정기관으로 하여금 근로조건의 개선에 관하여 필요한 조치를 하도록 권고할 수 있다.

**第23조 (위원회의 조사권 등)** ①노동위원회는 그 사무집행을 위하여 필요하다고 인정할 때에는 사용자 · 사용자단체 · 노동조합 기타 관계인에 대하여 출석 · 보고 또는 필요한 서류의 제출을 요구하거나 위원장 또는 부문별위원회위원장이 지명한 위원 또는 직원으로 하여금 사업 또는 사업장의 업무상황 · 서류 기타 물건을 조사하게 할 수 있다.

②제1항의 규정에 의하여 조사하는 위원 또는 직원은 그 권한을 표시하는 증표를 관계인에게 제시하여야 한다.

③노동위원회는 제1항의 규정에 의하여 관계 당사자 외에 필요하다고 인정되어 출석한 자에 대하여는 대통령령이 정하는 바에 의하여 비용을 변상한다.

**第24조 (중앙노동위원회의 지시권 등)** 중앙노동위원회는 지방노동위원회 또는 특별노동위원회에 대하여 노동위원회의 사무처리에 관한 기본방침 및 법령의 해석에 관하여 필요한 지시를 할 수 있다.

**第25조 (중앙노동위원회의 규칙제정권)** 중앙노동위원회는 중앙노동위원회 · 지방노동위원회 또는 특별노동위원회의 운영 기타 필요한 사항에 관한 규칙을 제정할 수 있다.

**第26조 (중앙노동위원회의 재심권)** ①중앙노동위원회는 당사자의 신청이 있는 경우 지방노동위원회 또는 특별노동위원회의 처분을 재심하여 이를 인정 · 취소 또는 변경할 수 있다.

②제1항의 규정에 의한 신청은 관계법령에 특별한 규정이 있는 경우를 제외하고는 지방노동위원회 또는 특별노동위원회가 행한 처분을 통지받은 날부터 10일 이내에 하여야 한다.

③중앙노동위원회는 그 처분에 관하여 당사자에게 서면으로 통지하여야 한다.

**第27조 (중앙노동위원회의 처분에 대한 소)** ①중앙노동위원회의 처분에 대한 소는 중앙노동위원회위원장을 피고로 하여 처분의 통지를 받은 날부터 15일 이내에 이를 제기하여야 한다.

②이 법에 의한 소의 제기로 처분의 효력은 정지하지 아니한다.

③제1항의 기간은 불변기간으로 한다.

## 제5장 보칙

**第28조 (비밀엄수의 의무)** 노동위원회의 위원이나 직원 또는 그 위원이나 직원이었던 자는 그 직무에 관하여 지득한 비밀을 누설하여서는 아니된다.

**제29조 (벌칙적용에 있어서의 공무원 의제)** 노동위원회의 위원중 공무원이 아닌 위원은 형법 기타 법률에 의한 벌칙의 적용에 있어서 공무원으로 본다.

## 제6장 벌칙

**제30조 (벌칙)** 제28조의 규정에 위반한 자는 1년 이하의 징역 또는 300만원 이하의 벌금에 처한다.

**제31조 (벌칙)** 제23조제1항의 규정을 위반하여 보고를 하지 아니하거나 허위의 보고를 한 자, 서류의 제출을 하지 아니하거나 허위서류를 제출한 자, 관계위원 또는 직원의 조사를 거부 · 방해 또는 기피한 자는 500만원 이하의 벌금에 처한다.

**제32조 (양벌규정)** 법인 또는 단체의 대표자, 법인 · 단체 또는 개인의 대리인 · 사용인 기타의 종업원이 그 법인 · 단체 또는 개인의 업무에 관하여 제31조의 위반행위를 한 때에는 행위자를 벌하는 외에 그 법인 · 단체 또는 개인에 대하여도 동조의 벌금형을 과한다.

## 부칙 〈제5311호,1997.3.13〉

**제1조 (시행일)** 이 법은 공포한 날부터 시행한다.

**제2조 (관장사건에 관한 경과조치)** 이 법 시행당시 종전의 규정에 의하여 2이상의 특별시 · 광역시 또는 도에 걸친 사건으로서 중앙노동위원회에서 처리중인 사건은 제3조제2항의 규정에 불구하고 중앙노동위원회가 처리한다.

**제3조 (위원장 등의 임명에 관한 경과조치)** 1997년 2월 28일 현재 위원장 또는 상임위원으로 재직중이었던 자가 이 법에 의한 위원장 또는 상임위원으로 임명되는 경우에는 노동위원회법(법률 제3770호)에 의하여 임명된 날부터 그 임기를 기산한다.

**제4조 (출석 · 보고 등 요구에 대한 경과조치)** 이 법 시행당시 노동위원회가 행한 출석 · 보고 또는 필요한 서류의 제출 요구는 이 법에 의하여 행한 것으로 본다.

**제5조 (벌칙에 관한 경과조치)** 이 법 시행 전의 행위에 대한 벌칙의 적용에 있어서는 종전의 규정에 의한다.

## 부칙 〈제5962호,1999.4.15〉

이 법은 공포한 날부터 시행한다. 다만, 제15조제1항 및 제5항의 개정규정은 1999년 7월 1일부터 시행한다.

## 부칙(공무원의노동조합설립및운영등에관한법률) 〈제7380호,2005.1.27〉

**제1조 (시행일)** 이 법은 공포 후 1년이 경과한 날부터 시행한다.

**제2조 (다른 법률의 개정)** ①및 ②생략

③노동위원회법중 다음과 같이 개정한다.

제15조제1항중 "중재위원회 및 교원노동관계조정위원회"를 "중재위원회(중재위원회)·교원노동관계조정위원회(교원노동관계조정위원회) 및 공무원노동관계조정위원회(공무원노동관계조정위원회)"로 하고, 동조에 제6항을 다음과 같이 신설한다.

⑥공무원노동관계조정위원회는 공무원의노동조합설립및운영등에관한법률이 정하는 바에 따라 설치·구성하며, 동법의 규정에 의한 조정·중재 그 밖에 이와 관련된 사항을 처리한다.

## 부칙(정부조직법) 〈제7773호,2005.12.29〉

**제1조 (시행일)** 이 법은 2006년 7월 1일부터 시행한다.

**제2조 (다른 법률의 개정)** ①및 ②생략

③노동위원회법 일부를 다음과 같이 개정한다.

제11조제3항중 "직급"을 "계급 등"으로 한다.

④내지 ⑤생략

## 부칙 〈제7796호,2005.12.29〉

**제1조 (시행일)** 이 법은 2006년 7월 1일부터 시행한다.

**제2조 (적격심사에 관한 적용례)** ①제70조의2제1항제2호의 규정은 이 법 시행 이후의 기간에 대한 근무성적 평정부터 적용한다.

②제70조의2제1항제3호의 규정은 이 법 시행 이후 보직을 받지 못하게 된 경우부터 적용한다.

**제3조 (고위공무원단에 속하게 되는 공무원에 관한 경과조치)** ①이 법 시행당시 제2조의2제2항 각 호의 직위에 임용되어 재직 중이거나 파견·휴직 등으로 인사관리되고 있는 1급 내지 3급의 일반직공무원과 이에 상당하는 별정직공무원 및 계약직공무원은 이 법 시행일부터 이 법에 의한 고위공무원단에 속하는 것으로 본다.

②이 법 시행당시 종전의 규정에 의한 임용절차가 진행 중인 경우 이미 진행된 임용절차는 이 법에 의하여 임용절차가 진행된 것으로 본다.

**제4조 (적격심사에 관한 경과조치)** 부칙 제3조제1항의 규정에 해당하는 자에 대하여 제70조의2제1항제1호 본문의 규정을 적용함에 있어서는 이 법 시행일을 임용된 날로 본다.

**제5조 (공무원을 자격요건으로 하는 규정에 관한 경과조치)** 이 법 시행당시 다른 법령에 규정된 자격요건 등에 행정부의 1급 내지 3급의 일반직공무원이나 이에 상당하는 별정직공무원 또는 계약직공무원(「지방자치법」 제101조제2항 · 제103조제4항 및 「지방교육자치에 관한 법률」 제35조제2항의 규정에 의하여 지방자치단체 또는 지방교육행정기관에 두는 국가공무원을 포함한다. 이하 이 조에서 같다)이 포함되어 있는 경우 그 법령을 적용함에 있어서 이 법 시행 후 최초로 그 법령이 개정될 때까지는 고위공무원단에 속하는 일반직공무원 · 별정직공무원 또는 계약직공무원이 포함되는 것으로 본다. 이 경우 재직기간을 산정하는 때에는 고위공무원단에 속하는 일반직공무원 · 별정직공무원 또는 계약직공무원으로 재직한 기간은 각각 행정부의 1급 내지 3급의 일반직공무원이나 이에 상당하는 별정직공무원 또는 계약직공무원으로 재직한 기간으로 본다.

**제6조 (다른 법률의 개정)** ①내지 <22>생략

<23>노동위원회법 일부를 다음과 같이 개정한다.

제8조제1항제1호 다목 및 동항제2호 다목중 "공무원"을 각각 "공무원이나 고위공무원단에 속하는 공무원"으로 한다.

제8조제2항제1호 다목 및 동항제2호 다목중 "공무원"을 각각 "공무원이나 고위공무원단에 속하는 공무원"으로 한다.

<24>내지 <68>생략

# 노사정위원회의설치및운영등에관한법률

[제정 1999.5.24 법률 제5990호]

**제1조 (목적)** 이 법은 근로자와 사용자 및 정부가 신뢰와 협조를 바탕으로 노동정책 및 이와 관련된 사항을 협의하고, 대통령의 자문에 응하게 하기 위하여 노사정위원회를 설치하고, 그 기구 및 운영 등에 관하여 필요한 사항을 규정함으로써 산업평화를 도모하고 국민경제의 균형 있는 발전에 이바지함을 목적으로 한다.

**제2조 (노사정의 책무)** 근로자와 사용자 및 정부(이하 "노사정"이라 한다)는 상호신뢰를 바탕으로 성실하게 협의에 임하고, 그 결과를 최대한 존중하여야 한다.

**제3조 (위원회의 설치 및 기능)** ①노사정위원회(이하 "위원회"라 한다)는 대통령소속하에 둔다.

②위원회는 다음 각호의 사항을 협의한다.

1. 근로자의 고용안정과 근로조건 등에 관한 노동정책 및 이에 중대한 영향을 미치는 산업·경제 및 사회정책에 관한 사항
2. 공공부문 등의 구조조정의 원칙과 방향에 관한 사항
3. 노사관계 발전을 위한 제도·의식 및 관행의 개선에 관한 사항
4. 위원회에서 의결된 사항의 이행방안에 관한 사항
5. 노사정 협력증진을 위한 사업의 지원방안에 관한 사항
6. 기타 대통령이 자문을 구하는 사항

**제4조 (위원회의 구성 및 운영)** ①위원회는 위원장과 상임위원 각 1인을 포함하여 근로자·사용자·정부 및 공익을 대표하는 20인 이내의 위원으로 구성한다. 이 경우 근로자를 대표하는 위원과 사용자를 대표하는 위원은 동수로 한다.

②위원장과 상임위원은 대통령이 위촉한다.

③근로자를 대표하는 위원은 전국규모의 노동단체 대표자중에서, 사용자를 대표하는 위원은 전국규모의 사용자단체 대표자중에서, 공익을 대표하는 위원은 노동문제에 관하여 학식과 경험이 풍부한 자중에서 대통령이 각각 위촉한다. 다만, 공익위원의 경우에는 사전에 전국규모의 노동단체 및 사용자단체의 의견을 들어 위촉한다.

④정부를 대표하는 위원은 재정경제부장관과 노동부장관으로 한다.

⑤대통령은 제3조제2항제2호의 규정에 의한 사항을 협의하기 위하여 필요한 경우에는

제1항의 규정에 의한 위원수의 범위 안에서 산업자원부장관, 기획예산처장관 및 금융감독위원회 위원장을 특별위원으로 위촉할 수 있다.

⑥위원회의 구성 및 운영 등에 관하여 필요한 사항은 대통령령으로 정한다.

**제5조 (위원장 등의 직무)** ①위원장은 위원회를 대표하고 위원회의 업무를 총괄한다.

②상임위원은 위원장을 보좌하며 위원장이 부득이한 사유로 직무를 수행할 수 없을 때에는 그 직무를 대행한다.

**제6조 (위원의 임기)** ①위원회 위원의 임기는 2년으로 하되, 연임할 수 있다.

②위원은 그 임기가 만료된 경우 후임자가 위촉될 때까지 계속 그 직무를 수행한다.

**제7조 (위원회의 회의)** ①위원장은 회의를 소집하고, 그 의장이 된다.

②위원회의 회의는 다음 각호의 경우에 소집한다.

1. 대통령의 소집요구가 있는 때
2. 재적위원 3분의 1 이상의 소집요구가 있는 때
3. 기타 위원장이 필요하다고 인정하는 때

③위원회의 회의는 재적위원 과반수의 출석으로 개의하고, 출석위원 3분의 2 이상의 찬성으로 의결한다.

④위원회가 제3항의 규정에 의한 의결을 함에 있어서는 근로자를 대표하는 위원, 사용자를 대표하는 위원 및 정부를 대표하는 위원 각 2분의 1 이상의 출석이 있어야 한다.

⑤위원장은 필요한 경우에는 관계행정기관의 장을 회의에 출석하도록 요청하여 발언하게 할 수 있다.

**제8조 (상무위원회)** ①위원회에는 위원회에 상정할 의안을 검토·조정하고 위원회로부터 위임받은 사항을 처리하며 기타 위원회의 활동을 지원하기 위하여 상무위원회를 둔다.

②상무위원회는 상무위원장 1인을 포함한 25인 이내의 상무위원으로 구성하며, 위원회의 상임위원은 상무위원장을 겸임한다.

③상무위원은 노동단체·사용자단체 및 관계행정기관의 실무 책임자와 공익을 대표하는 관계 전문가중에서 위원회의 위원장이 위촉하는 자로 한다.

④제7조제1항 및 제3항 내지 제5항은 상무위원회에 관하여 이를 준용한다.

⑤상무위원회의 구성 및 운영 등에 관하여 필요한 사항은 대통령령으로 정한다.

**제9조 (소위원회)** ①상무위원회에 상정할 의안을 검토·조정하고 상무위원회로부터 위임받은 사항을 처리하며 기타 상무위원회의 활동을 지원하기 위하여 부문별 소위원회를 둔다.

②소위원회의 위원장은 공익을 대표하는 상무위원중에서 위원회의 위원장이 임명한다.

③소위원회의 구성 및 운영 등에 관하여 필요한 사항은 대통령령으로 정한다.

**제10조 (특별위원회)** ①위원회는 필요한 경우에는 사안별 특별위원회를 둘 수 있다.

②특별위원회의 위원장은 위원회의 위원장이 임명한다.

③특별위원회의 위원장은 회의결과를 위원회에 보고하여야 한다.

④특별위원회의 구성 및 운영 등에 관하여 필요한 사항은 대통령령으로 정한다.

**제11조 (사무처)** ①위원회의 사무를 처리하기 위하여 위원회에 사무처를 둔다.

②사무처에는 사무처장 1인을 둔다.

③사무처의 조직 및 운영 등에 관하여 필요한 사항은 대통령령으로 정한다.

**제12조 (전문위원)** ①위원회의 업무에 관한 전문적인 조사 · 연구를 위하여 위원회에 전문위원을 둔다.

②전문위원의 수, 자격 등에 관하여 필요한 사항은 대통령령으로 정한다.

**제13조 (관계기관 등의 협조)** ①위원회는 업무수행을 위하여 필요한 경우에는 다음 각 호의 조치를 취할 수 있다.

1. 관계당사자 · 관계공무원 및 관계전문가의 출석 및 의견진술 요구
2. 관계당사자 및 관계기관에 대한 자료제출 및 설명 요구

②위원회로부터 제1항의 규정에 의한 요구를 받은 관계당사자 · 관계공무원 및 관계기관은 특별한 사정이 없는 한 이에 응하여야 한다.

**제14조 (여론의 수집)** 위원회는 업무수행을 위하여 필요한 경우에는 공청회 · 세미나 개최, 설문조사 및 방송토론 등을 통하여 여론을 수집할 수 있다.

**제15조 (조사 · 연구의 의뢰)** 위원회는 업무수행을 위하여 필요한 경우에는 관계기관 · 단체 또는 관계전문가 등에 조사 · 연구를 의뢰할 수 있다.

**제16조 (관계공무원 및 직원의 파견 등)** 위원장은 업무수행을 위하여 필요한 경우에는 관계기관 및 단체 등의 장과 협의하여 그 소속 공무원 또는 직원을 파견받거나 겸임하게 할 수 있다.

**제17조 (협의결과의 보고)** ①위원장은 위원회의 협의결과 등 주요 활동사항을 대통령에게 보고하여야 한다.

②위원장은 위원회의 의결사항을 관계행정기관에 통보하고 그 이행을 촉구할 수 있다.

**제18조 (성실이행의무)** ①정부 · 노동단체 및 사용자단체는 위원회의 의결사항을 정책에 반영하고 성실히 이행하도록 최대한 노력해야 한다.

②위원장은 위원회의 의결사항이 이행되지 아니하거나 지연되는 경우에는 관계행정기관 · 노동단체 및 사용자단체에 그에 대한 설명 또는 자료의 제출을 요구할 수 있다.

**제19조 (지역노사정협의회)** ①지방자치단체의 장은 관할지역의 노사정 협력증진을 위하여 지역노사정협의회를 둘 수 있다.

②지역노사정협의회의 구성 및 운영 등에 관하여 필요한 사항은 대통령령으로 정한다.

**부칙 〈제5990호,1999.5.24〉**

①(시행일) 이 법은 공포한 날부터 시행한다.

②(위원회의 설치에 관한 경과조치) 이 법 시행당시 종전의 규정에 의하여 설치된 노사정위원회는 이 법에 의하여 설치된 노사정위원회로 본다.

③(위원의 임기에 관한 경과조치) 이 법 시행당시 종전의 규정에 의하여 위촉된 위원은 이 법의 규정에 의하여 위원이 새로이 위촉될 때까지 그 임무를 수행한다.

# 공무원의노동조합설립및운영등에관한법률

[제정 2005.1.27 법률 제7380호]

**제1조 (목적)** 이 법은 헌법 제33조제2항의 규정에 의한 공무원의 노동기본권을 보장하기 위하여 노동조합및노동관계조정법 제5조 단서의 규정에 따라 공무원의 노동조합 설립 및 운영 등에 관한 사항을 정함을 목적으로 한다.

**제2조 (정의)** 이 법에서 "공무원"이라 함은 국가공무원법 제2조 및 지방공무원법 제2조에서 규정하고 있는 공무원을 말한다. 다만, 국가공무원법 제66조제1항 단서 및 지방공무원법 제58조제1항 단서의 규정에 의한 사실상 노무에 종사하는 공무원과 교원의노동조합설립및운영등에관한법률의 적용을 받는 교원인 공무원을 제외한다.

**제3조 (노동조합 활동의 보장 및 한계)** ①이 법에 의한 공무원의 노동조합(이하 "노동조합"이라 한다)의 조직 및 가입과 노동조합과 관련된 정당한 활동에 대하여는 국가공무원법 제66조제1항 본문 및 지방공무원법 제58조제1항 본문의 규정을 적용하지 아니한다.

②공무원은 노동조합의 활동을 함에 있어서 다른 법령이 규정하는 공무원의 의무에 반하는 행위를 하여서는 아니된다.

**제4조 (정치활동의 금지)** 노동조합과 그 조합원은 정치활동을 하여서는 아니된다.

**제5조 (노동조합의 설립)** ①공무원이 노동조합을 설립하고자 하는 경우에는 국회·법원·헌법재판소·선거관리위원회·행정부·특별시·광역시·도·시·군·구(자치구를 말한다) 및 특별시·광역시·도의 교육청을 최소단위로 한다.

②노동조합을 설립하고자 하는 자는 노동부장관에게 설립신고서를 제출하여야 한다.

**제6조 (가입범위)** ①노동조합에 가입할 수 있는 공무원의 범위는 다음 각호와 같다.

1. 6급 이하의 일반직공무원 및 이에 상당하는 연구 또는 특수기술직렬의 일반직공무원
2. 특정직공무원중 6급 이하의 일반직공무원에 상당하는 외무행정·외교정보관리직공무원
3. 기능직공무원
4. 6급 이하의 일반직공무원에 상당하는 별정직공무원 및 계약직공무원
5. 고용직공무원

②제1항의 규정에 불구하고 다음 각호의 1에 해당하는 공무원은 노동조합에 가입할 수

없다.

1. 다른 공무원에 대하여 지휘 · 감독권을 행사하거나 다른 공무원의 업무를 총괄하는 업무에 종사하는 공무원
2. 인사 · 보수에 관한 업무를 수행하는 공무원 등 노동조합과의 관계에서 행정기관의 입장에 서서 업무를 수행하는 공무원
3. 교정 · 수사 그 밖에 이와 유사한 업무에 종사하는 공무원
4. 업무의 주된 내용이 노동관계의 조정 · 감독 등 노동조합의 조합원으로서의 지위를 가지고 수행하기에 적절하지 아니하다고 인정되는 업무에 종사하는 공무원

③공무원이 면직 · 파면 또는 해임되어 노동조합및노동관계조정법 제82조제1항의 규정에 따라 노동위원회에 부당노동행위의 구제신청을 한 때에는 중앙노동위원회의 재심판정이 있을 때까지 노동조합원의 지위를 상실하는 것으로 보아서는 아니된다.

④제2항의 규정에 의한 공무원의 범위는 대통령령으로 정한다.

**제7조 (노동조합 전임자의 지위)** ①공무원은 임용권자의 동의를 얻어 노동조합의 업무에만 종사할 수 있다.

②제1항의 규정에 의한 동의를 얻어 노동조합의 업무에만 종사하는 자[이하 "전임자(專任者)"라 한다]에 대하여는 그 기간중 국가공무원법 제71조 또는 지방공무원법 제63조의 규정에 따라 휴직명령을 하여야 한다.

③국가 및 지방자치단체는 전임자에 대하여 그 전임기간중 보수를 지급하여서는 아니된다.

④국가 및 지방자치단체는 공무원이 전임자임을 이유로 승급 그 밖의 신분에 관한 불이익한 처우를 하여서는 아니된다.

**제8조 (교섭 및 체결권한 등)** ①노동조합의 대표자는 그 노동조합에 관한 사항 또는 조합원의 보수 · 복지 그 밖의 근무조건에 관한 사항에 대하여 국회사무총장 · 법원행정처장 · 헌법재판소사무처장 · 중앙선거관리위원회사무총장 · 행정자치부장관(행정부를 대표한다) · 특별시장 · 광역시장 · 도지사 · 시장 · 군수 · 구청장(자치구의 구청장을 말한다) 또는 특별시 · 광역시 · 도의 교육감중 어느 하나에 해당하는 자(이하 "정부교섭대표"라 한다)와 각각 교섭하고 단체협약을 체결할 권한을 가진다. 다만, 법령 등에 의하여 국가 또는 지방자치단체가 그 권한으로 행하는 정책결정에 관한 사항, 임용권의 행사 등 그 기관의 관리 · 운영에 관한 사항으로서 근무조건과 직접 관련되지 아니하는 사항은 교섭의 대상이 될 수 없다.

②정부교섭대표는 법령 등에 의하여 스스로 관리하거나 결정할 수 있는 권한을 가진 사항에 대하여 노동조합의 교섭요구가 있는 때에는 정당한 사유가 없는 한 이에 응하여야 한다.

③정부교섭대표는 효율적인 교섭을 위하여 필요한 경우 다른 정부교섭대표와 공동으로 교섭하거나, 다른 정부교섭대표에게 교섭하고 단체협약을 체결할 권한을 위임할 수 있다.

④정부교섭대표는 효율적인 교섭을 위하여 필요한 경우 정부교섭대표가 아닌 관계 기관의 장으로 하여금 교섭에 참여하게 할 수 있고, 다른 기관의 장이 관리하거나 결정할 권한을 가진 사항에 대하여는 당해 기관의 장에게 교섭하고 단체협약을 체결할 권한을 위임할 수 있다.

⑤제2항 내지 제4항의 규정에 따라 정부교섭대표 또는 다른 기관의 장이 단체교섭을 하는 경우 소속공무원으로 하여금 교섭하고 단체협약을 체결하게 할 수 있다.

**제9조 (교섭의 절차)** ①노동조합은 제8조의 규정에 의한 단체교섭을 위하여 노동조합의 대표자와 조합원으로 교섭위원을 구성하여야 한다.

②노동조합의 대표자는 제8조의 규정에 따라 정부교섭대표와 교섭하고자 하는 경우에는 교섭하고자 하는 사항에 대하여 권한을 가진 정부교섭대표에게 서면으로 교섭을 요구하여야 한다.

③정부교섭대표는 제2항의 규정에 따라 노동조합으로부터 교섭을 요구받은 때에는 교섭을 요구받은 사실을 공고하여 관련된 노동조합이 교섭에 참여할 수 있도록 하여야 한다.

④정부교섭대표는 제2항 및 제3항의 규정에 따라 교섭을 요구하는 노동조합이 2 이상인 경우에는 당해 노동조합에 대하여 교섭창구를 단일화하도록 요청할 수 있다. 이 경우 교섭창구가 단일화될 때까지 교섭을 거부할 수 있다.

⑤정부교섭대표는 제1항 내지 제4항의 규정에 따라 관련된 노동조합과 단체협약을 체결한 경우 그 유효기간중에는 당해 단체협약의 체결에 참여하지 아니한 노동조합이 교섭을 요구하더라도 이를 거부할 수 있다.

⑥제1항 내지 제5항의 규정에 의한 단체교섭의 절차 등에 관하여 필요한 사항은 대통령령으로 정한다.

**제10조 (단체협약의 효력)** ①제9조의 규정에 따라 체결된 단체협약의 내용중 법령 · 조례 또는 예산에 의하여 규정되는 내용과 법령 또는 조례에 의한 위임을 받아 규정되는 내용은 단체협약으로서의 효력을 가지지 아니한다.

②정부교섭대표는 제1항의 규정에 따라 단체협약으로서의 효력을 가지지 아니하는 내용에 대하여는 그 내용이 이행될 수 있도록 성실히 노력하여야 한다.

**제11조 (쟁의행위의 금지)** 노동조합과 그 조합원은 파업 · 태업 그 밖에 업무의 정상적인 운영을 저해하는 일체의 행위를 하여서는 아니된다.

**제12조 (조정신청 등)** ①제8조의 규정에 의한 단체교섭이 결렬(決裂)된 경우에는 당사자 일방 또는 쌍방은 노동위원회법 제2조의 규정에 의한 중앙노동위원회(이하 "중앙노동위원회"라 한다)에 조정(調停)을 신청할 수 있다.

②중앙노동위원회는 제1항의 규정에 따라 당사자 일방 또는 쌍방이 조정을 신청한 경우에는 지체없이 조정을 개시하여야 한다. 이 경우 당사자 쌍방은 이에 성실히 임하여야 한다.

③중앙노동위원회는 조정안을 작성하여 이를 관계 당사자에게 제시하고 그 수락을 권고하는 동시에 그 조정안에 이유를 붙여 공표할 수 있다. 이 경우 필요한 때에는 신문 또는 방송에 보도 등 협조를 요청할 수 있다.

④조정은 제1항의 규정에 의한 조정신청이 있는 날부터 30일 이내에 종료하여야 한다. 다만, 당사자간의 합의가 있는 때에는 30일 이내의 범위에서 연장할 수 있다.

**제13조 (중재의 개시 등)** 중앙노동위원회는 다음 각호의 1에 해당하는 경우에는 지체없이 중재(仲裁)를 행한다.

1. 제8조의 규정에 의한 단체교섭이 결렬되어 관계 당사자 쌍방이 함께 중재를 신청한 경우
2. 제12조의 규정에 의한 조정이 이루어지지 아니하여 제14조의 규정에 의한 공무원노동관계조정위원회(公務員勞動關係調整委員會) 전원회의에서 중재회부의 결정을 한 경우

**제14조 (공무원노동관계조정위원회의 구성)** ①제8조의 규정에 의한 단체교섭이 결렬된 경우 이를 조정·중재하기 위하여 중앙노동위원회에 공무원노동관계조정위원회(이하 "위원회"라 한다)를 둔다.

②위원회는 공무원노동관계의 조정·중재를 전담하는 7인 이내의 공익위원으로 구성한다.

③제2항의 규정에 의한 공익위원은 노동위원회법 제6조 및 동법 제8조의 규정에 불구하고 공무원문제 또는 노동문제에 관한 지식과 경험을 갖춘 자 또는 사회적 덕망이 있는 자중에서 중앙노동위원회 위원장의 추천과 노동부장관의 제청으로 대통령이 위촉한다.

④제3항의 규정에 따라 공익위원을 위촉하는 경우에는 노동위원회법 제6조제2항의 규정에 불구하고 당해 공익위원에 해당하는 정원이 따로 있는 것으로 본다.

**제15조 (회의의 운영)** ①위원회에는 전원회의와 소위원회를 둔다.

②전원회의는 제14조제2항의 규정에 의한 공익위원 전원으로 구성하며, 다음 각호의 사항을 담당한다.

1. 전국에 걸친 노동쟁의의 조정사건
2. 중재회부의 결정
3. 중재재정(仲裁裁定)

③소위원회는 위원회의 위원장이 중앙노동위원회 위원장과 협의하여 지명하는 3인으로 구성하며, 전원회의에서 담당하지 아니하는 조정사건을 담당한다.

**제16조(중재재정의 확정 등)** ①관계 당사자는 중앙노동위원회의 중재재정이 위법하거나 월권(越權)에 의한 것이라고 인정하는 경우에는 행정소송법 제20조의 규정에 불구하고 그 중재재정서의 송달을 받은 날부터 15일 이내에 중앙노동위원회 위원장을 피고로 하여 행정소송을 제기할 수 있다.

②제1항의 기간 이내에 행정소송을 제기하지 아니한 때에는 그 중재재정은 확정된다.

③제2항의 규정에 따라 중재재정이 확정된 때에는 관계 당사자는 이에 따라야 한다.

④중앙노동위원회의 중재재정은 제1항의 규정에 의한 행정소송의 제기에 의하여 그 효력이 정지되지 아니한다.

⑤제2항의 규정에 따라 확정된 중재재정의 내용은 제10조의 규정에 의한 단체협약과 동일한 효력을 가진다.

⑥중앙노동위원회는 필요한 경우 확정된 중재재정의 내용을 국회, 지방의회, 지방자치단체의 장 등에게 통보할 수 있다.

**제17조(다른 법률과의 관계)** ①이 법의 규정은 공무원이 공무원직장협의회의설립·운영에관한법률에 의하여 직장협의회를 설립·운영하는 것을 방해하지 아니한다.

②공무원에 적용할 노동조합 및 노동관계 조정에 관하여 이 법에서 정하지 아니한 사항에 대하여는 제3항에서 정하는 경우를 제외하고는 노동조합및노동관계조정법이 정하는 바에 따른다. 이 경우 동법 제3조중 "團體交涉 또는 爭議行爲"는 "단체교섭"으로, 제4조 본문중 "團體交涉·爭議行爲"는 "단체교섭"으로, 제10조제1항 각호외의 부분중 "聯合團體인 勞動組合과 2 이상의 特別市·廣域市·道에 걸치는 單位勞動組合은 勞動部長官에게, 그 외의 勞動組合은 特別市長·廣域市長·道知事에게"는 "노동부장관에게"로, 제12조제1항중 "勞動部長官 또는 特別市長·廣域市長·道知事(이하 "行政官廳"이라 한다)"는 "노동부장관"으로, 제30조제1항 및 제2항중 "使用者"는 "정부교섭대표"로, 제58조·제60조제2항 내지 제4항 및 제61조제3항중 "調停委員會 또는 單獨調停人"은 "공무원노동관계조정위원회"로, 제59조중 "調停委員會의 委員長 또는 單獨調停人"은 "공무원노동관계조정위원회 위원장"으로, 제60조제3항중 "第1項의 規定에 의한 調停案"은 "조정안"으로, 제61조제1항중 "調停委員 全員 또는 單獨調停人"은 "공무원노동관계조정위원회 위원 전원"으로, 제66조제1항·제67조 및 제68조제2항중 "仲裁委員會"는 "공무원노동관계조정위원회"로, 제94조중 "第88條 내지 第93條"는 "제93조"로 보고, 동법중 "勤勞者"는 "공무원"으로, "使用者"(동법 제30조의 "使用者"를 제외한다)는 "기관의 장, 공무원에 관한 사항에 대하여 기관의 장을 위하여 행동하는 자"로, "行政官廳"은 "노동부장관"으로 본다.

③노동조합및노동관계조정법 제2조제4호 라목 단서, 제24조, 제29조, 제36조 내지 제46조, 제51조 내지 제57조, 제60조제1항·제5항, 제62조 내지 제65조, 제66조제2항, 제69

조 내지 제80조, 제81조제2호 단서, 제88조 내지 제92조, 제96조제1항제3호 및 법률 제5310호 勞動組合및勞動關係調整法 부칙 제5조제1항 및 제2항의 규정은 이 법에 의한 노동조합에 대하여는 이를 적용하지 아니한다.

**제18조 (벌칙)** 제11조의 규정을 위반하여 파업 · 태업 그 밖에 업무의 정상적인 운영을 저해하는 행위를 한 자는 5년 이하의 징역 또는 5천만원 이하의 벌금에 처한다.

### 부칙 〈제7380호,2005.1.27〉

**제1조 (시행일)** 이 법은 공포 후 1년이 경과한 날부터 시행한다.

**제2조 (다른 법률의 개정)** ①국가공무원법중 다음과 같이 개정한다.

제43조제1항중 "第71條第1項第3號 · 第5號"를 "제71조제1항제3호 · 제5호 · 제6호"로 한다.

제71조제1항에 제6호를 다음과 같이 신설한다.

6. 공무원의노동조합설립및운영등에관한법률 제7조의 규정에 따라 노동조합 전임자로 종사하게 된 때

제72조에 제9호를 다음과 같이 신설한다.

9. 제71조제1항제6호의 규정에 의한 휴직기간은 그 전임기간으로 한다.

②지방공무원법중 다음과 같이 개정한다.

제41조제1항중 "第63條第1項第3號 · 第5號"를 "제63조제1항제3호 · 제5호 · 제6호"로 한다.

제63조제1항에 제6호를 다음과 같이 신설한다.

6. 공무원의노동조합설립및운영등에관한법률 제7조의 규정에 따라 노동조합 전임자로 종사하게 된 때

제64조에 제9호를 다음과 같이 신설한다.

9. 제63조제1항제6호의 규정에 의한 휴직기간은 그 전임기간으로 한다.

③노동위원회법중 다음과 같이 개정한다.

제15조제1항중 "仲裁委員會 및 敎員勞動關係調整委員會"를 "중재위원회(仲裁委員會) · 교원노동관계조정위원회(敎員勞動關係調整委員會) 및 공무원노동관계조정위원회(公務員勞動關係調整委員會)"로 하고, 동조에 제6항을 다음과 같이 신설한다.

⑥공무원노동관계조정위원회는 공무원의노동조합설립및운영등에관한법률이 정하는 바에 따라 설치 · 구성하며, 동법의 규정에 의한 조정 · 중재 그 밖에 이와 관련된 사항을 처리한다.

# 찾아보기

# 저·자·소·개

**박재윤(朴在允)**

학력 성균관대학교 행정학과 졸업
서울대학교 대학원 교육학과 석사
고려대학교 대학원 교육학과 박사
경력 (현) 한국교육개발원 선임연구위원
(전) 대학교육법학회 회장
연구 학교교육법 편람(2003, 2005)
대학설립 관련법제의 현황과 과제(2003)
사립학교법 편람(1995, 2003)
초·중등학교 학업성적평가 관련 법규의 문제점에 관한 연구(2002)
교육과 법(2000)
국제교육법의 이론과 실제(1999)
교원노조법 해설(2004)

**강래현(姜來賢)**

학력 전주교육대학교 졸업
경희대학교 대학원 교육학과 석사
홍익대·한국교육개발원 학연 박사과정수료
경력 (현) 인천원당초등학교 교사
(현) 인천광역시서부교육청 장학위원
(현) 인천교육정책 개발 자문위원
(현) 한국교육개발원 「교육현안문제 모니터위원」
연구 장학활동에 대한 장학담당자의 기대와 효과에 관한 연구(1996)
편지쓰기를 통한 간접 상담이 심리적 갈등해소에 미치는 영향(2000) 등

**강상문(姜相文)**

학력 계명대학교 경제학과 졸업
연세대학교 대학원 석사
홍익대학교 박사과정수료
경력 교육인적자원부 기획예산담당관실, 법무담당관실, 대학정책실, 감사관실, 국제교육담당관실, 교육정책총괄과
(현) 경복대학 교수
연구 사교육비 경감대책 비교분석 연구
학교선택제에 관한 연구 등

**김숙영(金淑瑛)**

학력 추계예술대학교 미술학부 동양화과 졸업
성신여자대학교 교육대학원 교육학과 석사 (미술교육전공)
홍익대·한국교육개발원 학연 박사과정
경력 (현) 휘문고등학교 미술과 교사

**김일형(金一衡)**

학력 숭전대학교 영어교육과 졸업
한양대학교 교육대학원 교육학과 석사
홍익대·한국교육개발원 학연 박사과정수료
경력 6,7차 교육부 교육과정 심의위원
서울 초중등 리더십연구회 부회장
(현) 대원중학교 교장겸
대원외국어고등학교 부교장
연구 동서양 주요 국가들의 새로운 학교(2005, 공저, 문음사)

**김태연(金太淵)**

학력 충북대학교 교육학과 졸업
충북대학교 대학원 교육학과 석사
홍익대·한국교육개발원 학연 박사과정수료
경력 충북대학교 조교, 충북대학교 교직과정 강사
교육부 사이버현장교원자문팀(제4기),
KEDI 교육현안문제 모니터요원(제4기)
(현) 경기도 예절교육연수원 근무
연구 학교, 교육기관 평가(2004, 공저, 한국문화사)
동서양 주요국가들의 새로운 학교(2005, 공저, 문음사)
대안학교 교육과정 평가 및 질 관리 방안 연구(2005, 공동연구, 교육부 교육정책연구)

**박형충(朴亨忠)**

학력 한국방송통신대학교 법학과 졸업
아주대학교 대학원 교육학과 석사
홍익대·한국교육개발원 학연
박사과정수료
경력 경기도 부천교육청 평생교육체육과장
경기도교육청제2청 민원담당 사무관
(현) 교육인적자원부 사무관
연구 각국의 평생교육정책(2006)
동서양 주요 국가들의 새로운 학교(2005)

**유재준(兪在駿)**

학력 경인교육대학교 졸업
중앙대학교 교육대학원 교육학과 석사
홍익대학교 대학원 교육학과
박사과정수료
경력 서울신길초등학교 교감
(현) 서울특별시교육청 장학사

**윤재열(尹載烈)**

학력 춘천교육대학교 졸업
고려대학교 교육대학원 교육학 석사
홍익대·한국교육개발원 학연
박사과정수료
경력 교육인적자원부 사이버 현장교원
자문위원
한국교육개발원 교육현안 문제
모니터위원
(현) 금향초등학교 교사

**이강순(李康順)**

학력 인천교육대학(현,경인교육대학교) 졸업
서울교육대학교 졸업
홍익대학교 대학원 교육학석사
홍익대학교 대학원
박사과정(홍익대·한국교육개발원
학연)수료
경력 (현) 서울시흥초등학교 교사

**이화성(李花成)**

학력 서울교육대학교 졸업,
홍익대학교 교육경영관리대학원 교육학과 석사,
홍익대·한국교육개발원
학연박사과정수료
경력 경기도교육청 '특별연구교사'
교육인적자원부 주최 전국공모
교과연구회 활동
(현) 경기 언남초등학교 교사
(현) 경기도 교육청「교육정책연구
모니터위원」
연구 동서양 주요 국가들의 새로운 학교(2005)
교실수업개선의 혁신방향(2001)
학교경영의 패러다임의 전환(2000)
교육을 열면 미래가 보인다(1999)

**장혜자(張惠子)**

학력 서울대학교 사범대학 역사교육과 졸업
서울대학교 대학원 교육학 석사
홍익대학교 교육경영관리대학원 석사
홍익대·한국교육개발원 학연
박사과정수료
경력 (현)관악고등학교 교사
연구 역사학습의 구성주의적 접근(2000, 논문)
학교·교육기관 평가(2004, 공저)

**조병선(趙炳善)**

학력 충남대학교 졸업
한국방송통신대학교 졸업
충남대 대학원 석사
홍익대·한국교육개발원 학연
박사과정수료
경력 교육부 사이버현장교원 자문위원역임
한국교총 전문위원역임
한국교육개발원 사이버자문위원
(현) 인천검암중학교 교사
연구 학교교육법(2005, 공저, 교육과학사)

**최재광(崔載光)**

학력 서울교육대학교 졸업
중앙대학교 대학원 석사
홍익대·한국교육개발원 학연 박사과정
경력 서울특별시교육청 장학사
(현) 서울잠동초등학교 교감
연구 제7차교육과정 초등학교 수학 교과서 및
지도서 집필위원

**교원노조법**

2007년 6월 20일 1판 1쇄 인쇄
2007년 6월 25일 1판 1쇄 발행

공저자 : 박 재 윤 외
발행인 : 김 동 규
발행처 : 교육과학사

서울특별시 마포구 아현1동 424-31
전화 (02) 363-6431 ~ 3 / FAX (02) 393-4366
Home-page : www.kyoyookbook.co.kr
E-mail : kyoyook@chol.com
등록 : 1970년 5월 18일 제2-73호

낙장 · 파본은 교환해 드립니다.
Printed in Korea.

정가 13,000 원
ISBN 978-89-254-0076-1